Nachhaltig wirtschaften in der Praxis

Stefan Theßenvitz

Nachhaltig wirtschaften in der Praxis

Empfehlungen, Arbeitsschritte und Best-Practice-Lösungen für den Betriebsalltag

Stefan Theßenvitz
THESSENVITZ Unternehmensberatung
Wiesentheid, Deutschland

ISBN 978-3-658-42457-2   ISBN 978-3-658-42458-9 (eBook)
https://doi.org/10.1007/978-3-658-42458-9

Die Deutsche Nationalbibliothek verzeichnet diese Publikation in der Deutschen Nationalbibliografie; detail-
lierte bibliografische Daten sind im Internet über https://portal.dnb.de abrufbar.

Springer Gabler ist ein Imprint der eingetragenen Gesellschaft Springer Fachmedien Wiesbaden GmbH und ist
ein Teil von Springer Nature.
Die Anschrift der Gesellschaft ist: Abraham-Lincoln-Str. 46, 65189 Wiesbaden, Germany

Das Papier dieses Produkts ist recyclebar.

Grußwort des Autors

Geneigte Leserin,[1]
  Geneigter Leser,
  Der Anfang dieses Buches liegt im Herbst 2022. Dieses Buch ist angelegt als Folgeband zu *Nachhaltig wirtschaften im 21. Jahrhundert – Ein Aufruf zu ökonomisch klugem Handeln.*[2] In diesem jetzt vorliegenden Buch geht es um konkrete Ziele, effektive[3] Strategien und effiziente Maßnahmen für nachhaltiges Handeln in Unternehmen.[4] Es geht um Wertschöpfung, Wirksamkeit, Wertschätzung und Wohlfahrt in Unternehmen. Natürlich ist das Handeln jedes Unternehmens eingebettet in das große Ganze, deshalb reichen manche Gedanken über die unternehmerische Perspektive hinaus, beziehen das große Ganze mit ein und beziehen sich darauf.
  Dieses Buch richtet sich an Menschen der Tat, es richtet sich an Führungskräfte, an Manager:innen.[5] Es richtet sich an Menschen, die etwas unternehmen, es richtet sich an Unternehmer:innen. Es richtet sich an Menschen, die in Verantwortung stehen: in Unternehmen, Institutionen und Initiativen – privatwirtschaftlich, kommunal oder staatlich organisiert. Dieses Buch richtet sich an Menschen, die der Kraft des Optimismus vertrauen und diese Welt besser gestalten wollen.

---

[1] Lesehinweis: Selbstverständlich spreche ich alle Menschen gleichermaßen an: Frauen, Männer, Intersexuelle und Transgender sowie Menschen der queeren Communities wie FLINTA* und LGBTQIA+. Für eine durchgängig gute Lesbarkeit verwende ich die genderneutrale Sprache wo möglich und beschränke mich wo nötig auf die grammatikalischen Geschlechter.

[2] Theßenvitz S (2021) Nachhaltig wirtschaften im 21. Jahrhundert – Ein Aufruf zu ökonomisch klugem Handeln, Springer Fachmedien Wiesbaden.

[3] Effektivität = Auf Ziele gerichtet | Effizienz = optimierter Mitteleinsatz.

[4] Hierbei sind stets mitgedacht alle organisierten und arbeitsteiligen Zusammenschlüsse von Menschen in Unternehmen, Institutionen, Initiativen – privat, kommunal und staatlich – Profit, Low Profit und Non Profit.

[5] Management leitet sich ab von Manus – lateinisch für Hand und lateinisch für agere, führen, leiten, an der Hand führen. Der daraus gebildete Anglizismus Management (englisch für to manage) umschreibt ein planvolles, auf Ziele gerichtetes Handeln nach bestimmten Prinzipien, zum Beispiel ökologische, soziale und ökonomische Prinzipien. Manager:innen sind Menschen, die das Haus bestellen (griechisch für Oikos – Ökonomie und Ökologie) und dafür Menschen und Ressourcen koordinieren und einsetzen.

Unternehmen sind wirkmächtige Orte. Hier entstehen Waren und Dienstleistungen. Das bisherige System der Wertschöpfung global miteinander vernetzter Industrienationen innerhalb der vereinbarten Wirtschaftsordnung führt häufig zu Ausbeutung und Umweltzerstörung. Der von Russland geführte Angriffskrieg gegen die Ukraine offenbart, Deutschland ist substanziell abhängig von billigen Energieträgern, insbesondere von Öl und Gas.

Die Hypothese verdichtet sich, Ausbeutung ist keine Folge der vereinbarten Wirtschaftsordnung, Ausbeutung ist ein Prinzip der vereinbarten Wirtschaftsordnung. Russland beutet seine Rohstoffe aus, und verkauft sie einfach deshalb günstig, weil die Rohstoffe schon da waren. Niemand muss die Rohstoffe erfinden und herstellen, man muss diese nur finden, aus der Erde bringen, transportfähig konfektionieren, verkaufen und verschicken. Alle Länder, deren Wohlstand auf der Exploration von fossilen Energieträgern und deren Verkauf beruhen, beuten die Erde aus.

Ausbeutung als Wirtschaftsprinzip finden wir auch in der Gestaltung der Arbeitswelt. In der Vorbereitung der FIFA-Fußballweltmeisterschaft 2022 durch das Emirat Katar (Qatar) wurden die Arbeitsbedingungen der Gastarbeiter:innen weltweit kritisch beleuchtet in Bezug auf soziale Standards und Entlohnung. Das am kaufkraftbereinigten BIP (Bruttoinlandsprodukt) viertreichste Land der Erde[6] beutet seine Gastarbeiter:innen aus.

Ausbeutung als Wirtschaftsprinzip finden wir auch in Deutschland. 4,5 Mio. Arbeitnehmer:innen haben 2021 Mehrarbeit geleistet, davon über 20 % in Form unbezahlter Überstunden.[7] In diesem Jahr standen 818 Mio. bezahlten Überstunden 893 Mio. unbezahlte Überstunden gegenüber.[8] Dieses Phänomen zieht sich durch die gesamte Arbeitswelt – von Freiberuflern über Führungskräfte, von Facharbeitern und Handwerkern bis zur Logistikbranche und dem Gastgewerbe leisten viele Menschen mehr als vertraglich vereinbart und bezahlt.

Ausbeutung ist auch immer Teil einer kulturellen Vereinbarung. Sklaverei war und ist Teil der Menschheitsgeschichte. Versklavte Menschen waren Tauschobjekte, Trophäen oder Arbeiter, sie verliehen ihren Besitzern Status und soziales Ansehen. Die Belege für Sklaverei als Wirtschaftsprinzip reichen zurück bis 1800 vor Christus, die Praxis der Sklaverei umfasste die gesamte Welt, bis Mitte des 20. Jahrhunderts internationale Abkommen die Sklaverei weltweit ächteten und verbaten. Dennoch finden wir heute noch Zwangsprostitution, Kinderarbeit und sklavengleiche Lebens- und Arbeitsbedingungen

---

[6] Knape A (2023) Das sind die 20 reichsten Länder der Welt. Manager Magazin. https://www.manager-magazin.de/politik/weltwirtschaft/die-reichsten-laender-der-welt-ranking-nach-kaufkraftbereinigtem-bip-a-5edcb98a-c7f2-4e3b-8f9c-a27a1c59ecd9, Zugriff: 03.07.2023.

[7] Statistisches Bundesamt (2022) 4,5 Mio. Arbeitnehmerinnen und Arbeitnehmer haben 2021 Mehrarbeit geleistet. https://www.destatis.de/DE/Presse/Pressemitteilungen/2022/07/PD22_N042_122.html, Zugriff: 03.07.2023.

[8] Rudnicka J (2023), Bezahlte und unbezahlte Überstunden der Arbeitnehmer in Deutschland bis 2021. Statista, https://de.statista.com/statistik/daten/studie/76945/umfrage/ueberstunden-der-arbeitnehmer-in-deutschland-seit-2000/, Zugriff: 04.07.2023.

auf Plantagen und in Minen. Die Wirtschaftspraktiken der Kolonialmächte ab dem 15. Jahrhundert kann man in Stichworten erzählen: Eroberung, Herrschaft, Gewalt, Macht, Ausbeutung.

Blicken wir noch einmal auf Deutschland und die Geschichte der Gastarbeiter. Seit dem ersten Anwerbeabkommen am 20. Dezember 1955 mit Italien bis ins Jahr 1964 kamen eine Million Menschen als Gastarbeiter nach Deutschland, vornehmlich aus Italien, Griechenland, Spanien, Türkei, Marokko, Portugal, Tunesien und dem damaligen Jugoslawien.[9]

Beispiel

In meiner Erinnerung an die 1970er-Jahre als Kind in München und gelegentlichen sonntäglichen Besuchen des Hauptbahnhofs war dieser dicht belebt mit südländisch aussehenden Männern, die in der tabakumwölkten Querbahnsteighalle in Gruppen zusammenstanden und die Anzeigetafeln beobachteten. Später verstand ich, sie trieb schlicht das Heimweh zum Verbindungspunkt mit Ihrer Heimat. Gegenüber unserem schnieken Einfamilienhaus in Forstenried errichtete damals der dort ansässige Bauunternehmer eine Baracke, in diese zogen die Gastarbeiter ein wie überall in Deutschland und gingen ihrer schweren Arbeit nach. Das Schicksal von Levent (Ali) Sigirlioğlu aka Günter Wallraff ist in seinem 1985 erschienenen Buch Ganz unten eindrücklich beschrieben. Oskar Lafontaine sprach 2005 von Fremdarbeitern und traf damit die Haltung vieler Menschen gegenüber den Gastarbeitern, die letztlich nicht als Gäste behandelt, sondern nur als billige Arbeitskräfte betrachtet, geduldet und ausgenutzt wurden. Auch hier wird deutlich, Ausbeutung ist Teil einer kulturellen Vereinbarung. ◄

Im Deutschland der Gegenwart ist Ausbeutung ein nach wie vor praktiziertes Geschäftsmodell. Nehmen wir das Beispiel der Arbeit in Werkstätten für behinderte Menschen. Dort beträgt der Lohn pro Stunde im Schnitt 1,35 €, das entspricht 3 % der Fallkosten pro Arbeitnehmer:in und Jahr. Diese geringe Entlohnung resultiert aus der Sonderstellung der Arbeitnehmer:innen mit Behinderung, sie sind Beschäftigte in einem arbeitnehmerähnlichen Verhältnis, sie haben also nicht die gleichen Rechte wie normale Arbeitnehmer:innen wie zum Beispiel das Recht auf Mindestlohn, das Recht auf Mitbestimmung oder das Recht auf einen Betriebsrat. Die Auftraggeber sind das Who's Who der Deutschen Wirtschaft. In den Werkstätten für behinderte Menschen wird pro Jahr ein Umsatz von acht Milliarden Euro erwirtschaftet, das Leistungsspektrum reicht von Montagearbeiten (Metall, Plastik, Holz) über Bürodienstleistungen und Verpackungs- und Versandarbeiten, der Garten- und Landschaftspflege bis zum Catering und zum Kunsthandwerk.[10]

---

[9] Lesetipp: Trost G, Linde M (2020) Planet Wissen, SWR, WDR Gastarbeiter. https://www.planet-wissen.de/geschichte/deutsche_geschichte/geschichte_der_gastarbeiter/index.html. Zugriff: 03.07.2023.

[10] Alle in diesem Absatz enthaltenen Fakten und mehr finden Sie hier: ZDF Zweites Deutsches Fernsehen. Der Faktencheck zur Sendung Die Anstalt – Inklusion vom 20. Dezember 2022. https://www.zdf.de/comedy/die-anstalt/fakten-im-check-der-anstalt-118.html. Zugriff: 04.07.2023.

Zur Klarstellung: Es gibt in diesem System nicht die Bösen, die Unternehmen agieren korrekt innerhalb der gesetzlichen Regelungen. Das System ermöglicht die Ausbeutung, sie ist Teil der kulturellen Vereinbarung.

Ein zentrales Thema der Documenta fifteen im Jahr 2022 war die Dokumentation der Lebensverhältnisse im globalen Süden.[11] Das Künstler:innenkollektiv ruangrupa aus Jakarta, Indonesien kuratierte die Weltkunstschau. Ruangrupa setzte das Wort lumbung[12] in die Mitte ihrer Weltbetrachtung als Sehnsuchtsort für eine mögliche bessere Welt. Lumbung beschreibt den Umgang miteinander am Bild einer gemeinschaftlich genutzten Reisscheune. Dorthin liefert jede Bauernfamilie die Überschüsse ihrer Jahresernte. Aus der Lumbung entnimmt jeder innerhalb der Dorfgemeinschaft, was ihm zum Überleben fehlt. Dieser Grundgedanke einer neu verhandelten Ökonomie bezieht sich auf das Leben in der Gemeinschaft und die Verteilung wichtiger Güter. Das Künster:innenkollektiv Britto Arts Trust[13] aus Dhaka, Bangladesch zeigte die Folgen der globalisierten Agrarpolitik für die Ernährung, die Dorfgemeinschaften und die Umwelt.[14] Siehe hierzu auch den Konzern-Atlas – Daten und Fakten über die Agrar- und Lebensmittelindustrie der Heinrich-Böll-Stiftung:[15]

Wenden wir uns noch einmal der Exploration aus anderen Perspektiven zu. Das lateinische explorare bedeutet erforschen. Aus psychologischer Sicht ist exploratives Verhalten die Bereitschaft, die Welt zu erkunden. Dietrich Dörner[16] erkannte die positive Korrelation zwischen explorativem Verhalten und der Fähigkeit, Probleme lösen zu können. Die Pädagogik kennt den Begriff des explorativen Lernens, das Lernen durch Entdecken. Die Wirtschaftswissenschaft bildet aus den Worten Exploitation (bestehende Strukturen und Abläufe nutzen) und Exploration (das Neue erkunden) den Begriff der organisationalen Ambidextrie. Sie beschreibt die Lernfähigkeit von Organisation in der Kombination des Bestehenden mit dem Neuen, um dauerhaft lebensfähig zu bleiben.

---

[11] Globaler Süden wird die Ländergruppe der sogenannten Entwicklungsländer und Schwellenländer genannt. Es handelt sich um eine direkte Übersetzung von Global South, eines Begriffs, der Ende der 1980er-Jahre vermutlich zuerst von der Weltbank in die entwicklungspolitische Debatte eingeführt wurde.

[12] Quelle: https://documenta-fifteen.de/lumbung/. Zugriff: 03.07.2023.

[13] https://documenta-fifteen.de/lumbung-member-kuenstlerinnen/britto-arts-trust/. Zugriff: 03.07.2023.

[14] Auszug aus einer Erklärtafel des Britto Arts Trust in der documenta Halle: *„Der potenzielle Schaden für unsere Gesundheit, die Umwelt und die traditionelle Landwirtschaft sowie viele weitere Schäden können auf die gentechnisch veränderten Organismen zurückgeführt werden. Der exzessive Einsatz von DDT und Pflanzenschutzmitteln stellt eine gewaltige Bedrohung für Menschen und andere Arten dar. Das gentechnisch veränderte Saatgut verdrängt das biologische Saatgut und wir haben Schwierigkeiten damit, Pflanzen, Gemüse und Obst anzubauen und zu erkennen, dass <Bio> zu einer Lüge geworden ist.“*

[15] Quelle: Heinrich-Böll-Stiftung (2017) Konzernatlas 2017. Zitat Seite 12. https://www.boell.de/sites/default/files/konzernatlas2017_iii_web.pdf, Zugriff: 03.07.2023.

[16] Dietrich Dörner (* 28. September 1938 in Berlin) ist ein deutscher Psychologe und emeritierter Hochschullehrer an der Otto-Friedrich-Universität Bamberg.

Nachhaltig wirtschaften bedeutet, eine ausbeutungsfreie Welt zu schaffen, weder Natur noch Ressourcen noch Menschen auszubeuten, sie nicht über die Maßen zu belasten und ihre Regenerationsfähigkeit zu berücksichtigen. Kurz gesagt: *„Entnimm maximal so viel, wie wieder nachwächst."*[17] Dieses Zitat von „Hannß" Carl von Carlowitz ist aus dem Jahr 1713. In seiner Schrift über die Bewirtschaftung des Waldes entwickelte er den Begriff der Nachhaltigkeit als Prinzip der gesunden Bewirtschaftung. Die in der Gegenwart verwendete Definition von Nachhaltigkeit lautet:

> „Nachhaltigkeit oder nachhaltige Entwicklung bedeutet, die Bedürfnisse der Gegenwart so zu befriedigen, dass die Möglichkeiten zukünftiger Generationen nicht eingeschränkt werden. Dabei ist es wichtig, die drei Dimensionen der Nachhaltigkeit – wirtschaftlich effizient, sozial gerecht, ökologisch tragfähig – gleichberechtigt zu betrachten. Um die globalen Ressourcen langfristig zu erhalten, sollte Nachhaltigkeit die Grundlage aller politischen Entscheidungen sein.[18] (Bundesministerium für wirtschaftliche Zusammenarbeit und Entwicklung)"

Der Ursprung der modernen Auffassung von Nachhaltigkeit liegt im Jahr 1987, die Brundtland-Kommission definierte ihn wie folgt:

> „Nachhaltige Entwicklung ist eine Entwicklung, die den Bedürfnissen der heutigen Generation entspricht, ohne die Möglichkeiten künftiger Generationen zu gefährden, ihre eigenen Bedürfnisse zu befriedigen. Zwei Schlüsselbegriffe sind wichtig: Der Begriff ‚Bedürfnisse', insbesondere der Grundbedürfnisse der Ärmsten der Welt, die die überwiegende Priorität haben sollten; der Gedanke von Beschränkungen, die der Stand der Technologie und sozialen Organisation auf die Fähigkeit der Umwelt ausübt, gegenwärtige und zukünftige Bedürfnisse zu befriedigen. (Weltkommission für Umwelt und Entwicklung, 1987)[19] (Bundesministerium für Umwelt, Naturschutz, nukleare Sicherheit und Verbraucherschutz)"

Gegen Ende der einführenden Gedanken als Klammer für dieses Buch liegen, geneigte Leserin und geneigter Leser, vier Erkenntnisse vor uns. Nachhaltigkeit ist ein Wirtschaftsprinzip. Nachhaltig wirtschaften ist eine kulturelle Vereinbarung. Nachhaltig wirtschaften bedeutet, ausbeutungsfrei zu wirtschaften. Nachhaltig wirtschaften bedeutet, durch die Entdeckung und Hinzunahme des Neuen Probleme lösen zu können. Dafür brauchen wir lernfähige Organisationen.

Vielleicht läutet der russische Angriffskrieg gegen die Ukraine eine Wende in unserem Denken und Handeln ein, denn so wie wir aktuell wirtschaften – und dieses Wissen ist Allgemeingut – geht es nicht mehr lange gut. Mit unserer jetzigen Wirtschaftsweise zerstören

---

[17] Carlowitz, von J H C Sylvicultura oeconomica oder haußwirthliche Nachricht und Naturmäßige Anweisung zur Wilden Baum-Zucht. Johann Friedrich Braun, Leipzig 1713, S. 105–106.

[18] Quelle: Bundesministerium für wirtschaftliche Zusammenarbeit und Entwicklung, https://www.bmz.de/de/service/lexikon/nachhaltigkeit-nachhaltige-entwicklung-14700, Zugriff: 03.07.2023.

[19] Quelle: Bundesministerium für Umwelt, Naturschutz, nukleare Sicherheit und Verbraucherschutz: https://www.bmuv.de/themen/nachhaltigkeit-digitalisierung/nachhaltigkeit/strategie-und-umsetzung/nachhaltige-entwicklung-als-handlungsauftrag, Zugriff: 03.07.2023.

wir dauerhaft die Lebensgrundlagen der Spezies Mensch. Doch es ist möglich, gute Systeme zu schaffen und nachhaltig zu handeln.

Genau deshalb lesen Sie dieses Buch. Dieses Buch ist ein Praxisbuch. Es ist für Menschen der Tat. Eingebettet in die Rahmenhandlung der 17 Ziele für nachhaltige Entwicklung, 17 SDG – Sustainable Development Goals – liefert das Buch konkrete Handlungsempfehlungen. Dieses Buch zeigt die Chancen und Risiken für nachhaltig wirtschaftende Organisationen auf, es beschreibt Wege hin zu einem nachhaltigen Unternehmenskonzept mit prozessorientierten Zielen, Strategien, Handlungsfelder und Maßnahmen. Es verweist auf das lebenslange Lernen als Teil des Miteinanders im Unternehmen, es bietet Lösungen für das Marketing, die Kommunikation und den Vertrieb nachhaltiger Produkte und Dienstleistungen.

Nachhaltiges Wirtschaften ist ein guter Weg, unsere Welt besser zu gestalten. Jede Organisation, jeder Mensch in Verantwortung kann hierzu einen wirkmächtigen Beitrag leisten. Meine Leitfrage in jedem Projekt ist: *Was ist mein Beitrag, dass es der Welt besser geht?* In diesem Sinne wünsche ich Ihnen eine anregende Lektüre und dann gehen wir frisch ans Werk.

Mit herzlichem Gruß, Ihr

Diplom Betriebswirt (FH), Wiesentheid, Deutschland   Stefan Theßenvitz
Juli 2023

Einführung in das Praxisbuch

Sie können das Buch auf drei Arten lesen: Sie können es ganz pragmatisch nutzen und anhand des Inhaltsverzeichnisses dort aufschlagen, wo Sie gerne einsteigen möchten. Sie können es von Anfang bis Ende lesen und Sie können über den Text hinaus den Links in den Fußnoten folgen, dort finden Sie eine Fülle weiterführender und vertiefender Informationen, auf die im Buch inhaltlichen Bezug zu nehmen zu viel des Guten wäre. Vorliegendes Buch ist ein Praxisbuch und soll Ihnen helfen, Ihren individuellen unternehmerischen Zugang und Einstieg in das Thema Nachhaltig Wirtschaften zu finden und diesen Weg mit anständigem Rüstzeug versehen sicher und gerne zu gehen.

Die Inhalte dieses Buches beziehen sich auf international anerkannte Vereinbarungen und Standards – die 17 Ziele für nachhaltige Entwicklung,[1] das GRI-Kennzahlensystem[2] und das DNK-Berichtssystem.[3] Damit ist es jedem Unternehmen möglich, einen verlässlichen Weg für nachhaltiges Wirtschaften zu gehen, der viele Jahrzehnte von Bestand sein wird. Es ist unerheblich, nach welchen Standards sich ein Unternehmen zertifizieren lässt, nach EFQM,[4] ISO,[5] EMAS[6] oder den Umweltpakten[7] der Bundesländer. Mit dem Bezug auf die 17 Ziele, die GRI und den DNK liegt das Unternehmen auf dem Weg des nachhaltigen Wirtschaftens garantiert richtig.

---

[1] https://unric.org/de/17ziele/, https://17ziele.de/, Zugriff: 02.07.2023. Mit freundlicher Genehmigung von Engagement Global, https://www.engagement-global.de, Zugriff: 02.07.2023.

[2] https://www.globalreporting.org/, Zugriff: 02.07.2023. Mit freundlicher Genehmigung von GlobalReporting.org: *Global Reporting Initiative (GRI) is the independent international organization – headquartered in Amsterdam with regional offices around the world – that helps businesses, governments and other organizations understand and communicate their sustainability impacts.*

[3] https://www.deutscher-nachhaltigkeitskodex.de/, Zugriff: 02.07.2023. Mit freundlicher Genehmigung durch den Rat für Nachhaltige Entwicklung: Rat für Nachhaltige Entwicklung – (nachhaltigkeitsrat.de), Zugriff: 02.07.2023.

[4] EFQM https://efqm.org/de/, Zugriff: 03.07.2023.

[5] ISO – Internationale Organisation für Normung https://www.iso.org/home.html, Zugriff: 06.07.2023.

[6] EMAS https://www.emas.de/, Zugriff: 03.07.2023.

[7] Zum Beispiel der Umweltpakt Bayern https://www.umweltpakt.bayern.de/index.php. Nahezu jedes Bundesland bietet einen eigenen Umweltpakt. Zugriff: 03.07.2023.

Vorliegendes Buch enthält konkrete Arbeitsschritte, um das nachhaltige Wirtschaften im eigenen Unternehmen zu implementieren. Die Inhalte berücksichtigen die individuellen Lebenswirklichkeiten und Bedingungslagen vor Ort und lösen die Komplexität des Themas in fassbare Arbeitspakete auf. Das Buch zeigt praxiserprobte Wege auf, es beschreibt Methoden für das nachhaltige Wirtschaften, es bietet Hintergrundinformationen, Vorlagen, Arbeitsbögen und bezieht ein Fallbeispiel mit ein Abschn. 12.4. Damit wird es für jedes Unternehmen möglich, seinen individuellen, machbaren Zugang zum nachhaltigen Wirtschaften zu finden.

Hintergrundinformationen

Menschen sind arbeitsteilig organisierte Lebewesen. Aus den embryonalen Stammzellen entwickeln sich nach und nach spezialisierte Zellen – zum Beispiel Nervenzellen, Drüsenzellen, Blutzellen oder Muskelzellen. In der Summe bilden die knapp 200 Zelltypen einen hochdifferenzierten Organismus, dessen Komponenten arbeitsteilig vom kleinen Zeh bis zu den Haarspitzen zusammenwirken.

Der Mensch schafft ihm gemäße Organisationen. Je größer diese Organisationen werden, je differenzierter und spezialisierter ihre Aufgaben werden, desto arbeitsteiliger werden diese organisiert, Vom Wareneingang über die Buchhaltung, die Forschung & Entwicklung, die Produktion und den Vertrieb. Jede Organisation will leben. Ihre Daseinsberechtigung schöpft sie zunehmend aus sich selbst heraus, Organisation neigen dazu, selbstreferenzielle Systeme zu werden.

Der Mensch ist Teil dieser Organisationen und diese sind ein Teil von ihm. Organisationen wirken auf den Menschen zurück. In diesem symbiotischen System entstehen durch seine Wechselwirkungen kulturelle Vereinbarungen, wie man der Welt gegenübertritt, wie man auf sie einwirkt und wie man sie gestaltet. Für eine nachhaltige Wirtschaftsweise brauchen wir vermutlich neue kulturelle Vereinbarungen, auf welchen Zweck hin wir Organisation erdenken und errichten.

Inhaltsverzeichnis

Über den Autor

Stefan Theßenvitz, seit 1997 freiberuflicher Unternehmensberater, akkreditiert auf Landesebene und Bundesebene. Die Arbeitsfelder umspannen Innovationen, Marktforschung, Milieuforschung, Marketing, Vertrieb, Dienstleistungsqualität, Öffentlichkeitsarbeit und nachhaltige Unternehmensführung – für Unternehmen, Ministerien, Verbände, Verbünde, Hochschulen und Institutionen in ganz Deutschland.

Mit den Arbeitsfeldern verbunden ist das Coaching von Geschäftsführer:innen und Führungskräften. Neben der Beratungsarbeit hält Stefan Theßenvitz regelmäßig Vorträge auf Symposien und Leitmessen, er schreibt für die Fachpresse und ist Buchautor beim Springer Verlag. Viele Entscheider:innen in Deutschland und Europa interessieren sich für die Arbeit von Stefan Theßenvitz.

Seit 1991 hat Stefan Theßenvitz für weit über 200 Kunden an über 300 Einsatzorten in Deutschland und Europa mehr als 1400 Projekte federführend durchgeführt. Mit über 68 % Kundenbindungsquote ist eindrucksvoll bewiesen, dass er Kundenbeziehung kann. Die Referenzliste reicht sprichwörtlich von A bis Z.

Geboren 1963 in Hamburg, aufgewachsen in München, Studium in Coburg und Nürnberg, nach vielen Stationen von 2011 bis 2020 in Leipzig, aktueller Lebensmittelpunkt in Wiesentheid, Unterfranken. Verheiratet mit Anja seit 1991 und zwei erwachsene Söhne. Privat beherzter Bassist mit Hang zu Bach und Jazz, Freude am Lesen, am Fotografieren, an guter Küche, an Kraftsport und am Wandern.

Gelernter Diplom-Betriebswirt (FH), heute freiberuflicher Unternehmensberater, früher Marketingleiter, Vertriebsleiter und Personalleiter in zwei Banken, Mitarbeiter bei den Werbeagenturen Serviceplan GWA (Endverbraucher) und Combera GWA (Handel, B&B), der GfK – Gesellschaft für Konsumforschung und bei Texas Instruments.

Ganz früher etwas breiter aufgestellt: in den frühen 1980ern Türsteher im legendären Nachtclub Pimpernel in München, hin und wieder Lastwagenfahrer für Teppiche und Maschinen für Schlachthöfe, dazwischen Peugeots mit zugeschweißten Kofferräumen für Afrika nach Rotterdam gefahren, Industriearbeiter in der Galvanik bei Siemens, erst Bundeswehr bei einer Nato-Einheit und dann Zivildienst – alte Leutchen pflegen und bekochen, Bierzelt aufbauen auf dem Münchner Oktoberfest, Diskjockey im Voralpenland und in Schwabing, Obst- und Gemüsekisten schleppen in der Großmarkthalle, Werbetexter für

Radio C, Journalist für die Süddeutsche Zeitung, Lagerarbeiter bei Mercedes, Kurierfahrer, Model-Chauffeur für den Burda Verlag, Sonnenbänke montiert in Schwimmhallen und Bordellen, Telegrammbote bei der Post, Börsenkurs-Expertisen für einen Rechtsanwalt, nach der Wende Dozent für Betriebswirtschaft in den neuen Bundesländern.

„Was mir wirklich wichtig ist in meiner Arbeit: Menschen in den Mittelpunkt stellen, substanziellen Nutzen stiften, dauerhafte Werte schaffen. Woran ich festhalte, auch wider den Zeitgeist: Die Betriebswirtschaft ist gleichermaßen rational wie sozial orientiert. Alles, was wir tun, muss dem Menschen dienen. Meine Lieblingsworte: Wertschöpfung, Wirksamkeit, Wertschätzung, Wohlfahrt."

Stefan Theßenvitz
Kontakt: stefan@thessenvitz.de

Abbildungsverzeichnis

Tabellenverzeichnis

Mut zur Nachhaltigkeit

1

Dieses Buch dient Unternehmen als Hilfestellung auf ihrem Weg des nachhaltigen Wirtschaftens. Der Schwerpunkt liegt in der ökonomischen Betrachtung der unternehmerischen Wirklichkeit, denn sie entscheidet über den Fortbestand der Unternehmen als wirkmächtige Orte für Wertschöpfung, Wirksamkeit, Wertschätzung und Wohlfahrt. Gleichwohl finden alle drei Dimensionen der Nachhaltigkeit – die Ökonomie, die Ökologie und das Soziale auch auf unternehmerischer Ebene statt. Nur im guten Zusammenspiel dieses Dreiklangs leisten Unternehmen ihren Beitrag für eine gute Zukunft. Folgende Hinweise zum guten Verständnis dieses Buch beinhalten Textpassagen, die Ihnen im Laufe der Lektüre wieder begegnen werden.[1] Mit den hier vorangestellten Auszügen will ich Ihnen den diesem Buch innewohnenden Geist nahebringen.

1.1 Nachhaltigkeit

Nachhaltigkeit wird in unterschiedlichsten Zusammenhängen von Unternehmen, Organisationen und der Politik verwendet, sie wird mit vielen anderen Zusammenhängen und Perspektiven verknüpft. Nachhaltigkeit ist Teil unseres Alltags geworden. Sie ist die Leitmaxime für ein gutes Zusammenleben aller Lebewesen auf unserer Erde. In diesem Buch wird Ihnen Nachhaltigkeit oft begegnen.

„~" Die Natur – Flora und Fauna – folgt keinen Prinzipien der Nachhaltigkeit. Flora und Fauna bescheiden sich nicht, sie expandieren, wo und wie immer möglich und sie finden ihre Begrenzung ausschließlich in den Umweltbedingungen – zum Beispiel Temperatur, Wasser, Sonne, Wind, Nährstoffe und Fressfeinde. Ändern sich die Umweltbedingungen, dann ändern sich die Expansionsmöglichkeiten. Der Mensch als Teil der Fauna ist genauso

---

[1] Gekennzeichnet mit „~".

gestrickt. Er expandiert wo und wie immer möglich. Der Mensch ist die einzige Spezies, die in jeder Klimazone lebt und unter nahezu allen Umweltbedingungen überlebt. Der Mensch ist die einzige Spezies, die Werkzeuge erfunden hat, die ihre Kraft und Möglichkeiten ins Unermessliche hat wachsen lassen. Warum beutet der Mensch die Erde aus? Weil er es kann. Warum gibt es Plastiktüten? Weil der Mensch sie erfunden hat. Warum trägt der Mensch sein Essen in Plastiktüten nach Hause? Weil es praktisch ist. Das Einzige, was den Menschen von der Natur unterscheidet, er produziert Müll vornehmlich in Form von CO_2-Emissionen und stofflichen Hinterlassenschaften, mit denen er in erster Linie seine eigene Lebensgrundlage zerstört. Das ist weder klug noch schön, doch es ist eine Tatsache. Der Mensch muss kognitiv lösen, was ihm nicht auf den Genen liegt. „~" Nachhaltig wirtschaften ist eine kognitive Herausforderung.

1.2   Mehrwertstrategie

„~" Die Handlungsebenen für nachhaltiges Wirtschaften folgen den Prinzipien der klassischen Unternehmenssteuerung. Durch die Hinzunahme der Dimension der Nachhaltigkeit ändert sich an diesen Prinzipien nichts. Unternehmerisch betrachtet ist Nachhaltigkeit ein Bestandteil der Mehrwertstrategie. Nachhaltigkeit schafft neue Nutzenebenen für die Verbraucher:innen. Die Mehrwertstrategie ist insbesondere für KMU – kleine und mittlere Unternehmen von großer Bedeutung. Der größte Engpass für KMU ist die zur Verfügung stehende Arbeitszeit. Sie limitiert das mögliche Maximum der hergestellten Waren und Dienstleistungen.

Für KMU entscheidend ist die Marge – was bleibt nach Abzug aller Kosten als Ertrag im Unternehmen? Mit dem Ertrag bezahlen die KMU ihre Mitarbeiter:innen, die Zulieferer, das bezogene Material und die Energie, sie investieren in Forschung und Entwicklung und in neue Maschinen, sie bilden Rücklagen, sie bezahlen Steuern und sie leisten ihren Beitrag zum Gemeinwohl.

Immer wenn die Absatzmenge limitiert ist, wird der Ertrag pro verkaufter Einheit zur entscheidenden unternehmerischen Kennzahl. Dem Ertrag zugrunde liegt der Deckungsbeitrag pro Einheit. Den Deckungsbeitrag pro Einheit kann das Unternehmen durch eine kluge Mehrwertstrategie steigern. Nachhaltig wirtschaften schafft eine neue Nutzenebene und einen substanziellen Mehrwert für Kunden und damit eine gute Ertragslage für Unternehmen.

Nachhaltig wirtschaften kann nicht losgelöst von der unternehmerischen Wirklichkeit ins Werk gesetzt werden. Unternehmen schaffen einen Mehrwert, nur so können sie existieren. Entscheidend sind hierbei die Spielregeln, wie man Mehrwert schafft, diesen einsetzt und verteilt. Nachhaltig wirtschaften definiert die Spielregeln neu, wie man wirtschaftet.

Nachhaltig wirtschaften ist eine Mehrwertstrategie mit neuen Spielregeln Für das neue Spiel brauchen Unternehmen Mitstreiter, Wegbegleiter und gute Rahmenbedingungen. Gute Unternehmen beginnen immer dort, wo sie etwas bewirken können – bei sich im Unternehmen. „~"

Nachhaltig wirtschaften ist ein wertgebundenes Unternehmenskonzept Jedes Unternehmen agiert wertgebunden. Innovationsführerschaft, Preisführerschaft und Marktführerschaft zum Beispiel sind Werte. Auch Nischenanbieter sein ist ein Wert ebenso wie ein Luxusanbieter sein. Unklare Werte erzeugen unklare Geschäftsmodelle. Klare Werte helfen, die unternehmerische Kraft zu fokussieren. Nachhaltig wirtschaften ist ein wertgebundenes Unternehmenskonzept, dass trefflich ins Werk gesetzt werden kann. Nachhaltig wirtschaften ist das einzige ökonomische Prinzip, das dauerhaft funktioniert, denn es funktioniert ohne Ausbeutung. Jedes Unternehmen kann sein Geschäftsmodell mit dem Prinzip des nachhaltigen Wirtschaftens verbinden und entlang dessen Werte sein Geschäftsmodell weiterentwickeln.

1.3 Zumutung

In diesem Buch erwarten Sie viele Zumutungen: Zahlen, Daten, Fakten, Zusammenhänge, Fachwissen aus exzellenten Quellen und vieles davon gibt Anlass zur Sorge. Vieles ist anstrengend und es braucht Geduld, unbequeme Tatsachen und Erkenntnisse zu begreifen, mit Herz und Hirn zu erfassen. Das Buch ist unbequem, weil es ein neues Denken fordert. Das Neue irritiert uns Menschen, es macht uns Angst und das ist normal. Widerspruch ist der erste Schritt auf dem Weg der Erkenntnis.

Für mich enthält das Wort Zumutung[2] in erster Linie den Mut, sich etwas zu trauen. Wer sich etwas traut, mutet sich etwas zu. Zum Beispiel eine neue Herausforderung anzupacken, die man noch nie versucht hat. Ursprünglich bedeutete zumuten sich etwas zutrauen. Und so ist es auch gemeint.

Dieses Buch ist ein Mutmachbuch Es nimmt Sie mit auf die Reise, Nachhaltigkeit als Möglichkeit zu erfassen, unsere Art und Weise zu wirtschaften neu zu denken und neu zu handeln. Dafür brauchen wir Wissen und diesem Wissen wendet sich das Buch auf den ersten guten 200 Seiten zu. Dieses Wissen ist notwendig und es erfordert ein wenig Kraft und Durchhaltewillen, doch ich verspreche Ihnen, Sie werden reich belohnt.

1.4 Ermunterung

Als Ermunterung gebe ich Ihnen ein Menschenbild an die Hand, das Hoffnung macht, die kommenden Herausforderungen zu bestehen. „~" Blicken wir auf die ausgesprochen guten Eigenschaften der Spezies Mensch, über die diese zweifelsohne reichlich verfügt. Der Mensch ist insbesondere außerordentlich neugierig und erfinderisch, er ist sehr solidarisch, er lebt gerne in Gemeinschaften, er betreibt intensive Brutpflege, er kommuniziert

---

[2] Lesetipp: Reusch S (2008) Zumutung. Deutsche Welle, https://www.dw.com/de/zumutung/a-3315617. Zugriff: 03.07.2023.

gerne, er kann in Windeseile durch Nachahmen lernen und seine Fähigkeiten aus sich selbst heraus und durch Kombination bestehender Lösungen verbessern. Er hat Geistesblitze, die ihm das Neue als konkrete Idee vor sein Angesicht führen und er kann diese Ideen realisieren. Er kann anderen Menschen diese Idee nahebringen und sie dafür begeistern, die neue Idee in die Welt zu bringen. Menschen können ihre Kräfte bündeln und gemeinsam wirklich Großes bewirken. Der Mensch kann sich zurückziehen und sich einem inneren Antrieb folgend lange Zeit sehr stark auf neu zu findende Antworten konzentrieren, er verfügt über eine hohe Frustrationstoleranz und einen starken Willen, er kann Fragen stellen und Zusammenhänge erkennen, die kein Mensch vorher wahrgenommen hat und plötzlich ist allen Menschen alles augenscheinlich klar. Der Mensch kann durch Beobachtung begreifen, er ist erkenntnisfähig, er kann staunen und kritisch hinterfragen, er kann aus Fehlern lernen. Der Mensch kann sein Wissen dokumentieren, speichern und weitergeben. Der Mensch kann komplexe Aufgabenstellungen begreifen und ins Offene denken.

Nachhaltigkeit ist eine kulturelle Vereinbarung

2

Seien Sie versichert, Sie können über das nachhaltige Wirtschaften intellektuell differenziert und wissenschaftlich fundiert nachdenken, Sie können Ihre schlüssigen Erkenntnisse zur Diskussion stellen und robuste Argumentationsketten entwickeln, Sie können für Ihre Anliegen auf Konferenzen unter Beteiligung sehr vieler Menschen Mehrheiten gewinnen wollen und Resolutionen verabschieden, Sie können klare Ziele verhandeln und Transparenz in der Umsetzung fordern, Sie können weiterhin Beispiele für die Ausbeutung der Erde sammeln, Umweltschäden bilanzieren und kommende Klimakrisen prognostizieren, Sie können den Nachweis führen, dass unser jetziges Wirtschaftssystem auf kurzfristige ökonomische Optima angelegt ist ohne Hinzunahme der sozialen und ökologischen Kosten – all das werden Sie in diesem Buch nicht finden, denn es nützt nichts, es bringt uns nicht weiter. Ab und an werde ich rein illustrativ ein paar Beispiele aus der Welt unseres aktuellen Wirtschaftssystems einflechten ohne Anspruch auf Vollständigkeit.

Wir haben kein Erkenntnisproblem, wir haben ein Umsetzungsproblem. Wir wissen sehr viel und unternehmen zu wenig. Die Gründe sind vielfältig. Unsere Kultur des ökonomischen und sozialen Miteinanders ist über Generationen gewachsen, es ist sehr bequem, einfach weiterzumachen wie bisher. Es gibt sehr viele Menschen, die erheblich von der Ausbeutung der Erde profitieren und das Gefühl der Ohnmacht ist immer dann nahe, wenn man sich allein fühlt in seinem Wunsch und Drang, die Welt besser zu gestalten. Viele persönliche Erlebnisse und Ereignisse im zurückliegenden Jahr bewegten mich zum Denken und damit zum Schreiben. Damit ist auch der Tenor des Buches umrissen. Ich will aus der Lebenspraxis heraus berichten und auf diese bezogen Lösungen entwickeln, die die Welt ein wenig besser machen. Und diese Welt beginnt immer bei einem selbst.

S. Theßenvitz, *Nachhaltig wirtschaften in der Praxis*, https://doi.org/10.1007/978-3-658-42458-9_2

2.1   Die Gier

Seit vielen Jahren wirke ich an der Technischen Universität München mit als Experte rund um die Erstellung von Business-Plänen der dortigen Studenten. Im Rahmen von Vorträgen, Rückmeldungen und Beurteilung in diesen Seminaren leiste ich meinen fachlichen Beitrag als Betriebswirt und Marketingprofi. Ausgehend von der Geschäftsidee wird diese durchdekliniert nach Kundennutzen, Wettbewerb, Marktpotenzial, Finanzierungsmodellen, Hochrechnungen und einem Management-Summary. Die Vorträge werden geübt für mögliche Investoren auf der Suche nach neuen Killerapplikationen, nach neuen Geschäftsfeldern und Wachstumschancen – kurz: wie mache ich aus viel Geld sehr viel Geld?

Seine Legitimation erfährt dieses Vorgehen und dessen Einübung in der Konzentration auf die wesentlichen Fragen einer Unternehmung, seiner Strukturierung und stringenten Logik, der Planung und sinnvollen Abfolge der Arbeitsschritte, das Mitdenken auch der Risiken. Fraglich ist dieses Vorgehen in Hinblick auf die Ziele und Prämissen. Am Ende muss alles immer möglichst viel sein: Kunden, Umsatz, Rendite, Return on Investment, Gewinn. Und so ähneln sich die Durchführungsbedingungen jedes Businessplans: Steuern sparen durch die geeignete Rechtsform und den Unternehmenssitz, Kosten sparen durch Skalierung der Produkte, Outsourcing an Zulieferunternehmen und Produktion in Billiglohnländern wie zum Beispiel China ohne Kontrollmöglichkeiten der Arbeits- und Umweltbedingungen. Das alles ist wirklich perfektioniert und jeder ambitionierte junge Mensch kann das lernen – das System der Gier. Und wir – die alten weißen Männer und die (etwas jüngeren) weißen Frauen – nicken das ab, bestärken die jungen Menschen in ihrem Tun und wir haben den einen oder anderen hilfreichen Optimierungstipp. Das System der Gier ist Teil unserer Sozialisation.

2.2   Der Überfluss

In Deutschland wurden 2021 knapp 27.000 t Getreide geerntet.[1] Davon wurden etwas über 30 % zu Lebensmitteln verarbeitet, 45 % landeten als Tierfutter im Trog, 12 % dienten der industriellen Verwertung und 7 % flossen als Biosprit in den Tank. Der Aberwitz entfaltet seine ganze Kraft mit der Erkenntnis, dass die Weizen fressenden Nutztiere wie zum Beispiel Kühe ursprünglich Gras und Heu fraßen – sie waren keine Nahrungskonkurrenten der Menschen, wir haben sie dazu gezüchtet.

Im Sommer 2022 wurde die Inflation wieder Teil unserer Alltagswirklichkeit, insbesondere Lebensmittel verteuerten sich weit über die 8 % durchschnittliche Inflation hinaus. Abschließende Zahlen werden erst nach Drucklegung dieses Buches vorliegen,

---

[1] Ahrens S (2022) Verwendung von Getreide in Deutschland nach Verwendungsbereichen und Getreidesorten im Jahr 2021/2022. Statista, https://de.statista.com/statistik/daten/studie/488218/umfrage/verwendung-von-getreide-in-deutschland-nach-bereichen/. Zugriff: 03.07.2023.

deshalb versuche ich eine Einschätzung. Meine Beobachtungen bei Lebensmitteln ergeben Preissteigerungen von 15 bis 35 %. Das ist insbesondere für kaufkraftschwache Haushalte eine übergroße Belastung, denn sie leben von der Hand in den Mund und haben keine Rücklagen, ihre Not abzufedern.

Gleichzeitig werfen die Menschen in Deutschland Unmengen an genießbaren Lebensmitteln weg.[2] Die größten drei Gruppen: über ein Drittel frisches Obst und Gemüse, 16 % gekochtes und selbst zubereitetes Essen und 14 % Brot und Backwaren landen auf dem Müll. Summa summarum ergeben die Angaben unterschiedlicher Quellen eine Wegwerfquote von 25 bis 33 % genießbarer Lebensmittel.

Angenommen, wir würden in Deutschland keine Lebensmittel mehr wegwerfen und die Preise für alle Lebensmittel würden um 10 % steigen, dann würden wir eine Kultur der Achtsamkeit und Wertschätzung gegenüber den Lebensmitteln schaffen und die Bauern bekämen endlich eine angemessene Bezahlung für ihren Beitrag zu unserer Wohlfahrt.

Die Beispiele für unsere Überflussgesellschaft gehen gegen unendlich und hier kann jeder seine Geschichte erzählen. Der Irrtum in Bezug zum nachhaltigen Wirtschaften beginnt immer dann, wenn man glaubt, nachhaltiges Wirtschaften wäre eine Ideologie des Verzichts und der Askese. Genau das ist nachhaltiges Wirtschaften NICHT. Nachhaltiges Wirtschaften ist ein Wirtschaftsprinzip der Achtsamkeit und des Überflusses ohne Abfall.

Bitte gehen Sie im Wald spazieren, am besten in einem Naturpark oder Nationalpark und dort notieren Sie, was der Wald als Überfluss produziert und als schwer verdaulichen Abfall kommenden Generationen von Waldbewohnern und Gewächsen hinterlässt. Ihr Notizzettel wird leer bleiben, denn der Wald produziert und nutzt Ressourcen, die er vollumfänglich in einem ewigen Kreislauf weiter nutzt.

Bitte besuchen Sie einen Lebensmitteldiscounter und insbesondere dessen Ladehof. Notieren Sie dort die gesammelten Abfälle und Verpackungen und verfolgen Sie deren Spur bis zu ihrer Endlagerstätte. Wenn Sie Glück haben, ist dies eine Mülldeponie oder eine Müllverbrennungsanlage in Deutschland. Wenn sie Pech haben, reisen sie den Abfällen bis nach Rumänien, in die Türkei oder nach Afrika usw. hinterher.

Das Prinzip des nachhaltigen Wirtschaftens bestimmt nicht das Maß des Überflusses, es bestimmt das Maximum des Ressourcenverbrauches gemessen an der Regenerationsfähigkeit der Ökosysteme. Wenn sich zehn Menschen in einem Raum befinden, dessen Frischluftzufuhr für acht Menschen dimensioniert ist, werden die Menschen in diesem Raum erheblich leiden und sich vielleicht die Atemluft durch kollektives weniger Atmen teilen. Wesentlich wahrscheinlicher ist, dass auf Dauer die beiden schwächsten Menschen sterben. Die Lösung wäre, entweder die Frischluftzufuhr zu erhöhen oder den Raum nur für maximal acht Menschen zu öffnen.[3]

---

[2] Bocksch R (2020) Lebensmittelverschwendung in Deutschland. Statista, https://de.statista.com/infografik/16586/lebensmittelverschwendung/. Zugriff: 03.07.2023.

[3] Lesetipp zum gescheiterten Experiment Biosphere 2: Tages-Anzeiger, von Eichhorn Christoph, 03.10.2021: https://www.tagesanzeiger.ch/die-probanden-litten-zwei-jahre-unter-hunger-sauerstoffmangel-und-kakerlaken-651765492149. Zugriff: 03.07.2023.

Der Erdüberlastungstag, der Earth Overshoot Day, fiel im Jahr 2023 auf den 2. August,[4] im Jahr 2022 auf den 28. Juli.[5] Im Jahr 2021 fiel der Tag auf den 29. Juli, im Coronajahr 2020 war es der 22. August, in 2019 war es der 29. Juli. Die Corona-Pandemie hat die globalisierte Wirtschaft nur temporär ausgebremst. Das Global Footprint Network berechnet den Erdüberlastungstag Jahr für Jahr. Der Erdüberlastungstag berechnet für Deutschland waren in 2023 und 2022 jeweils der 4. Mai, der 5. Mai 2021, in 2020 und 2019 waren es jeweils der 3. Mai. Damit hat Deutschland seinen Anteil am Weltressourcenverbrauch auf drei Erden pro Jahr vorerst stabilisiert.

Nur am Rande: Der Erdüberlastungstag im Jahr 2000 fiel auf den 23. September, im Jahr 1961 auf den 15 Mai 1962. Damals betrug der Verbrauch in Erde-Einheiten Äquivalent 0,73. In 2023 und 2022 liegt er weltweit bei 1,75. Bildlich gesprochen bräuchten wir heute 1,75 Erden, um die Ressourcen nicht zu übernutzen. Wenn alle Menschen wie in Deutschland leben würden, dann bräuchten wir drei Erden. Fällt Ihnen was auf: Das System der Ausbeutung der Erde wird exponentiell optimiert, in Sachen Ressourcenverbrauch nimmt der Grenznutzen Jahr für Jahr zu. Von der Perspektive des nachhaltigen Wirtschaftens aus betrachtet ist dieses Prinzip gefährlich und zerstörerisch.

Wir können es drehen und wenden, wie wir wollen, mit der aktuellen Wirtschaftsweise fahren wir die Erde an die Wand; beziehungsweise gestalten wir sie zunehmend unbewohnbar für künftige Generationen von Menschen. Man sollte sich jetzt – Achtung: Sarkasmus – dringend eine Anpassungsstörung diagnostizieren lassen, um als zertifiziertes Opfer dem Desaster mit hängenden Schultern hilflos gegenüberzustehen oder – viel besser, die Dinge endlich anpacken und dort wirken, wo uns Gott gestellt hat. Der Satz ist von meiner Oma und den finde ich sehr tröstlich und Mut machend.

Das Prinzip des nachhaltigen Wirtschaftens ist ein Prinzip des Überflusses. Des Überflusses an Achtsamkeit, an klugen Ideen, an täglichen Verbesserungen, an Qualität der Produkte, an Lebensqualität, an verantwortlichem Handeln, an Schönheit in unserem Tun und Zusammenwirken. Nachhaltiges Wirtschaften ist Überfluss ohne Ausschuss.

2.3   Die Verschwendung

Beispiel

Hans ist ein liebenswürdiger Mann in den hohen 70ern, seines Zeichens Handwerker vom alten Schlag, jetzt außer Dienst und vollständig der Familie und dem Ehrenamt hingegeben. Der Hans erzählt gerne, auch ungefragt, und es begab sich auf dem Sommerfest unserer Schützengesellschaft, dass der Hans von links hinten an mich

---

[4] WWF: https://www.wwf.de/earth-overshoot-day, Zugriff: 03.07.2023.

[5] German Watch: https://www.germanwatch.org/de/overshoot, „*Der Erdüberlastungstag beschreibt den Tag, an dem die nachhaltig nutzbaren Ressourcen eines Jahres verbraucht sind. Er wird jedes Jahr vom Global Footprint Network errechnet und verdeutlicht die ökologischen Grenzen des Planeten*". Zugriff: 03.07.2023.

herantrat und meine auf den Grillteller fokussierte Aufmerksamkeit mit einem leichten Klaps auf die linke Schulter auslöschte. Er sei 1988 im Urlaub in Rumänien gewesen und das war der schönste Urlaub in seinem Leben. Neben dem Hotel gab es eine Bar, die öffnete um 10:00 Uhr in der Früh und offerierte den Krug Bier für 30 Pfennige.

Das sprach sich rum und unter den Hotelgästen fand sich eine schnell auf 15 Männer anwachsende Festgemeinde, die sich ab 10:00 Uhr nach und nach in der Bar versammelte und schnell hatte man auch eine hübsche Spielregel für die Festgemeinde erfunden. Jeder neu Hinzukommende müsse zum Einstand eine Lokalrunde schmeißen. Das befeuerte zum einen das zeitige Erscheinen – wer früher kam, bezahlte weniger, zum anderen riss der Nachschub an Bier nicht ab. So sammelten sich schnell die Bierkrüge auf dem Tresen und den Tischen und das fad gewordene Bier – denn so schnell könne ja niemand saufen – schüttete man einfach in den Sand. Bitte, bei 30 Pfennig je Krug ist das doch kein Problem. Man frühschoppte, die Zoten wurden würziger und gegen 12:00 Uhr zog man sich zurück zur Siesta um erfrischt ab 15:00 Uhr die zweite Runde in der Bar einzuläuten. Die zweite Runde zog sich bis tief in die Nacht und über die Flut der Witze hätte man ein Buch schreiben sollen, meinte der Hans.

Was die Rumänen über die deutschen Biertrinker dachten, die das meiste Bier in den Sand schütteten, ist nicht überliefert. Für die Rumänen waren 30 Pfennige pro Bier ein stattlicher Preis gemessen an deren Einkommen und Lebenshaltungskosten. Ich, der schweigend sein Grillgut mampfte während Hans links die Bierzotenstory in mein Ohr hineingoss und rechter Hand die Massen an Fleisch und Wurst auf die vier Grills wanderten und von dort auf die Teller und von dort nicht zu knapp in die Mülleimer, dachte mir so, das muss wohl so sein und geändert hat sich auch nichts. Verschwendung ist Teil unserer Kultur. Hier könnte man anekdotisch fortfahren mit Beispielen unserer Verschwendungskultur, doch ich vertraue auf den geneigten Leser und seine Beobachtungen unserer Wirklichkeit. ◄

Ab und an bin ich genötigt, einen Leihwagen zu ordern, um die abgelegenen Regionen in Deutschland zu erreichen. Diese Leihwägen sind meist neuer Bauart und ich bin stets verwundert, wie groß und schwer sie sind und bis zum Rand voll mit elektrischen und elektronischen Helferlein. Verglichen mit den PKW der 70er-Jahre sind die heutigen Autos fette Schwergewichte. Der VW Golf I aus dem Jahr 1972 wiegt leer 750 kg, der VW Golf VIII aus dem Jahr 2019 wiegt leer etwas über 1250 kg. Das sind 40 % mehr Gewicht, beide sind für fünf Personen zugelassen. Abseits der Evolution des VW Golfs hat sich viel getan bei den PKW, insbesondere die SUV prägen das Straßenbild. In Europa ist fast jeder zweite Neuwagen ein SUV,[6] erst auf Platz Drei folgen die Kleinwägen mit etwas über 17 % Marktanteil. Die technische Entwicklung der PKW erfolgte nahezu schrankenlos ohne Limitierung, abgesehen von den Abgasnormen gibt es bis heute keine restriktiven

---

[6]Welt, Auto-News, SUV-Anteil (2023). Axel Springer SE, https://www.welt.de/motor/news/article240483887/Marktanteil-bei-fast-50-Prozent-SUV-Anteil.html. Zugriff: 03.07.2023.

Vorgaben hinsichtlich Größe, Gewicht, Motorisierung und Ausstattung. Und die Nachfrage nach großen und schweren Autos ist ungebrochen.

Verschwendung ist ein mächtiges Statussymbol in unserer Gesellschaft, die kann sich
jedes Milieu und jede Schicht leisten und öffentlich zur Schau tragen. Die einen schleppen
die 1,5-Liter- Cola-Gebinde aus den Kaufhallen, in deren Einkaufswagen türmen sich
wagenradgroße Tiefkühlpizzas, die anderen fliegen dreimal im Jahr in den Urlaub, noch
andere haben zusammengerechnet 1000 PS in der Garage stehen, die ganz anderen brauchen 400 qm Wohnfläche, – jeder auf seine Weise und wir alle zusammen verschwenden
im Übermaß. Das ist der größte gemeinsame Nenner unserer kulturellen Vereinbarung.
Verschwendung ist Teil unserer Kultur. Gibt es die Möglichkeit, unsere Kultur der Verschwendung zu ändern?

Nachhaltigkeit ist kein Naturprinzip 3

Der Buchdrucker,[1] landläufig als Borkenkäfer bekannt, ist ein Riesenproblem in den Nutzwäldern. Er nistet in der Fichte und vermehrt sich dort, die Fichte ist sein natürlicher Wirtsbaum und im Grunde bilden Fichte und Buchdrucker eine wunderbare Symbiose. Sind Fichten krank, dann verströmen sie einen Geruch, der den Buchdrucker anlockt. Der Buchdrucker spürt die für ihn geeigneten Fichten auf. Er brütet und nistet in der Borke der Fichte, sie ist sein Lebensraum. Alte Bäume fallen in sich zusammen, das Sonnenlicht erreicht wieder den Waldboden und die nächste Generation der Bäume wächst heran.

Fichten lieben das kühle Klima und einen gleichmäßig feuchten Boden in höheren Gebirgslagen.[2] Dort bilden sie auch Senkerwurzeln aus, die sie besser im Boden verankern. Fichten werden krank, wenn es zu lange zu heiß ist und wenn sie zu wenig Wasser bekommen. Die Fichte versucht sich in den für sie ungünstigen Bedingungen zu schützen. Sie breitet ihre Wurzeln flach unter der Erdoberfläche aus, um so viel Wasser wie möglich zu bekommen. Die Fichte reduziert ihren Wasserverbrauch, indem sie die Spaltöffnungen in ihren Nadeln schließt, durch die das Wasser verdunstet. Sie stellt ihre Fotosynthese ein. Die geschlossenen Nadeln nehmen kein CO_2 mehr auf, die Zuckerproduktion kommt zum Stillstand und damit kollabiert das Abwehrsystem der Fichte. Das ist ideal für den Buchdrucker. Gegen eindringende Borkenkäfer produziert die Fichte Harz. Ist die Fichte langer Trockenheit ausgesetzt, genügt die Harzproduktion nicht.

---

[1] Der Buchdrucker, auch Großer Achtzähniger Fichtenborkenkäfer (Ips typographus) ist eine Käferart aus der Unterfamilie der Borkenkäfer (Scolytinae). Er mag die Borke der Fichte als Brutstätte für seinen Nachwuchs.

[2] Hofmann, S (2023) Die Fichte – Immergrün ohne Zukunft? Bayerischer Rundfunk, Bayern 2 https://www.br.de/radio/bayern2/service/manuskripte/radiowissen/manuskript-radiowissen-die-fichte-immergruen-ohne-zukunft-100.html. Zugriff: 03.07.2023.

© Der/die Autor(en), exklusiv lizenziert an Springer Fachmedien Wiesbaden GmbH, ein Teil von Springer Nature 2023
S. Theßenvitz, *Nachhaltig wirtschaften in der Praxis*,
https://doi.org/10.1007/978-3-658-42458-9_3

Die Fichte war in Deutschland der Brotbaum[3] der Forstwirtschaft. Entlang der Klima-erwärmung und der Häufung regenarmer und heißer Sommermonate in Folge wurde die Fichte zum Problemfall. Doch das ist nicht unser Punkt. Die Fichte ist ein standortferner Baum,[4] sie würde sich von sich aus nicht in tieferen Lagen und in regenarmen Regionen ansiedeln. In dem von ihr geliebten kühlfeuchten Gebirgsklima gedeiht die Fichte präch-tig. Der Buchdrucker besiedelt nur sehr schwache Bäume und dem Klima entsprechend vermehrt sich der Buchdrucker auch deutlich schwächer und langsamer. Erst die Hitze schafft die Grundlage für eine rasche Abfolge der Buchdruckergenerationen.

Bestünde die Welt ausschließlich aus einer einzigen kühlfeuchten Gebirgsklimazone, dann wäre die Fichte mit Sicherheit die alles dominierende Baumart. Palmen gäbe es nicht, auch keine Eichen oder Birken. Die natürliche Begrenzung für die Ausbreitung der Fichte ist die für sie geeignete Klimazone. Der Buchdrucker als mit der Fichte symbio-tisch zusammenhängende Lebensform findet seine Begrenzung ebenfalls in der Anzahl schwacher und kranker Fichten. Nimmt die Zahl der schwachen und kranken Fichten zu, dann steigt auch die Population der Buchdrucker. Nimmt die Zahl der schwachen und kranken Fichten in einem heißen und trockenen Klima exponentiell zu, dann steigt auch die Population der Buchdrucker exponentiell an. Dieses Naturgesetz ist universell. Jede Lebensform entwickelt sich innerhalb der sie umgebenden Umweltbedingungen. Ver-ändern sich die Umweltbedingungen, dann verändern sich die Lebensformen und deren Anteile innerhalb der Klimazone.

Im Zuge des Klimawandels finden zunehmend neue Tier- und Pflanzenarten ihren Weg nach Deutschland, die sich aufgrund der hier fehlenden Fressfeinde ungebremst aus-breiten. Zu den invasiven Arten zählen zum Beispiel der Ochsenfrosch, die spanische Wegschnecke und der asiatische Marienkäfer.[5] Der Ochsenfrosch fühlt sich in Deutsch-land pudelwohl, seine Fressfeinde wie Bussarde, Graureiher, Marder und Wasserschlangen weilen noch in Nordamerika. Die Heraklesstaude, das drüsige Springkraut und die kana-dische Goldrute zählen zu den invasiven Pflanzenarten.[6] Die Heraklesstaude – der Riesen-Bärklau aus dem Kaukasus wurde in Deutschland erstmals in Thüringen 1912 nach-gewiesen[7] und wird mit großem Aufwand gerodet und abgeflammt. Ohne diese Maß-nahmen würde sich der Riesen-Bärklau sehr rasch entlang von Bächen vermehren und

---

[3] Lesetipp: Naturschutzbund Deutschland e. V. (NABU), https://www.nabu.de/tiere-und-pflanzen/ pflanzen/pflanzenportraets/wildpflanzen/gehoelze/21371.html. Zugriff: 03.07.2023.

[4] Lesetipp: Hermann von Helmholtz-Gemeinschaft Deutscher Forschungszentren e.V., HELM-HOLTZ, Interview Röbke T mit Marx A (2020): https://www.helmholtz.de/newsroom/artikel/nur-noch-jeder-fuenfte-baum-ist-wirklich-gesund/. Zugriff 03.07.2023.

[5] Lesetipp: Wessel M J K Beispiele invasiver Tierarten (Neozoen). Bund für Umwelt und Natur-schutz Deutschland e.V. (BUND) https://www.bund.net/themen/tiere-pflanzen/invasive-arten/neo-zoen/. Zugriff 04.07.2023.

[6] Ebenda: https://www.bund.net/themen/tiere-pflanzen/invasive-arten/neophyten/. Zugriff 12.02.2023.

[7] Lesetipp: Kirsten A (2022) Riesenbärenklau bereitet Riesenprobleme. Mitteldeutscher Rundfunk, MDR Garten https://www.mdr.de/mdr-garten/pflanzen/riesenbaerenklau-naturschutz-invasiv-neophyt-was-hilft-100.html. Zugriff, 04.07.2023.

deren Ufer erodieren lassen – er würde so lange expandieren, bis die Bäche versumpfen, versiegen oder versickert sind.

Die Natur – Flora und Fauna – folgt keinen Prinzipien der Nachhaltigkeit. Flora und Fauna bescheiden sich nicht, sie expandieren wo und wie immer möglich und sie finden ihre Begrenzung ausschließlich in den Umweltbedingungen – zum Beispiel Temperatur, Wasser, Sonne, Wind, Nährstoffe und Fressfeinde. Ändern sich die Umweltbedingungen, dann ändern sich die Expansionsmöglichkeiten. Der Mensch als Teil der Fauna ist genauso gestrickt. Er expandiert wo und wie immer möglich. Der Mensch ist die einzige Spezies, die in jeder Klimazone lebt und unter nahezu allen Umweltbedingungen überlebt. Der Mensch ist die einzige Spezies, die Werkzeuge erfunden hat, die ihre Kraft und Möglichkeiten ins Unermessliche hat wachsen lassen. Warum beutet der Mensch die Erde aus? Weil er es kann. Warum gibt es Plastiktüten? Weil der Mensch sie erfunden hat. Warum trägt der Mensch sein Essen in Plastiktüten nach Hause? Weil es praktisch ist. Das Einzige, was den Menschen von der Natur unterscheidet, er produziert Müll vornehmlich in Form von CO_2-Emissionen und stofflichen Hinterlassenschaften, mit denen er in erster Linie seine eigene Lebensgrundlage zerstört. Das ist weder klug noch schön, doch es ist eine Tatsache. Der Mensch muss kognitiv lösen, was ihm nicht in den Genen liegt. Nachhaltigkeit liegt nicht in der Natur des Menschen. Doch die Vernunft liegt in der Natur des Menschen, darum geht es im folgenden Kapitel Kap. 4.

Nachhaltiges Wirtschaften bietet Chancen und Vorteile

4

Im Abwägen von Alternativen, im Handeln innerhalb des Möglichen, durch die Vorstellung und Formulierung des Besseren und Wünschenswerten findet der Mensch herausragende Lösungen, zum Beispiel die Demokratie, die Gewaltenteilung und die Menschenrechte, die Waschmaschine, die Fußbodenheizung, die Lokalanästhesie und den Herzschrittmacher. Genauso verhält es sich mit dem Prinzip des nachhaltigen Wirtschaftens. Welche Vorteile generiert nachhaltiges Wirtschaften? Welche Chancen ergeben sich daraus? Was wird damit gelöst und dauerhaft besser? Nachhaltiges Wirtschaften muss ein Sehnsuchtsort sein, der ins Offene weist. Er muss den Menschen Gestaltungsmöglichkeiten bieten, ihre Fantasie anregen und Vorteile und Chancen eröffnen. Folgende Ausführungen sind eine knappe Reflexion meiner konkreten Erfahrungen in der Arbeit mit Unternehmen, öffentlichen Einrichtungen und Kommunen. Alle Aspekte werden im Laufe des Buches vertiefend betrachtet und belegt.

4.1 Unternehmen gewinnen nachhaltig

Mehr Ertrag mit der Mehrwertstrategie Unternehmerisch betrachtet ist Nachhaltigkeit eine Mehrwertstrategie. Nachhaltigkeit schafft neue Nutzenebenen für die Verbraucher weit über den Gebrauchsnutzen hinaus. Die Mehrwertstrategie ist insbesondere für kleine und mittlere Unternehmen von großer Bedeutung, denn der Ertrag pro verkaufter Einheit zählt.

Innovationsführerschaft Das Ziel der ausbeutungs- und emissionsfreien Produktion erreichen Unternehmen durch Innovationen. Allein durch die Fragestellungen, die sich aus dem Ziel des nachhaltigen Wirtschaftens und dessen konkreter Realisierung ergeben,

S. Theßenvitz, *Nachhaltig wirtschaften in der Praxis*, https://doi.org/10.1007/978-3-658-42458-9_4

finden Unternehmen Lösungen jenseits des bisher Vorstellbaren. Nachhaltig denken ist denken Outside-the-Box.

Erhöhte Resilienz Nachhaltig wirtschaftende Unternehmen sind deutlich krisenfester und widerstandsfähiger als vergleichbare Wettbewerber ohne Nachhaltigkeitsstrategie. Denn die Nachhaltigkeitsstrategie beinhaltet robuste Lieferketten, verlässliche Partnerschaften, einen klugen Einsatz von Material und Energie und eine attraktive Positionierung im Markt.

Wertsicherung und Wertsteigerung Jedes Unternehmen ist dem Wandel ausgeliefert. Externe Einflüsse verändern den Referenzrahmen, in dem Unternehmen agieren. Megatrends, Wettbewerber und Kundenbedürfnisse wandeln sich. Nachhaltigkeit ist einer der stärksten Veränderungsimpulse. Nachhaltig wirtschaftende Unternehmen bleiben wertstabil.

Starke Marktposition Nachhaltig wirtschaftende Unternehmen schaffen sich eine deutlich stärkere Marktposition als vergleichbare Wettbewerber ohne Nachhaltigkeitsstrategie. Denn Nachhaltigkeit schafft einen Mehrwert, der weit über die betriebswirtschaftliche Betrachtung hinausreicht und gleichwohl einen ökonomischen Mehrwert schafft.

Starke Beachtung in der Öffentlichkeit Die Medien, die Politik – alle gesellschaftlich relevanten Gruppen – schenken nachhaltig wirtschaftenden Unternehmen deutlich mehr Beachtung und Wohlwollen. Für diese Unternehmen öffnen sich Türen, die jahrelang verschlossen waren. Es ergeben sich Möglichkeiten, sich umfassend öffentlich zu präsentieren.

Deutlich besseres Image Nachhaltig wirtschaftende Unternehmen profitieren umgehend und umfassend von einem deutlich besseren Image. Die meisten Verbraucher schenken beweisbar nachhaltig wirtschaftenden Unternehmen deutlich mehr Vertrauen, sie beachten diese signifikant mehr und haben eine deutlich bessere Meinung von ihnen.

Kundenbegeisterung und Kundenbindung Kunden lieben nachhaltige Unternehmen. Kunden von Unternehmen, die gute Werte vertreten, fühlen sich mit ihnen stark emotional verbunden. Sie empfinden sich als Mitstreiter für eine gute Sache. Für diese gute Sache treten die Kunden ein. Kunden von nachhaltigen Unternehmen erzählen gerne von ihnen und sie sind sehr treu.

Mitarbeiter:innen leichter gewinnen und binden Unternehmen, die sich nachhaltig weiterentwickeln, haben deutlich bessere Chancen, insbesondere jüngere Mitarbeiter:innen für ihr Unternehmen zu begeistern und zu gewinnen. Die Werteklammer Nachhaltigkeit führt zu einer deutlich verbesserten Identifikation mit dem Unternehmen. Nachhaltigkeit im Unternehmen stiftet Sinn.

Auszubildende leichter gewinnen und binden Insbesondere jüngere Menschen auf dem Weg ins Berufsleben suchen Unternehmen, in denen sie sich sinnvoll einbringen können. Der Anteil jüngerer Menschen, die sich aktiv für Nachhaltigkeit einsetzen, ist mit über 70 % deutlich höher als im Bevölkerungsschnitt mit 40 %. Nachhaltigkeit im Unternehmen stiftet Sinn.

Gute Nachfolgeregelung Unternehmen, die über ein nachhaltiges Unternehmenskonzept verfügen, haben eine deutlich stärkere Position und Verhandlungsbasis für eine attraktive Nachfolgeregelung, sei es betriebsintern durch einen Management-Buy-out oder durch einen externen Verkauf. Ein nachhaltiges Unternehmen ist eine gute Altersvorsorge für deren Inhaber:in.

Günstigere Kredite Unternehmen, die nachhaltig wirtschaften, haben deutlich höhere Chancen, günstigere Kredite von ihrer Hausbank zu bekommen. Die Voraussetzung ist die Vorlage eines Nachhaltigkeitsberichts, in dem das Unternehmen seine Ziele, Strategien und Maßnahmen transparent offenlegt ebenso wie seine Zahlen und Daten zur nachhaltigen Entwicklung.

Leichter Zugang zu Fördermitteln Die Europäische Union, der Bund und die Länder stellen eine Vielzahl an Fördermitteln für Unternehmen bereit, die sich auf den Weg des nachhaltigen Wirtschaftens begeben. Diese Fördermittel reichen von kostenfreien Werkzeugen für die Erstellung eines Nachhaltigkeitsberichts bis zu Zuschüssen für Investitionen in Nachhaltigkeit.

Nachhaltige Senkung der Vollkosten Das Ziel jedes nachhaltig wirtschaftenden Unternehmens ist die ausbeutungs- und emissionsfreie Produktion. Die Lösungen entlang dieser Zielstellung beinhalten immer die Vermeidung externalisierter Kosten.[1] Das ist der wesentliche Beitrag nachhaltig wirtschaftender Unternehmen zum Weltzukunftsvertrag – eine ausbeutungsfreie Welt.

Beitrag zum Weltzukunftsvertrag Jedes Unternehmen ist eingebettet in das große Ganze. Unsere von Menschen gemachte Welt muss eine neue Vereinbarung finden, um zukunftsfähig zu bleiben. Nachhaltigkeit ist das einzige ökonomische Prinzip, das dauerhaft funktioniert. Jedes Unternehmen kann seinen Beitrag leisten für eine emissions- und ausbeutungsfreie Welt.

---

[1] Günther E (2018) Definition: Was sind „externe Kosten"? Gabler Wirtschaftslexikon https://wirtschaftslexikon.gabler.de/definition/externe-kosten-32160/version-255707.

4.2   Nachhaltig gute öffentliche Einrichtungen

Gut für alle Öffentliche Einrichtungen sind ein wertvolles Gut für alle Menschen. Ihr nachhaltiges Wirken durchdringt und prägt die gesellschaftliche Wirklichkeit. Der Reichtum, den öffentliche Einrichtungen mit ihrem Wirken schaffen, bemisst sich daran, für alle Menschen verfügbar zu sein, offen für alle Menschen zu sein und für alle Menschen bezahlbar zu sein.

Innovationsführerschaft Die nachhaltige Bereitstellung von Leistungen erreichen öffentliche Einrichtungen durch Innovationen. Allein aus den Fragestellungen, die sich aus dem nachhaltigen Wirtschaften ergeben, finden öffentliche Einrichtungen konkrete nachhaltige Lösungen jenseits des bisher Vorstellbaren. Nachhaltig denken ist denken Outside-the-Box.

Erhöhte Resilienz Nachhaltig wirtschaftende öffentliche Einrichtungen sind deutlich krisenfester und widerstandsfähiger als vergleichbare Einrichtungen ohne Nachhaltigkeitsstrategie. Denn die Nachhaltigkeitsstrategie beinhaltet verlässliche Partnerschaften, einen klugen Zukunftsvertrag mit der öffentlichen Hand und eine attraktive Positionierung im Umfeld.

Gute Ideen ermöglichen Für viele Menschen ist Nachhaltigkeit ein wichtiger Wert in ihrer Lebenspraxis – in Arbeit, Beruf und Freizeit. Dafür suchen sie gute Lösungen, Anknüpfungspunkte und Möglichkeiten der Mitwirkung. Öffentliche Einrichtungen sind ideale Orte der Emergenz – der Ermöglichung. Durch ihr Wirken mit den Menschen entstehen und verbreiten sich neue Ideen.

Hohe Glaubwürdigkeit Die Bürger wollen wissen, welchen Beitrag öffentliche Einrichtungen zum Gemeinwesen leisten. Nachhaltig wirtschaftende öffentliche Einrichtungen belegen ihre Wirksamkeit in einem Nachhaltigkeitsbericht, in dem sie ihre Strategien und Maßnahmen transparent offenlegen ebenso wie ihre Zahlen und Daten zur nachhaltigen Entwicklung.

Starke Beachtung in der Öffentlichkeit Die Medien, die Politik – alle gesellschaftlich relevanten Gruppen – schenken nachhaltig wirtschaftenden öffentlichen Einrichtungen deutlich mehr Beachtung und Wohlwollen. Für diese Einrichtungen öffnen sich Türen, die jahrelang verschlossen waren. Es ergeben sich Möglichkeiten, sich umfassend öffentlich zu präsentieren.

Deutlich besseres Image Nachhaltig wirtschaftende öffentliche Einrichtungen profitieren umgehend und umfassend von einem deutlich besseren Image. Die meisten Bürger schenken beweisbar nachhaltig wirtschaftenden Einrichtungen deutlich mehr Vertrauen, sie beachten diese signifikant mehr und haben eine deutlich bessere Meinung von ihnen.

Begeisterung und Bindung Bürger lieben nachhaltige öffentliche Einrichtungen. Bürger, Kunden und Teilnehmer von Einrichtungen, die gute Werte vertreten, fühlen sich mit ihnen stark emotional verbunden. Sie empfinden sich als Mitstreiter für eine gute Sache. Kunden und Teilnehmer von nachhaltigen Einrichtungen erzählen gerne von ihnen und sie sind sehr treu.

Starke politische Bedeutung Die Politik liebt Partner, die einen guten Zukunftsbeitrag leisten. Für diese Partner macht sich Politik stark, denn in dem Wirken der Partner manifestiert sich der politische Wille für ein gutes Gemeinwesen. Nachhaltig wirtschaftende öffentliche Einrichtungen sind Botschafter und beispielgebende Vorreiter für ein gutes Gemeinwesen.

Mitarbeiter leichter gewinnen und binden Öffentliche Einrichtungen, die sich nachhaltig weiterentwickeln, haben deutlich bessere Chancen, insbesondere jüngere Mitarbeiter für ihre Einrichtung zu begeistern und zu gewinnen. Die Werteklammer Nachhaltigkeit führt zu einer deutlich verbesserten Identifikation mit der Einrichtung. Nachhaltigkeit stiftet Sinn.

Auszubildende leichter gewinnen und binden Insbesondere jüngere Menschen auf dem Weg ins Berufsleben suchen Arbeitgeber, in dem sie sich sinnvoll einbringen können. Der Anteil jüngerer Menschen, die sich aktiv für Nachhaltigkeit einsetzen, ist mit über 70 % deutlich höher als im Bevölkerungsschnitt mit 40 %. Nachhaltigkeit stiftet Sinn.

Fördermittel und Unterstützung Die Europäische Union, der Bund und die Länder stellen eine Vielzahl an Fördermitteln und Unterstützungsleistungen für öffentliche Einrichtungen bereit, die sich auf den Weg des nachhaltigen Wirtschaftens begeben. Diese Fördermittel reichen von projektbasierten Fördermitteln bis zu dauerhaft höheren institutionellen Zuschüssen.

Vorreiter für Gerechtigkeit Der Weltzukunftsvertrag umspannt die Idee einer ausbeutungsfreien Welt. Öffentliche Einrichtungen können für Gesundheit und Wohlergehen (SDG 3), hochwertige Bildung (SDG 4), Geschlechtergerechtigkeit (SDG 5), weniger Ungleichheiten (SDG 10) und nachhaltige Städte und Gemeinden (SDG 11) wesentliche Beiträge liefern.

Frieden und Demokratie Die Menschen wollen und brauchen in einer fragmentierten und hochdifferenzierten Welt ein verlässliches und starkes Wertegerüst für Zuversicht, Sicherheit und Schaffensfreude. Öffentliche Einrichtungen sind zentrale Vermittler starker Werte. Nachhaltiges Handeln entfaltet sich auf den Grundlagen von Frieden und Demokratie.

Beitrag zum Weltzukunftsvertrag Jede öffentliche Einrichtung ist eingebettet in das große Ganze. Unsere von Menschen gemachte Welt muss eine neue Vereinbarung finden, um zukunftsfähig zu bleiben. Nachhaltigkeit ist das einzige ökonomische Prinzip, das dauerhaft funktioniert. Jede öffentliche Einrichtung kann ihren Beitrag leisten für eine emissions- und ausbeutungsfreie Welt.

4.3   Nachhaltig lebenswerte Kommunen

Starke Kreislaufwirtschaft Eine funktionierende Kreislaufwirtschaft mit starkem Bezug zur Region ist ein wesentlicher Eckpfeiler für Wachstum, Wohlstand und Wohlfahrt. Große Teile der Wertschöpfung bleiben in der Region und dort kommt sie den Bürgern unmittelbar zugute. Kommunen gedeihen immer auf der Grundlage eines gedeihlichen Gemeinwesens.

Attraktiver Wirtschaftsstandort Nachhaltig agierende Kommunen sind gute Standorte für innovative Unternehmen. Nachhaltigkeit braucht Wissen und Können, es braucht Menschen, die neue Lösungen für neue Herausforderungen finden. Diese Menschen bilden das Rückgrat der ökonomischen Wertschöpfung. Nachhaltige Kommunen ziehen nachhaltige Unternehmen an.

Mehr Gestaltungsmöglichkeiten Nachhaltig agierende Kommunen generieren innerhalb der regionalen Kreislaufwirtschaft deutlich mehr Wertschöpfung, die in der Region bleibt. Innovative Unternehmen erzeugen mehr Wertschöpfung. Daraus resultieren höhere Steuereinnahmen, daraus resultieren mehr Gestaltungsmöglichkeiten, daraus resultiert mehr Wohlfahrt.

Prosperierende Betriebe Über 50 % der Menschen legen bei Produkten und Lebensmitteln immer mehr Wert auf deren nachhaltige Produktion und regionale Herkunft. Kommunen, die ihre Betriebe auf dem Weg der Nachhaltigkeit unterstützen, investieren in eine prosperierende Wirtschaft mit starkem Regionalbezug und in einen großen Wertschöpfungshebel.

Erhöhte Resilienz Nachhaltig agierende Kommunen sind deutlich krisenfester und widerstandsfähiger als vergleichbare Kommunen ohne Nachhaltigkeitsstrategie. Sie sind unabhängiger von externen Einflüssen. Sie können viele Herausforderungen aus eigener Kraft lösen. Sie sind geübt darin, eigene Lösungen zu finden. Sie haben Vertrauen in ihre Kraft.

Sehnsuchtsort Nachhaltig agierende Kommunen sind Sehnsuchtsorte für Bürger und attraktive Unternehmen. Nachhaltig wirtschaften ist eine Mehrwertstrategie, die allen Akteuren im Gemeinwesen weit über die Daseinsbewältigung hinaus umfassende Mehrwerte bietet: gute Arbeitsplätze, gesunde Umwelt, intakte Infrastruktur, ein lebendiges Gemeinwesen.

Gesellschaftliches Engagement Für viele Menschen ist Nachhaltigkeit ein wichtiger Wert in ihrer Lebenspraxis – in Arbeit, Beruf und Freizeit. Sie suchen Anknüpfungspunkte und Möglichkeiten der Mitwirkung in Projekten und Initiativen. Kommunen können gute Orte für Emergenz – der Ermöglichung – schaffen und damit die Identifikation der Bürger mit ihrer Kommune stärken.

Starke Vereine und Initiativen Lebendige Kommunen verfügen über ein reges Vereinsleben und starke Initiativen. In ihnen entsteht der Gemeinsinn, das Gefühl der Verbundenheit und der Verantwortung gegenüber den Mitbürgern und der Kommune. Nachhaltigkeit bietet Vereinen und Initiativen große Chancen, um Bürger mit ihrem Engagement zu gewinnen und einzubeziehen.

Hochwertiger Tourismus Nachhaltig agierende Kommunen sind attraktive Reiseziele für Menschen mit Sinn für Authentizität, Originalität und gelebte Tradition in Verbindung mit einem starken Erneuerungsimpuls, der das gute Bewährte mit dem guten Neuen verknüpft. Insbesondere kaufkraftstarke Touristen lieben nachhaltig wachsende Regionen und Landschaften.

Deutlich besseres Image Nachhaltig agierende Kommunen profitieren umgehend und umfassend von einem deutlich besseren Image. Die meisten Bürger schenken beweisbar nachhaltig agierenden Kommunen deutlich mehr Vertrauen, sie bewerten deren Leistungen deutlich positiver und identifizieren sich deutlich stärker mit ihnen.

Starke Beachtung in der Öffentlichkeit Die Medien, die Politik – alle gesellschaftlich relevanten Gruppen – schenken nachhaltig agierenden Kommunen deutlich mehr Beachtung und Wohlwollen. Für diese Kommunen öffnen sich Türen, die jahrelang verschlossen waren. Es ergeben sich Möglichkeiten, sich umfassend öffentlich zu präsentieren.

Starke politische Bedeutung Die Landes- und Bundespolitik liebt Kommunen, die einen guten Zukunftsbeitrag leisten. Für diese Kommunen machen sich Bund und Land stark, denn in dem Wirken der Kommunen manifestiert sich der politische Wille für ein gutes Gemeinwesen. Nachhaltig agierende Kommunen sind beispielgebende Vorreiter für ein gutes Gemeinwesen.

Leichter Zugang zu Fördermitteln Die Europäische Union, der Bund und die Länder stellen eine Vielzahl an Fördermitteln für Kommunen bereit, die sich auf den Weg des nachhaltigen Wirtschaftens begeben. Diese Fördermittel reichen von projektbasierten Fördermitteln bis zu dauerhaft angelegten Innovationspartnerschaften, um Kommunen nachhaltig zu entwickeln.

Starke Werte für Einigkeit Die gesellschaftlichen Vereinbarungen verändern sich hin zu einem verantwortungsvollen Umgang mit der Welt. Diese Veränderungen beginnen vor Ort in der Kommune. Kommunen verfügen mit der Werteklammer Nachhaltigkeit über eine herausragende Möglichkeit, ihre hochdifferenzierte Bürgerschaft in dieser Idee zu einen.

Beitrag zum Weltzukunftsvertrag Jede Kommune ist eingebettet in das große Ganze. Unsere von Menschen gemachte Welt muss eine neue Vereinbarung finden, um zukunftsfähig zu bleiben. Nachhaltigkeit ist das einzige ökonomische Prinzip, das dauerhaft funktioniert. Jede Kommune kann ihren Beitrag leisten für eine emissions- und ausbeutungsfreie Welt.

Nachhaltiges Handeln ergibt Sinn

Was zählt ist beweisbare Nachhaltigkeit in Analysen, Daten, Fakten und Zahlen. Viele Menschen wollen Produkte von Unternehmen kaufen, die glaubwürdig besser sind. Besser im täglichen Gebrauch, besser zur Umwelt, besser zur Gesellschaft. Und dafür sind sie bereit, mehr zu bezahlen. Weit über die Hälfte der Bevölkerung in Deutschland orientiert ihr Kaufverhalten an nachhaltigen Kriterien – das gilt gerade für die kaufkraftstarken Milieus. Ganz vorne in der Kundengunst stehen messbare und fühlbare Qualität und konkret gelebte Verantwortung. Meine Erfahrung in aller Kürze: Kunden lieben nachhaltig wirtschaftende Unternehmen.

Nachhaltige Produkte ergeben Sinn und sind vielfältig sinnlich erfahrbar. Nachhaltige Produkte sind schön, durchdacht, haltbar, reparaturfreundlich und eine tägliche Freude. Nachhaltig wirtschaftende Unternehmen arbeiten mit gesunden und regionalen Rohstoffen, umweltschonenden Herstellungsverfahren, ökologischem Energieeinsatz, fairer Bezahlung der Mitarbeiter:innen und gesellschaftlichem Engagement in der Region. Mehr Nachhaltigkeit ist beweisbar die klügere Unternehmensstrategie für bessere Produkte, begeisterte Kunden, engagierte Mitarbeiter:innen und weniger Ressourcenverbrauch.

Ich erlebe in der Praxis eine steile Lernkurve und vielfältige Nutzen bereits während der Erstellung des ersten Nachhaltigkeitsberichts. Produktionsabläufe werden kritisch geprüft und klug gestaltet. Materialeinkauf, Materialeinsatz und Materialverbrauch werden optimiert. Energiequellen und Energieeinsatz werden ökologischer und effizienter. Die Unternehmensführung ändert sich in Richtung Nachhaltigkeit. Die Belegschaft entwickelt eine neue Verbundenheit zu ihrem Unternehmen. Auszubildende wollen eine Ausbildung in einem sinnstiftenden Unternehmen. Neue Mitarbeiter:innen wählen gerne Unternehmen, auf die sie stolz sein können. Nachhaltigkeit bietet große Chancen. Das Angebot kann wertschöpfend höherwertig positioniert werden mit großen Chancen für Marketing,

S. Theßenvitz, *Nachhaltig wirtschaften in der Praxis*, https://doi.org/10.1007/978-3-658-42458-9_5

Kommunikation und Vertrieb in attraktiven Kundensegmenten. Mit nachhaltig klugem Handeln erreichen Sie mehr Wertschöpfung, mehr Wirksamkeit, mehr Wertschätzung und mehr Wohlfahrt.

Nicht zuletzt vermeiden Sie mit einer nachhaltigen Wirtschaftsweise viele Risiken. Der Druck seitens des Staates, der Lieferanten und Kunden auf Unternehmen nimmt zu, nachhaltig zu wirtschaften. Immer mehr Banken verlangen Nachweise für nachhaltiges Wirtschaften. Wer nicht liefert, dessen Finanzierungskosten werden steigen oder die Kreditfinanzierung versiegt. Neue Mitarbeiter:innen und Auszubildende legen immer mehr Wert darauf, in einem nachhaltig wirtschaftenden Unternehmen zu arbeiten.

Die Rahmenhandlung des Buches

6

Die Rahmenhandlung beginnt mit den 17 Zielen für nachhaltige Entwicklung,[1] den 17 SDG – Sustainable Development Goals. Sie bilden den Kern des Weltzukunftsvertrages, der bis ins Jahr 2030 reicht. Die 17 Ziele umschließen alle weiteren Dimensionen, von den 17 Zielen geht alles aus und alles bezieht sich auf diese.

Die Grafik Abb. 6.1 verdeutlicht die inneren Zusammenhänge der Rahmenhandlung mit den Handlungsebenen. Die 17 Ziele sind der Ausgangspunkt für die Handlungsebenen. Die Ergebnisse der Handlungsebenen fließen in den DNK und die GRI. Jede Ebene steht mit allen Ebenen in Beziehung. In diesem Buch werden die Rahmenhandlung und die Handlungsebenen jeweils in sich geschlossen dargelegt. Die Rahmenhandlung ist der erste Teil des Buches.

Sie werden in der Durchsicht der 17 Ziele feststellen, einige umfassen Zielbereiche, die sehr stark mit der unternehmerischen Perspektive zusammenhängen. Andere Zielbereiche beziehen die gesellschaftliche, politische und ökologische Perspektive ein – und alles miteinander bildet ein treffliches System, um daraus konkrete Ziele für Ihr Unternehmen zu definieren. Jedes gute Unternehmenskonzept beinhaltet Ziele. Die Ziele eines nachhaltig wirtschaftenden Unternehmens sind ein wesentlicher Beitrag zum Weltzukunftsvertrag, sie schaffen einen verbindlichen Bezugsrahmen, die Welt nachhaltig besser zu gestalten. Tiefgehende Informationen finden Sie in Kap. 7 *17 Ziele für Nachhaltigkeit – der Weltzukunftsvertrag*.

---

[1] Quellen: Bundesministerium für wirtschaftliche Zusammenarbeit und Entwicklung https://www.bmz.de/de/agenda-2030 | https://17ziele.de/ | Vereinte Nationen UNRIC – Regionales Informationszentrum der Vereinten Nationen: https://unric.org/de/17ziele/. Zugriffe: 03.07.2023.

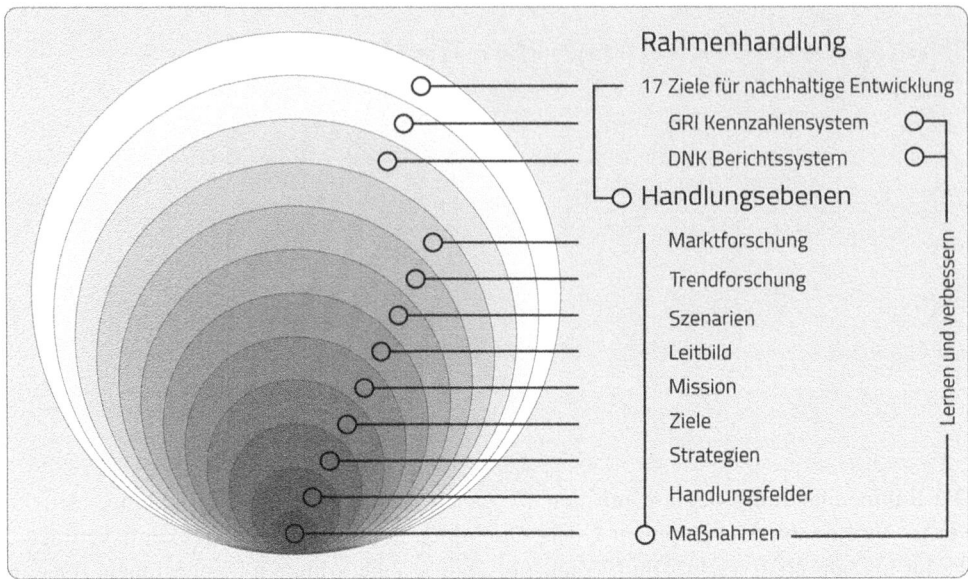

Abb. 6.1 Rahmenhandlung – Die Struktur des Buches (eigene Darstellung)

GRI-Kennzahlensystem Die Kennzahlen der *GRI – Global Reporting Initiative*[2] beziehen sich explizit auf die 17 Ziele für nachhaltige Entwicklung, sie liefern das Kennzahlensystem zu den 17 Zielen und messen die Nachhaltigkeit in Ihrem Unternehmen. Die GRI bietet Richtlinien für die Erstellung von Nachhaltigkeitsberichten von Großunternehmen, KMU – kleinen und mittleren Unternehmen, Regierungen und NGO – Non Governmental Organisations/Nichtregierungsorganisationen. Die GRI arbeitet weltweit unter aktiver Beteiligung von Firmen, Menschenrechts-, Umwelt-, Arbeits- und staatlichen Organisationen.

Das Kennzahlensystem der GRI bietet Ihnen über die klassischen betrieblichen Kennzahlen hinaus Möglichkeiten, die Qualitäten und die Dimension der Nachhaltigkeit in Kennzahlen zu erfassen und zu beziffern. Die Grundvoraussetzung für jede gelingende Veränderung hin zu einer dauerhaften Verbesserung ist die Analyse der Situation. Aus dieser ergeben sich meist rasch sehr klare und wertvolle Hinweise, an welchen Stellen man mit welchen Methoden sinnvollerweise die Veränderung in Angriff nimmt. Kennzahlen sind eine sehr gute Möglichkeit, Tatsachen zu objektivieren und in Beziehungen zueinander zu setzen.

Alle unternehmerischen Aktivitäten von der Marktforschung bis zu den Maßnahmen fließen in das GRI-Kennzahlensystem ein. In Kap. 8 *GRI-Kennzahlensystem* finden Sie

---

[2] Global Reporting Initiative: https://www.globalreporting.org/. Zugriff: 03.07.2023.

umfangreiche verständnisleitende Informationen, um mit dem GRI-Kennzahlensystem arbeiten zu können.

DNK-Berichtssystem Eng verbunden mit der GRI bietet der *DNK – der Deutsche Nachhaltigkeitskodex*[3] in der Praxis erstellte und dort erprobte branchenspezifische Berichtssysteme mit Leistungsindikatoren zur Verfügung, die Schritt für Schritt zum Nachhaltigkeitsbericht führen. Die Leistungsindikatoren des DNK basieren auf der GRI. Der DNK eignet sich insbesondere für KMU. Sie werden feststellen, die branchenspezifischen Berichtssysteme des DNK folgen alle der gleichen inhaltlichen Logik, sie setzen einfach unterschiedliche Schwerpunkte.

Das DNK-Berichtssystem mit seinen Leistungsindikatoren liefert Ihnen ein wunderbares Gerüst, ihre klassische Bestandsaufnahme der Produktions-, Absatz-, Markt- und Kostendaten um qualitative Indikatoren und um die Dimension der Nachhaltigkeit zu erweitern.

Sie finden in dem das DNK-Berichtssystem abschließenden Kapitel Abschn. 9.4.17 die inneren Zusammenhänge des DNK mit den 17 Zielen und der GRI. Diese Übersicht gibt Ihnen eine verlässliche Orientierung und hilft Ihnen sehr, Ihren Nachhaltigkeitsbericht gut zu strukturieren.

Grenzen der 17 Ziele, der GRI und des DNK Weder mit den 17 Zielen, der GRI noch dem DNK gestalten Sie ein nachhaltig wirtschaftendes Unternehmen. Das ist die kreative Leistung jeder Unternehmer:in und jedes Unternehmers. Die 17 Ziele helfen Ihnen, Ihr Unternehmen innerhalb des Weltzukunftsvertrages im guten Miteinander der ökonomischen, sozialen und ökologischen Dimensionen zu entwickeln. Die GRI und der DNK helfen Ihnen, Ihr unternehmerisches Schaffen anhand nachhaltiger Kennzahlen und Kriterien zu überprüfen, zu lernen und besser zu werden. Ihre Wirksamkeit als Unternehmer:in entfalten Sie auf der Handlungsebene, von der Marktforschung bis zur Maßnahme und dem beständigen Lernen und Verbessern.

6.1 Die Handlungsebenen des Buches

Die Handlungsebenen in Ihrem Unternehmen sind Ihnen bekannt und vertraut. In enger Verbindung mit dem nachhaltigen Wirtschaften betreiben Sie Marktforschung und Trendforschung. Sie entwickeln Szenarien als Planungsgrundlagen für weitreichende Entscheidungen. Sie arbeiten auf Grundlage eines kraftvollen Leitbildes und einer inspirierenden Mission. All das mündet auf der operativen Ebene in die Ziele und Strategien. Aus diesen ergeben sich die Handlungsfelder, innerhalb derer die Maßnahmen entwickelt

---

[3] Deutscher Nachhaltigkeitskodex: https://www.deutscher-nachhaltigkeitskodex.de/. Zugriff: 03.07.2023.

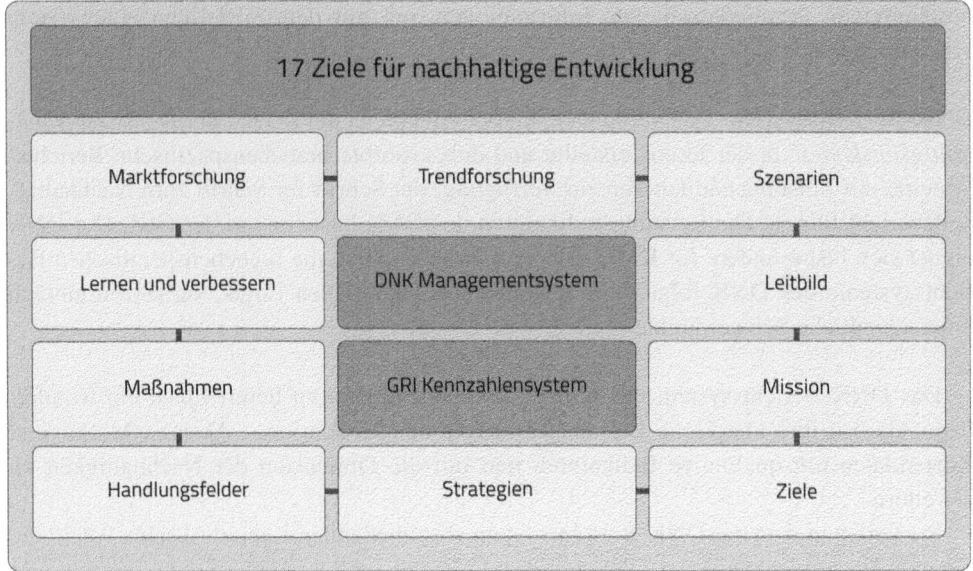

Abb. 6.2 Handlungsebenen – Der Regelkreis der unternehmerischen Handlungsebenen (eigene Darstellung)

und durchgeführt werden. Sie lernen aus den unternehmerischen Ergebnissen und verbessern Ihre Handlungen auch mit einem neuen Blick auf die Marktforschung. Das ist der Regelkreis der unternehmerischen Handlungen.

Die Grafik Abb. 6.2 veranschaulicht die miteinander in Beziehung stehenden Handlungsebenen des Unternehmenskonzepts, deren sinnvolle Anordnung und Reihenfolge. Das im Zentrum der Handlungsebenen stehende DNK-Berichtssystem und GRI-Kennzahlsystem speist sich aus den Ergebnissen der Handlungsebenen. Die 17 Ziele für nachhaltige Entwicklung geben die Richtung vor. Die Handlungsebenen sind der zweite Teil des Buches.

Diesen Regelkreis können Sie anhand des DNK-Berichtssystems dokumentieren und durch das GRI-Kennzahlsystem unterfüttern. Die Ergebnisse der Dokumentation dienen Ihnen für die Fortschreibung Ihres Nachhaltigkeitsberichts und insbesondere für den Abgleich mit den 17 Zielen für nachhaltige Entwicklung. Wie weit sind Sie auf dem Weg zu einem nachhaltig wirtschaftenden Unternehmen? Der Reifegrad Ihres Unternehmens entscheidet über den Einstieg in den Regelkreis der unternehmerischen Handlungen.

Beide Grafiken Abb. 6.1 und 6.2 werden Ihnen als Orientierungshilfe wieder im Buch begegnen.

Fallbeispiel für ein nachhaltiges Unternehmenskonzept Die Rahmenhandlung und Handlungsebenen abschließend finden Sie ein Fallbeispiel für ein nachhaltiges Unternehmenskonzept, Abschn. 12.4. Hier werden alle wesentlichen Komponenten zusammengefügt, aus denen ein nachhaltiges Unternehmenskonzept besteht. Es enthält im

Wesentlichen das Zusammenspiel von Leitbild, Zielen, Strategien und Maßnahmen und deren Bezüge zu den 17 Zielen für nachhaltige Entwicklung, dem GRI-Kennzahlensystem und dem DNK-Berichtssystem.

Bevor wir in medias res gehen, lade ich Sie auf den kommenden Seiten ein zu ein paar Gedankenausflügen rund um das Thema Nachhaltigkeit – für ein gutes soft landing in einem der herausforderndsten Themen unserer Zeit – der Schaffung nachhaltig wirtschaftender Unternehmen.

6.2 Die Rahmenhandlung für nachhaltiges Wirtschaften

Das Dilemma des nachhaltigen Wirtschaftens ist, jedes Produkt beinhaltet einen Verbrauch an Ressourcen. Auch das emissionsfrei produzierte Elektroauto, das seine Energie für die Fortbewegung aus erneuerbaren Energiequellen bezieht, besteht aus Materie. Diese Materie wird in Form von Rohstoffen, Halbfabrikaten und passgenauen Komponenten zum marktreifen Endprodukt verarbeitet. Auch das Elektroauto benötigt Arbeit, idealerweise erfolgt diese ausbeutungsfrei entlang der gesamten Wertschöpfungskette. In jedem Produkt steckt die dafür notwendige Energie für dessen Herstellung. Jedes Produkt benötigt Wartung, Ersatzteile und Reparaturen, um seinen Gebrauchsnutzen zu erhalten. Am Ende der Lebensspanne des Produkts wird dieses weggeworfen, es verrottet auf Deponien oder es wird verbrannt,[4] es wird zerlegt und einzelne Bestandteile werden weitergenutzt, es wird umgeformt und meist geringwertiger anderweitig genutzt oder es erfährt durch eine stoffliche Aufwertung ein Upcycling.

Ideal ist das Prinzip der Kreislaufwirtschaft, innerhalb derer alle Ressourcen – außer der Arbeitskraft – in einem ewigen Kreislauf genutzt werden. Dieses Prinzip des Cradle-to-Cradle folgt dem Prinzip der Natur. Alles ist im Überfluss vorhanden, alles wird wiederverwertet und aus dem unumkehrbaren Zerfallsprozess entstehen laufend höherwertige Strukturen. Eine Eiche wächst, im Herbst wirft sie ihre Eicheln ab, diese wachsen zu neuen Eichen heran, während die Muttereiche altert, abstirbt, umfällt, auf dem Waldboden zersetzt wird und Teil neuer organischer Strukturen wird. Auch das Kreislaufprinzip der Natur benötigt dauerhafte Energiezufuhr von außen, ohne Sonneneinstrahlung käme der Prozess der ewigen Wiederkehr in der Natur zum Erliegen.

Das Prinzip der Kreislaufwirtschaft ist eine wichtige Säule für das nachhaltige Wirtschaften. Auch hierfür brauchen wir eine dauerhafte Energiezufuhr von außen. Natürlich in Form erneuerbarer Energien, doch insbesondere in Form von Wissen und Intelligenz, Forscherdrang und Tüfteln, intensivem Dialog und systematischen Verbesserungen. All das ist in Deutschland in den Unternehmen vorhanden.

---

[4] Das klassische Prinzip der Wegwerfgesellschaft: Von der Wiege bis zur Bahre – from cradle to grave.

Deutschland ist ein rohstoffarmes Land. Das weiß ich seit meinem Erdkundeunterricht in der Grundschule. Ich lernte Anfang der 1970er-Jahre, die einzigen Rohstoffe, die wir haben, sind unsere Bildung und unser Wissen. Verbindet man Bildung und Wissen mit der menschlichen Arbeitsleistung, so entsteht daraus Wertschöpfung. Der Produktionsfaktor Mensch, unser Humankapital[5] versetzt die Arbeitskräfte in Deutschland in die Lage, sehr produktiv zu arbeiten, je Zeiteinheit entsteht sehr viel Wertschöpfung.

Mit klugen Erfindungen und bewundernswerten Innovationen in den Schlüsselbranchen Automobile, Maschinenbau, Chemie, Pharma, Elektronik und Energieerzeugung, mit hochwertigen, qualitätvollen und weltweit begehrten Produkten und Hingabe zu ausgesuchtem Design in der Konsumgüterindustrie von PKW bis Küchen hat es Deutschland zu einem der reichsten Länder der Welt gebracht. Im Jahr 2021 war Deutschland auf Platz drei der Weltrangliste der größten Exportländer. Gerechnet auf die Einwohnerzahl liegt Deutschland weit vor China und den USA unangefochten auf Platz eins. Die Außenhandelsquote lag in Deutschland 2019 bei 88 %. Deutschland ist damit die offenste Volkswirtschaft der G7-Staaten.

Daraus resultiert eine starke wirtschaftliche Position Deutschlands in der Welt. Die Unternehmen in Deutschland haben wirtschaftliche Macht und sie haben das Potenzial, die Wirtschaftswelt weltweit zu verändern. Deutsche Unternehmen können die Führung übernehmen und Spielregeln definieren, zum Beispiel in der ressourcenschonenden Produktion von Gütern. Sie können faire, ausbeutungsfreie, emissionsfreie, haltbare und leicht reparierbare Produkte erfinden, zur Serienreife bringen und am Markt anbieten. Produkte aus Deutschland können die Renaissance einläuten für ein neues Wirtschaftswunder, das anderen Nationen als Vorbild dient.

Nehmen wir einen weiteren Aspekt hinzu – die Fähigkeit, Lösungen zu finden. Unsere Welt besteht aus Tatsachen. Diese Tatsachen führen zu Situationen. Der signifikante menschliche Beitrag zur Klimaerwärmung ist eine Tatsache. Der menschliche Beitrag zur Klimaerwärmung besteht darin, durch Verbrennung fossiler Energieträger CO_2 in die Atmosphäre zu emittieren. Das CO_2 führt zu einer höheren Energiedichte auf der Erde, weil ein zunehmender Teil der Sonneneinstrahlung durch die CO_2-Moleküle in der Atmosphäre wieder auf die Erde reflektiert wird. Deshalb nennt man CO_2 auch Treibhausgas. Die Erwärmung der Erde führt zu einer Menge an Folgeproblemen für die Menschen. Die Menschheit muss sich an die kommende Situation anpassen und Lösungen entwickeln, um als Spezies auf der Erde fortbestehen zu können.[6] Das Phänomen der Erderwärmung ist

---

[5] Ich persönlich mag die Worte ‚Produktionsfaktor Mensch' und ‚Humankapital' nicht, weil sie den Menschen auf seine ökonomische Verwertbarkeit reduzieren. Diese Worte erscheinen hier im betriebswirtschaftlichen Kontext, weil sie gelernte Begrifflichkeiten mit einer klar umgrenzten Definition sind. Siehe hierzu das Kapitel ‚Produktionsfaktor Mensch' aus dem ‚Übungsbuch Produktionswirtschaft', Springer, 2018 https://link.springer.com/chapter/10.1007/978-3-662-57689-2_1 und ‚Humankaptal' im Gabler Wirtschaftslexikon, https://wirtschaftslexikon.gabler.de/definition/humankapital-32920. Zugriffe: 03.07.2023.

[6] Siehe hierzu die Datenbank der Projekte und Studien des Umweltbundesamtes https://www. umweltbundesamt.de/themen/klima-energie/klimafolgen-anpassung/werkzeuge-der-anpassung/ projekte-studien. Zugriff: 03.07.2023.

sehr einfach zu erklären ebenso wie die daraus resultierende Situation, auch die Fortschreibung der Situation in Szenarien, in Entwicklungskorridoren unterschiedlicher
Stärke, ist einfach. Die Erde wird wärmer. Wir wissen nur nicht genau, wie schnell, wie
warm und mit welchem Verlauf. Wir wissen sicher, mit unserer Art zu wirtschaften schwächen und zerstören wir die Lebensgrundlage kommender Generationen.[7]

Aus Tatsachen und daraus resultierenden Situationen werden immer dann Probleme,
wenn man die Situation aus der falschen Perspektive betrachtet. Bezogen auf die Klimaer-
wärmung wird aus der Situation ein Problem, wenn man die Perspektive des Weiter-So einnimmt. Denn das Weiter-So verstärkt die Situation. Immer dann, wenn man eine falsche
Perspektive einnimmt, wird aus einer einfachen Situation ein komplexes Problem. Die
Klimaerwärmung wird dann zu einem komplexen Problem, wenn man das Weiter-So mit
Lösungen ergänzt, die das Weiter-So ermöglichen. Der auf der Klimakonferenz COP27 im
Herbst 2022 beschlossene Fonds zum Ausgleich klimabedingter Schäden verändert nicht
die Tatsache der CO_2-Emissionen. Als Resultat erhält man eine Komplexität der Situation,
deren Ursache in der falschen Perspektive, in der Illusion des Weiter-So gründet.

VERRA[8] ist mit 75 % der Weltmarktführer für CO_2-Zertifikate. Zahlreiche Konzerne[9]
rund um die Welt kaufen dort ihre CO_2-Zertifikate, mit denen sie zum Beispiel mit dem
Schlagwort *Klimaneutral* werben können. Diese CO_2-Zertifikate erlauben den Unternehmen, in dem Maße Treibhausgase zu emittieren, wie sie durch den Kauf von CO_2-
Zertifikaten kompensiert werden. Je mehr CO_2-Zertifikate ein Unternehmen kauft, desto
mehr kann es klimaneutral produzieren. Nehmen wir an, dieses Vorgehen ist die Lösung,
dann wäre endloses Wirtschaftswachstum innerhalb der bisherigen Spielregeln in der
Wirtschaft[10] möglich. Die Unternehmen kaufen immer mehr und neue Zertifikate und

---

[7] Siehe hierzu den Beschluss des Bundesverfassungsgerichts vom 21. März 2021 https://www.
bundesverfassungsgericht.de/SharedDocs/Pressemitteilungen/DE/2021/bvg21-031.html.   Zugriff:
03.07.2023, insbesondere die wesentlichen Erwägungen des Senats, Satz II: Der Schutz des Lebens
und der körperlichen Unversehrtheit [...] schließt den Schutz vor Beeinträchtigungen durch Umweltbelastungen ein, gleich von wem und durch welche Umstände sie drohen. Die [...] Schutzpflicht des
Staates umfasst auch die Verpflichtung, Leben und Gesundheit vor den Gefahren des Klimawandels
[...] zu schützen. Sie kann eine objektivrechtliche Schutzverpflichtung auch in Bezug auf künftige
Generationen begründen [...].

[8] VERRA https://verra.org/. Zugriff: 06.07.2023.

[9] Unvollständige Aufzählung: Gucci, Netflix, Shell, Disney, Audi, Zalando, Volkswagen, Boeing,
SAP, Bayer, Amazon, BP, Deutsche Bank, RWE, Danone. J.P. Morgan, Nespresso, EY, Allianz,
Apple, Nestlé, Lavazza, Chevron, Barilla, PetroChina, Salesforce, Unilever, Gazprom, dm, Roland
Berger, Kühne+Nagel, Chanel, Delta Airlines, Goldman Sachs, Tiffany, Air France, Armani, Axa,
Fjällräven, Quelle: Fischer T, Knuth H (2023) CO_2-Zertifikate – Grün getarnt. ZEIT-Online
GmbH 01.05.2023 https://www.zeit.de/2023/04/co2-zertifikate-betrug-emissionshandel-klimaschutz/
komplettansicht. Zugriff: 06.07.2023.

[10] Absatz, Umsatz und Produktivität steigern, hochdifferenzierte Lieferketten auf- und ausbauen,
Kosten (auch Umweltkosten) durch Outsourcing reduzieren, neue Märkte und Zielgruppen er-
schließen, in andere Länder expandieren, Standortvorteile und Steuervorteile nutzen, aggressives
Kommunikations- und Wettbewerbsverhalten.

damit können Sie expandieren. Wie kann ein dauerhaft auf Wachstum – gleich ob linear oder exponentiell – angelegtes System jeder Art in einer begrenzten Welt funktionieren? Die Menge an Schutzgebieten ist allein durch die begrenzte Biosphäre der Erde begrenzt. Die Antwort ist sehr einfach. Es kann nicht funktionieren. Ebenso einfach ist die Konsequenz daraus. Wir brauchen keine CO_2-Zertifikate, um Emissionen zu kompensieren, wir brauchen eine emissionsfreie Kreislaufwirtschaft mit starken Regionalbezügen. Es steht zu befürchten, dass diese Lösung konzernfeindlich ist. Lesen Sie hierzu gerne die am 18. Januar 2023 veröffentlichte Studie der ZEIT, The Guardian und SourceMaterial[11] über das aktuelle System des CO_2-Zertifikatehandels direkt an der Quelle.

Auch die Antwort von VERRA auf diese Studie[12] hat ihre Berechtigung und VERRA räumt unter anderem ein, dass nicht alle politischen Entwicklungen, die zu raschen Veränderungen in der Wirtschaftsweise führen, vorhersehbar seien. Antreiber dieser Diskussion ist Dr. Elias Ayrey,[13] der in seinen YouTube-Videos auf die aktuelle Situation des CO_2-Zertifikatehandels und der Methoden von VERRA hinwies.[14] Allein die große Medienresonanz auf die Arbeit von Dr. Elias Ayrey lässt den Schluss zu, dass die Praxis des CO_2-Zertifikatehandels noch nicht ausdiskutiert ist. Lassen Sie sich gerne darauf ein und folgen Sie den Links, versenken Sie sich tief in den Stoff und Sie werden vielleicht die gleiche Erkenntnis daraus ziehen wie ich. Die Materie erweist sich als wahnsinnig kompliziert und es ist dem fachfremden und gleichwohl interessierten Laien nicht möglich, eine unerschütterliche Gewissheit für die Richtigkeit der Argumente der einen oder anderen Seite zu erlangen. Dieses Phänomen finden Sie auch in volkswirtschaftlichen und politischen Diskursen rund um das Thema Klimawandel. Am Ende hält mich immer der einfache Gedanke: In einer begrenzten Biosphäre dauerhaft durch den Verbrauch endlicher Ressourcen wachsende Systeme verdrängen zwangsläufig andere Systeme darin – diese werden schwächer und verschwinden. Schlussendlich werden auch die wachsenden Systeme zerfallen, sie zerstören sich selbst. Dieser Gedanke wird bisher durch keine noch so ausgefeilte dialektische Logik widerlegt.

Immer dann, wenn eine Situation komplex wird, hat man diese aus der falschen Perspektive betrachtet. In der Folge erscheinen nur komplexe Analysen, Gutachten und Konferenzen als hilfreich, die man bereits als Teil der Lösung wertet. Schließlich mündet die perspektivische Illusion in der Komplexitätsillusion. Aus dem Streben hin zu mehr Verteilungsgerechtigkeit und Nachhaltigkeit wird ein dauerhaft reparaturbedürftiges

---

[11] Fischer T, Knuth H (2023) CO_2-Zertifikate – Grün getarnt. ZEIT-Online GmbH 01.05.2023 https://www.zeit.de/2023/04/co2-zertifikate-betrug-emissionshandel-klimaschutz/komplettansicht. Zugriff: 06.07.2023.

[12] VERRA https://verra.org/verra-response-guardian-rainforest-carbon-offsets/. Zugriff: 06.07.2023

[13] Website von Elias Ayrey https://eliasayrey.com/. Zugriff: 06.07.2023.

[14] Zum Beispiel Ayrey E (2022) 21 Ways That Forest Carbon Projects Cheat! (with examples) https://www.youtube.com/watch?v=bfj6EkyO77I. Zugriff: 06.07.2023.

Wirtschaftssystem. Brot für die Welt und die Welthungerhilfe zum Beispiel sind Teil des Reparaturbetriebs,[15] sie unterstützen das Weiter-So. Naturschutzorganisationen sehen sich zunehmend der Gefahr gegenüber, mit ihrem CO_2-Zertifikatehandel[16] Teil des bestehenden Systems zu werden. Auch hier gilt: Der Handel mit CO_2-Emissionen sorgt gerade nicht für eine Reduktion und selbst diese ist keine Lösung von Dauer. Die Reparaturwerkstätten des aktuellen Wirtschaftssystems tragen wiederum zur Wertschöpfung bei, sie werden zu eigenen Geschäftsfeldern.[17]

Die Komplexitätsillusion führt zur Intelligenzillusion. Zum einen wird das aus Tatsachen entstandene Problem als außerordentlich komplex betrachtet, das unter Umständen unlösbar ist. Zum anderen scheinen zur Lösung des Problems nur besonders intelligente Menschen in der Lage zu sein, und diese Menschen sind meist Experten ihres Fachs mit einem enormen Tiefenwissen und seltener einem umfassenden Breitenwissen. Spätestens, wenn ein Problem die politische Ebene erreicht, nehmen sich Menschen dieses Problems an, die meist fachunkundig auf den Rat ihrer Experten in den jeweiligen Ministerien angewiesen sind, und Ministerien agieren wiederum nach dem Prinzip der Partikular-Optimierung. Manchmal funktionieren die so gewonnenen Kompromisse eine Zeitlang, doch immer innerhalb der Spielregeln des gegenwärtigen Systems.

Aus der Summe der intelligenten Einzelbetrachtungen entsteht selten eine gute Lösung auf Dauer, einfach weil partikulare Optima immer zu Lasten des Gesamtsystems gehen. Ein rein auf Absatz hin optimiertes Unternehmen muss scheitern, weil die Dimensionen Umsatz, Ertrag, Kosten, Investitionen, Innovationen, soziale Standards, Weiterbildung, Entlohnung und Ressourcenverbrauch nachrangig betrachtet werden. Isolierte Partikularinteressen funktionieren nicht als Lösungsstrategie.

Leiten wir über zum nächsten Kapitel. Im Zusammenhang mit dem nachhaltigen Wirtschaften und der Klimaerwärmung sind die CO_2-Emissionen eine zentrale Kennzahl. Die CO_2-Emissionen müssen reduziert werden. Das ist ganz einfach. Es geht nicht um CO_2-Kompensationen, es geht um eine CO_2-freie Wirtschaftsweise. Es geht nicht um CO_2-Zertifikate, mit denen man seinen Verbrauch kompensiert, es geht darum, auf unternehmerischer Ebene Herstellungs- und Distributionsverfahren zu entwickeln, die kein CO_2 emittieren. Es geht darum, auf unternehmerischer Ebene Lösungen zu entwickeln, die

---

[15] Siehe hierzu Welthungerhilfe https://www.welthungerhilfe.de/hunger/ernaehrungssysteme. Zugriff: 06.07.2023.

[16] CO_2-Zertifikate vom Wald: Naturschutz oder Scheinlösung? (2022) SDR – Schweizer Radio und Fernsehen https://www.srf.ch/news/schweiz/neues-programm-co2-zertifikate-vom-wald-naturschutz-oder-scheinloesung. Zugriff: 06.07.2023.

[17] Die Gesamtausgaben für den Umweltschutz in Deutschland betrugen im Jahr 2019 rund 76 Milliarden Euro. Das sind 2,2 Prozent am Bruttoinlandsprodukt. Quelle: Statista Research Department (2023) Anteil der Ausgaben für den Umweltschutz am Bruttoinlandsprodukt bis 2020. Statista https://de.statista.com/statistik/daten/studie/5265/umfrage/anteil-der-ausgaben-fuer-den--umweltschutz-am-bip-seit-1996. Zugriff: 06.07.2023.

allen Dimensionen des nachhaltigen Wirtschaftens gerecht werden. Bei alldem haben wir kein Erkenntnisproblem, wir haben ein Umsetzungsproblem. Und wir haben ein Inside-the-Box-Problem. Das Denken Inside-the-Box, das Denken in der Optimierung des Bestehenden verstetigt das Dilemma. Wir brauchen Lösungen Outside-the-Box. Jenseits des Bestehenden finden wir Lösung für nachhaltiges Wirtschaften. Doch das Denken und Handeln Outside-the-Box erfordert unternehmerischen Mut.

17 Ziele für Nachhaltigkeit – der Weltzukunftsvertrag

Die Geschichte des im Jahr 2015 von 193 Nationen verabschiedeten Weltzukunftsvertrages für das konzertierte Handeln für nachhaltige Entwicklung bis ins Jahr 2030 – der Agenda 2030 – reicht weit zurück. Gestatten Sie einen kurzen Rückblick auf die Genese dieser weltweiten Bewegung nicht beginnend bei Adam und Eva und deren Vertreibung aus dem Paradies. Blicken wir auf das Paradies, die Blue Marble.[1] Sie erschien den Astronauten der Apollo 17 Mission Eugene Cernan, Ron Evans und Harrison „Jack" Schmitt[2] in der Nacht des 7. Dezember 1972 auf ihrem Flug zum Mond. Überliefert ist der Satz von Eugene Cernan: *„Wir brachen auf, um den Mond zu erkunden, aber tatsächlich entdeckten wir die Erde."*[3] Das Bild der Vollerde mit Blick auf Afrika und den indischen Ozean war das erste Abbild der Erde, in dem der Mensch seine Welt von außen sah. Die Wirkung des Bildes war gewaltig. Die Blue Marble wurde zum Symbol der in den 1970er-Jahren entstehenden Bewegungen für Naturschutz und Umweltschutz. Das Bild versinnbildlichte die Verletzbarkeit und Einzigartigkeit des Erdplaneten. Das Bild wurde zum Symbol einer neuen Haltung zur Welt.

Die Volkswagenstiftung finanzierte die 1972 veröffentlichte Studie zur Zukunft der Weltwirtschaft – Die Grenzen des Wachstums. Bericht des Club of Rome zur Lage der Menschheit. Kurz zusammengefasst zeigte die Studie mittels einer Computersimulation

---

[1] National Geographic (2022) https://www.nationalgeographic.de/photography/2017/03/die-blue-marble-serie-der-nasa-bilder-der-erde-von-1972-bis-heute?image=01bluemarbleearth.ngsversion.1437508801010. Zugriff: 06.07.2023.

[2] Harrison „Jack" Schmitt ist der Fotograf der Blue Marble.

[3] Grimm I (2022) Blue Marble hat Geburtstag I Unsere blaue Murmel: Wie ein Foto vor 50 Jahren das Bild der Erde revolutionierte. 03.12.2022 I https://www.rnd.de/wissen/unsere-blaue-murmel-wie-ein-foto-vor-50-jahren-das-bild-der-erde-revolutionierte-5WBTVQBBSNGLRDQANMC27TVPYI.html I Zugriff: 02.07.2023.

und daraus entwickelter Szenarien auf, dass die Welt binnen 100 Jahren ihre Wachstumsgrenzen erreichen wird, wenn die Menschheit in ihrem ökonomischen Expansionsdrang mit den bisherigen Methoden fortfährt und diese stetig optimiert. Die Autoren der Studie forderten ein neues Denken ein, um die miteinander zusammenhängenden Felder Technik, Wirtschaft, Gesetzgebung und kultureller Vereinbarungen gemeinsam auf eine nachhaltige Weltordnung auszurichten.[4]

Bereits Mitte der 1970er-Jahre entstanden in Deutschland neue Bürgerinitiativbewegungen, die den postmaterialistischen Wertwandel[5] vorantrieben mit den zentralen Themen Ökologie, Feminismus, Friedenspolitik und getragen von einem tiefen Misstrauen gegenüber der etablierten Politik. Der Einzug der Grünen in den hessischen Landtag 1982[6] verankerte sich im kollektiven Gedächtnis Deutschlands ebenso wie die Mutter aller Lebensmittelskandale 1985[7] mit Frostschutzmittel im Wein, das Fischesterben im Rhein 1986[8] und das Waldsterben im Erzgebirge 1990.[9] Diese Entwicklungen in Deutschland verliefen parallel zu den Umweltbewegungen rund um die Welt, beispielgebend seien hier die USA genannt mit dem wegweisenden Buch:[10] Silent Spring, Rahel Carson (Der stumme Frühling).

Große Teile der Welt wollten und drängten immer stärker hin zu neuen Vereinbarungen unseres Zusammenlebens auf der Blue Marble. Auf der ersten UN-Konferenz für Umwelt und Entwicklung in Rio de Janeiro 1992[11] trafen 178 Nationen drei völkerrechtlich verbindliche Konventionen zum Klimaschutz, zum Schutz der Biodiversität und zur Bekämpfung von Wüstenbildung. Aus der Konferenz heraus entstand auch die Agenda 21, ein entwicklungs- und umweltpolitisches Aktionsprogramm mit konkreten Handlungsempfehlungen für das 21. Jahrhundert und der Aufforderung, diese lokal vor Ort in die Tat umzusetzen. Die Lokale Agenda 21 verbreitete sich nach anfänglicher Zurückhaltung in

---

[4] Meadows u. a. (1972) Die Grenzen des Wachstums. Übersetzung von Hans-Dieter Heck, 14. Aufl., Deutsche Verlags-Anstalt, Stuttgart, 1987, ISBN 3-421-02633-5: S. 17.

[5] Siehe hierzu: Claus Offe C (1986) Zwischen Protest und Parteipolitik. DIE ZEIT, https://www.zeit.de/1986/42/zwischen-protest-und-parteipolitik. Zugriff: 02.07.2023.

[6] Umbach K (2022) Landesgeschichtliches Informationssystem Hessen https://www.lagis-hessen.de/de/subjects/drec/sn/edb/mode/catchwords/lemma/Grüne. Zugriff: 05.07.2023.

[7] Siehe hierzu: Schelling P (2010) Glykol – Die Mutter aller Lebensmittelskandale. WELT https://www.welt.de/wirtschaft/article8383454/Glykol-Die-Mutter-aller-Lebensmittelskandale.html. Zugriff: 05.07.2023.

[8] Ruf J (2011) DER SANDOZ-UNFALL Vor 25 Jahren färbte sich der Rhein blutrot. Stern https://www.stern.de/panorama/weltgeschehen/der-sandoz-unfall-vor-25-jahren-faerbte-sich-der-rhein-blutrot-3875694.html. Zugriff: 05.07.2023.

[9] Forstpraxis (2010) 20 Jahre nach dem großen Waldsterben im Erzgebirge https://www.forstpraxis.de/20-jahre-nach-dem-grossen-waldsterben-im-erzgebirge-21537, Zugriff: 05.07.2023.

[10] Carson R (1962) Silent Spring. Penguin Modern Classics.

[11] Bundesministerium für wirtschaftliche Zusammenarbeit und Entwicklung Agenda 21 https://www.bmz.de/de/service/lexikon/agenda-21-13996. Zugriff: 03.07.2023.

der Form der kommunalen Agenda 21 rasch in Deutschland, heute ist sie in mehr als 2600 Kommunen als Arbeits-Standard verbreitet.

Ein Meilenstein ist die Resolution der Generalversammlung der UN vom 25. September 2015 mit der Nummer 70/1. Transformation unserer Welt: die Agenda 2030 für nachhaltige Entwicklung.[12] Das Herzstück der Resolution sind die 17 Ziele für nachhaltige Entwicklung und Zielvorgaben, die bis in das Jahr 2030 reichen. Auf der COP21[13] wurde das Übereinkommen von Paris am 12. Dezember 2015 beschlossen unter Bezugnahme auf die Agenda 2030.[14] Dieses Klimaabkommen von Paris[15] mit den 17 Zielen für nachhaltige Entwicklung, den 17 Sustainable Development Goals (17 SDG) haben bis heute 184 Staaten unterschrieben, Deutschland unterzeichnete es am 4. November 2016.[16] Auf europäischer Ebene entstand daraus der Green Deal mit den zentralen Zielen, eine moderne, ressourceneffiziente und wettbewerbsfähige Wirtschaft zu schaffen, die bis 2050 keine Netto-Treibhausgase mehr ausstößt, ihr Wachstum von der Ressourcennutzung abkoppelt und niemanden, weder Mensch noch Regionen, im Stich lässt.[17] Deutschland gab sich in Bezug zum Übereinkommen von Paris mit dem Klimaschutzplan 2050 eigene Grundsätze und Ziele in sieben Bereichen: Klimaschutz in der Energiewirtschaft, Strategie klimafreundliches Bauen und Wohnen, Klimaschutz und Mobilität, Klimaschutz in Industrie und Wirtschaft, Klimaschutz in der Landwirtschaft, Klimaschutz in der Landnutzung und Forstwirtschaft und Übergreifende Ziele und Maßnahmen.

All das ist für lebenspraktische Menschen unglaublich abstrakt und kompliziert und Sie haben meine ganze Bewunderung, wenn Sie obenstehende Passagen überwunden haben. Unbeschadet der suboptimalen Ergebnisse der COP in den Folgejahren behält das Klimaabkommen von Paris seine Gültigkeit und Verbindlichkeit. Die 17 Ziele für nachhaltige Entwicklung sind der Kern des Weltzukunftsvertrages, sie sind aus meiner Sicht das klügste gemeinschaftlich erarbeitete Werk der Gegenwart und ihnen wohnt eine große Schönheit und Klarheit inne. Das Schöne der 17 Ziele für nachhaltige Entwicklung ist, sie

---

[12] Vereinte Nationen (2015) Resolution der Generalversammlung, verabschiedet am 25. September 2015 https://www.un.org/Depts/german/gv-70/band1/ar70001.pdf. Zugriff: 03.07.2023.

[13] 21. Vertragsstaatenkonferenz der Klimarahmenkonvention der Vereinten Nationen, ugs. Weltklimakonferenz.

[14] Umweltbundesamt (2021) Ziele des Übereinkommens von Paris. https://www.umweltbundesamt.de/themen/klima-energie/internationale-eu-klimapolitik/uebereinkommen-von-paris#ziele-des-uebereinkommens-von-paris-uvp. Zugriff: 03.07.2023.

[15] Das Klimaabkommen von Paris wird auch das Übereinkommen von Paris genannt. Bundesministerium für wirtschaftliche Zusammenarbeit und Entwicklung Klimaabkommen von Paris. https://www.bmz.de/de/service/lexikon/klimaabkommen-von-paris-14602. Zugriff: 03.07.2023.

[16] Bundesministerium für Umwelt, Naturschutz, nukleare Sicherheit und Verbraucherschutz Übereinkommen von Paris. https://www.bmuv.de/fileadmin/Daten_BMU/Download_PDF/Klimaschutz/paris_abkommen_bf.pdf. Zugriff: 03.07.2023.

[17] Europäische Union (2023) Europäischer Grüner Deal. https://ec.europa.eu/info/strategy/priorities-2019-2024/european-green-deal_de. Zugriff: 03.07.2023.

sind operationalisierbar, sie geben jeder Organisation, jedem Unternehmen und jedem Menschen eine klare und ideologiefreie Orientierung. Die 17 Ziele sind konkret.

Ziele für nachhaltige Entwicklung (Abb. 7.1)

Im Folgenden zeige ich Ihnen die 17 Ziele für nachhaltige Entwicklung auf. Dabei beziehe ich mich auf zwei Quellen: Die Website 17ziele.de,[18] die im Auftrag des BMZ – Bundesministerium für wirtschaftliche Zusammenarbeit und Entwicklung entstanden ist und die Website aus dem gleichen Haus, auf der die 17 Ziele vornehmlich aus globaler Perspektive beleuchtet werden.[19] Die Website 17ziele.de bezieht sich insbesondere auf lokale Handlungsmöglichkeiten in Deutschland, sie liefert praktische Ideen und lädt zu Aktionen, zum Dialog und zur Vernetzung ein. Die Website des BMZ zur Agenda 2030 liefert Erkenntnisse, Daten, Analysen und Handlungsfelder vornehmlich aus der globalen Perspektive. Es lohnt sich, beide Websites zu besuchen, auch, wenn in diesem Buch Ihre unternehmerische Perspektive auf das nachhaltige Wirtschaften die entscheidende ist.

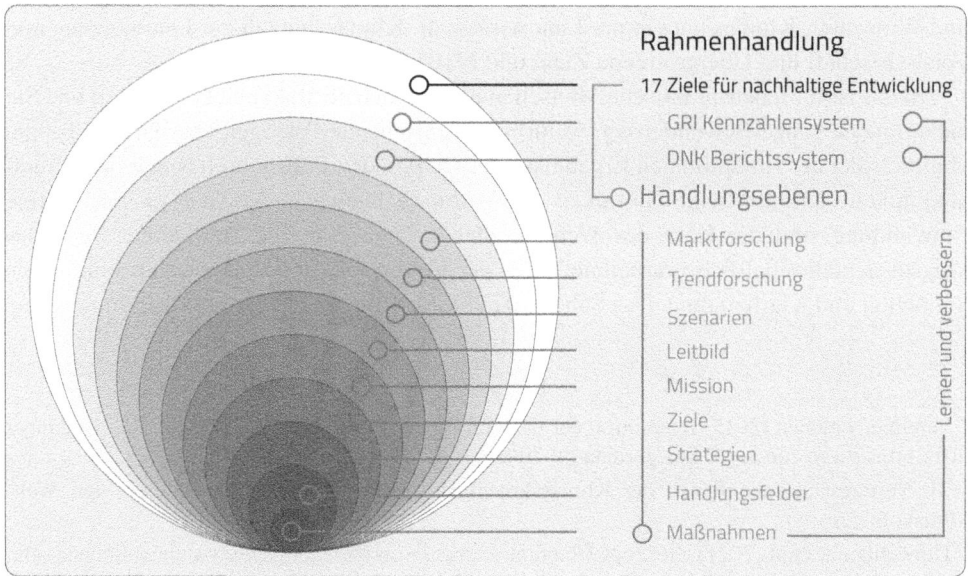

Abb. 7.1 Ziele für Nachhaltigkeit – 17 Ziele für nachhaltige Entwicklung (eigene Darstellung)

---

[18] UNRIC – Regionales Informationszentrum der Vereinten Nationen https://unric.org/de/17ziele/, Engagement Global https://17ziele.de/, Zugriffe: 06.07.2023, mit freundlicher Genehmigung von Engagement Global: https://www.engagement-global.de, Zugriff: 06.07.2023.

[19] Bundesministerium für wirtschaftliche Zusammenarbeit und Entwicklung (2023) Agenda 2030 Die globalen Ziele für nachhaltige Entwicklung. https://www.bmz.de/de/agenda-2030/. Zugriff: 03.07.2023.

Die kommenden Gedanken beruhen auf den redaktionell angepassten Wiedergaben der 17 Ziele und führen insbesondere zu Fragen und Hinweisen, was die 17 Ziele für Ihr Unternehmen bedeuten. Sie werden feststellen, einige Ziele treffen bei Ihnen ins Schwarze, hier können Sie wirklich etwas unternehmen und einige Ziele sind zwar gut und richtig, doch hier können Sie mit Ihrem Wirken nichts beitragen. Das ist in Ordnung. Es geht nicht darum, ihr unternehmerisches Handeln unmittelbar aus den 17 Zielen abzuleiten. Es geht darum, im ersten Schritt den Aufbau, die Inhalte und die inneren Zusammenhänge der 17 Ziele zu verstehen. Im Fortgang des Buches werden Ihnen die 17 Ziele ein zweites Mal auf der Handlungsebene begegnen. Auf dieser definieren Sie EIN für Ihr Unternehmen zentrales Ziel und ZWEI oder DREI damit im Zusammenhang stehende Ziele. Damit sollen Sie sich in die Lage versetzen, sich nicht in Ihrer Arbeit zu verzetteln. Sie sollen sich auf die Ziele konzentrieren, mit denen Sie mit Ihrem Unternehmen den größten Wirkungsgrad für mehr Nachhaltigkeit erzeugen.

Bitte reflektieren Sie in der folgenden Lektüre der 17 Ziele stets, ob Ihr Beitrag zum Ziel das Problem wirklich löst und organisch mit Ihrem Geschäftsmodell verwoben ist. Niemand von uns muss die Welt allein retten. Ein Beispiel: Sie führen einen Zimmererbetrieb, der in seiner Region vornehmlich Häuser aus Holz für Privatkunden konstruiert, produziert und errichtet. Ihr wichtigstes Ziel ist vermutlich das Ziel 13: *Maßnahmen zum Klimaschutz.* Sie wollen und können die Treibhausgase in dem Maße reduzieren, wie sie konsequent auf nachwachsende Rohstoffe aus der Region setzen, wo immer möglich Beton und Stahl vermeiden, diese Baustoffe durch nachwachsende Rohstoffe substituieren und in Forschung und Entwicklung investieren. Damit erhöhen Sie den Anteil Ihrer nachhaltigen Produktion. Damit sind Sie wie von Zauberhand bei den unterstützenden Zielen 9 und 12. Doch dazu später mehr.

Ihnen wird bald das Ziel 2 begegnen, den Hunger zu beenden. Hier wird es für Ihren Zimmererbetrieb schwierig. Können Sie im Zusammenhang mit Ihrem Geschäftsmodell einen substanziellen Beitrag leisten, den Hunger in Ihrer Region zu beenden? Vermutlich eher weniger. Konzentrieren Sie sich auf Ziele, bei denen Sie etwas bewirken können. Wenn Sie einen landwirtschaftlichen Betrieb führen, dann würde sich die Situation unter Umständen anders darstellen. Weiterhin fragen Sie sich immer, ob Ihr Beitrag zum Ziel das Problem löst oder nur die Symptome lindert. Am Beispiel Hunger wird deutlich: Hunger ist schrecklich und ein Menschheitsverbrechen. Niemand soll Hunger leiden, da sind wir uns alle einig. Doch die Speisung der Hungernden lindert die Symptome, aber es beseitigt nicht die Ursache. Letztlich unterstützt man mit einer perfekt organisierten Hungerhilfe das bestehende System, das Hunger produziert. Die richtige Frage müsste beim Hunger lauten: Was ist mein Beitrag, die Ursachen des Hungers dauerhaft zu beseitigen?

Dieses Buch richtet sich an Unternehmer:innen, deshalb müssen wir auch klar über betriebswirtschaftliche Aspekte sprechen. Betriebswirtschaftlich betrachtet muss jede Ausgabe erwirtschaftet werden. Aus Umsatz./. Kosten resultiert der Ertrag. Steigen die Kosten, sinkt der Ertrag. Sinkt der Ertrag, sinken zum Beispiel die Möglichkeiten für Investitionen, Lohnsteigerungen oder Preissenkungen. Sinkt der Ertrag, dann leidet die

Wettbewerbsfähigkeit. Deshalb muss jenseits des Gebots der Ad hoc Hilfe immer mitgedacht werden, ob diese Ausgaben für das Unternehmen einen ROI – Return on Investment[20] generieren und ob eine Investition in eine nachhaltige Lösung nicht klüger ist.

Der Gedanke klingt vielleicht brutal, muss aber betriebswirtschaftlich mitgedacht werden. Eine Hilfe, die die Ursachen eines Problems beseitigt, ist besser als eine Hilfe, die das Problem verkleinert oder zu einer Verstetigung des Problems führt – das Problem ist dann Teil eines Systems, in dem sich einige Akteure ihrer Verantwortung entziehen und Dritten die Kosten aufbürden. Die meisten Probleme sind keine Fehlleistungen eines Systems, sie sind systemimmanent. Plakativ in einen größeren Zusammenhang gestellt erkennen wir: Ausbeutung von Mensch und Natur ist keine Fehlleistung der Weltwirtschaft, Ausbeutung von Mensch und Natur ist Teil des Weltwirtschaftssystems. Aus meiner Sicht steht jedes Unternehmen in der Verantwortung, Wertschöpfung[21] zu generieren, wirksam zu sein[22] und die Wohlfahrt[23] zu befördern. Im Zusammenhang mit den 17 Zielen ergeben sich für jedes Unternehmen Tab. 7.1

Es obliegt Ihnen, wie stark Sie die Ihnen möglichen Interventionen gewichten wollen. Dieser Einstieg in die 17 Ziele soll Ihnen helfen, in der folgenden Einzelbetrachtung der 17 Ziele ein Gefühl dafür zu entwickeln, welches der 17 Ziele organisch mit Ihrer unternehmerischen Tätigkeit zusammenhängt. Sie werden lernen, manche Ziele sind weit weg von Ihren Einfluss- und Gestaltungsmöglichkeiten, manche Ziele liegen Ihnen näher und ein oder zwei Ziele berühren Ihr Unternehmen unmittelbar. Und jetzt beginnen wir mit der Reise in die 17 Ziele für nachhaltige Entwicklung (Abb. 7.2).

---

[20] Der ROI misst den Ertrag im Verhältnis zur Investitionssumme Quelle: Welt der BWL (2023) RoI – Return on Investment https://welt-der-bwl.de/ROI-Return-on-Investment. Zugriff: 03.07.2023.

[21] Produktionswert./. Vorleistungen aus Horvath M Gabler (2018) Wertschöpfung. Wirtschaftslexikon Springer Gabler https://wirtschaftslexikon.gabler.de/definition/wertschoepfung-50306/version-273526. Zugriff: 05.07.2023.

[22] Meine Lieblingsfrage in diesem Zusammenhang: *Was ist Ihr Beitrag, dass es der Welt besser geht?*

[23] Wohlfahrt – aus dem mittelhochdeutschen wolvarn kommend, ist das Bemühen um die Deckung der Bedürfnisse von Menschen und die Sicherung deren Lebensstandards. Wohlfahrt ist auch die planmäßig ausgeübte Sorge für das Gemeinwohl der Menschen, die Sorge für deren Gesundheit und deren sittliches und wirtschaftliches Wohl, deren Erziehung zu besseren Menschen und die Vorbeugung vor moralischem, körperlichem oder materiellem Verfall. Aus diesem Grundgedanken speist sich die Betriebswirtschaft; diese ist eine Sozialwissenschaft und bedient sich verschiedener Werkzeuge, um Mehrwert, Wertschöpfung und Wohlfahrt zu gestalten. Allein die Verpflichtung zur Wohlfahrt führt dazu, bestmögliche Produkte und Dienstleistungen anzubieten, die keinen Schaden anrichten und über den Gebrauchswert hinaus auch einen Beitrag für eine bessere Gesellschaft leisten. Das kann man auch nachhaltiges Wirtschaften nennen.

Tab. 7.1 Vier Möglichkeiten der Intervention in Ihrem Unternehmen

Ad hoc	Was kann Ihr Unternehmen sofort umsetzen, um unmittelbar Linderung zu schaffen? Ad hoc Hilfe kann unter Umständen nicht nachhaltig sein im Sinne einer dauerhaften Verbesserung der Situation.
Bezug	Korreliert das Ziel mit Ihrem unternehmerischen Geschäftsmodell? Gibt es innere Bezüge des Zieles mit der unternehmerischen Tätigkeit? Verfügen Sie über Erfahrungswissen und praktische Bezüge zum Ziel?
Win-Win	Stärkt der Beitrag Ihres Unternehmens im Zusammenhang mit dem Ziel Ihr Geschäftsmodell? Verbessert Ihr Beitrag Ihre Performance? Ist Ihr Beitrag wertschöpfend für Ihr Unternehmen?
Nachhaltigkeit	Vermindert oder beseitigt Ihr unternehmerischer Beitrag dauerhaft die Ursachen, die zur Vereinbarung der 17 Ziele geführt haben? Der Weltzukunftsvertrag ist ein Erfolg, wenn alle 17 Ziele erreicht sind.

Abb. 7.2 17 Ziele für nachhaltige Entwicklung

7.1   Ziel 1: Keine Armut

Armut in allen ihren Formen und überall beenden.[24] Der Paritätische Armutsbericht[25] für das Jahr 2022 verzeichnet 16,6 % Arme in Deutschland. Die knapp 14 Mio. Menschen verteilen sich auf die größte Gruppe der Kinder und Jugendliche mit knapp 21 %, gefolgt von den Rentner:innen mit knapp 18 % und pandemiebedingt bei den Erwerbstätigen insbesondere auf die

---

[24] Engagement Global https://17ziele.de/ziele/1.html. Zugriff: 04.07.2023, Abbildung mit freundlicher Genehmigung von 17ziele.de.

[25] Armutsbericht (2022) Deutscher Paritätischer Wohlfahrtsverband https://www.der-paritaetische. de/themen/sozialpolitik-arbeit-und-europa/armut-und-grundsicherung/armutsbericht-2022/. Zugriff: 04.07.2023.

Selbstständigen mit über 13 %. Als arm gilt nach EU-Definition,[26] wer weniger als 60 % des mittleren Einkommens zum Leben hat. Armut ist also von Land zu Land verschieden, sie ist relativ, doch Armut bedeutet immer soziale Randständigkeit und Ausgrenzung.

Betrachtet man Armut einzig aus der Perspektive der monetären Armut, wird man zu keinen guten Antworten kommen. Armut umfasst meines Erachtens auch die emotionale Armut, die seelische Armut, die geistige Armut und die Bildungsarmut. Um der Armut zu entkommen, braucht man die Kraft, die Möglichkeit und die Zeit, diese zu überwinden. Doch gerade die Situation der Armut zwingt die davon betroffenen Menschen, sich dieser täglich mit aller Kraft entgegenzustellen. Sie haben weder die Zeit noch die Möglichkeiten, der Armut zu entkommen. Deshalb ist die Überwindung der Armut eine mehrdimensionale Aufgabe. Im Zusammenhang mit den 17 Zielen sind die Ziele 3: *Gesundheit und Wohlergeben*, 4: *Hochwertige Bildung*, 8: *Menschenwürdige Arbeit und Wirtschaftswachstum* und 13: *Maßnahmen zum Klimaschutz* eng mit der Armut verwoben.[27]

Impulse zu *Keine Armut* Was können Sie unternehmen, um Armut in Ihrem Umfeld zu beenden? Praktika ausreichend vergüten. Ihren Zulieferern genau auf die Finger sehen und Fragen stellen, wenn Sie ausbeuterische Praktiken vermuten. Das Thema Armut in Ihrer Region im Rahmen von Mitarbeiterbesprechungen auf die Tagesordnung setzen. Das ehrenamtliche Engagement Ihrer Belegschaft mit Freistellungen befördern. Tab. 7.2

Tab. 7.2 Impulse für Ziel 1: *Keine Armut*

Ad hoc	Was kann mein Unternehmen im Rahmen der Möglichkeiten konkret leisten, Armut zu beseitigen oder zumindest zu reduzieren[a]?
Bezug	Wie stark korreliert mein Geschäftsmodell mit dem Ziel *Keine Armut*?
Win-Win	Wie kann mein Unternehmen einen substanziellen Beitrag zum Ziel *Keine Armut* in der Art gestalten, die mein Geschäftsmodell stärkt?
Nachhaltigkeit	Vermindert oder beseitigt mein unternehmerischer Beitrag dauerhaft die Ursachen für Armut?

[a] Dieser Gedanke bezieht sich auf die Rede von Joachim Gauck zur Flüchtlingskrise 2015 am 3. Oktober 2015. Zitat: „*Unser Herz ist weit, doch unsere Möglichkeiten sind endlich* […].“ Gauck J (2015) Unsere Möglichkeiten sind endlich. ZEIT online https://www.zeit.de/politik/deutschland/2015-09/joachim-gauck-rede-fluechtlinge-aufnahme-begrenzt, Zugriff: 04.07.2023. Es ist jedes Menschen Pflicht, im Angesicht von Not zu helfen, doch die Hilfe muss dann ihr Ende finden, wenn ich drohe, damit selbst in Not zu fallen. Das gilt natürlich auch für die unternehmerische Sicht auf mögliche Hilfen. Riskiere ich mit Hilfe den Bestand meines Unternehmens mit ganz konkreten Folgen, zum Beispiel für die dort Beschäftigten, denen gegenüber mein Unternehmen eine Fürsorgepflicht hat? Siehe hierzu Schwede J (2022) Fürsorgepflichten des Arbeitgebers – eine Übersicht. Haufe https://www.haufe.de/arbeitsschutz/recht-politik/fuersorgepflichten-des-arbeitgebers-eine-uebersicht_92_443590.html. Zugriff: 04.07.2023

---

[26] Spitzer S (2021) Armut. Diakonie Deutschland https://www.diakonie.de/wissen-kompakt/armut. Zugriff: 04.07.2023.

[27] Bundesministerium für wirtschaftliche Zusammenarbeit und Entwicklung SDG 1: Keine Armut https://www.bmz.de/de/agenda-2030/sdg-1#anc=Was. Zugriff: 04.07.2023.

7.2   Ziel 2: Kein Hunger

Den Hunger beenden, Ernährungssicherheit und eine bessere Ernährung erreichen und eine nachhaltige Landwirtschaft fördern.[28] Weltweit betrachtet ist der Hunger ein sehr großes Problem. Die Website des BMZ[29] zählt zwei Milliarden Menschen, die nicht jeden Tag genug Essen haben und es bilanziert weltweit Lebensmittel im Wert von über 400 Mrd. US-Dollar, die jährlich verderben. In Deutschland sprechen wir eher von Ernährungsarmut, Mangelernährung[30] und insbesondere von Fehlernährung[31] im Sinne von Überernährung. In Abschn. 2.2 *Der Überfluss* sind bereits viele Zahlen und Fakten genannt, blicken wir kurz auf den Zielaspekt bessere Ernährung. Mit unter sechs Euro Regelsatz pro Tag und Mensch im Rahmen des Bürgergeldes[32] für Ernährung dürfte es eng werden für eine gesunde und ausgewogene Ernährung. Zudem kochen nur etwas über 35 % der Menschen in Deutschland mit sinkender Tendenz regelmäßig,[33] knapp 14 % der Menschen kochen nie.

Verbunden mit unzureichenden Kenntnissen in der Aufbereitung, Zubereitung, Lagerung und vollständiger Verwertung von Lebensmitteln, beruflich bedingtem Zeitmangel und anstrengenden sozialen Bedingungslagen folgen aus der Fehlernährung andere Probleme wie Adipositas, Bluthochdruck und Gefäßkrankheiten.[34]

Das Ziel *Kein Hunger* korreliert in Deutschland stark mit dem Ziel 3: *Gesundheit und Wohlergehen*, dem Ziel 4: *Hochwertige Bildung*, dem Ziel 12: *Nachhaltiger Konsum und Produktion* und dem Ziel 13: *Maßnahmen zum Klimaschutz*. Mangelnde Bildung erschwert Kenntnisse und Erkenntnisse und diese wiederum führen zu einem Konsumverhalten, das Folgeprobleme nach sich zieht. Natürlich auch deshalb, weil viele Anbieter

---

[28] Engagement Global https://17ziele.de/ziele/2.html. Zugriff: 04.07.2023.

[29] Bundesministerium für wirtschaftliche Zusammenarbeit und Entwicklung SDG 2: Kein Hunger https://www.bmz.de/de/agenda-2030/sdg-2. Zugriff: 04.07.2023.

[30] Podcast-Episode (2021) Hunger & Fehlernährung – Ernährungsarmut in Deutschland (3/3). Heinrich Böll Stiftung https://www.boell.de/de/media/audio/hunger-fehlernaehrung-ernaehrungsarmut-deutschland-33. Zugriff: 04.07.2023.

[31] Weingärtner L (2014) Hunger und Fehlernährung – Ein Überblick über Definitionen und Auswirkungen. Bundeszentrale für politische Bildung https://www.bpb.de/themen/globalisierung/welternaehrung/178484/hunger-und-fehlernaehrung/. Zugriff: 04.07.2023.

[32] Heinemann J (2022) So viel ist bei Hartz IV und dem Bürgergeld für Lebensmittel festgelegt. Redaktion Gegen-Hartz.de https://www.gegen-hartz.de/news/nur-so-viel-ist-bei-hartz-iv-und-buergeld-fuer-lebensmittel-festgelegt. Zugriff: 04.07.2023.

[33] Pawlik V (2022) Umfrage in Deutschland zur Regelmäßigkeit des Kochens bis 2022. Statista https://de.statista.com/statistik/daten/studie/171172/umfrage/haeufigkeit-vom-kochen/.   Zugriff: 04.07.2023.

[34] Klein K und Reuter C (2016) So gefährlich ist ungesunde Ernährung! fit for fun https://www.fit-forfun.de/gesundheit/depressionen-ungesunde-ernaehrung-bringt-die-seele-aus-dem-gleichgewicht_aid_12304.html. Zugriff: 04.07.2023.

industriell verarbeiteter Lebensmittel[35] viel Salz, Zucker und Fett als Geschmacksträger verwenden, diese Lebensmittel haltbar machen und bei ihren Produkten auf eine hohe Energiedichte setzen, allerdings mit geringer Nährstoffdichte. Diese Lebensmittel haben einen niedrigen Sättigungseffekt mit der Folge, man isst einfach zu viel.

Besonders schön entfaltet sich zum Thema Hunger bzw. Fehlernährung das Dilemma der jetzigen Wirtschaftsweise. Viele Menschen leben in beruflichen, ökonomischen und sozialen Situationen, die ihnen die Zubereitung von schmackhaftem und gesundem Essen mit frischen unverarbeiteten Zutaten erschweren. Dieses Verhalten führt zu Krankheiten und volkswirtschaftlichen Kosten[36] und dennoch profitieren viele Akteure in diesem System – insbesondere die Lebensmittelindustrie, die Logistikbranche, die Lebensmitteldiscounter, die Pharmabranche und nicht zuletzt Ärzte, Kliniken und Therapeuten. Diese Wirtschaftsweise erhöht zwar das BIP – Bruttoinlandsprodukt,[37] ist allerdings nicht nachhaltig.

Impulse zu *Kein Hunger* Was können Sie unternehmen, um Hunger, Ernährungsarmut und Mangelernährung in Ihrem Umfeld zu beenden? Beteiligen Sie sich an der örtlichen Tafel? Kaufen Sie Ihre Lebensmittel von regionalen Anbietern mit hohen ökologischen Standards? Essen Sie wo immer möglich frisch zubereitetes Essen? Bieten Sie in Ihrer Kantine gesundes Essen an? Belohnen Sie gesundes Verhalten Ihrer Mitarbeiter:innen? Begünstigen Sie gutes Verhalten durch gezieltes Nudging?[38] Tab. 7.3

Tab. 7.3 Impulse zu Ziel 2: *Kein Hunger*

Ad hoc	Was kann mein Unternehmen im Rahmen der Möglichkeiten konkret leisten, Hunger und Fehlernährung zu beseitigen oder zumindest zu reduzieren?
Bezug	Wie stark korreliert mein Geschäftsmodell mit dem Ziel *Kein Hunger*?
Win-Win	Wie kann mein Unternehmen einen substanziellen Beitrag zum Ziel *Kein Hunger* in der Art gestalten, die mein Geschäftsmodell stärkt?
Nachhaltigkeit	Vermindert oder beseitigt mein unternehmerischer Beitrag dauerhaft die Ursachen für Hunger und Fehlernährung?

---

[35] Rau L (2021) erarbeitete Lebensmittel: Weshalb du auf sie verzichten solltest Utopia GmbH https://utopia.de/ratgeber/verarbeitete-lebensmittel-weshalb-du-auf-sie-verzichten-solltest/. Zugriff: 04.07.2023.

[36] Im direkten Zusammenhang mit der Ernährungsweise entstehen pro Jahr rund 2000 schlank gerechnete Euro Gesundheitskosten pro Bürger:in in Deutschland. Quelle mit Zahlen: Haufe Online Redaktion (2017) Krankheiten kosten die Gesellschaft über 4000 Euro pro Bürger https://www.haufe.de/sozialwesen/leistungen-sozialversicherung/krankheiten-kosten-die-gesellschaft-ueber-4000-euro-pro-buerger_242_427090.html. Zugriff: 04.07.2023.

[37] Statistisches Bundesamt: Volkswirtschaftliche Gesamtrechnungen Bruttoinlandsprodukt (BIP) https://www.destatis.de/DE/Themen/Wirtschaft/Volkswirtschaftliche-Gesamtrechnungen-Inlandsprodukt/Methoden/bip.html. Zugriff: 04.07.2023.

[38] Ganz konkret kann Nudging darin bestehen, in der Kantine den Schokopudding in die zweite Reihe des Nachtischbuffets hinter den Obstsalat zu stellen oder direkt vor dem Haupteingang des Unternehmens nur Fahrradparkplätze einzurichten. Wer mit dem Auto kommt, muss weiter weg parken und den Rest zu Fuß gehen.

7.3   Ziel 3: Gesundheit und Wohlergehen

Ein gesundes Leben für alle Menschen jeden Alters gewährleisten und ihr Wohlergehen fördern.[39] Trotz weltweit bestehender großer Defizite zu Gesundheit und Wohlergehen seien zwei positive Zahlen erwähnt. Die Kindersterblichkeit ist weltweit seit dem Jahr 2000 um die Hälfte gesunken und 85 % aller Kinder sind heute gegen Diphtherie, Tetanus und Keuchhusten geimpft.[40] In Deutschland liegt die durchschnittliche Lebenserwartung mit 81 Jahren deutlich über dem weltweiten Schnitt von 73 Jahren. Allerdings stagniert die Lebenserwartung in Deutschland seit 2012,[41] das Grenzalter unter den aktuellen Lebensbedingen scheint erreicht.[42] Mit der Alterung der Gesellschaft nehmen natürlich die Alterserkrankungen zu wie Krebs, Demenz und Diabetes.[43]

Entscheidend für unser Anliegen des nachhaltigen Wirtschaftens ist die Betrachtung der Gesundheit anhand der Definition der Weltgesundheitsorganisation (WHO). Gesundheit ist ein Zustand des vollkommenen körperlichen, geistigen und sozialen Wohlbefindens und nicht nur die Abwesenheit von Krankheit oder Behinderung.[44] Mehr als jeder zweite Deutsche gilt als chronisch krank.[45] Neben den Herz-Kreislauf-, Krebs- und Muskel- und Skeletterkrankungen fallen die psychischen und neurologischen Störungen ins Auge. Der Anteil der psychischen Erkrankungen am Gesamt wächst seit Jahren beständig an. Laut DGPPN – Deutsche Gesellschaft für Psychiatrie und Psychotherapie, Psychosomatik und Nervenheilkunde waren im Jahr 2022 knapp 28 % der erwachsenen Bevölkerung von einer psychischen Erkrankung betroffen. Im Zusammenhang mit der unternehmerischen Wirklichkeit haben Gesundheit und Wohlergehen der Mitarbeiter:innen höchste Priorität, der Arbeitsschutz muss neben den körperlichen Verletzungsrisiken und beruflich bedingten körperlichen Erkrankungen auch die mentale, soziale und emotionale Gesundheit

[39] Engagement Global https://17ziele.de/ziele/3.html. Zugriff: 04.07.2023.

[40] Bundesministerium für wirtschaftliche Zusammenarbeit und Entwicklung SDG 3: Gesundheit und Wohlergehen https://www.bmz.de/de/agenda-2030/sdg-3. Zugriff: 04.07.2023.

[41] Radtke R (2022) Lebenserwartung in Deutschland nach Geschlecht bis 2021. Statista https://de.statista.com/statistik/daten/studie/185394/umfrage/entwicklung-der-lebenserwartung-nach-geschlecht/. Zugriff: 04.07.2023.

[42] Gemessen am biologischen Maximum von 125 Jahren wäre noch ein gutes Drittel mehr Lebenszeit möglich. Osterkamp J (2016) MAXIMALES LEBENSALTER – Wird kein Mensch älter als 125 Jahre? Spektrum https://www.spektrum.de/news/wie-alt-kann-ein-mensch-maximal-werden/1425492. Zugriff: 04.07.2023.

[43] Bundesministerium für Bildung und Forschung (2022) Volkskrankheiten erforschen. https://www.bmbf.de/bmbf/de/forschung/gesundheit/volkskrankheiten/volkskrankheiten-erforschen_node.html. Zugriff: 04.07.2023.

[44] Wendt C (2013) Gesundheit und Gesundheitssystem. SpringerLink. Handwörterbuch zur Gesellschaft Deutschlands https://link.springer.com/chapter/10.1007/978-3-531-18929-1_23. Zugriff: 04.07.2023.

[45] Deutsches Ärzteblatt (2020) Mehr als die Hälfte der deutschen Bevölkerung ist chronisch krank. https://www.aerzteblatt.de/nachrichten/116897/Mehr-als-die-Haelfte-der-deutschen-Bevoelkerung-ist-chronisch-krank. Zugriff: 05.07.2023.

umfassen. Denn psychische Erkrankungen sind zu über 17 % der Grund für die betriebliche Arbeitsunfähigkeit.[46] Die DGPPN spricht von 15 % aller Arbeitsunfähigkeitstage in Deutschland.[47]

Das Ziel 3: *Gesundheit und Wohlergehen* hängt eng zusammen mit dem Ziel 5: *Geschlechtergerechtigkeit* – Frauen leiden deutlich häufiger unter psychischen Erkrankungen als Männer[48] und dem Ziel 8: *Menschenwürdige Arbeit und Wirtschaftswachstum.* Ein Gedankenspiel: Würden die Unternehmen in Deutschland durch besseren und umfassenderen Arbeitsschutz die Krankheitstage nur um knapp die Hälfte auf fünf Tage je Arbeitnehmer reduzieren[49] – dann stünden sechs zusätzliche Arbeitstage je Mitarbeiter:innen zur Verfügung. Wenn ein Unternehmen den Gegenwert von drei Arbeitstagen in den Gesundheitsschutz investieren würde, blieben ihm drei zusätzliche Arbeitstage für die Wertschöpfung zur Verfügung. Doch das muss sich jedes Unternehmen selbst ausrechnen. Für Unternehmen, die nach dem Maximalprinzip[50] arbeiten und kurzfristige Optima anstreben wird diese Rechnung nicht aufgehen, insbesondere dann, wenn die Solidargemeinschaft der Beitragszahler in den Krankenkassen die Kosten der Berufskrankheiten trägt. Auch das ist ein Phänomen nicht nachhaltigen Wirtschaftens, hier werden Kosten wo immer möglich externalisiert, um das unternehmerische Ergebnis zu maximieren.[51]

Impulse zu *Gesundheit und Wohlergehen* Wie schaffen wir ein furchtfreies Arbeitsklima? Wie vermeiden wir regelmäßige Arbeitsüberlastungen der Mitarbeiter:innen? Stellen wir ausreichend Schutzausrüstung bereit? Haben wir klare Regeln für gefahrgeneigte Tätigkeiten? Schulen wir unsere Mitarbeiter:innen rund um das Thema Arbeitssicherheit? Wie lernen wir aus Fehlern, Unfällen und Beinaheunfällen? Befähigen wir unsere Mitarbeiter:innen, um mit schwierigen Situationen umzugehen? Fördern und fordern wir unsere Mitarbeiter:innen entlang ihrer Talente oder zwingen wir sie in wesensfremde Verhaltensweisen? Tab. 7.4

---

[46] Mademann M Vermeiden von psychischen Belastungen am Arbeitsplatz. DMS Deutsche Mittelstandsschutz GmbH https://mittelstandsschutz.de/magazin/psychische-belastungen-arbeitsplatz/. Zugriff: 05.07.2023.

[47] Dossier: Psychische Erkrankungen in Deutschland. Schwerpunkt Patientenautonomie (2022). Deutsche Gesellschaft für Psychiatrie und Psychotherapie, Psychosomatik und Nervenheilkunde e. V. https://www.dgppn.de/leitlinien-publikationen/dossier.html. Zugriff: 05.07.2023.

[48] Maus J (1999) Frauen leiden häufiger an psychischen Krankheiten als Männer. Deutsches Ärzteblatt https://www.aerzteblatt.de/archiv/19697/Frauen-leiden-haeufiger-an-psychischen-Krankheiten-als-Maenner. Zugriff: 05.07.2023.

[49] Rudnicka J (2023) Krankheitsbedingte Fehltage je Arbeitnehmer in Deutschland bis 2022. Statista https://de.statista.com/statistik/daten/studie/13441/umfrage/entwicklung-der-jaehrlichen-anzahl-krankheitsbedingter-fehltage-je-arbeitnehmer/. Zugriff: 05.07.2023.

[50] Studyflix Wirtschaft BWL & VWL Grundlagen Produktivität: Minimalprinzip und Maximalprinzip. https://studyflix.de/wirtschaft/minimalprinzip-und-maximalprinzip-1950. Zugriff: 05.07.2023.

[51] Ich bin ein Freund der Vollkostenrechnung und des Verursacherprinzips. Unter diesen Prämissen würde sich die betriebliche Kostenrechnung oftmals anders darstellen.

Tab. 7.4 Impulse zu Ziel 3: *Gesundheit und Wohlergehen*

Ad hoc	Was kann mein Unternehmen im Rahmen der Möglichkeiten konkret leisten, Gesundheit und Wohlergehen zu steigern?
Bezug	Wie stark korreliert mein Geschäftsmodell mit dem Ziel *Gesundheit und Wohlergehen*?
Win-Win	Wie kann mein Unternehmen einen substanziellen Beitrag zum Ziel *Gesundheit und Wohlergehen* in der Art gestalten, die mein Geschäftsmodell stärkt?
Nachhaltigkeit	Vermindert oder beseitigt mein unternehmerischer Beitrag dauerhaft die Ursachen für unzureichende Gesundheit und Wohlergehen?

7.4   Ziel 4: Hochwertige Bildung

Inklusive, gleichberechtigte und hochwertige Bildung gewährleisten und Möglichkeiten lebenslangen Lernens für alle fördern.[52] Global betrachtet hängt hochwertige Bildung stark mit dem Ziel 1: *Keine Armut*, dem Ziel 9: *Industrie, Innovation und Infrastruktur* und dem Ziel 5: *Geschlechtergleichheit* zusammen. Mittlerweile gehen zwar 83 % aller Kinder und Jugendlichen weltweit zur Schule, doch nur vier von zehn Kindern erreichen Mindestkompetenzen im Lesen und Rechnen und 130 Mio. Mädchen gehen nicht zur Schule.[53] Ohne hochwertige Bildung ist es vielfach nicht möglich, andere Probleme zu lösen. Ohne Bildung entkommt man nicht der Armutsfalle, Gesundheit und Wohlergehen leiden und die dringend notwendige Innovationskraft in vielen Ländern kann sich nicht entfalten, um die drängenden Probleme von innen heraus aus eigener Kraft zu lösen. Die mangelnde Geschlechtergleichheit verstetigt die Situation in die nächste Generation, einfach weil die Mütter keine Chance haben, ihren Kindern und vor allem ihren Töchtern neue Möglichkeiten zu bieten und Perspektiven aufzuzeigen, ihr Leben besser zu gestalten. Hochwertige Bildung ist für mich weltweit betrachtet das Schlüsselziel, nachhaltiges Wirtschaften ins Werk zu setzen.

Weltweit besitzen zwei von drei Jugendlichen nicht die grundlegenden Fähigkeiten, die in der Schule vermittelt werden sollen.[54] In Europa betrifft das 24 % der Jugendlichen,

---

[52] Engagement Global https://17ziele.de/ziele/4.html. Zugriff: 04.07.2023.

[53] Bundesministerium für wirtschaftliche Zusammenarbeit und Entwicklung SDG 4 Hochwertige Bildung https://www.bmz.de/de/agenda-2030/sdg-4, hier finden Sie noch mehr Fakten und Zahlen. Zugriff: 05.07.2023.

[54] Woessmann L (2022) Zwei Drittel der Jugendlichen weltweit haben keine grundlegenden Fähigkeiten. ifo Institut https://www.ifo.de/pressemitteilung/2022-11-18/zwei-drittel-der-jugendlichen-weltweit-haben-keine-grundlegenden Es lohnt sich, die ganze Pressemitteilung vom 18. November 2022 zu lesen. Zugriff: 05.07.2023.

Deutschland liegt mit 23,8 % Bildungsarmut im europäischen Schnitt.[55] Den Zusammenhang von Bildungsarmut und seinen Folgen für Wohlstand, psychosoziale Verfasstheit und Gesundheit[56] erkennen wir auch in Deutschland. In Abschn. 6.2 *Die Rahmenhandlung für nachhaltiges Wirtschaften* nannte ich Bildung bereits den wertvollsten Rohstoff, den wir haben.

Besonders betroffen von Bildungsarmut[57] sind in Deutschland Kinder und Jugendliche, deren Eltern nur eine geringe formale Bildung aufweisen, deren soziales Umfeld problematisch ist[58] und die in einer materiellen Risikolage aufwachsen. Kinder aus Familien mit Migrationshintergrund sind überproportional häufig von Risikolagen betroffen. 48 % von ihnen wachsen unter der Belastung von mindestens einer Risikolage auf, bei Kindern ohne Migrationshintergrund sind es nur 16 %. Von allen drei Risikolagen sind Kinder mit Migrationshintergrund zu 8 % betroffen, Kinder ohne Migrationshintergrund lediglich zu 1 %.[59]

Impulse zu *Hochwertiger Bildung* Aus unternehmerischer Perspektive betrachtet müssen die Aspekte Anpassungsqualifizierung insbesondere bei Berufseinsteiger:innen und die inner- und außerbetriebliche Fort- und Weiterbildung der Mitarbeiter:innen in den Kreis der zentralen Aufgaben aufgenommen werden. Zwei externe Faktoren haben besonders starken Einfluss auf die unternehmerische Wirklichkeit. Qualifizierte Arbeitskräfte knapp bleiben, der demografische Wandel[60] wird deutlich spürbar und Energie wird auf Dauer teuer bleiben. Damit steigen auch die Kosten der Produktionsmittel und der daraus hergestellten Produkte. Die Nachfrage nach Arbeitskräften und Energie ist höher als das Angebot. Das führt zu Knappheit. Knappheit führt zu steigenden Preisen. Steigende

---

[55] Die Studie Global Universal Basic Skills: Current Deficits and Implications for World Development im Format pdf finden Sie hier: Gust S, Hanushek E A, Woessmann L (2022) Global Universal Basic Skills: Current Deficits and Implications for World Development. ifo Institut https://www.cesifo.org/de/publikationen/2022/working-paper/global-universal-basic-skills-current-deficits-and-implications. Zugriff: 04.07.2023.

[56] Keim S, Klärner A, Knabe A, Berger P A (2018) Handbuch Bildungsarbeit. Soziale Folgen von Bildungsarmut. Springer Fachmedien SpringerLink https://link.springer.com/chapter/10.1007/978-3-658-19573-1_23. Zugriff: 05.07.2023.

[57] Autor:innengruppe (2022) Bildung in Deutschland 2022 – Ein indikatorengestützter Bericht mit einer Analyse zum Bildungspersonal. DIPF – Leibniz-Institut für Bildungsforschung und Bildungsinformation https://www.bildungsbericht.de/de/bildungsberichte-seit-2006/bildungsbericht-2022/pdf-dateien-2022/bildungsbericht-2022.pdf. Dort finden Sie vertiefende Informationen in Hülle und Fülle. Zugriff: 05.07.2023.

[58] siehe hierzu Deutsches Jugendinstitut. Wie sie leben: Soziale Bedingungen und räumliches Umfeld. https://www.dji.de/ueber-uns/projekte/projekte/viele-welten-leben/ii-wie-sie-leben-soziale--bedingungen-und-raeumliches-umfeld.html insbesondere mit Blick auf Mädchen und junge Frauen in Deutschland. Zugriff: 05.07.2023.

[59] Bildungsbericht 2022, ebenda, Seite 6.

[60] Die Bevölkerung altert, die Generation der Baby-Boomer geht in Rente, die nachwachsenden Generationen sind zahlenmäßig weniger.

Tab. 7.5 Impulse zu Ziel 4: *Hochwertige Bildung*

Ad hoc	Was kann mein Unternehmen im Rahmen der Möglichkeiten konkret leisten, hochwertige Bildung anzubieten und zu befördern?
Bezug	Wie stark korreliert mein Geschäftsmodell mit dem Ziel *Hochwertige Bildung*?
Win-Win	Wie kann mein Unternehmen einen substanziellen Beitrag zum Ziel *Hochwertige Bildung* in der Art gestalten, die mein Geschäftsmodell stärkt?
Nachhaltigkeit	Vermindert oder beseitigt mein unternehmerischer Beitrag dauerhaft die Ursachen für unzureichende hochwertige Bildung?

Preise zwingen Unternehmen, die am Standort Deutschland wettbewerbsfähig bleiben wollen, zu besseren Lösungen, zu intelligenten Prozessketten und zu klugen Innovationen. Unternehmen benötigen eine höhere Wertschöpfung je Zeiteinheit. Dafür brauchen sie gut ausgebildete Mitarbeiter:innen, die ihr Wissen und Können für Ihr Unternehmen nutzbar machen. Tab. 7.5

Möglicherweise sind folgende Aspekte und Fragen für Ihr Unternehmen von großer Bedeutung: Geben wir unseren Mitarbeiter:innen Zeit und Raum für neue Ideen? Wie gestalten wir unsere Lösungskultur? Wie begünstigen wir Lernen im Unternehmen? Begreifen wir Lernen und Weiterbildung als strategische Investition? Wie finden und binden wir engagierte, wissbegierige und neugierige Mitarbeiter:innen? Welche Rahmenbedingungen schaffen wir, damit bessere Lösungen ausprobiert werden können? Bildung, Wissen und Erkenntnisse führen nur dann zu Verbesserungen, Innovationen und Erfindungen, wenn das Arbeitsklima frei von Furcht ist, wenn das Unternehmen von Erfolgssuchern beseelt ist.[61]

7.5 Ziel 5: Geschlechtergleichheit

Geschlechtergleichstellung erreichen und alle Frauen und Mädchen zur Selbstbestimmung befähigen.[62] Bereits im Ziel 4. *Hochwertige Bildung* wird es deutlich: Frauen und Mädchen leiden weltweit betrachtet deutlich häufiger unter Benachteiligung in jeder Form. Die schreckliche Praxis der Genitalverstümmelung ist eine Tatsache ebenso wie der fehlende Zugang von Frauen zu modernen Methoden der Familienplanung. Frauen leisten zu 75 % unbezahlte Pflege- und Hausarbeit. 28 % der Frauen arbeiten in Führungspositionen und 14 % der Frauen sind Eigentümerinnen von Land.[63] In Deutschland erhalten Frauen laut

---

[61] Letztlich ist es eine kulturelle Vereinbarung. Welches Verhalten belohnt ein Unternehmen: die Vermeidung von Misserfolgen oder das Streben nach Erfolg? Wie stark ist die Fehlerkultur im Unternehmen ausgeprägt?

[62] Engagement Global https://17ziele.de/ziele/5.html. Zugriff: 04.07.2023.

[63] Bundesministerium für wirtschaftliche Zusammenarbeit und Entwicklung SDG 5: Geschlechtergerechtigkeit https://www.bmz.de/de/agenda-2030/sdg-5. Zugriff: 04.07.2023.

Oxfam[64] nur knapp 80 % der Bruttostundenlöhne im Vergleich zu Männern, Frauen erreichen im Verlauf ihres Lebens 49 % weniger Gesamterwerbseinkommen, ihr Rentenniveau erreicht nur 47 % der Rentenzahlungen an Männer. Gleichzeitig leisten Frauen 52 % mehr unbezahlte Fürsorgearbeit als Männer.

Meine persönliche Wahrnehmung in den letzten Jahren ist, dass Zoten über Frauen in Gegenwart von Frauen nicht mehr gerissen werden. Das ändert sich leider manchmal, sobald sich die Männer in sicherer Entfernung von Frauenohren wähnen. Aus eigentlich netten Menschen werden dann peinliche Sprüchereißer, denen man sich nicht immer innerhalb der Friedenspflicht als Gast oder Teilnehmer einer Veranstaltung entgegenstellen kann. Auch Hierarchieunterschiede und ungleiche Machtverhältnisse schmälern den Mut zur Gegenrede. Es ist nicht immer leicht, in überraschenden Alltagssituationen spontan und souverän zu agieren.[65] Die Gleichheit der Geschlechter beginnt mit der Würde jedes Menschen und endet bei der konsequenten Gleichbehandlung jedes Menschen. Das gilt selbstverständlich auch für Jungen[66] und für Männer.[67]

Die ungleiche Würde und Behandlung der Geschlechter sind im Zusammenhang mit den 17 Zielen als ein etabliertes System der Ausbeutung zu verstehen.[68] Diese Art des Zusammenlebens ist nicht nachhaltig auf Frieden und Gerechtigkeit ausgelegt. Dazu mehr im Zusammenhang mit Ziel 16: *Frieden, Gerechtigkeit und starke Institutionen*. Blicken wir auf Ihr Unternehmen, hier können Sie wirksam werden.

Impulse zur *Geschlechtergleichheit* Was unternehmen Sie konkret für die Gleichheit der Geschlechter? Reflektieren Sie Ihre Bewertungsmuster bei Bewerbungen von Mitarbeiter:innen? Wie verhalten Sie sich als Führungskraft? Haben Sie klare Regeln in Ihrem Unternehmen für Geschlechtergleichheit? Wieviel Spielraum lassen Sie bei Überschreitungen? Welche bekannten Sanktionen in Ihrem Unternehmen haben Sie bei Fehlverhalten zur Hand? Wie gestalten Sie Ihre Löhne und Gehälter? Wen ziehen Sie bei Beratungen hinzu? Welche Fairnessregeln haben Sie in Ihrem Unternehmen? Tab. 7.6

---

[64] Oxfam (2018) Unbezahlte Hausarbeit, Pflege und Fürsorge https://www.oxfam.de/unsere-arbeit/themen/care-arbeit. Zugriff: 05.07.2023.

[65] Hier hilft nur üben: Praktische Tipps für Schlagfertigkeit finden Sie zum Beispiel hier: Mai J (2022) Schlagfertigkeit lernen: 6 Tipps + 6 geniale Konter-Strategien. Karrierebibel https://karrierebibel.de/schlagfertigkeit/. Zugriff: 05.07.2023.

[66] Hollstein M (2009) Warum Jungen in der Schule Problemfälle werden. WELT https://www.welt.de/politik/bildung/article3336003/Warum-Jungen-in-der-Schule-Problemfaelle-werden.html.   Zugriff: 05.07.2023.

[67] Weidenfeld N (2022) Diese Diskriminierung muss aufhören. WELT https://www.welt.de/kultur/plus237616317/Maenner-als-Feindbild-Diese-Diskriminierung-muss-aufhoeren.html?   Zugriff: 05.07.2023.

[68] Immer dann, wenn ein Teil sich auf Kosten des anderen Teils bereichert, zum Beispiel auf Grundlage kultureller Vereinbarungen und Gesetze oder sich durch Ausübung von Gewalt und Missbrauch von Macht Vorteile verschafft, kann man von Ausbeutung sprechen.

Tab. 7.6 Impulse zu Ziel 5: *Geschlechtergerechtigkeit*

Ad hoc	Was kann mein Unternehmen im Rahmen der Möglichkeiten konkret leisten, Geschlechtergleichheit zu verbessern oder vollumfänglich zu realisieren?
Bezug	Wie stark korreliert mein Geschäftsmodell mit dem Ziel *Geschlechtergleichheit*?
Win-Win	Wie kann mein Unternehmen einen substanziellen Beitrag zum Ziel *Geschlechtergleichheit* in der Art gestalten, die mein Geschäftsmodell stärkt?
Nachhaltigkeit	Vermindert oder beseitigt mein unternehmerischer Beitrag dauerhaft die Ursachen für Geschlechterungleichheit?

7.6   Ziel 6: Sauberes Wasser und Sanitäreinrichtungen

Verfügbarkeit und nachhaltige Bewirtschaftung von Wasser und Sanitärversorgung für alle gewährleisten.[69] Der Mangel an sauberem und verfügbarem Wasser ist für große Teile der Menschen ein existenzielles Problem. Mehr als zwei Milliarden Menschen haben keinen Zugang zu sauberem Trinkwasser, über vier Milliarden Menschen leben ohne angemessenen Zugang zu Sanitärversorgung, 4 von 10 Schulen haben keine Toiletten.[70] Für knapp die Hälfte der Menschheit ist die mangelnde Verfügbarkeit von Wasser zum Trinken und die persönliche und häusliche Hygiene Alltag[138]. Fehlendes sauberes Wasser kann zu einer der großen Fluchtursachen für 700 Mio. Menschen werden[138].

Wasserknappheit ist in Deutschland noch kein Thema. Doch im Hitzesommer 2022 wuchs die Sensibilität für die achtsame Nutzung von Wasser flächendeckend in der deutschen Bevölkerung, die meisten Rasenflächen ließen die Eigenheimbewohner verdorren, Städte und Gemeinden riefen zum Wassersparen auf und in den Tageszeitungen gab es regelmäßig Tipps zum Wassersparen. In Deutschland sind die Wasserentnahmen in den letzten Jahrzehnten durch die Wasserkreislaufführung in der Industrie deutlich zurückgegangen, ebenso sank in den privaten Haushalten der Wasserverbrauch von 144 Litern im Jahr 1991 pro Person und Tag auf 123 L im Jahr 2022.[71] Im gleichen Zeitraum erhöhte sich der Wasserbedarf in der Landwirtschaft und die Niederschläge in den Wintermonaten wurden weniger. Die Berechnung der Niederschlagssummen in Deutschland sind ein komplexes Thema und je nach Auswahl der Vergleichszeiträume erhält man andere Ergebnisse, doch als Tatsache bleibt, die negativen Niederschlagsanomalien[72] häufen sich seit dem Jahr 2010 signifikant.

---

[69] Engagement Global https://17ziele.de/ziele/6.html. Zugriff: 04.07.2023.

[70] Bundesministerium für wirtschaftliche Zusammenarbeit und Entwicklung SDG 6: Sauberes Wasser und Sanitäreinrichtungen https://www.bmz.de/de/agenda-2030/sdg-6. Zugriff: 04.07.2023.

[71] Umweltbundesamt (2023) Trockenheit in Deutschland – Fragen und Antworten. https://www.umweltbundesamt.de/themen/wasser/extremereignisseklimawandel/trockenheit-in-deutschland-fragen-antworten#trockenheit-aktuelle-situation Zugriff: 05.07.2023.

[72] Prozentuale Abweichung der Sommerniederschläge (Juni, Juli, August) von den vieljährigen mittleren Sommerniederschlagssummen. Quelle: Umweltbundesamt (2019) Klimaentwicklung in Deutschland – Monitoringbericht 2019 zur Deutschen Anpassungsstrategie an den Klimawandel. https://www.umweltbundesamt.de/bild/mittlere-niederschlagsmenge-in-deutschland-im-0. Zugriff: 04.07.2023.

Der Appell des Umweltbundesamtes, achtsam mit Wasser umzugehen und mit dieser wertvollen Ressource gut zu haushalten, betrifft alle Menschen in Deutschland. Es ist müßig auf die Bedeutung von sauberem und verfügbarem Wasser für Mensch und Natur vertiefend einzugehen. In Bezug auf die 17 Ziele könnte man sagen, ohne Wasser ist alles nichts.

Die kontinuierlich steigenden Wasserpreise[73] werden den achtsamen Umgang mit Wasser begünstigen. Aus unternehmerischer Sicht hängt das Ziel 6: *Sauberes Wasser und Sanitäreinrichtungen* eng zusammen mit den Zielen 9: *Industrie, Innovation und Infrastruktur* und dem Ziel 11: *Nachhaltige Städte und Gemeinden.*

Impulse zu *Sauberes Wasser und Sanitäreinrichtungen* Wie stark ist die Bedeutung von Wasser für unsere Produktion? Wieviel Euro können wir in zehn Jahren sparen, wenn wir Frischwasser durch Brauchwasserkreisläufe ersetzen? Wie können wir unseren Wasserverbrauch durch Innovationen in der Produktion drastisch senken? Was können wir im Kleinen unternehmen, unseren Wasserverbrauch pro Jahr um jeweils fünf Prozent zu senken? Die Möglichkeiten sind vielfältig, doch stellen Sie sich jetzt folgende Fragen: Tab. 7.7

Tab. 7.7 Impulse zu Ziel 6: *Sauberes Wasser und Sanitäreinrichtungen*

Ad hoc	Was kann mein Unternehmen im Rahmen der Möglichkeiten konkret leisten, die Qualität des Wassers und der Sanitäreinrichtungen zu verbessern oder vollumfänglich bereitzustellen?
Bezug	Wie stark korreliert mein Geschäftsmodell mit dem Ziel *Sauberes Wasser und Sanitäreinrichtungen*?
Win-Win	Wie kann mein Unternehmen einen substanziellen Beitrag zum Ziel *Sauberes Wasser und Sanitäreinrichtungen* in der Art gestalten, die mein Geschäftsmodell stärkt?
Nachhaltigkeit	Vermindert oder beseitigt mein unternehmerischer Beitrag dauerhaft die Ursachen für verunreinigtes Wasser und mangelhafte Sanitäreinrichtungen?[a]

[a] Sie merken, für einige Branchen und einige Regionen in der Welt ist sauberes Wasser und Sanitäreinrichtungen ein lebensnotwendiges Thema, für die meisten Unternehmen und Kommunen in Deutschland dürfte das Ziel *Sauberes Wasser und Sanitäreinrichtungen* nahezu vollständig erreicht sein. Das Ziel wäre vermutlich auf der Handlungsebene besser verortet: Wasser sparen durch moderne Geräte, Brauchwasser wiederverwenden oder wieder gereinigt in den Kreislauf bringen

[73] Statista Research Depertment (2023) Wasserversorgung – Index zur Preisentwicklung in Deutschland bis 2022. Statista https://de.statista.com/statistik/daten/studie/72113/umfrage/entwicklung-des-preisindex-fuer-wasserversorgung-in-deutschland-seit-2000/. Zugriff: 05.07.2023.

7.7   Ziel 7: Bezahlbare und saubere Energie

Zugang zu bezahlbarer, verlässlicher, nachhaltiger und moderner Energie für alle sichern.[74] Der Energiehunger der Welt ist nach wie vor ungebrochen. Bis 2040 wird der weltweite Energiebedarf um 25 % steigen.[75] Wohlstand und Energieverbrauch hängen unmittelbar miteinander zusammen. In Deutschland verursacht jeder Mensch im Durchschnitt 11 t CO_2 pro Jahr, in Afrika südlich der Sahara verursacht jeder Mensch im Durchschnitt 700 kg CO_2 pro Jahr. Deutschland ist reich, große Teile Afrikas sind arm. Die CO_2-Emissionen sind ein wesentlicher Grund für den menschlichen Beitrag zur Klimaerwärmung. Weltweit müssen die CO_2-Emmisionen drastisch gesenkt werden, um ein für Menschen verträgliches Klima zu erhalten.

Wenn die Menschen auch in Zukunft im Wohlstand leben wollen und vor allem, wenn immer mehr Menschen ihr Menschenrecht auf Teilhabe am Wohlstand[76] einfordern und diesen erarbeiten, um gesund und gebildet in Würde ohne existenzielle Not in Sicherheit zu leben. Das Menschenrecht auf Wohlstand braucht Energie. Diese Energie muss mittelfristig CO_2-frei erzeugt werden, um die Erde für Menschen bewohnbar zu halten.

Deutschland hat hier noch einen weiten Weg vor sich. Im Jahr 2022 wurden 52 % der Energie aus Kohle, Kernenergie und Erdgas erzeugt, 48 % der Energie stammten aus erneuerbaren Energieträgern.[77] Hoffnungsfroh stimmt die Tatsache, dass sich der Primärenergieverbrauch in Deutschland seit Beginn der 1990er-Jahre leicht rückläufig entwickelt, was auch auf Effizienzsteigerungen zurückzuführen ist.[78] Weniger hoffnungsfroh stimmt die Tatsache, dass Deutschland im Rahmen seiner Energieeffizienzstrategie 2050[79] seine bisherigen Ziele verfehlt hat.[80] Der Energieverbrauch in Deutschland hängt sehr stark von der Konjunktur und externen Einflüssen (Corona, Ukraine-Krieg) und den damit verbundenen Preisschwankungen ab. Hohe Preise führen zu weniger Energieverbrauch

---

[74] Engagement Global https://17ziele.de/ziele/7.html. Zugriff: 04.07.2023.

[75] Bundesministerium für wirtschaftliche Zusammenarbeit und Entwicklung SDG 7: Bezahlbare und saubere Energie https://www.bmz.de/de/agenda-2030/sdg-7. Zugriff: 04.07.2023.

[76] Bei Wohlstand geht es NICHT um Reichtum, es geht um eine abgesicherte Existenz der Mitglieder in einer Gemeinschaft, die ihren Mitgliedern wiederum aus den Mitteln dieser Güter und Dienstleistungen für Bildung, Gesundheit und Sicherheit bereitstellt. Der erwirtschaftete Ertrag der Mitglieder muss über deren Existenzminimum liegen, um deren gesellschaftliche und kulturelle Teilhabe und einen Beitrag zur Solidargemeinschaft zu ermöglichen.

[77] Statistisches Bundesamt (2022) Pressemitteilung Nr. 374 – Stromerzeugung im 1. Halbjahr 2022: 17,2 % mehr Kohlestrom als im Vorjahreszeitraum. https://www.destatis.de/DE/Presse/Pressemitteilungen/2022/09/PD22_374_43312.html. Zugriff: 05.07.2023.

[78] Umweltbundesamt (2023) Primärenergieverbrauch – Definition und Einflussfaktoren. https://www.umweltbundesamt.de/daten/energie/primaerenergieverbrauch#definition-und-einflussfaktoren. Zugriff: 05.07.2023.

[79] Bundesministerium für Wirtschaft und Klimaschutz (2019) Energieeffizienzstrategie 2050 https://www.bmwk.de/Redaktion/DE/Publikationen/Energie/energieeffiezienzstrategie-2050.pdf. Zugriff: 05.07.2023.

[80] https://www.umweltbundesamt.de/, ebenda. Zugriff: 05.07.2023.

ebenso wie konjunkturell schwächere Phasen. Doch der Preis allein kann kein Steuerungsinstrument für weniger Energieverbrauch sein, denn hohe Energiepreise schwächen Unternehmen substanziell mit allen damit verbundenen volkswirtschaftlichen Schäden.

Die Zauberformel des Bundesministeriums für Wirtschaft und Klimaschutz beinhaltet den Umstieg auf erneuerbare Energien, die kostengünstig erzeugt und angeboten und effizient eingesetzt werden. Ohne den gelingenden Umstieg auf erneuerbare Energien schmälert Deutschland mittelfristig den Wohlstand, weltweit betrachtet hängt das Ziel 7: *Bezahlbare und saubere Energie* mit dem Ziel 1: *Keine Armut*, dem Ziel 2: *Kein Hunger*, dem Ziel 3: *Gesundheit und Wohlergehen*, dem Ziel 8: *Menschenwürdige Arbeit und Wirtschaftswachstum*, dem Ziel 9: *Industrie, Innovation und Infrastruktur*, dem Ziel 11: *Nachhaltige Städte und Gemeinden*, dem Ziel 12: *Nachhaltiger Konsum und Produktion* und dem Ziel 13: *Maßnahmen zum Klimaschutz* zusammen.

17Ziele.de regt an, zu einem Ökostromanbieter[81] zu wechseln, einen Stromspartag einzuführen, den Stand-by-Stromverbrauch durch Steckerziehen zu senken und weniger Produkte zu kaufen, die lange Lieferwege oder Kühlketten haben. Unternehmerisch betrachtet ist der Einsatz von Energie ein zentraler Produktionsfaktor, denn ohne Energie ist alles nichts. Der Vierklang der Energienutzung lautet: Energieverbrauch vermeiden, erneuerbare Energien einsetzen, Energie effizient einsetzen, Energie sparen.[82]

Impulse zu *Bezahlbare und saubere Energie* Welchen Energieverbrauch können wir einstellen oder drastisch reduzieren? Welche Maßnahmen führen zu mehr Energieeffizienz? Welche Innovationen können uns helfen, unsere Produktionskette deutlich energieärmer zu gestalten? Welche Investitionen in die Erzeugung erneuerbarer Energien sind uns betriebswirtschaftlich möglich? Tab. 7.8

Tab. 7.8 Impulse zu Ziel 7: *Bezahlbare und saubere Energie*

Ad hoc	Was kann mein Unternehmen im Rahmen der Möglichkeiten konkret leisten, bezahlbare und saubere Energie bereitzustellen und zu nutzen?
Bezug	Wie stark korreliert mein Geschäftsmodell mit dem Ziel *Bezahlbare und saubere Energie*?
Win-Win	Wie kann mein Unternehmen einen substanziellen Beitrag zum Ziel *Bezahlbare und saubere Energie* in der Art gestalten, die mein Geschäftsmodell stärkt?
Nachhaltigkeit	Vermindert oder beseitigt mein unternehmerischer Beitrag dauerhaft die Ursachen für teure und schmutzige Energie?

---

[81] Siehe hierzu die Analysen der satirischen Fernsehsendung *Die Anstalt* und den Faktencheck ZDF Politsatire mit Max Uthoff und Claus von Wagner (2022) Die Anstalt. 4. Oktober 2022. Zweites Deutsches Fernsehen https://www.zdf.de/comedy/die-anstalt/die-anstalt-vom-4-oktober-2022-100.html. (Das Video ist verfügbar bis zum 04.10.2024), Zugriff: 05.07.2023. Bitte informieren Sie sich umfassend, bei welchem Stromanbieter auch wirklich Öko drin ist.

[82] Meine Erfahrung ist, dass die Summe vieler kleiner Energie-Einsparmaßnahmen bereits sehr viel zur Senkung des Energieverbrauches beiträgt. Es sind oftmals ritualisierte Achtlosigkeiten, die den Energieverbrauch nach oben treiben.

7.8   Ziel 8: Menschenwürdige Arbeit und Wirtschaftswachstum

Dauerhaftes, breitenwirksames und nachhaltiges Wirtschaftswachstum, produktive Vollbeschäftigung und menschenwürdige Arbeit für alle fördern.[83] Im globalen Zusammenhang geht es hierbei um die Abschaffung von Kinderarbeit, Zwangsarbeit, Arbeitslosigkeit[84] und informeller Arbeit.[85] Betrachten wir die drei Teilaspekte des Zieles 8: *Menschenwürdige Arbeit und Wirtschaftswachstum*, die eng zusammenwirken. Die Grundbedingung ist die menschenwürdige Arbeit mit auskömmlicher Bezahlung, Arbeits- und Gesundheitsschutz und sozialer Absicherung. Jeder Mensch muss die Möglichkeit erhalten, Zugang zur Arbeit zu haben. Das setzt ausreichend vorhandene Arbeitsplätze voraus. Nur so ist Vollbeschäftigung möglich. Produktivität entsteht immer dann, wenn der Output höher ist als der Input. Betriebswirtschaftlich bedeutsam sind die technische Produktivität, die Wertproduktivität und die Arbeitsproduktivität. Produktivität ist einer der Schlüsselfaktoren für Wertschöpfung.[86] Wertschöpfung setzt Wissen und Können voraus für Arbeitsstrukturen, Arbeitsinhalte und Innovationen. Nur durch Wertschöpfung entsteht Wirtschaftswachstum.

Das Zusammenspiel der Faktoren menschenwürdige Arbeit, vorhandene Arbeitsplätze, Produktivität und Wirtschaftswachstum ist komplex. Am Beispiel des Wirtschaftssystems der untergegangenen DDR wird deutlich – wenn nur ein Faktor fehlt, wird das System instabil und bricht in sich zusammen. In der DDR war die Arbeit weitgehend menschenwürdig organisiert, es gab die Vollbeschäftigung und die Wirtschaft wuchs,[87] doch das Wirtschaftssystem war nicht produktiv. Die Arbeit diente auch der Beschäftigung, der Sektor der unproduktiven[88] Arbeit war sehr groß, die Kosten der Arbeit – insbesondere die

---

[83] Engagement Global https://17ziele.de/ziele/8.html. Zugriff: 04.07.2023.

[84] Bundesministerium für wirtschaftliche Zusammenarbeit und Entwicklung SDG 8: Menschenwürdige Arbeit und Wirtschaftswachstum https://www.bmz.de/de/agenda-2030/sdg-8. Zugriff: 04.07.2023.

[85] Kennzeichen informeller Arbeit sind insbesondere die fehlende rechtliche und soziale Absicherung, die schlechte Bezahlung, oft menschenunwürdige Arbeitsbedingungen und geringe Qualifikationen. Quelle: Bundesministerium für wirtschaftliche Zusammenarbeit und Entwicklung Informeller Sektor. https://www.bmz.de/de/service/lexikon/70562-70562. Zugriff: 05.07.2023

[86] Schröter W (2013) Produktivität – Der Schlüssel zum Wohlstand – Kapitel: Die Beziehung zwischen Produktivität und Wertschöpfung. RKW Kompetenzzentrum https://www.rkw-kompetenzzentrum.de/publikationen/leitfaden/produktivitaet-der-schluessel-zum-wohlstand/produktivitaet-wertschoepfung-und-messkonzept/die-beziehung-zwischen-produktivitaet-und-wertschoepfung/. Zugriff: 05.07.2023.

[87] Martens B (2020) Lange Wege der Deutschen Einheit – Die Wirtschaft in der DDR. Bundeszentrale für politische Bildung https://www.bpb.de/themen/deutsche-einheit/lange-wege-der-deutschen-einheit/47076/die-wirtschaft-in-der-ddr/. Zugriff: 05.07.2023.

[88] Im Sinne von chronischer Unterbeschäftigung durch Materialmangel, Beschäftigte in der Staatssicherheit und im Grenzschutz. 1990 waren 14 % aller Erwerbstätigen in der DDR im öffentlichen Dienst beschäftigt, in der BRD waren es 7 %. Quelle: Keller B, Hennenberger F (1992) Beschäftigung und Arbeitsbeziehungen im öffentlichen Dienst der neuen Bundesländer. Bibliothek der Friedrich-Ebert-Stiftung https://library.fes.de/gmh/main/pdf-files/gmh/1992/1992-06-a-331.pdf. Zugriff: 05.07.2023.

Energiekosten stiegen stärker als die erzielbaren Verkaufspreise der für den Export bestimmten Produkte, der Abstand des technischen Fortschritts zu den westlichen Industrienationen wurde spätestens mit der Digitalisierung der Arbeitswelt uneinholbar groß.
Schlussendlich kollabierte das politische System, der Rest ist Geschichte.

Auch im Deutschland der Gegenwart muss das gelingende Zusammenspiel von
menschenwürdiger Arbeit, vorhandenen Arbeitsplätzen, Produktivität und Wirtschaftswachstum immer neu austariert werden. Die Gewerkschaften kämpfen beharrlich für faire
Spielregeln und Vereinbarungen in der Arbeitswelt, die Bundesregierung legt mit der
Steuergesetzgebung, mit Mindeststandards für Arbeit, Umwelt und Sicherheit und ent-
sprechenden Verordnungen und Sanktionen die Rahmenbedingungen der Wirtschaft fest,
der Wettbewerb befördert Investitionen in Innovationen und Lösungen für mehr Produktivität in Unternehmen und die Verbraucher:innen schließlich entscheiden sich für die zu
ihnen passenden Produkte. Soweit die klassischen Spielregeln.

Dieses Zusammenspiel führt im Zusammenhang mit der bestehenden Wirtschaftsordnung in das Dilemma, dass zwar in Deutschland die menschenwürdige Arbeit, die vorhandenen Arbeitsplätze, die Produktivität und das Wirtschaftswachstum relativ gut zueinanderstehen, jedoch im Zusammenhang mit dem Auslagern von Arbeit diese insbesondere in Asien als Billigarbeit organisiert wird und die Verkäufer von fossilen
Energieträgern meist Länder sind, deren Verständnis und Ausgestaltung der Menschenrechte nicht unseren Werten entspricht. Ein nach innen faires und ausbeutungsfreies System kann in seinen Außenbeziehungen nicht nachhaltiges Verhalten fördern und verstetigen. Ohne die Perspektive der Nachhaltigkeit verstärkt die beschriebene Optimierung
die Folgen der globalisierten Wirtschaft. Doch das Weiter-So ist keine gute Idee.

Für die Realisierung des Zieles 8 *Menschenwürdige Arbeit und Wirtschaftswachstum*
benötigen wir zusätzlich die Perspektiven der Nachhaltigkeit und der damit verbundenen
Regionalität. Von nachhaltigen Produkten kann erst gesprochen werden, wenn diese nachweislich vollständig entlang ihrer gesamten Wertschöpfungskette ausbeutungsfrei hergestellt werden und die Wertschöpfung im Wesentlichen dort bleibt, wo sie generiert
wurde. Je fairer die Anteile am Herstellungsprozess eines Produktes kalkuliert werden und
je länger das erwirtschaftete Geld in einer Region zirkuliert, desto mehr Wohlstand kann
damit vor Ort erwirtschaftet werden. Bleibt noch der Blick auf das Wachstum. Eine ausschließlich quantitative Betrachtung führt in die Irre, denn mehr ist nicht gleich besser.
Das Besser umfasst qualitative Kriterien wie zum Beispiel eine Verringerung der ungleichen persönlichen Einkommensverteilung, eine geringere Belastung der Umwelt,[89] die
Verlängerung der Lebenszeit der Produkte, ihre leichte Reparierbarkeit, das Maß der Wertschöpfung in der Region und den regionalen Bezug der Rohstoffe.

Jedes Local Business muss immer auch unter dem Aspekt des Global-Business analysiert und bewertet werden, isolierte Betrachtungen führen zu keinen nachhaltigen Erkenntnissen. Das Ziel 8: *Menschenwürdige Arbeit und Wirtschaftswachstum* hängt eng zu-

---

[89] Schäfer A (2018) Wachstum. Gabler Wirtschaftslexikon. SpringerGabler https://wirtschafts-
lexikon.gabler.de/definition/wachstum-48617. Zugriff: 05.07.2023.

Tab. 7.9 Impulse zu Ziel 8: *Menschenwürdige Arbeit und Wirtschaftswachstum*

Ad hoc	Was kann mein Unternehmen im Rahmen der Möglichkeiten konkret leisten, menschenwürdige Arbeit bereitzustellen und Wirtschaftswachstum zu begünstigen?
Bezug	Wie stark korreliert mein Geschäftsmodell mit dem Ziel *Menschenwürdige Arbeit und Wirtschaftswachstum*?
Win-Win	Wie kann mein Unternehmen einen substanziellen Beitrag zum Ziel *Menschenwürdige Arbeit und Wirtschaftswachstum* in der Art gestalten, die mein Geschäftsmodell stärkt?
Nachhaltigkeit	Vermindert oder beseitigt mein unternehmerischer Beitrag dauerhaft die Ursachen für menschenunwürdige Arbeit und Wachstumshemmnisse der Wirtschaft?

sammen mit dem Ziel 4: *Hochwertige Bildung*, dem Ziel 5: *Geschlechtergleichheit*, dem Ziel 9: *Industrie, Innovation und Infrastruktur*, dem Ziel 10: *Weniger Ungleichheiten*, dem Ziel 12: *Nachhaltiger Konsum und Produktion*, dem Ziel 13: *Maßnahmen zum Klimaschutz* und dem Ziel 17: *Partnerschaften zur Erreichung der Ziele*.

Impulse zu *Menschenwürdige Arbeit und Wirtschaftswachstum* Was wissen wir über die Produktionsbedingungen der von uns eingekauften Produkte? Ist unsere Lieferkette transparent gestaltet? Beziehen wir in unsere Ziele auch Aspekte zur Nachhaltigkeit ein? Achten wir darauf, möglichst regionale Lieferanten in unsere Wertschöpfung einzubinden? Achten wir auf gute Arbeitsbedingungen? Wie definieren wir Wachstum? Tab. 7.9

7.9   Ziel 9: Industrie, Innovation und Infrastruktur

Widerstandsfähige Infrastruktur aufbauen, breitenwirksame und nachhaltige Industrialisierung fördern und Innovationen unterstützen.[90] Die Überwindung von Armut aus eigener Kraft gelingt mit dem Aufbau eines weiterverarbeitenden Gewerbes und einer nachhaltigen Industrialisierung, dem Aufbau mehrstufiger Wertschöpfungsketten, dem Zugang zu Kommunikationsnetzen und Märkten und dem Ausbau von Forschung und Entwicklung.[91] Über 1 Mrd. Menschen in den am wenigsten entwickelten Ländern der Welt[92] – LDCs Least Developed Countries haben so gut wie keinen Zugang zum Welthandel, weit über die Hälfte von ihnen leben von der Landwirtschaft und nur knapp 20 % der Menschen nutzen das Internet. Durch neu geschaffene Arbeitsplätze im verarbeitenden Gewerbe

---

[90] Engagement Global https://17ziele.de/ziele/9.html. Zugriff: 04.07.2023.

[91] Bundesministerium für wirtschaftliche Zusammenarbeit und Entwicklung SDG 9: Industrie, Innovation und Infrastruktur https://www.bmz.de/de/agenda-2030/sdg-9. Zugriff: 04.07.2023.

[92] UN-Liste der am wenigsten entwickelten Länder. (2022) UNCTAD Konferenz der Vereinten Nationen über Handel und Entwicklung https://unctad.org/topic/least-developed-countries/list. Zugriff: 05.07.2023.

entstehen zwei bis drei weitere Arbeitsplätze.[93] Mit der Schaffung einer gewerblichen und industriellen Basis in den LDCs in Verbindung mit dem Aufbau einer Infrastruktur und Zugang zu Wissen und Kommunikation wäre sehr viel Hilfe zur Selbsthilfe auf den Weg gebracht.

Der Wohlstand Deutschlands resultiert wesentlich aus den oben genannten Faktoren verarbeitendes Gewerbe, Industrie, mehrstufige Wertschöpfungsketten, Infrastruktur, Kommunikation und Wissen. Er resultiert auch aus den Spielregeln der sozialen Marktwirtschaft, dem freien Zugang zu Bildung und Investitionen in Forschung und Entwicklung. Die anstehenden Aufgaben für Deutschland sind der Umbau des Gewerbes und der Industrie hin zu nachhaltigen Produktionsweisen, dem Ausbau der erneuerbaren Energien und der Kommunikationsinfrastruktur, dem ökologischen Umbau der Städte und nachhaltige Lösungen für Wohnen und Mobilität.

Die größten Wachstumsfelder der Weltwirtschaft[94] seien kurz umrissen: Predictive Policing – Vorausschauende Polizeiarbeit,[95] Connected Mobility – Vernetzte Mobilität,[96] Health Prevention – Gesundheitsprävention,[97] Sustainability Design – Nachhaltigkeitsdesign[98] und Energy Transition – Energiewende.[99, 100] Big Data[101] bildet hierbei den Backbone, das Rückgrat der Wachstumsfelder.[102] Big Data ermöglicht den Einsatz von KI – Künstlicher Intelligenz, AGI – Artificial General Intelligence und Strong AI.[103]

---

[93] https://www.bmz.de/de/agenda-2030/sdg-9. Zugriff: 04.07.2023.

[94] Die Deutsche Wirtschaft (2023) Die 50 Trend- und Wachstumsmärkte der Zukunft https://die-deutsche-wirtschaft.de/trend-und-wachstumsfelder/. Zugriff: 05.07.2023.

[95] zukunftsInstitut (2014) Dem Verbrechen auf der Datenspur. https://www.zukunftsinstitut.de/artikel/big-data/predictive-policing/. Zugriff: 05.07.2023.

[96] Vernetzte Mobilität. bayern innovativ https://www.bayern-innovativ.de/de/netzwerke-und-thinknet/uebersicht-mobilitaet/vernetzte-mobilitaet. Zugriff: 05.07.2023.

[97] Bundesministerium für Gesundheit (2023) Bedeutung der Gesundheitswirtschaft https://www.bundesgesundheitsministerium.de/themen/gesundheitswesen/gesundheitswirtschaft/bedeutung-der-gesundheitswirtschaft.html. Zugriff: 05.07.2023.

[98] Deutscher Nachhaltigkeitspreis Design (2022) https://www.nachhaltigkeitspreis.de/design/. Zugriff: 05.07.2023.

[99] Kapferer S (2019) Die Energiewirtschaft wird zum Wachstumsmarkt. Handelsblatt inpact-Media https://www.inpactmedia.com/wirtschaft/zukunft-energie/die-energiewirtschaft-wird-zum-wachstumsmarkt. Zugriff: 05.07.2023.

[100] Energiewende in Deutschland: Definition, Ziele und Geschichte. Öko-Institut e.V. https://www.energiewende.de/start. Zugriff: 05.07.2023.

[101] Bendel O (2021) Big Data. Gabler Wirtschaftslexikon. SpringerGabler https://wirtschaftslexikon.gabler.de/definition/big-data-54101/version-384381. Zugriff: 05.07.2023.

[102] Siehe hierzu Theßenvitz S (2023) KI – Künstliche Intelligenz in der betrieblichen Praxis | Von der aufgabenbezogenen Datenverarbeitung hin zur Strong AI, https://www.thessenvitz-unternehmensberatung.de/ki-kuenstliche-intelligenz-in-der-betrieblichen-praxis/, Zugriff: 05.07.2023.

[103] KI = AI – Artificial Intelligence/Künstliche Intelligenz – mittels Computern (aufgabenbezogene Datenverarbeitung) generierte Antworten, Entscheidungen und Lösungen für konkrete, in sich ge-

Nachhaltigkeit kann auch für deutsche Unternehmen ein wertschöpfendes Geschäftsmodell werden, insbesondere die vernetzte Mobilität, die Gesundheitsprävention, das Nachhaltigkeitsdesign, die Energiewende und die AGI bieten große Chancen für nachhaltiges Wirtschaftswachstum. Wenn die Innovationen aus Deutschland zum Exportschlager werden, Vorbildcharakter für andere Länder und Unternehmen entwickeln und zum Nachahmen einladen, dann ist der nachhaltigen Entwicklung wirkungsvoll geholfen, nicht zuletzt den LDCs.

Das Ziel 9: *Industrie, Innovation und Infrastruktur* ist ein Schlüsselziel für Wohlstand. Entscheidend ist, die aus dem Ziel resultierenden Handlungen unter nachhaltigen Aspekten ins Werk zu setzen. Einfach die deutsche ökonomische Erfolgsgeschichte, das Wirtschaftswunder, zu kopieren, bringt die Welt nicht weiter. Das Ziel 9 hängt eng zusammen mit dem Ziel 1: *Keine Armut*, dem Ziel 2: *Kein Hunger*, dem Ziel 3: *Gesundheit und Wohlergehen*, dem Ziel 4: *Hochwertige Bildung*, dem Ziel 8: *Menschenwürdige Arbeit und Wirtschaftswachstum*, dem Ziel 11: *Nachhaltige Städte und Gemeinden*, dem Ziel 12: *Nachhaltiger Konsum und Produktion* und dem Ziel 13: *Maßnahmen zum Klimaschutz*.

Impulse zu *Industrie, Innovationen und Infrastruktur* Gestalten wir unsere Wertschöpfungskette auch unter nachhaltigen Kriterien? Wie können wir unsere Wertschöpfung vertiefen, um Produktionsprozesse nach unseren Regeln für Nachhaltigkeit und Qualität zu gestalten? Wie können wir unsere Abhängigkeit von Fremdkapitalgebern reduzieren, um unabhängiger entscheiden zu können? Wie gestalten wir unsere Logistikkette nachhaltig? Tab. 7.10

---

schlossene Aufgabenstellungen. KI basiert auf dem Maschinenlernen. Programmierer designen, steuern und kontrollieren die Prozesse. Die Lernfähigkeit der KI wird durch den Programmierer determiniert. Die KI ist ausgereift und beherrschbar.

AGI – Artificial General Intelligence/Künstliche übergreifende Intelligenz, auch Full AI – mittels Computern (Datenverarbeitung in neuronalen Netzen) generierte Antworten, Entscheidungen und Lösungen, die menschlichen kognitiven und intellektuellen Fähigkeiten nachempfunden sind. AGI basiert auf dem Konzept des Deep Learning. Die AGI designen, steuern und kontrollieren die Prozesse selbstständig. Die Lernfähigkeit der AGI wird durch die zur Verfügung stehenden Datensätze determiniert. Die AGI ist in einer exponentiellen Entwicklungsphase, deren Beherrschbarkeit wird aktuell als fraglich eingeschätzt.

Strong AI – Zusätzlich zu den Fähigkeiten der AGI bildet die Strong AI menschliche Dispositionen auf der Grundlage von Emotionen und die Fähigkeiten zur Selbsterkenntnis, zur Empathie und Reflexion nach. Strong AI hat ein Bewusstsein von sich und seinen Handlungen. Der Klang der Zukunftsmusik der Strong AI ist deutlich vernehmbar, alles weitere ist Spökenkiekerei.

Tab. 7.10 Impulse zu Ziel 9: *Industrie, Innovation und Infrastruktur*

Ad hoc	Was kann mein Unternehmen im Rahmen seiner Möglichkeiten konkret leisten, Industrie, Innovation und Infrastruktur aufzubauen, zu fördern und zu begünstigen?
Bezug	Wie stark korreliert mein Geschäftsmodell mit dem Ziel *Industrie, Innovation und Infrastruktur*?
Win-Win	Wie kann mein Unternehmen einen substanziellen Beitrag zum Ziel *Industrie, Innovation und Infrastruktur* in der Art gestalten, die mein Geschäftsmodell stärkt?
Nachhaltigkeit	Vermindert oder beseitigt mein unternehmerischer Beitrag dauerhaft die Ursachen für anfällige Infrastruktur, für nicht nachhaltige Industrialisierung und mangelnde Innovationen?

7.10   Ziel 10: Weniger Ungleichheiten

Ungleichheit in und zwischen Ländern verringern.[104] Ungleichheiten findet statt als ökonomische Ungleichheit, als Ungleichheit der Chancen auf Grundlage von persönlicher Diskriminierung und in Form diskriminierender Gesetze und Politik.[105] Die wichtigste Kennzahl für ökonomische Ungleichheit ist der Gini-Koeffizient. Er ermittelt auf Grundlage der Lorenz-Kurve die Differenz aus der idealen ökonomischen Verteilung innerhalb einer Volkswirtschaft – zum Beispiel gleiche Vermögen und Einkommen für jeden Menschen – und der vollständigen Konzentration des Vermögens und Einkommens auf einen Menschen. Vereinfacht subsumiert: Auf der Nordhalbkugel der Erde ist der Gini-Index niedriger als auf der Südhalbkugel. Die ökonomischen Ungleichheiten sind im Globalen Süden höher. Der Gini-Koeffizient ist auch ein Indikator für sozialen Frieden und Zusammenhalt einer Gesellschaft. Nimmt die Ungleichheit zu, dann steigt das soziale Konfliktpotenzial.

Die meisten Menschen akzeptieren ein gewisses Maß an ökonomischer Ungleichheit, wenn der individuelle Wohlstand aus eigener Kraft mit harter Arbeit erwirtschaftet wurde. Die meisten Menschen akzeptieren deutliche ökonomische Ungleichheiten nicht, wenn diese aus strukturellen Bevorzugungen eines Systems resultieren.[106] In diesem Kontext ist ökonomische Ungleichheit immer dann Diskriminierung, wenn die Rahmenbedingungen Diskriminierung ermöglichen. Diskriminierung verhindert die Entwicklung eines flächendeckend weitgehend normalverteilten Wohlstandes. Der planvolle Einsatz von systema-

[104] Engagement Global https://17ziele.de/ziele/10.html. Zugriff: 04.07.2023.

[105] Bundesministerium für wirtschaftliche Zusammenarbeit und Entwicklung SDG 10: Weniger Ungleichheiten https://www.bmz.de/de/agenda-2030/sdg-10. Zugriff: 04.07.2023.

[106] Noll H H Christoph B (2004) Sozialer und politischer Wandel in Deutschland – Akzeptanz und Legitimität sozialer Ungleichheit. VS Verlag für Sozialwissenschaften/GWV Fachverlage GmbH, Wiesbaden https://link.springer.com/chapter/10.1007/978-3-322-80949-0_5. Zugriff: 05.07.2023.

tisch unterbezahlten Arbeitskräften maximiert den Wohlstand des Unternehmens, verhindert jedoch einen fairen Ausgleich im Rahmen der eingebrachten Arbeitsleistung.

Wenn die Verschiedenheit der Menschen bezüglich ihrer persönlichen Merkmale wie
Geschlecht, Herkunft, Alter, Religion, Behinderung oder sexueller Identität[107] zu ungleicher Behandlung führt, dann ist das Diskriminierung. Der Gender Pay Gap[108] ist ein
prominentes Beispiel für Diskriminierung. Strukturelle Diskriminierungen können auch
aus der Gesetzgebung entstehen, zum Beispiel im Steuerrecht,[109] das bestimmte Ver-
mögens- und Einkunftsarten bevorzugt.[110] Aus dem Grundgesetz Artikel 3, Absatz 1 – Alle
Menschen sind vor dem Gesetz gleich – folgt das Gebot der gleichmäßigen Besteuerung.[111]

Das Ziel 10 heißt nicht Gleichheit, es heißt *Weniger Ungleichheiten*. Die Forderung
nach vollständiger Gleichheit ist utopisch und gleichermaßen totalitär, die Aufforderung
ist, stets einen scharfen Blick auf Ungleichheiten zu richten und zu analysieren, ob diese
gerechtfertigt sind. Diesen scharfen Blick brauchen wir auch in Deutschland. Der Gini-
Koeffizient stieg in Deutschland von 2009 mit 29,1 Punkten auf 30,9 Punkte im Jahr
2021.[112] Die zunehmenden Gehaltsspreizungen[113] in den Unternehmen schaffen ein un-
günstiges Unternehmensklima[114] und das zunehmende Lohngefälle zwischen Ost und
West[115] setzt die Menschen in Ostdeutschland spürbar zurück. Diskriminierung ist

---

[107] Antidiskriminierungsstelle des Bundes. Was ist Diskriminierung? https://www.antidis-
kriminierungsstelle.de/DE/startseite/startseite-node.html. Zugriff: 05.07.2023.

[108] Bundesministerium für Familie, Senioren, Frauen und Jugend (2022) Lisa Paus kündigt Maßnahmen gegen den Gender Pay Gap an. https://www.bmfsfj.de/bmfsfj/aktuelles/alle-meldungen/
lisa-paus-kuendigt-massnahmen-gegen-den-gender-pay-gap-an-201310. Zugriff: 05.07.2023.

[109] Kemna V (2014) Gleichberechtigung – Werden Frauen im Steuerrecht diskriminiert? Deutschlandfunk https://www.deutschlandfunk.de/gleichberechtigung-werden-frauen-im-steuerrecht-100.
html. Zugriff: 05.07.2023.

[110] Wersig M (2013) Steuerpolitik – (Gerechtigkeits-)Prinzipien des deutschen Steuersystems.
Bundeszentrale für politische Bildung https://www.bpb.de/shop/zeitschriften/apuz/155703/
gerechtigkeits-prinzipien-des-deutschen-steuersystems/. Zugriff: 05.07.2023.

[111] Deutscher Bundestag (2022) Zulässigkeit einkommensteuerlicher Entlastungen bestimmter
Personengruppen in Abhängigkeit von Alter und Beruf. https://www.bundestag.de/resource/blo
b/892648/6e325484b3d3164ef6b7b63ce83d4a69/WD-4-028-22-pdf-data.pdf. Zugriff: 05.07.2023.

[112] Statista Research Department (2023) Deutschland: Einkommensungleichheit in Deutschland
nach dem Gini-Index bis 2021. Statista https://de.statista.com/statistik/daten/studie/1184266/um-
frage/einkommensungleichheit-in-deutschland-nach-dem-gini-index/. Zugriff: 05.07.2023.

[113] Müller H, Rickens C (2007) Die große Kluft. Manager Magazin https://www.manager-magazin.
de/politik/die-grosse-kluft-a-81df2cfd-0002-0001-0000-000052278963. Zugriff: 05.07.2023.

[114] Freie Hansestadt Bremen | Gemeinsame Pressemitteilung mit der Wolfgang-Ritter-Stiftung
(2022) Wissenschaft untersucht Schattenseiten der Wirtschaft. https://www.senatspressestelle.bre-
men.de/pressemitteilungen/wissenschaft-untersucht-schattenseiten-der-wirtschaft-393104?asl=.
Zugriff: 05.07.2023.

[115] Tagesschau (2022) Unterschied bei Gehältern – Lohngefälle zwischen Ost und West wächst.
ARD-aktuell/tagesschau.de https://www.tagesschau.de/wirtschaft/finanzen/gehalt-differenz-ost-
west-lohngefaelle-101.html. Zugriff: 05.07.2023.

Tab. 7.11 Impulse zu Ziel 10: *Weniger Ungleichheiten*

Ad hoc	Was kann mein Unternehmen im Rahmen der Möglichkeiten konkret leisten, die Ungleichheit zu reduzieren?
Bezug	Wie stark korreliert mein Geschäftsmodell mit dem Ziel *Weniger Ungleichheiten*?
Win-Win	Wie kann mein Unternehmen einen substanziellen Beitrag zum Ziel *Weniger Ungleichheiten* in der Art gestalten, die mein Geschäftsmodell stärkt?
Nachhaltigkeit	Vermindert oder beseitigt mein unternehmerischer Beitrag dauerhaft die Ursachen für Ungleichheit im Unternehmen und in Deutschland?

Ausbeutung und damit nicht nachhaltig. Diskriminierung in jeder Form erzeugt Ungleichheit. Diskriminierung verhindert die faire Teilhabe entlang der eigenen Leistungen.

Das Ziel 10: *Weniger Ungleichheiten* umfasst ökonomische, soziologische, kulturelle und psychologische Aspekte. Im Kern geht es um die Abschaffung von Diskriminierung. Diskriminierung begünstigt *Armut* (Ziel 1), sie beeinträchtigt das *Wohlergeben* (Ziel 3), sie erschwert *hochwertige Bildung* für alle Menschen (Ziel 4), sie steht der *Geschlechtergleichheit* (Ziel 5) und dem Ziel 16: *Frieden, Gerechtigkeit und starke Institutionen* entgegen.

Impulse zu *Weniger Ungleichheiten* Wie sanktionieren wir Diskriminierung? Wie groß ist unser maximaler Lohn- und Gehaltsabstand? Wie begünstigen wir Chancengleichheit? Welche kulturellen Vereinbarungen leben wir in unserem Unternehmen? Wie loben und belohnen wir diskriminierungsfrei? Tab. 7.11

7.11   Ziel 11: Nachhaltige Städte und Gemeinden

Städte und Siedlungen inklusiv, sicher, widerstandsfähig und nachhaltig gestalten.[116] Die Mehrheit der Weltbevölkerung lebt in Städten, die Zuwanderung in die Städte hält an. Davon leben knapp 30 % in Slums, 2 Mrd. Menschen haben keinen Zugang zu einer geregelten Abfallentsorgung, 600 Mio. Stadtbewohner:innen leben ohne gesicherten Zugang zu sauberem Trinkwasser.[117] Die globalen Ziele betreffen auch die Städte in Deutschland. Die Stichpunkte dazu: angemessener Wohnraum, sichere, bezahlbare, und nachhaltige Verkehrssysteme, inklusive und nachhaltige Stadtplanung, Schutz des Weltkultur- und Naturerbes, Ausbau des Katastrophenschutzes, bessere Luftqualität und Abfallbehandlung, sichere Grünflächen und öffentliche Räume.

Die reichlichen Rankings für lebenswerte, nachhaltige Städte mit hoher Lebensqualität kommen je nach Absender und Intention meist unter ökonomischen Aspekten oder mit der

---

[116] Engagement Global https://17ziele.de/ziele/11.html. Zugriff: 04.07.2023.

[117] Bundesministerium für wirtschaftliche Zusammenarbeit und Entwicklung SDG 11: Nachhaltige Städte und Gemeinden https://www.bmz.de/de/agenda-2030/sdg-11. Zugriff: 04.07.2023.

Investorenperspektive jeweils zu anderen und wenig hilfreichen Ergebnissen. Für die gesunde und friedliche Stadtgesellschaft unverzichtbar sind eine Rahmenhandlung aus bezahlbarem Wohnraum und angemessener Entlohnung, aus einem qualitätvollen und günstigen Angebotsspektrum an Bildung, Gesundheit und Freizeit für die deutliche Mehrheit der Stadtbewohner:innen. Der Sehnsuchtsort Stadt verliert in Deutschland für viele Menschen seinen Reiz. Die Altersgruppe der 30 bis 50-jährigen zieht es besonders stark aufs Land.[118] Die flächendeckende Verbreitung des schnellen Internets und die stark steigenden Wohn-, Grund- und Baupreise in der Stadt begünstigen die Stadtflucht. Die Zukunft Deutschlands findet wieder verstärkt auf dem Land statt, in der progressiven Provinz.[119]

Das Ziel 11: *Nachhaltige Städte und Gemeinden* hängt stark zusammen mit dem Ziel 9: *Industrie, Innovationen und Infrastruktur*. In Deutschland wird der Umbau und die Organisation der Städte hin zu mehr Nachhaltigkeit nicht ohne vernetzte Mobilität gelingen, es braucht gute Lösungen für deutlich mehr energieautarke Gebäude und die Versorgung mit regionalen Lebensmitteln, es braucht eine Renaissance der Nahversorgung aus eigener Kraft mit kurzen Lieferwegen, es braucht deutlich mehr bezahlbaren Wohnraum. Die meisten Städte in Deutschland wurden ab dem 12ten Jahrhundert gegründet,[120] stets erweitert und den Bedürfnissen ihrer Zeit angepasst. Die letzte große Stadterneuerung in Deutschland erfolgte nach Ende des 2ten Weltkrieges mit dem Wiederaufbau, meist in Form der autogerechten Stadt.[121] Die Bedürfnisse der zunehmend urbanisierten Welt im 21ten Jahrhundert sind andere, ein substanzieller Umbau hin zu nachhaltigen Städten ist unausweichlich. Reparaturmaßnahmen allein werden nicht ausreichen.

Impulse zu *Nachhaltige Städte und Gemeinden* Wie begünstigen wir es, dass unsere Mitarbeiter:innen mit nachhaltigen Verkehrsmitteln unterwegs sind? Können wir unseren Mobilitätsbedarf substituieren und optimieren? Können wir unsere Liegenschaften energieautark umbauen? Wie können wir Platz sparen oder unseren Platzbedarf verkleinern? Können wir Grünflächen anlegen oder Gemüsebeete für die Selbstversorgung? Haben wir die Möglichkeit, unseren Mitarbeiter:innen Werkswohnungen in der Nähe unseres Unternehmens anzubieten oder zu bauen? Tab. 7.12

---

[118] deutschland.de (2021) Lust aufs Landleben https://www.deutschland.de/de/topic/leben/deutschland-stadtflucht-leben-auf-dem-land. Zugriff: 05.07.2023.

[119] Papasabbas L, Pfuderer N et.al. (2021) Progressive Provinz – Die Zukunft des Landes. zukunfts-Institut https://onlineshop.zukunftsinstitut.de/shop/progressive-provinz-die-zukunft-des-landes/. Zugriff: 05.07.2023.

[120] Vogt-Luerssen M (2023) Alltagsgeschichte des Mittelalters. kleio.org https://www.kleio.org/de/geschichte/mittelalter/alltag/kap_vii1/. Zugriff: 05.07.2023.

[121] Nicht selten wurden für den Umbau der Städte nach Kriegsende auch Pläne und Planer aus der Nazizeit herangezogen. Die lockere Bauweise war geeignet, Feuersbrünste lokal begrenzt zu halten, Bomben zerfetzten nicht ganze Quartiere und die breiten Autoschneisen waren auch praktisch für rasche Truppenbewegungen mit schwerem Gerät. Heidenfelder C (2020) Wiederaufbau. WDR | Westdeutscher Rundfunk | planet wissen https://www.planet-wissen.de/geschichte/deutsche_geschichte/nachkriegszeit/wiederaufbau-106.html. Zugriff: 05.07.2023.

Tab. 7.12 Impulse zu Ziel 11: *Nachhaltige Städte und Gemeinden*

Ad hoc	Was kann mein Unternehmen im Rahmen der Möglichkeiten konkret leisten, an nachhaltigen Städten und Gemeinden mitzuwirken?
Bezug	Wie stark korreliert mein Geschäftsmodell mit dem Ziel *Nachhaltige Städte und Gemeinden*?
Win-Win	Wie kann mein Unternehmen einen substanziellen Beitrag zum Ziel *Nachhaltige Städte und Gemeinden* in der Art gestalten, die mein Geschäftsmodell stärkt?
Nachhaltigkeit	Vermindert oder beseitigt mein unternehmerischer Beitrag dauerhaft die Ursachen für nicht nachhaltige Städte und Gemeinden?

7.12   Ziel 12: Nachhaltiger Konsum und nachhaltige Produktion

Nachhaltige Konsum- und Produktionsmuster sicherstellen.[122] Auch dieses Ziel beinhaltet zwei Perspektiven, deren differenzierte Betrachtung lohnt. In Deutschland wächst das Angebot an regional erzeugtem und vertriebenem Obst und Gemüse aus ökologischem Anbau, doch wenn ein Gutteil davon weggeworfen wird, dann ist das kein nachhaltiger Konsum.[123] Der Marktanteil für neu zugelassene Hybrid-PKW betrug in Deutschland im Jahr 2021 knapp 29 %.[124] Allerdings klaffen der kalkulierte und der tatsächliche Kraftstoffverbrauch weit auseinander, weil viele Hybrid-PKW zu selten mit elektrischer Energie fahren. Privat genutzte Hybrid-PKW erbringen ca. 47 % ihrer Fahrleistung elektrisch, dienstlich genutzte Hybrid-PKW liegen im Mittel bei 13 %.[125] In die Vollkostenrechnung der Ökobilanz für Hybrid-PKW fließen noch die Herstellung der Batterie mit 100 kg CO_2 pro Kilowattstunde Kapazität[126] ein und das Gewicht der Batterie. Die Standards für Energieeffizienz für Neubauten erhöhen sich kontinuierlich, sie umfassen die Gebäudehülle und den Primärenergiebedarf. Doch letztlich entscheidet das konkrete Verhalten der Hausbewohner:innen über die Verbrauchswerte.

Beispiele des BMZ[127] für die Produktion und den Konsum: Weltweit betrachtet sind weniger als 10 % der genutzten Ressourcen Teil der Kreislaufwirtschaft. Mit dem Re-

---

[122] Engagement Global https://17ziele.de/ziele/12.html. Zugriff: 04.07.2023.

[123] Siehe hierzu Abschn. 2.2 *Der Überfluss*.

[124] Statista Research Department (2023) Anteil der Hybridfahrzeuge an den Pkw-Neuzulassungen in Deutschland bis 2022. Statista https://de.statista.com/statistik/daten/studie/262147/umfrage/marktanteil-von-hybridfahrzeugen-an-neuzulassungen-in-deutschland/. Zugriff: 05.07.2023.

[125] Plötz P (2020) Auswertung für 100.000 Plug-in-Hybridfahrzeuge bestätigt hohe Abweichung von offiziellen Verbrauchs- und CO_2-Angaben. Fraunhofer-Institut für System- und Innovationsforschung ISI https://www.isi.fraunhofer.de/de/presse/2020/presseinfo-16-plug-in-hybridfahrzeuge-verbrauch.html. Zugriff: 05.07.2023.

[126] Rudschies W (2021) Elektroauto: Die ideale Batteriegröße. ADAC https://www.adac.de/rund-ums-fahrzeug/elektromobilitaet/kaufen/elektroauto-batterie-groesse/. Zugriff: 05.07.2023.

[127] Bundesministerium für wirtschaftliche Zusammenarbeit und Entwicklung SDG 12: Nachhaltiger Konsum und nachhaltige Produktion https://www.bmz.de/de/agenda-2030/sdg-12. Zugriff: 04.07.2023.

cyclen von Aluminium spart man 95 % der Energie für dessen Herstellung. Weltweit betrachtet landen 17 % der produzierten Lebensmittel im Müll und jeder Mensch produziert 7,3 kg Elektroschrott pro Jahr. Die Kreislaufwirtschaft in Deutschland wächst,[128] allerdings gelangten 2020 in Deutschland nur 12 % der Sekundärstoffe und -ressourcen wieder in den Wirtschaftskreislauf zurück.[129]

Der nachhaltige Konsum und die nachhaltige Produktion sind fest verankert in der Nachhaltigkeitspolitik der Bundesregierung.[130] Sie fördert den nachhaltigen Konsum mit ihrem Kompetenzzentrum Nachhaltiger Konsum[131] mit Programmen und Maßnahmen in den Bereichen Mobilität, Ernährung, Wohnen, Arbeiten, Bekleidung und Freizeit und dem staatlichen Siegel Grüner Knopf für Textilien.[132] Die Programme der Bundesregierung für eine nachhaltige Produktion umfassen unter anderem den *Blauen Engel*[133] als staatliches Umweltzeichen, die Zertifizierung nach dem europäischen *EMAS – Eco-Management and Audit Scheme*[134] und mit dem *Rat für Nachhaltige Entwicklung*[135] den *DNK – Deutschen Nachhaltigkeitskodex*.[136, 137] In Kap. 9 *DNK-Berichtssystem* gehe ich näher auf den Nachhaltigkeitskodex ein.

Wer sich mit nachhaltiger Produktion im Zusammenhang mit den 17 Zielen intensiv befasst, der erkennt, hierbei geht es um den Erhalt und Ausbau des Unternehmenswerts. Nachhaltigkeit betrifft den Kern der Wertschöpfung und der Innovationskraft.[138] Nehmen wir den nachhaltigen Konsum hinzu und betrachten wir die Konsumpräferenzen der

---

[128] Prognos-Pressemitteilung (2020) Statusbericht der deutschen Kreislaufwirtschaft 2020. Prognos https://statusbericht-kreislaufwirtschaft.de/wp-content/uploads/2020/11/Pressemitteilung-Statusbericht-Kreislaufwirtschaft-2020.pdf. Zugriff: 05.07.2023.

[129] https://statusbericht-kreislaufwirtschaft.de/, Zugriff: 05.07.2023.

[130] Die Bundesregierung (2023) Ziele nachhaltiger Entwicklung – Nachhaltig produzieren und konsumieren   https://www.bundesregierung.de/breg-de/themen/nachhaltigkeitspolitik/produzieren-konsumieren-181666. Zugriff: 05.07.2023.

[131] Kompetenzzentrum Nachhaltiger Konsum https://nachhaltigerkonsum.info/. Zugriff: 05.07.2023.

[132] Grüner Knopf https://www.gruener-knopf.de/. Zugriff: 04.07.2023.

[133] Blauer Engel https://www.blauer-engel.de/de. Zugriff: 04.07.2023.

[134] EMAS https://www.emas.de/. Zugriff: 04.07.2023.

[135] Rat für nachhaltige Entwicklung https://www.nachhaltigkeitsrat.de/. Zugriff: 04.07.2023.

[136] Rat für nachhaltige Entwicklung (2020) Leitfaden zum Deutschen Nachhaltigkeitskodex https://www.nachhaltigkeitsrat.de/wp-content/uploads/2020/10/DNK_Leitfaden_2020.pdf.   Zugriff: 05.07.2023.

[137] Zwick Y (2017). Der Deutsche Nachhaltigkeitskodex. Eine erste Bilanz. In: Gordon G, Nelke A (Hrsg.) CSR und Nachhaltige Innovation. Management-Reihe Corporate Social Responsibility. Springer Gabler, Berlin, Heidelberg. https://doi.org/10.1007/978-3-662-49952-8_5 Zugriff: 05.07.2023.

[138] Bachmann G (2019) Der Deutsche Nachhaltigkeitskodex verändert die Wirtschaft substantiell – als bloße Stilübung wird er falsch verstanden! https://www.nachhaltigkeitsrat.de/wp-content/uploads/2019/04/Keynote_G_Bachmann_CSR_Forum_20190403_Stuttgart.pdf. Zugriff: 05.07.2023.

deutschen Bevölkerung, dann erkennen wir: Ein großer und stetig wachsender Anteil der Konsument:innen präferiert nachhaltig hergestellte Produkte. Die Milieu-Studie 2021 des Sinus-Instituts[139] zeigt die Verfasstheit der Milieus in Deutschland in Bezug zu deren jeweiligen Grundorientierung, Werteprofil, Weltsicht, Freizeitaktivitäten, Einkaufen und Konsum und Ökologie und Nachhaltigkeit auf.[140] Die Analyse der Sinus-Milieus zeigt auf, insbesondere jüngere und gebildete Menschen bezahlen mehr für Produkte und Dienstleistungen, wenn sie sicher sein können, dass die Arbeitsbedingungen fair sind, wenn sich das Unternehmen für die Umwelt engagiert und wenn das Unternehmen darauf achtet, möglichst regional zu produzieren. Diese Haltungen finden sich bei mindestens 40 % der Bevölkerung. Besonders wichtig ist die Erkenntnis, gerade die jüngeren Milieus sind die zukünftigen Leitmilieus mit Vorbildfunktion für alle Milieus. Die wichtigste Schlussfolgerung lautet: Nachhaltigkeit ist ein Wert, der bei Kaufentscheidungen nachdrücklich auf breiter Front an Bedeutung gewinnt.

Das Ziel 12*: Nachhaltiger Konsum und nachhaltige Produktion* ist insbesondere für Deutschland wichtig. Wie in Abschn. 6.2 *Die Rahmenhandlung für nachhaltiges Wirtschaften* aufgezeigt verfügt Deutschland über die Macht, den Einfluss und die Innovationskraft, weltweite Standards für die nachhaltige Produktion zu setzen und als Vorbild mit großer Hebelwirkung zu agieren. Aus deutscher Sicht hängt das Ziel 12 mit allen 17 Zielen für nachhaltige Entwicklung zusammen.

Impulse zu *Nachhaltiger Konsum und nachhaltige Produktion* Wie begünstigen wir die Kreislaufwirtschaft? Wie reduzieren wir unseren Abfall pro Jahr um fünf Prozent? Wie können wir Gift- und Schadstoffe in unserer Produktion eliminieren? Wann erstellen wir einen Nachhaltigkeitsbericht? Haben wir verlässliche und nachvollziehbare Daten für unsere CO_2-Emissionen? Welche neuen Produkte entwickeln wir für die wachsende Zahl umweltsensibler Kunden? Wie positionieren wir unsere Produkte in neuen Märkten? Wie gestalten wir die Kommunikation mit unseren Kunden? Tab. 7.13

---

[139] Siehe hierzu Sinus Markt- und Sozialforschung GmbH https://www.sinus-institut.de/. Zugriff: 05.07.2023. Das Sinus-Institut ist ein privatwirtschaftliches Unternehmen. Durch seine weite Verbreitung als Entscheidungs- und Handlungsgrundlage in der Wirtschaft, in der Politik und in Organisationen aller Art kann es als Referenzmodell für die soziologische Verfasstheit der Menschen betrachtet werden. Gleichwohl ist diese Zitation keineswegs eine Aufforderung, Produkte und Dienstleistungen des Sinus-Instituts zu kaufen. Der Autor dieses Buches ist weder mit dem Sinus-Institut verbunden noch erhält er Zahlungen für Zitationen.

[140] Die Aufzählung ist nicht vollständig, mehr dazu finden Sie hier: https://www.sinus-institut.de/infopakete/deutschland/basis. Zugriff: 04.07.2023.

Tab. 7.13 Impulse zu Ziel 12: *Nachhaltiger Konsum und nachhaltige Produktion*

Ad hoc	Was kann mein Unternehmen im Rahmen der Möglichkeiten konkret leisten, nachhaltigen Konsum und nachhaltige Produktion zu stärken?
Bezug	Wie stark korreliert mein Geschäftsmodell mit dem Ziel *Nachhaltiger Konsum und nachhaltige Produktion*?
Win-Win	Wie kann mein Unternehmen einen substanziellen Beitrag zum Ziel *Nachhaltiger Konsum und nachhaltige Produktion* in der Art gestalten, die mein Geschäftsmodell stärkt?
Nachhaltigkeit	Vermindert oder beseitigt mein unternehmerischer Beitrag dauerhaft die Ursachen für nicht nachhaltigen Konsum und nicht nachhaltige Produktion?

7.13   Ziel 13: Maßnahmen zum Klimaschutz

Umgehend Maßnahmen zur Bekämpfung des Klimawandels und seiner Auswirkungen ergreifen.[141] Die CO_2-Emmissionen erreichten weltweit im Jahr 2021 mit über 37 Mrd. Tonnen[142] ein Allzeithoch.[143] Die Prognose der EIA – Energy Information Administration[144] zeichnet einen weiteren Anstieg der CO_2-Emmissionen um 20 % bis ins Jahr 2050 mit knapp 43 Mrd. emittierten Tonnen CO_2[145] vor. Diese Prognose steht dem Ziel des Pariser Klimaabkommens aus dem Jahr 2015 entgegen, die Treibhausgas-Emissionen[146] bis 2050 kontinuierlich auf Null zu senken.[147] Das BMZ skizziert die weltweiten Folgen eines Temperaturanstiegs mit weitreichenden Folgen insbesondere für den Globalen Süden, ausgelöst durch den Anstieg des Meeresspiegels und sich ausbreitender Dürren. Die RCP-Szenarien[148] weisen bis ins Jahr 2100 drei mögliche Entwicklungspfade aus. Das

---

[141] Engagement Global https://17ziele.de/ziele/13.html. Zugriff: 04.07.2023.

[142] Statista Research Department (2023) CO_2-Ausstoß weltweit bis 2021. Statista https://de.statista.com/statistik/daten/studie/37187/umfrage/der-weltweite-co2-ausstoss-seit-1751/. Zugriff: 05.07.2023.

[143] Bundesministerium für wirtschaftliche Zusammenarbeit und Entwicklung SDG 13: Maßnahmen zum Klimaschutz https://www.bmz.de/de/agenda-2030/sdg-13. Zugriff: 04.07.2023.

[144] U.S. Energy Information Administration (2023) https://www.eia.gov/. Zugriff: 05.07.2023.

[145] Statista Research Department (2023) Prognose zum weltweiten Kohlendioxid-Ausstoß bis 2050. Statista https://de.statista.com/statistik/daten/studie/28937/umfrage/prognose-zur-kohlendioxid-emission-weltweit-bis-2050/. Zugriff: 05.07.2023.

[146] CO_2 – Kohlendioxid ist neben N_2O – Distickstoffmonoxid und CH_4 – Methan das dominante Treibhausgas. Quelle: MyClimate Deutschland (2022) Was sind Treibhausgase? https://de.myclimate.org/de/informieren/faq/faq-detail/was-sind-treibhausgase/. Zugriff: 05.07.2023.

[147] Konkret heißt es in dem Abkommen, dass der weltweite Temperaturanstieg möglichst auf 1,5 Grad Celsius, auf jeden Fall aber auf deutlich unter zwei Grad Celsius im Vergleich zum vorindustriellen Zeitalter beschränkt werden soll. Nur so könne eine gegenüber den Folgen des Klimawandels widerstandsfähige Entwicklung gewährleistet werden. https://www.bmz.de/de/agenda-2030/sdg-13. Zugriff: 04.07.2023.

[148] Für den 5ten Sachstandsbericht des IPPC (Weltklimarats) wurden RCP – Repräsentative in Konzentrationspfade (Representative Concentration Pathways) in Form von Szenarien entwickelt.

Weiter-Wie-Bisher Szenario RCP 8.5[149] landet beim Extremwert 4,8 Grad Celsius Erwärmung. Bei allen entstehenden Irritationen rund um die versuchte Instrumentalisierung der Erderwärmung – Extremszenarien nutzen der Klimabewegung und sie nutzen der Klimaforschung gleichermaßen – bleibt die Tatsache des signifikanten menschlichen Beitrags zur Klimaerwärmung und der daraus resultierenden Folgen bestehen. Wir wissen nur, die Klimaerwärmung ist eine Tatsache, wir wissen nur nicht, wie stark sich das Klima erwärmt und wie gravierend die Folgen sein werden. Und wir wissen auch, dass insbesondere in Armut und mit Wassermangel lebende Menschen mehr unter der Klimaerwärmung leiden werden als hoch entwickelte Industrienationen.

Die dargelegten Zahlen und Fakten des DWD – Deutscher Wetterdienst[150] zeigen bereits eingetretene Klimaveränderungen in Deutschland und wahrscheinliche zukünftige Verläufe auf. Die Zahl der heißen Tage ist von drei Tagen in den 1950er-Jahren auf neun Tage pro Jahr in den 2010er-Jahren gestiegen, die positiven Temperaturanomalien häufen sich signifikant seit den 1990er-Jahren. Deutschland liegt mitten in Kontinentaleuropa, hier stieg und steigt die Temperatur seit Beginn der Wetteraufzeichnungen deutlich stärker als im weltweiten Durchschnitt.

Auch das Ziel 13: *Maßnahmen zum Klimaschutz* steht mit allen 17 Zielen in enger Verbindung. Aus deutscher Sicht ist das Ziel 13 als Handlungsfeld zu verstehen, denn das Ziel 13 ist implizit in dem Ziel 7: *Bezahlbare und saubere Energie*, dem Ziel 9: *Industrie, Innovation und Infrastruktur*, dem Ziel 11: *Nachhaltige Städte und Gemeinden* und dem Ziel 12: *Nachhaltiger Konsum und nachhaltige Produktion* enthalten.

Impulse zu *Maßnahmen zum Klimaschutz* Die Fragen und Aspekte für Ihr Unternehmen sind bereits in den Zielen 7, 9, 11 und 12 aufgezeigt, Sie können natürlich Ihre Möglichkeiten erweitern: Was leistet unser Unternehmen ehrenamtlich für mehr Klimaschutz in unserer Region? Unterstützen wir Klimaschutzinitiativen? Achten wir darauf, mit Partnern zusammenzuarbeiten, die ebenfalls den Klimaschutz unterstützen? Bieten wir unseren Mitarbeiter:innen Bildungsangebote für mehr Klimaschutz im Alltag? Unterstützen wir Projektwochen zum Klimaschutz in den umliegenden Schulen? Tab. 7.14

---

[149] Reimer N (2020) Erderhitzung auf RCP 8.5-Kurs. piqd Schwingenstein Stiftung gGmbH https://www.piqd.de/klimawandel/erderhitzung-auf-rcp-8-5-kurs. Zugriff: 05.07.2023.

[150] Deutscher Wetterdienst. Klimawandel – ein Überblick https://www.dwd.de/DE/klimaumwelt/klimawandel/klimawandel_node.html;jsessionid=91BDA1FD3CE1D6F818785C74D10E9FE1.live31084#doc344940bodyText3. Zugriff: 05.07.2023.

Tab. 7.14 Impulse zu Ziel 13: *Maßnahmen zum Klimaschutz*

Ad hoc	Was kann mein Unternehmen im Rahmen der Möglichkeiten konkret leisten, an Maßnahmen zum Klimaschutz mitzuwirken und Maßnahmen mitzugestalten?
Bezug	Wie stark korreliert mein Geschäftsmodell mit dem Ziel *Maßnahmen zum Klimaschutz*?
Win-Win	Wie kann mein Unternehmen einen substanziellen Beitrag zum Ziel *Maßnahmen zum Klimaschutz* in der Art gestalten, die mein Geschäftsmodell stärken?
Nachhaltigkeit	Vermindert oder beseitigt mein unternehmerischer Beitrag dauerhaft die Ursachen für mangelhafte Maßnahmen zum Klimaschutz?

7.14   Ziel 14: Leben unter Wasser

Ozeane, Meere und Meeresressourcen im Sinne nachhaltiger Entwicklung erhalten und nachhaltig nutzen.[151] Alles Leben kommt aus dem Wasser, die Weltmeere umfassen 70 % der Erde und die Lage der Meere gestaltet sich wie folgt: 150 Mio. Tonnen Plastikmüll treiben im Meer und Jahr für Jahr kommen fünf bis 13 Mio. Tonnen Plastik hinzu.[152] Durch die Aufnahme von CO_2 versauern die Ozeane,[153] damit erschweren sich die Lebensbedingungen aller Lebewesen, deren Skelette und Schalen aus Kalk bestehen.[154] Einer vorübergehenden Steigerung der Aufnahme von CO_2 in den Ozeanen steht die langfristige Schädigung der Ökosysteme in den Weltmeeren gegenüber. Bereits heute ist ein Fünftel der Korallenriffe, 30 % der Seegraswiesen und mehr als ein Drittel der Mangrovenwälder zerstört. Die systematische Überfischung der Meere nimmt laufend zu,[155] verbunden mit den CO_2-Emissionen und dem Mülleintrag in die Meere geht die Artenvielfalt zurück und schließlich ist die Ernährung vieler Millionen Menschen gefährdet.

Auch aus deutscher Sicht kann viel für den Schutz der Meere unternommen werden. Deutschland agiert im Reigen vieler europäischer Länder beim Recycling von Plastik vor-

[151] Engagement Global https://17ziele.de/ziele/14.html. Zugriff: 04.07.2023.

[152] Bundesministerium für wirtschaftliche Zusammenarbeit und Entwicklung SDG 14: Leben unter Wasser https://www.bmz.de/de/agenda-2030/sdg-14. Zugriff: 04.07.2023.

[153] GeoMar (2023) Ozeanversauerung für Schüler erklärt. GEOMAR Helmholtz-Zentrum für Ozeanforschung Kiel https://www.geomar.de/news/article/ozeanversauerung-fuer-schueler-erklaert. Zugriff: 05.07.2023.

[154] scinexx (2005) Kalk-Recycling und Klimawandel – CO_2 -Anstieg wirkt bis zum Meeresboden. MMCD New Media Düsseldorf https://www.scinexx.de/dossierartikel/kalk-recycling-und-klimawandel/. Zugriff: 05.07.2023.

[155] Marine Stewardship Council (MSC) (2023) Warum die Überfischung der Meere uns alle angeht. https://www.msc.org/de/fisch-nachhaltigkeit/ueberfischung-der-meere. Zugriff: 05.07.2023.

bildlich[156] und wir wissen:[157] Zehn Flüsse transportieren 90 % des Plastikmülls in die Meere, acht Flüsse liegen in Asien und in ihnen schwimmen 46 % der sortierten Plastikabfälle aus Europa. Knapp 75 % des in Deutschland anfallenden Plastikmülls von knapp 450 Tausend Tonnen ist Mikroplastik.[158] Dieses Mikroplastik findet sich heute überall – in der Nahrungskette und in der Umwelt und das Mikroplastik wird mehr werden durch die Zersetzung des Plastikmülls.

Im Grunde wäre es ganz einfach: Die Welt stoppt die Produktion von Plastik, wir kippen keinen Müll mehr ins Meer und wir beenden die Fischerei, bis sich die Fischbestände wieder erholt haben. Sie wissen, das wird nicht funktionieren, zu viele Interessen stehen dem entgegen und schließlich ist Plastik billig, die Entsorgung des Mülls im Meer nahezu kostenfrei und Fischfang ist ein attraktiver Wachstumsmarkt. Fest steht, die Ausbeutung der Meere ist nicht nachhaltig.

Natürlich können wir Verbraucher mit unserem Konsumverhalten viel zu einer Verbesserung beitragen. Wir kaufen keine Produkte mehr, die Plastik enthalten,[159] wir trennen unseren Müll – wobei hierbei nicht klar ist, wo der Müll landet, wir kaufen langlebige Produkte und vermeiden Plastikverpackungen. Sie merken, als Verbraucher kann man sich dem Plastikkonsum nur schwer entziehen und neue Geschäftsmodelle wie Unverpacktläden entwickeln wenig Strahlkraft.[160]

Der Fischkonsum in Deutschland liegt seit Jahren stabil bei rund 14 kg pro Kopf und Jahr,[161] die Importe und Exporte von Fisch nach Deutschland sinken seit 2015, allerdings nimmt der weltweite Fischkonsum seit Jahren kontinuierlich zu. Weltweit betrachtet isst

[156] MDR Wissen (2020) Umweg Asien – Wie europäischer Plastikmüll im Meer landet. Mitteldeutscher Rundfunk | ARD https://www.mdr.de/wissen/europas-plastik-schwimmt-in-asiens-fluessen-100.html. Zugriff: 05.07.2023.

[157] UFZ – Helmholtz-Zentrum für Umweltforschung GmbH (2017) Aktualisierte Umwelterklärung 2017, Seite 17 https://www.ufz.de/export/data/2/210926_Akt-Umwelterklaerung2017_WEB_.pdf#search=%22plastikmuell%22 Zugriff: 05.07.2023.

[158] Definition laut UNEP und UBA: Feste, wasserunlösliche Kunststoffpartikel, die fünf Millimeter und kleiner sind, Quelle: WWF Deutschland (2020) Mikroplastik ist überall https://www.wwf.de/themen-projekte/plastik/mikroplastik, Zugriff: 05.07.2023.

[159] Umweltbundesamt (2015) Ein Meer von Kunststoffen – Was können wir gegen die Vermüllung der Ozeane tun? https://www.umweltbundesamt.de/themen/wasser/gewaesser/meere/nutzungbelastungen/muell-im-meer, Zugriff: 05.07.2023. Auch viele Duschgels enthalten Mikroplastik, damit es besser schäumt und glänzt. Siehe hierzu: Barbutev A-S (2019) Warum steckt Mikroplastik in Kosmetik? Handelsblatt https://www.handelsblatt.com/arts_und_style/lifestyle/kunststoffe-warum-steckt-mikroplastik-in-kosmetik/26623170.html. Zugriff: 05.07.2023.

[160] Zschirpe L (2022) Einzelhändler muss für immer schließen – die Produkte könnte es aber weiterhin geben. HNA – Die Hessische/Niedersächsische Allgemeine | Verlag Dierichs GmbH & Co KG https://www.hna.de/verbraucher/einzelhaendler-insolvenz-kunden-supermarkt-original-unverpackt-berlin-online-shop-pleite-zr-91633522.html. Zugriff: 05.07.2023.

[161] Ahrens S (2023) Pro-Kopf-Konsum von Fisch in Deutschland bis 2021. Statista https://de.statista.com/statistik/daten/studie/1905/umfrage/entwicklung-des-pro-kopf-verbrauchs-an-fisch-in-deutschland/. Zugriff: 05.07.2023.

Tab. 7.15   Impulse zu Ziel 14: *Leben unter Wasser*

Ad hoc	Was kann mein Unternehmen im Rahmen der Möglichkeiten konkret leisten, das Leben unter Wasser zu erhalten und nachhaltig zu nutzen?
Bezug	Wie stark korreliert mein Geschäftsmodell mit dem Ziel *Leben unter Wasser*?
Win-Win	Wie kann mein Unternehmen einen substanziellen Beitrag zum Ziel *Leben unter Wasser* in der Art gestalten, die mein Geschäftsmodell stärkt?
Nachhaltigkeit	Vermindert oder beseitigt mein unternehmerischer Beitrag dauerhaft die Ursachen für die Übernutzung und Zerstörung des Lebens unter Wasser?

jeder Mensch im Schnitt runde 20 kg Fisch pro Jahr. Fisch ist ein attraktives Geschäftsmodell, das sehr stark auf der Ausbeutung der Meere beruht.

Das Ziel 14: *Leben unter Wasser* hängt eng zusammen mit dem Ziel 12: *Nachhaltiger Konsum und nachhaltige Produktion* und dem Ziel 13: *Maßnahmen zum Klimaschutz*. Viele Auswirkungen der Schädigungen der Ozeane sind noch nicht erfasst, Ozeane verändern sich langsam, ihre Speicherkapazitäten von Energie, Leben und Müll sind enorm. Durch ihre schiere Größe hat eine Veränderung der Weltmeere immer wuchtige Auswirkungen auf das gesamte Leben der Erde.

Impulse zu *Leben unter Wasser* Als Unternehmen in Deutschland könnte man vor diesen Zahlen und Entwicklungen ein Gefühl der Kleinheit entwickeln, allerdings kann der deutsche unternehmerische Beitrag weltweit eine große Hebelwirkung entfachen. Entwickelt Ihr Unternehmen Lösungen für die Kreislaufwirtschaft? Nimmt Ihr Unternehmen an der regionalen Kreislaufwirtschaft teil? Forscht Ihr Unternehmen an Möglichkeiten, Plastik zumindest als Wegwerfprodukt zu ersetzen? Achtet Ihr Unternehmen auf verpackungsarme Lieferketten? Stärken Sie mit Ihrem Konsumverhalten die regionale Fischwirtschaft? (Tab. 7.15)

7.15   Ziel 15: Leben an Land

Landökosysteme schützen, wiederherstellen und ihre nachhaltige Nutzung fördern.[162] Global betrachtet, leben die Menschen in einer selbst gestalteten Kulturlandschaft. 75 % der Landökosysteme wurden durch Menschen verändert.[163] Über 12 % der acht Millionen Tier- und Pflanzenarten sind vom Aussterben bedroht ohne ausreichende Kenntnisse, wie die Tier- und Pflanzenarten zusammenwirken.[164] Evolutionär betrachtet befinden wir uns

---

[162] Engagement Global https://17ziele.de/ziele/15.html. Zugriff: 04.07.2023.

[163] Bundesministerium für wirtschaftliche Zusammenarbeit und Entwicklung SDG 15: Leben an Land https://www.bmz.de/de/agenda-2030/sdg-15. Zugriff: 04.07.2023.

[164] Pauli M (2022) Kultur Artenvielfalt – Das größte Massensterben seit 66 Millionen Jahren. Deutschlandfunk https://www.deutschlandfunkkultur.de/biodiversitaet-artensterben-folgen-100.html. Zugriff: 05.07.2023.

im größten Massensterben auf der Erde seit dem Meteoriteneinschlag vor 66 Mio. Jahren.[165] Insbesondere die Landwirtschaft ist für 80 % des Biodiversitätsverlustes an Land verantwortlich.

Die Landschaft in Deutschland ist nahezu vollständig von Menschen bearbeitet, umgeformt und nutzbar gemacht. Urwälder sind in Deutschland weitgehend verschwunden,[166] sie umfassen 0,3 % der Gesamtfläche.[167] Über 50 % der Fläche wird landwirtschaftlich genutzt, 30 % ist mit Wald bedeckt, Siedlungen und Verkehr belegen 15 %, der schmale Rest ist Abbauland (3 %) und Wasser (2 %).[168] In den letzten Jahren ging der landwirtschaftliche Flächenverbrauch leicht zurück und die Waldfläche nahm leicht zu. Der Flächenzuwachs durch Siedlung und Verkehr nimmt dynamisch zu, in den Jahren von 1992 bis 2020 um gute 30 % auf 52.000 km², allerdings mit abnehmender Geschwindigkeit.[169] Die Bundesregierung will den Flächenverbrauch bis 2030 auf 30 ha je Tag senken, das entspricht guten 100 Quadratkilometern pro Jahr. In Deutschland sind 35 % der Tierarten (48.000) und ein Viertel der Pflanzen- und Pilzarten (25.000) gefährdet.[170] Die Insekten umfassen 70 % (33.000 Arten) aller Lebewesen, deren Population ging seit 1990 um knapp 80 % zurück.

In Deutschland werden die großen Spannungsfelder einer nachhaltigen Wirtschaftsweise besonders deutlich. Auf engem Raum findet Industrie, Gewerbe, Landwirtschaft, Wohnen, Mobilität und Natur statt, seit Beginn der Industrialisierung zu Lasten der Natur. Die industrielle Entwicklung, die Innovationen und der Ausbau der Infrastruktur haben Deutschland wohlhabend gemacht mit flächendeckendem Zugang für alle Menschen zu Gesundheit, Bildung und Rechtsstaatlichkeit. Dieser in der Geschichte der Menschheit beispiellose Wohlstand entstand auch durch die Ausnutzung der natürlichen Ressourcen. Der Grenznutzen der bisherigen Lebens- und Wirtschaftsweise in Deutschland ist erreicht.

Impulse zu *Leben an Land* Was können Sie als Unternehmer:in beitragen, die Landökosysteme in Deutschland zu schützen, wiederherzustellen und ihre nachhaltige Nutzung zu fördern? Was können Sie beitragen, dem Verlust der biologischen Vielfalt ein Ende zu set-

---

[165] Knauer R (2017) Meteoriten-Einschlag vor 66 Millionen Jahren: Und dann kam die Kälte. Tagesspiegel 09.02.2017 https://www.tagesspiegel.de/wissen/und-dann-kam-die-kalte-3805891.html. Zugriff: 05.07.2023.

[166] Brasse H (2023) Naturlandschaften. WDR | planet wissen https://www.planet-wissen.de/natur/landschaften/naturlandschaften/index.html. Zugriff: 05.07.2023.

[167] Hirschberger P (2011) Die Wälder der Welt – ein Zustandsbericht – Globale Waldzerstörung und ihre Auswirkungen auf Klima, Mensch und Natur. WWF Schweiz, WWF Deutschland https://www.wwf.de/fileadmin/fm-wwf/Publikationen-PDF/Wald/WWF-Waldzustandsbericht.pdf   Zugriff: 05.07.2023.

[168] Umweltbundesamt (2022) Struktur der Flächennutzung https://www.umweltbundesamt.de/daten/flaeche-boden-land-oekosysteme/flaeche/struktur-der-flaechennutzung. Zugriff: 05.07.2023.

[169] ebenda.

[170] Berg K (2021) 9 Fakten zum Artenschutz. deutschland.de https://www.deutschland.de/de/topic/umwelt/artenschutz-in-deutschland-neun-fakten-zur-artenvielfalt. Zugriff: 05.07.2023.

Tab. 7.16 Impulse zu Ziel 15: *Leben an Land*

Ad hoc	Was kann mein Unternehmen im Rahmen der Möglichkeiten konkret leisten, das Leben an Land zu schützen, wiederherstellen und seine nachhaltige Nutzung zu fördern?
Bezug	Wie stark korreliert mein Geschäftsmodell mit dem Ziel *Leben an Land*?
Win-Win	Wie kann mein Unternehmen einen substanziellen Beitrag zum Ziel *Leben an Land* in der Art gestalten, die mein Geschäftsmodell stärkt?
Nachhaltigkeit	Vermindert oder beseitigt mein unternehmerischer Beitrag dauerhaft die Ursachen für die Übernutzung und Zerstörung des Lebens an Land?

zen? Achten Sie darauf, den Boden so wenig wie möglich zu versiegeln? Nutzen Sie bestehende Liegenschaften und modernisieren Sie diese, statt neu zu bauen? Nutzen und schaffen Sie schienengebundene Transportketten? Begrünen Sie die Dächer Ihrer Betriebsgebäude? Kultivieren Sie Brachflächen? Legen Sie Biotope auf Ihrem Betriebsgelände an? (Tab. 7.16)

Das Ziel 15: *Leben an Land* umfasst ebenso wie das Ziel 14: *Leben unter Wasser* die Grundbedingungen für den Fortbestand der Spezies Mensch. Aus deutscher Sicht hängt das Ziel 15 eng zusammen mit dem Ziel 9: *Industrie, Innovation und Infrastruktur*, dem Ziel 11: *Nachhaltige Städte und Gemeinden*, dem Ziel 12: *Nachhaltiger Konsum und nachhaltige Produktion* und dem Ziel 13: *Maßnahmen zum Klimaschutz*.

Blicken wir zum Abschluss dieses Kapitels zurück in das Jahr 1864. George Perkins Marsh[171] veröffentlichte sein Buch *Man and Nature*,[172] ursprünglich wollte er es *Der Mensch, der Störenfried der Harmonien in der Natur* nennen. Marsh war ein umfassend gebildeter und weit gereister Mann, der 20 Sprachen beherrschte mit Deutsch als seiner Lieblingssprache, er las auch Bücher von Alexander von Humboldt, in denen er unter anderem die aus der Abholzung der Wälder resultierenden Gefahren aufzeigte. Anbei ein Auszug aus dem Vorwort von MAN AND NATURE von George Perkins Marsh (New York, 1867). Sie werden merken, wir haben kein Erkenntnisproblem, wir haben ein Umsetzungsproblem.

„P R E F A C E.
[…] The extension of agricultural and pastoral industry involves an enlargement of the sphere of man's domain, by encroachment upon the forests which once covered the greater part of the earth's surface otherwise adapted to his occupation. The felling of the woods has been attended with momentous consequences to the drainage of the soil, to the external

---

[171] Buchtipp: Andrea Wulf A (2016) Alexander von Humboldt und die Erfindung der Natur. C. Bertelsmann.

[172] Siehe hierzu die Ausgabe von 1864 als digitales Buch, https://archive.org/details/bub_gb_4tKNdhQYypgC/page/n3/mode/2up?view=theater, Zugriff: 04.07.2023
   Das Gutenberg-Projekt veröffentlichte 2011 MAN AND NATURE als eBook, man kann es sich auf der Website in die Sprache seiner Wahl übersetzen lassen: https://www.gutenberg.org/files/37957/37957-h/37957-h.htm, Zugriff 05.07.2023.

configuration of its surface, and probably, also, to local climate; and the importance of human life as a transforming power is, perhaps, more clearly demonstrable in the influence man has thus exerted upon superficial geography than in any other result of his material effort. [...]
December 1, 1863, GEORGE P. MARSH."

„Vorwort
   [...] Die Ausweitung der Landwirtschaft und Viehwirtschaft bedeutet eine Erweiterung des Einflussbereichs des Menschen durch Eingriffe in die Wälder, die einst den größten Teil der Erdoberfläche bedeckten [...] Die Abholzung der Wälder hatte schwerwiegende Folgen für die Entwässerung des Bodens, für die äußere Beschaffenheit seiner Oberfläche und wahrscheinlich auch für das örtliche Klima. Die Bedeutung des menschlichen Lebens als transformierende Kraft lässt sich vielleicht deutlicher an dem Einfluss erkennen, den der Mensch auf diese Weise auf die oberflächliche Geographie ausgeübt hat, als an jedem anderen Ergebnis seiner materiellen Bemühungen. [...] (eigene Übersetzung)"

7.16   Ziel 16: Frieden, Gerechtigkeit und starke Institutionen

Friedliche und inklusive Gesellschaften für eine nachhaltige Entwicklung fördern.[173] Frieden ist vermutlich der häufigste genannte Wunsch zu Weihnachten und zu Neujahr. Frieden auf Erden ist nicht selbstverständlich. Knapp 70 % der Weltbevölkerung lebt in Autokratien, zwei von drei Menschen haben keinen oder einen eingeschränkten Zugang zu ihren Grundrechten, ein Drittel aller Inhaftierten sitzt ohne Verurteilung im Gefängnis, über 2000 Mrd. US-Dollar versickern in Korruption und Bestechung, von den Kosten für Kriege und gewaltsamen Konflikten ganz zu schweigen.[174] Die Grundvoraussetzungen für Frieden reichen von der Gewaltenteilung inklusive einer freien Presse über demokratisch verfasste Staaten, der Rechtsstaatlichkeit und -sicherheit, einem breit verteilten Wohlstand, gleichen Bildungs-, Berufs- und Aufstiegschancen, einem eingehegten Gewaltmonopol des Staates und durchsetzbarer Bürgerrechte bis hin zur kulturellen Verfasstheit und wirksamen Sanktionen, Korruption und Bestechung zu unterlassen.
   Das Ziel 10: *Weniger Ungleichheiten* beziffert das Maß ökonomischer Ungleichheiten mit dem Gini-Index. Im europäischen Vergleich rangiert Deutschland mit einem Gini-Index von 0,78[175] in der Spitzengruppe der Ungleichverteilung, bei den Einkommen landet Deutschland mit 0,3 im Mittelfeld.[176] International belegt Deutschland 2021 bei der Pressefreiheit den 16ten Platz bei 180 Staaten und rutscht im Vergleich zum Vorjahr um

---

[173] Engagement Global https://17ziele.de/ziele/16.html. Zugriff: 04.07.2023.

[174] Bundesministerium für wirtschaftliche Zusammenarbeit und Entwicklung SDG 16: Frieden, Gerechtigkeit und starke Institutionen https://www.bmz.de/de/agenda-2030/sdg-16. Zugriff: 04.07.2023.

[175] Der Index 0 beziffert die vollkommene Gleichverteilung – jeder hat gleich viel. Der Index 1 beziffert die vollkommene Ungleichverteilung – einem gehört alles.

[176] Hans-Böckler-Stiftung (2017) Ist Deutschland ein ungleiches Land? https://www.boeckler.de/de/boeckler-impuls-ist-deutschland-ein-ungleiches-land-3658.htm. Zugriff: 05.07.2023.

drei Plätze ab.[177] Außerhalb Europas ist es flächendeckend um die Pressefreiheit deutlich schlechter gestellt.[178] Die Rechtsstaatlichkeit ist in Deutschland sehr gut ausgeprägt, Brüssel mahnt jedoch Deutschland immer wieder zu schärferen Regeln bei der Parteienfinanzierung.[179] Im weltweiten Korruptionsindex erreicht Deutschland in 2021 mit 80 CPI – Corruption Perceptions Index den zehnten Platz von 180 untersuchten Staaten.[180] Weite Teile Europas zählen sich hier zur Insel der Glückseligen mit Verbesserungsbedarf. Im Zusammenhang mit der Geldwäsche stellt sich Deutschland international deutlich schlechter, hier finden die Schattenwirtschaft und mafiöse Organisationen ihr Paradies.[181] Die innere Sicherheit in Deutschland gestaltet sich sehr gut, die Zahl der Straftaten ist trotz erhöhter Sensibilität in vielen Bereichen (sexuelle Selbstbestimmung) seit vielen Jahren rückläufig, gleichzeitig steigt die Aufklärungsquote stetig an.[182]

Das Ziel 16: *Frieden, Gerechtigkeit und starke Institutionen* ist ein Ziel, das sich in erster Linie in zwei Richtungen an Staaten richtet. Es dient als Mahnung für die Staaten, die ihre Errungenschaften schlecht pflegen – Stichwort Wahlbeteiligung und als Aufforderung an die Staaten, mehr für Frieden, Gerechtigkeit und starke Institutionen in ihrem Land zu unternehmen und damit den Willen ihrer Bürger:innen durchzusetzen. Im Jahr 2019 gingen in 44 % aller Länder weltweit viele Menschen für ihre prodemokratischen Forderungen auf die Straße.[183, 184] Dazu gesellt sich die weltweite Bewegung FFF – Fridays For Future.[185]

Impulse zu *Frieden, Gerechtigkeit und starke Institutionen* Was können Sie als Unternehmer:in für Frieden, Gerechtigkeit und starke Institutionen anstoßen, begünstigen, als Projekt initiieren und im unternehmerischen Alltag verankern? Ermuntern Sie Ihre Mitarbeiter:innen, wählen zu gehen? Leben Sie eine Unternehmenskultur, die offene

---

[177] Reporter ohne Grenzen (2022) Rangliste der Pressefreiheit – Krisen, Kriege und Gewalt bedrohen die Pressefreiheit https://www.reporter-ohne-grenzen.de/rangliste/rangliste-2022. Zugriff: 05.07.2023.

[178] ebenda.

[179] Zapf M (2021) Rechtsstaatlichkeit – Diese Länder stehen in der Kritik. Capital https://www.capital.de/wirtschaft-politik/rechtsstaatlichkeit-diese-eu-laender-stehen-in-der-kritik. Zugriff: 05.07.2023.

[180] Transparency International Deutschland e.V. (2023) CPI 2021: Tabellarische Rangliste. https://www.transparency.de/cpi/cpi-2021/cpi-2021-tabellarische-rangliste/?L=0. Zugriff: 05.07.2023.

[181] Grantner R (2023) Geldwäsche-Paradies Deutschland. ZDF Zweites Deutsches Fernsehen https://www.zdf.de/dokumentation/zdfzoom/zdfzoom-geldwaesche-paradies-deutschland-100.html   Zugriff: 05.07.2023.

[182] Tatsachen über Deutschland (2023) Sicherheit in Deutschland. https://www.tatsachen-ueber-deutschland.de/de/leben-deutschland/sicherheit-deutschland. Zugriff: 05.07.2023.

[183] https://www.bmz.de/de/agenda-2030/sdg-16. Zugriff: 04.07.2023.

[184] Ortiz I, Burke S, Berrada M, Saenz Cortés H (2022) Weltproteste: ein Überblick über die wichtigsten Protestthemen im 21. Jahrhundert. Friedrich-Ebert-Stiftung https://ny.fes.de/fileadmin/user_upload/Executive_Summary-World_Protests_DE.pdf. Zugriff: 05.07.2023.

[185] Die deutsche Website von FFF mit allen Ortsgruppen: https://fridaysforfuture.de/. Zugriff: 04.07.2023.

Tab. 7.17 Impulse zu Ziel 16: *Frieden, Gerechtigkeit und starke Institutionen*

Ad hoc	Was kann mein Unternehmen im Rahmen der Möglichkeiten konkret leisten, Frieden, Gerechtigkeit und starke Institutionen zu unterstützen und zu fördern?
Bezug	Wie stark korreliert mein Geschäftsmodell mit dem Ziel *Frieden, Gerechtigkeit und starke Institutionen*?
Win-Win	Wie kann mein Unternehmen einen substanziellen Beitrag zum Ziel *Frieden, Gerechtigkeit und starke Institutionen* in der Art gestalten, die mein Geschäftsmodell stärkt?
Nachhaltigkeit	Vermindert oder beseitigt mein unternehmerischer Beitrag dauerhaft die Ursachen für Unfrieden, Ungerechtigkeit und schwache Institutionen?

Diskussionen auf der Sachebene in einem guten Ton fördert? Achten Sie auf gleiche Bezahlung für gleiche Arbeit? Lassen Sie verschiedene Ansichten über die wahrgenommenen Lebenswirklichkeiten zu? Kommunizieren Sie rote Linien im Umgang miteinander, die Sanktionen nach sich ziehen? Handeln Sie verlässlich und nachvollziehbar? Streben Sie nach gerechter Behandlung Ihrer Mitarbeiter:innen? (Tab. 7.17)

7.17   Ziel 17: Partnerschaften zur Erreichung der 17 Ziele

Das Ziel 17 lautet: *Partnerschaften zur Erreichung der Ziele*. Dieses Ziel wurde redaktionell umbenannt in Partnerschaften zur Erreichung der 17 Ziele, um die Intention des Zieles zu verdeutlichen.

Umsetzungsmittel stärken und die globale Partnerschaft für nachhaltige Entwicklung mit neuem Leben erfüllen.[186] Das 17te Ziel beleuchtet insbesondere den Strukturbeitrag der Staaten untereinander, die Lebensbedingungen insbesondere für Menschen aus armen Weltregionen zu verbessern. Den vereinbarten Investitionen der Geberländer[187] von 0,7 % am Bruttonationaleinkommen stehen realisierte 0,3 % gegenüber. Aktuell fehlen 4500 Mrd. € für die vollständige Finanzierung der 17 Ziele.[188]

Deutschland pflegt und finanziert im Zusammenhang mit den 17 Zielen viele Partnerschaften[189] – mit 32 weltweit vertretenen bilateralen Partnern vorwiegend in Afrika, mit sieben Reformpartnern in Afrika, acht Transformationspartnern in der europäischen Nachbarschaft, weiteren acht globalen Partnern – Schwellenländern und zehn Nexus- und

---

[186] Engagement Global https://17ziele.de/ziele/17.html. Zugriff: 04.07.2023.

[187] Bundesministerium für wirtschaftliche Zusammenarbeit und Entwicklung: Geberländer https:// www.bmz.de/de/service/lexikon/geberlaender-14404. Zugriff: 05.07.2023.

[188] Bundesministerium für wirtschaftliche Zusammenarbeit und Entwicklung SDG 17: Partnerschaften zur Erreichung der Ziele https://www.bmz.de/de/agenda-2030/sdg-17. Zugriff: 04.07.2023.

[189] Bundesministerium für wirtschaftliche Zusammenarbeit und Entwicklung: Länder https://www. bmz.de/de/laender. Zugriff: 05.07.2023.

Friedenspartnern vornehmlich in Afrika. Die Entwicklungspartnerschaft mit Afghanistan ist mit Stand Dezember 2022 ausgesetzt.[190]

Impulse zu *Partnerschaften zur Erreichung der 17 Ziele* Was bedeutet das Ziel 17: *Partnerschaften für Ihr Unternehmen*? Haben Sie darüber nachgedacht, eine Entwicklungspartnerschaft mit einem Unternehmen einzugehen? Unterstützen Sie Auslandspraktika oder Auslandseinsätze Ihrer Mitarbeiter:innen, die vor Ort unternehmerisch anpacken wollen? Wählen Sie Ihre Geschäftspartner und Lieferanten auch nach dem Gesichtspunkt aus, ob sie sich fair verhalten? Unterstützen Sie Aktionen in Ihrer Region, die sich für die 17 Ziele einsetzen? Leistet Ihr Unternehmen ehrenamtliche Beiträge für die Erreichung der 17 Ziele? (Tab. 7.18)

Letztlich hängt jedes Ziel mit jedem der 17 Ziele zusammen. Es geht um eine Welt, in der Menschen weder Menschen noch Natur ausbeuten, nicht mehr Ressourcen entnehmen als nachwachsen. Die Weltkommission für Umwelt und Entwicklung der Vereinten Nationen definierte in ihrem Brundtland Bericht im Jahr 1987 nachhaltige Entwicklung:[191] *Nachhaltig ist eine Entwicklung, die den Bedürfnissen der heutigen Generation entspricht, ohne die Möglichkeiten künftiger Generationen zu gefährden, ihre eigenen Bedürfnisse zu befriedigen und ihren Lebensstil zu wählen.*

Ausklang zu den 17 Zielen und Überleitung zu den GRI

Sie haben es wahrgenommen, die 17 Ziele für nachhaltige Entwicklung sind auch unternehmerisch betrachtet sinnvolle und wertvolle Ziele, denn sie setzen das Wirken der Menschen in eine Beziehung zueinander. Jede unternehmerische Handlung hat Folgen. Jede

Tab. 7.18 Impulse zu Ziel 17: *Partnerschaften zur Erreichung der Ziele*

Ad hoc	Was kann mein Unternehmen im Rahmen der Möglichkeiten konkret leisten, Partnerschaften zur Erreichung der 17 Ziele zu unterstützen, diesen beizutreten oder selbst ins Leben zu rufen?
Bezug	Wie stark korreliert mein Geschäftsmodell mit dem Ziel *Partnerschaften zur Erreichung der 17 Ziele*?
Win-Win	Wie kann mein Unternehmen einen substanziellen Beitrag zum Ziel *Partnerschaften zur Erreichung der 17 Ziele* in der Art gestalten, die mein Geschäftsmodell stärkt?
Nachhaltigkeit	Vermindert oder beseitigt mein unternehmerischer Beitrag dauerhaft die Ursachen für wirkungslose Partnerschaften zur Erreichung der 17 Ziele?

---

[190] Bundesministerium für wirtschaftliche Zusammenarbeit und Entwicklung: Afghanistan https://www.bmz.de/de/laender/afghanistan. Zugriff: 05.07.2023.

[191] Das Zitat im Original: *Sustainable development meets the needs of the present without compromising the ability of future generations to meet their own needs.* Quelle: Brundtland Bericht (1987) https://www.nachhaltigkeit.info/artikel/brundtland_report_563.htm. Zugriff: 05.07.2023.

Handlung will gut in Ihre Unternehmensziele eingebettet sein. Im Fortgang des Buches wird Ihnen das Zielsystem der 17 Ziele wieder begegnen, wenn es um die Entwicklung Ihrer Unternehmensziele geht. Erst dann wählen Sie aus den 17 Zielen EIN Leitziel aus und fügen diesem ZWEI bis DREI unterstützende Ziele hinzu. Doch noch bewegen wir uns in der Rahmenhandlung und wenden uns dem Kennzahlensystem der GRI zu.

GRI-Kennzahlensystem

Das GRI-Kennzahlensystem zeigt Abb. 8.1.

Die GRI[1] – Global Reporting Initiative hat ihren Ursprung in der Ceres[2, 3] – Coalition of Environmentally Responsible Economies. Gemeinsam mit UNEP[4] – dem Umweltprogramm der Vereinten Nationen entwickelte Ceres 1997 in Zusammenarbeit mit mehreren hundert Unternehmen, Investoren, Ratingagenturen, Wirtschaftsprüfern, Verbänden, Gewerkschaften, NGO und Wissenschaftler:innen die GRI.[5] Die Mitglieder der GRI sind Unternehmen, Hochschulen, Initiativen, Banken, Energieversorger, Institute und Regierungen in den Ländern von Andorra bis Zimbabwe.[6] Die GRI firmiert seit 2002 als gemeinnützige Stiftung nach niederländischem Recht. Mit Stand 2022 enthält die GRI-Datenbank über 23.000 Nachhaltigkeitsberichte, unter anderem berichten knapp 70 % der weltweit größten Unternehmen nach dem GRI-Standard. Auch für KMU ist der GRI-

---

[1] https://www.globalreporting.org/, Zugriff: 02.07.2023, mit freundlicher Genehmigung von Global-Reporting.org: *Global Reporting Initiative (GRI) is the independent international organization – headquartered in Amsterdam with regional offices around the world – that helps businesses, governments and other organizations understand and communicate their sustainability impacts.*

[2] CERES https://www.ceres.org/. Zugriff: 04.07.2023.

[3] Petersen H L (2013) Coalition of Environmentally Responsible Economies (CERES). In: Idowu, S.O., Capaldi, N., Zu, L., Gupta, A.D. (Hrsg.) Enzyklopädie der sozialen Verantwortung von Unternehmen. Springer, Berlin, Heidelberg. https://doi.org/10.1007/978-3-642-28036-8_467. Zugriff: 05.07.2023.

[4] UNEP – UN Environment Programme https://www.unep.org/. Zugriff: 05.07.2023.

[5] Lexikon der Nachhaltigkeit (2015) Global Reporting Initiative. https://www.nachhaltigkeit.info/artikel/gri_global_reporting_initiative_960.htm. Zugriff: 05.07.2023.

[6] Global Reporting Initiative – Mitglieder- und Geschäftspartnerverzeichnis. GlobalReporting.org https://www.globalreporting.org/reporting-support/member-and-commercial-partner-directory/. Zugriff: 05.07.2023.

© Der/die Autor(en), exklusiv lizenziert an Springer Fachmedien Wiesbaden GmbH, ein Teil von Springer Nature 2023
S. Theßenvitz, *Nachhaltig wirtschaften in der Praxis*,
https://doi.org/10.1007/978-3-658-42458-9_8

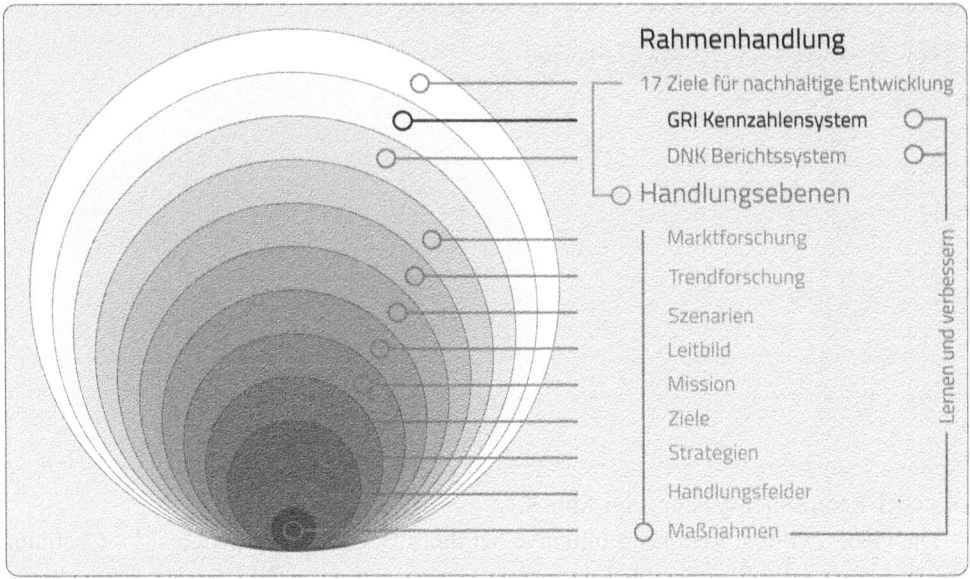

Abb. 8.1 Rahmenhandlung GRI-Kennzahlensystem (eigene Darstellung)

Standard von großer Bedeutung, vor allem im Zusammenhang mit der Erstellung eines Nachhaltigkeitsberichts nach dem DNK. Auch der DNK bezieht sich explizit auf die GRI-Standards.[7]

Nach der EU CSR-Richtlinie 2924/95/EU[8] werden verstärkt Nachhaltigkeitsberichte von Unternehmen eingefordert. Das alles steht im Zusammenhang mit dem Europäischen Green Deal, bis zum Jahr 2050 der erste klimaneutrale Kontinent zu werden, der keine

---

[7] Remer S (2018) Global Reporting Initiative (GRI). Gabler Banklexikon https://www.gabler-bankle-xikon.de/definition/global-reporting-initiative-gri-70766/version-339770 https://www.gabler-bankle-xikon.de/definition/global-reporting-initiative-gri-70766. Zugriff: 05.07.2023.

[8] Amtsblatt der Europäischen Union (2014) Richtlinien. https://eur-lex.europa.eu/legal-content/DE/TXT/PDF/?uri=CELEX:32014L0095&from=ES. Zugriff: 05.07.2023. Auszug aus dem Amtsblatt der Europäischen Union I.330/1, Gesetzgebungsakte (3): Das Europäische Parlament hat in seinen Entschließungen vom 6. Februar 2013 zur sozialen Verantwortung der Unternehmen: Rechen-schaftspflichtiges, transparentes und verantwortungsvolles Geschäftsgebaren und nachhaltiges Wachstum bzw. zur sozialen Verantwortung der Unternehmen: Förderung der Interessen der Gesell-schaft und ein Weg zu einem nachhaltigen und integrativen Wiederaufschwung anerkannt, dass der Offenlegung von Informationen zur Nachhaltigkeit, wie sozialen und umweltbezogenen Faktoren, durch die Unternehmen eine große Bedeutung zukommt, um Gefahren für die Nachhaltigkeit aufzu-zeigen und das Vertrauen von Investoren und Verbrauchern zu stärken. Die Angabe nicht finanzieller Informationen ist „~" ein wesentliches Element der Bewältigung des Übergangs zu einer nachhalti-gen globalen Wirtschaft, indem langfristige Rentabilität mit sozialer Gerechtigkeit und Umwelt-schutz verbunden wird. In diesem Zusammenhang hilft die Angabe nicht finanzieller Informationen dabei, das Geschäftsergebnis von Unternehmen und ihre Auswirkungen auf die Gesellschaft zu mes-sen, zu überwachen und zu handhaben.

Netto – Treibhausgase mehr ausstößt, das Wachstum von der Ressourcennutzung[9] abgekoppelt hat und niemanden, weder Menschen noch Regionen, im Stich lässt. Die GRI ist für die Erstellung guter Nachhaltigkeitsberichte von großer Bedeutung.

Entscheidend ist ein für Ihr Unternehmen praktikabler Umgang mit den Indikatoren der GRI. Für Ihre unternehmerische Nachhaltigkeitsstrategie ist es unerheblich, ob Sie nach dem GRI-Standard arbeiten oder innerhalb diesem berichten. Entscheidend ist, mit Indikatoren zu arbeiten, die Ihnen einen umfassenden Blick auf Ihr Unternehmen geben, international anerkannten Standards entsprechen und gleichermaßen praktikabel einsetzbar sind. Hier leisten die GRI-Indikatoren erstklassige Dienste.

8.1 Struktur, Aufbau und Gliederung der GRI

Struktur, Aufbau und Gliederung der GRI zeigt Abb. 8.2.

Die GRI stellt für die Erarbeitung von Nachhaltigkeitsberichten für Unternehmen kostenfrei über 120 Indikatoren für die Messung der Nachhaltigkeitsleistungen zur Verfügung. Diese Indikatoren gliedern sich in die universellen und die themenspezifischen Standards und innerhalb dieser in vier Ziffernkreise.[10]

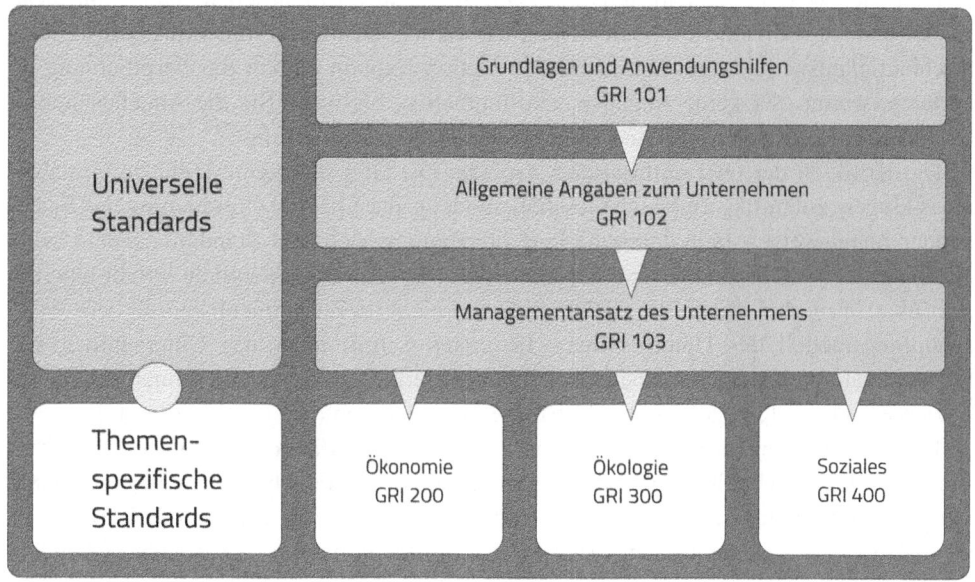

Abb. 8.2 Struktur, Aufbau und Gliederung der GRI (eigene Darstellung)

---

[9] Europäischer Grüner Deal https://ec.europa.eu/info/strategy/priorities-2019-2024/european-green-deal_de. Zugriff: 05.07.2023.

[10] Sie finden die GRI Standards auch in deutscher Übersetzung kostenlos auf der Website der GRI: https://www.globalreporting.org/how-to-use-the-gri-standards/gri-standards-german-translations/. Zugriff: 04.07.2023.

Universelle Standards Die Ziffernkreise **GRI 100** beziehen sich auf die Prinzipien der Berichterstattung, die Offenlegung der Unternehmensdaten und des Managementansatzes.

Themenspezifische Standards Die Ziffernkreise **GRI 200** beleuchten die Ökonomie, die Ziffernkreise **GRI 300** umfassen die Ökologie, die Ziffernkreise GRI **400** enthalten das Soziale.

Anhand der Struktur, dem Aufbau und der Gliederung der GRI erkennt man sehr schön die Prinzipien des nachhaltigen Wirtschaftens. Sie umfassen mehr als die ökonomische Perspektive, sie beziehen die Perspektiven der Ökologie und des Sozialen gleichgewichtig mit ein und sie beziehen sich auf die 17 Ziele für nachhaltige Entwicklung.

8.2   Der Umgang mit den GRI-Indikatoren

Ein Grundprinzip bei der Bearbeitung der GRI-Indikatoren lautet Comply or Explain – Belegen oder Erklären. Dieses Prinzip zieht sich durch alle Indikatoren. Entweder können und wollen Sie Angaben veröffentlichen, dann wählen Sie die Option Comply, oder Sie können oder wollen zu einem Indikator keine Angaben veröffentlichen, dann wählen Sie Explain. Sie müssen eine der beiden Optionen wählen. Damit wird die Vollständigkeit des Nachhaltigkeitsberichts gewährleistet. Die Option Explain enthält die Verpflichtung zu erklären, warum Sie keine Angaben veröffentlichen, bis wann Sie die Angaben liefern oder warum die Angaben für Ihr Unternehmen nicht wesentlich sind.[11]

Die Kritik an der GRI umfasst drei Aspekte. Die GRI sind keine Hilfe im Gestalten eines klugen, zukunftsgerichteten Geschäftsmodells, das über die Optimierung des Bestehenden hinausweist. Allein durch die Berichterstattung nach GRI-Standard entsteht keine Nachhaltigkeit, doch genügt man den Anforderungen der Berichtpflicht, erhält man ein Zertifikat. Weiterhin stehen die GRI-Indikatoren nicht im Zusammenhang mit dem Wertschöpfungsmodell des Unternehmens. Im ersten Schritt muss das Unternehmen alle GRI-Indikatoren begutachten, benennen und beziffern. Daraus entsteht schnell ein Daten-Tsunami,[12] der viele Unternehmen überfordert und zur mentalen Erschlaffung führt.

Unbeschadet der Tatsache, Antworten zu allen GRI-Indikatoren zu geben, beziehen Sie stets folgende Überlegungen mit ein. Siehe Tab. 8.1 und die beiden Beispiele Tab. 8.2 und 8.3 Wie gestaltet sich der Bezug des Indikators zu Ihrem Geschäftsmodell? Wie stark ist Ihr zu erwartender unternehmerischer Beitrag des Indikators zur Nachhaltigkeit? Je stärker die jeweiligen Ausprägungen sind, desto höhere Chancen haben Sie für Relevanz

---

[11] Rat für nachhaltige Entwicklung (2020) Der Deutsche Nachhaltigkeitskodex https://www.nachhaltigkeitsrat.de/wp-content/uploads/2020/03/RNE_DNK_BroschuereA5_2019_DE.pdf, Seite 17. Zugriff: 05.07.2023.

[12] Lenzen E (2016) #GRI2016 – Nachhaltigkeitsberichte boomen, aber Format und Verbreitung in der Kritik. Umweltdialog https://www.umweltdialog.de/de/management/Reporting/2016/Nachhaltigkeitsberichte-boomen-aber-Format-und-Verbreitung-in-der-Kritik.php. Zugriff: 05.07.2023.

und Wirksamkeit. Sie können am besten einschätzen, welche unternehmensbezogenen Angaben Sie haben, welche Sie brauchen, welche Sie in welchem Umfang offenlegen wollen, welche Sie kurzhalten können, welche Sie ausführlich darstellen wollen und welche Sie wirklich benötigen. Die Checkliste für Ihre Einschätzung der GRI-Indikatoren:

Tab. 8.1 Checkliste zur Einschätzung der GRI-Indikatoren

Bezug zum Geschäftsmodell	Je stärker der Bezug zu Ihrem Geschäftsmodell ist, desto bedeutsamer ist der Indikator.
Beitrag zur Nachhaltigkeit	Je höher der Beitrag Ihres Unternehmens zur Nachhaltigkeit ist, desto bedeutsamer ist der Indikator.
Comply – Belegen	Je relevanter* der Indikator für Ihr Geschäftsmodell ist, desto dezidierter sind Ihre Ausführungen.
Explain – Erklären	Sie erklären, warum Sie den Indikator nicht belegen können oder wollen und ggfls. bis wann Sie belegen.
Daten vorhanden	Sind die Daten vorhanden? Dokumentieren Sie die Datenquellen und beziehen Sie sich auf diese.
Daten erheben	Sind keine Daten vorhanden? Überlegen Sie, wie sie die Daten erheben und ob es Sekundärquellen gibt.

* Sie können zum Beispiel die Relevanz eines Indikators errechnen aus der Summe des Bezugs des Indikators zum Geschäftsmodell (BG) und dem Beitrag des Indikators zur Nachhaltigkeit (BN). BG = 0 | kein, 1 | kaum, 2 | teilweise, 3 | stark. BN = 0 | kein, 1 | kaum, 2 | teilweise, 3 | stark. BG + BN = Relevanz

Der GRI 403-9 Arbeitsbedingte Verletzungen am Beispiel einer Autowerkstatt

Tab. 8.2 Checkliste GRI 403-9 Beispiel: Arbeitsbedingte Verletzungen am Beispiel einer Autowerkstatt

Bezug zum Geschäftsmodell	Die Arbeit in einer Autowerkstatt ist oftmals gefahrengeneigt. Der Umgang mit schweren Werkzeugen und Gefahrstoffen in schwierigen Arbeitsumgebungen erfordert Umsicht und Wachsamkeit auch für die Arbeitskollegen. Der Bezug zum Geschäftsmodell ist hoch.
Beitrag zur Nachhaltigkeit	Gesundheitsschutz ist ein wichtiges Nachhaltigkeitsthema. Ein hoher Standard zum Gesundheitsschutz in Bezug zur Arbeitssicherheit, vorbeugende Maßnahmen, Schulungen, in der Beschaffung von Werkzeugen und Trainings ist ein großer Beitrag zur Nachhaltigkeit.
Comply – Belegen	Die Autowerkstatt belegt ihren Gesundheitsschutz mit Nachweisen zu Trainings und Schulungen, mit Zertifikaten zum Einsatz, mit Rechnungen für ergonomisch gestaltete Arbeitsumgebungen und liefert Zahlen zu den Krankenständen auf Grund von Arbeitsunfällen.
Explain – Erklären	Die Autowerkstatt kann und will Daten zum Arbeitsschutz belegen – dieser Punkt entfällt.
Daten vorhanden	Die Daten, Fakten und Zahlen liegen der Autowerkstatt vor – aus der Buchhaltung, der Personalstatistik, in Form von Teilnahmebescheinigungen und Zertifikaten.
Daten erheben	Weitere Daten muss die Autowerkstatt nicht erheben, einzig die Standards, Methoden und Annahmen der Datenerhebung wird sie dokumentieren.

Der GRI 403-9 Arbeitsbedingte Verletzungen am Beispiel einer Schreibwarenhandlung

Tab. 8.3 Checkliste GRI 403-9 Beispiel: Arbeitsbedingte Verletzungen am Beispiel einer Schreibwarenhandlung

Bezug zum Geschäftsmodell	Die Arbeit in der Schreibwarenhandlung ist nicht gefahrengeneigt. Nur wenige Waren wiegen mehr als 5 kg, Raumtemperatur und Beleuchtung entsprechen modernsten Standards ebenso wie die Computer und das Kassensystem. Der Bezug zum Geschäftsmodell ist nicht gegeben.
Beitrag zur Nachhaltigkeit	Gesundheitsschutz ist für die Schreibwarenhandlung ein nachrangiges Nachhaltigkeitsthema. Einzig die Aspekte langes Stehen und Augenpausen in der Computerarbeit könnten von Bedeutung sein.
Comply – Belegen	Die Schreibwarenhandlung belegt kurz und knapp die Rahmenbedingungen der täglichen Arbeit.
Explain – Erklären	Die Schreibwarenhandlung erklärt die untergeordnete Rolle des Indikators.
Daten vorhanden	Die Daten zu Krankschreibungen aufgrund arbeitsbedingter Verletzungen liegen vor, sie liegen seit fünf Jahren bei Null Prozent.
Daten erheben	Die Schreibwarenhandlung muss keine weiteren Daten erheben.

Sie merken an diesem kleinen Beispiel, jeder Indikator hat für jedes Unternehmen eine andere Bedeutung. Die unbestritten große Leistung der GRI-Indikatoren ist: sie eröffnen einen 360-Grad-Blick auf das Unternehmen und ermöglichen, nachhaltiges Handeln zu messen. Eine weitere große Leistung ist, die Indikatoren messen Qualitäten und Quantitäten.

Qualitäten Die Kundenzufriedenheit mit den Produkten und Dienstleistungen und das Unternehmensimage sind klassische Qualitäten ebenso wie die Mitarbeiterzufriedenheit. Qualitäten resultieren aus Abgleichen von Erwartungen und Erfahrungen, sie stehen in Verbindung mit Wertvorstellungen und Lebensstilen. Qualitäten kann man erheben mit Befragungen und Interviews, durch Beobachtungen oder aus der Zusammenschau von Indizien.[13] Aus subjektiven Einzelwahrnehmungen entsteht ein qualitatives Gesamtbild, dieses lässt sich in Zahlen ausdrücken. Von Kunden wahrgenommene Anstrengungen eines Unternehmens, nachhaltig zu wirtschaften, können auch zu Qualitäten führen in Bezug zum Kundenvertrauen.

---

[13] Ein hoher Krankenstand in Verbindung mit vielen Arbeitsgerichtsprozessen und einer kurzen Betriebszugehörigkeit lässt vermuten, dass die Zufriedenheit der Mitarbeiter:innen im Unternehmen nicht sehr hoch sein dürfte.

Quantitäten   Vereinfacht gesagt sind Quantitäten alles, was man in Zahlen ausdrücken kann. Der Umsatz, die Kosten, der Absatz, die Menge eingesetzter Rohstoffe, die CO_2-Emissionen sind Zahlen, die sich leicht ermitteln lassen. Dazu kommen Zahlen, die in einer Beziehung zueinanderstehen. Der Rohertrag resultiert aus dem Umsatz minus Kosten, die Umsatzrentabilität ergibt aus dem Verhältnis von Gewinn zu Umsatz.[14] Die CO_2-Emissionen in Beziehung zur Menge der hergestellten Produkte ergeben die CO_2-Emissionen pro hergestelltem Produkt. Sinken die CO_2-Emissionen bei gleichbleibender Produktionsmenge, dann produziert man nachhaltiger.

Spannend werden Qualitäten und Quantitäten immer in der Betrachtung einer Zeitreihe, die sich über einen längeren Zeitraum erstreckt. So erkennt man Fortschritte im Handeln und notwendige Handlungsfelder. Wenn man nachhaltiges Wirtschaften kaufmännisch betrachtet, dann beziffern die Indikatoren die Vollkosten des unternehmerischen Handelns. In der klassischen Kostenrechnung sind insbesondere die externalisierten Kosten wie Umweltverbrauch, CO_2-Emissionen[15] und fehlende soziale Standards in der Wertschöpfungskette[16] nicht erfasst.

Es ist sehr wahrscheinlich, dass Sie nicht alle der über 120 GRI-Indikatoren benötigen, auch wenn Sie zu jedem Indikator eine Antwort liefern müssen. Die GRI liefert die Rahmenhandlung für alle nur denkbaren Organisations- und Unternehmensformen, entsprechend umfangreich ist diese. Im Zuge der Entwicklung Ihrer individuellen Nachhaltigkeitsstrategie in Beziehung mit Ihrem Geschäftsmodell brauchen Sie nur die Indikatoren, die Ihre unternehmerische Wirklichkeit abbilden.[17] Wenn Sie 15 bis 20 relevante Indikatoren identifizieren, mit denen Sie weiterarbeiten und diese sinnfällig in Ihren unternehmerischen Kontext einarbeiten, dann können Sie planvoll und wirksam agieren. Die Einbettung der Indikatoren in Ihre Unternehmensstrategie folgt im Zuge der Gestaltung Ihrer unternehmerischen Handlungsebenen. Wenden wir uns der Kurzübersicht der GRI-Standards zu.

---

[14] Umsatzrentabilität in Prozent = (Gewinn / Umsatz) × 100.

[15] Der Kauf von CO_2-Zertifikaten beinhaltet ein verbrieftes Recht, in einem bestimmten Zeitraum eine bestimmte Menge an CO_2 zu emittieren. Zwar gibt es eine EU-weite Obergrenze und eine CO_2-Börse, an der die Emissionsrechte gehandelt werden, doch die Emissionen finden dennoch statt und ob der Marktpreis den entstandenen Umweltverbrauch tatsächlich widerspiegelt, ist fraglich. Siehe hierzu: Die Bundesregierung (2023) CO_2-Zertifikate. https://www.bundesregierung.de/breg-de/aktuelles/co2-kohlenstoffdioxid-oder-kohlendioxid-zertifikate-614974. Zugriff: 05.07.2023. Das Ziel muss die Emissionsfreiheit sein, nicht die Klimaneutralität.

[16] Reicht die Lieferkette eines Modeanbieters zum Beispiel bis in einen der Sweatshops in Bangladesch, Indonesien, Sri Lanka oder auf die Philippinen, dann müssen entlang der Vollkostenrechnung auch die Kosten der fehlenden sozialen Standards der Arbeitnehmer:innen hinzugenommen werden. Siehe hierzu: Assoune A (2023) Modemarken, die auch 2023 noch Sweatshops nutzen. https://www.panaprium.com/blogs/i/fashion-brands-that-still-use-sweatshops. Zugriff: 05.07.2023.

[17] Sie können zu jedem Indikator die GRI-Standards im Original lesen. Global Reporting Initiative https://www.globalreporting.org/standards/media/1671/german-gri-101-foundation-2016.pdf.   Zugriff: 04.07.2023.

8.3 GRI 101 Grundlagen

Inhalt Die Grundlagen[18] beschreiben die Art und Weise, einen Nachhaltigkeitsbericht mit den GRI-Standards zu erstellen. Die Angaben in dem Nachhaltigkeitsbericht sind wesentlich im Sinne von relevant, sie stehen im Kontext mit der Nachhaltigkeit und sie sind vollständig.

Bedeutung Ein guter Nachhaltigkeitsbericht folgt den Prinzipien Genauigkeit, Ausgewogenheit, Verständlichkeit, Vergleichbarkeit, Zuverlässigkeit und Aktualität, um die Berichtsqualität sicherzustellen.

Erläuterungen Die Erstellung des Nachhaltigkeitsberichts erfolgt unter Einbezug der mit dem Unternehmen verbundenen Menschen und Organisationen, den Mitarbeiter:innen, den Kunden, den Lieferanten, kurz: den Stakeholdern.

Impulse Auch jenseits der GRI-Standards ergeben diese Prinzipien Sinn, denn nur so können Sie Ihre Aussagen und Daten für Ihre Arbeit nutzen und gegenüber Ihren Stakeholdern belegen. Nur so erzeugen Sie beständiges Vertrauen.

Erhebungsmethoden Die Herkunft aller Angaben wird präzise dokumentiert. Jede Angabe verfügt über eine nachvollziehbare Quellenangabe. Jede Angabe wird im Nachhaltigkeitsbericht exakt, so umfassend wie nötig und mit allen Quellenbezügen und Verweisen dokumentiert. Die Angaben sind für den Nachhaltigkeitsbericht wesentlich.

8.4 GRI 102 Allgemeine Angaben

Inhalt Die allgemeinen Angaben[19] enthalten die Dokumentation des Organisationsprofils, der Strategie, der Ethik und Integrität, der Unternehmensführung, der Einbindung von Stakeholdern und der Vorgehensweise bei der Berichterstattung.

> **Übersicht**
> **GRI 102-1 bis 102-13 Organisationsprofil**
> Den Charakter der Organisation, ihre Verfasstheit, ihre Spielregeln, Vereinbarungen und ihre ökonomischen, ökologischen und sozialen Auswirkungen erfassen und verstehen.

---

[18] Hier finden Sie die GRI 101: Grundlagen im Original: Global Reporting Initiative https://www.globalreporting.org/standards/media/1671/german-gri-101-foundation-2016.pdf. Zugriff: 04.07.2023.

[19] Global Reporting Initiative https://www.globalreporting.org/standards/media/1672/german-gri-102-general-disclosures-2016.pdf. Zugriff: 04.07.2023.

GRI 102-14 und 102-15 Strategie

Das Verständnis, welchen Anforderungen sich das Unternehmen gegenübersieht, wie es seine Stärken und Schwächen einschätzt, wie das Unternehmen strategisch agiert und die Chancen und Risiken seines Handelns bewertet.

GRI 102-16 und 102-17 Ethik und Integrität

Die ethischen Grundsätze, Standards und Verhaltensnormen des Unternehmens gegenüber seinen Stakeholdern und wie sie diese in seine Überlegungen und Verfahren in Bezug auf ethische Aspekte einbezieht.

GRI 102-18 bis 102-39 Unternehmensführung

Ein Überblick über die Führungsstruktur und die Zusammensetzung der Unternehmensführung,[20] deren Rolle bei der Festlegung von Zielen, Werten und Strategien, die Kompetenzen der Unternehmensführung und deren Leistungsbeurteilung, die Rolle der Unternehmensführung beim Risikomanagement, der Nachhaltigkeitsberichterstattung und bei der Bewertung der ökonomischen, ökologischen und sozialen Leistung, das Vergütungssystem und Anreize.

GRI 102-40 bis 102-44 Einbindung von Stakeholdern

Die Ermittlung und Auswahl der Stakeholder durch das Unternehmen und deren Auflistung nach Gruppen, angewandte Tarifverträge, Praktiken für die Einbindung von Stakeholdern und die Aufnahme der für Stakeholder wichtige Themen und Anliegen.

GRI 102-45 bis 102-56 Vorgehensweise bei der Berichterstattung

Die Auskunft über die vom Unternehmen verwendeten Verfahren zur Auswahl und Ausgestaltung der Inhalte ihres Nachhaltigkeitsberichts und die dazu beigefügten Informationen für ein gutes Verständnis des Nachhaltigkeitsberichts.

Bedeutung Die allgemeinen Angaben beschreiben das Unternehmen von innen her, sein Selbst-, Welt- und Zukunftsbild, seine Strukturen, Abläufe und Vereinbarungen, seine Beziehungen zur Außenwelt.

Erläuterungen Die allgemeinen Angaben bestehen aus Selbstbeschreibungen, Reflektion und Bewertungen des unternehmerischen Handelns. Achten Sie darauf, alle Angaben möglichst unter Einbezug einer Auswahl Ihrer Stakeholder zu erstellen und wenn nötig, externe Unterstützung hinzuzuziehen, um den Geboten der Objektivität und Transparenz, der Hinzunahme verschiedener Perspektiven und der Nachvollziehbarkeit zu folgen.

Impulse Die klare Darstellung Ihrer unternehmerischen Verfasstheit führt meist unmittelbar zu großen Lernerfolgen. Der Knackpunkt ist vermutlich ein ungewohntes Maß an

---

[20] Der GRI 102 benennt hier „*die Rolle des höchsten Kontrollorgans*". Für Aktiengesellschaften ist dies der Aufsichtsrat. Der verwendete Begriff *Unternehmensführung* reflektiert die Lebenswirklichkeit von KMU.

Ehrlichkeit sich selbst gegenüber, manche Strukturen, Abläufe und Machtverhältnisse bisher besser nicht so genau hinterfragt zu haben, denn so wie es läuft, funktioniert es ja. Sie werden mit dem GRI 102 unter Umständen schlafende Hunde wecken.

Erhebungsmethoden Die bevorzugte Erhebungsmethode ist die Beschreibung. Diese Beschreibungen erfolgen durch unterschiedliche Personen und Gremien. Zur Strategie (102-14, 102-15) wird die Geschäftsleitung berichten. Zur Ethik und Integrität (102-16 bis 102-39) werden Sie oftmals Ihre Stakeholder hinzuziehen. Manchmal wird es von Bedeutung sein, die Anonymität der Teilnehmer:innen zu wahren. Wichtig bei allem ist immer der Bezug zu den Quellen und die Darlegung der Erhebungsmethode.

8.5   GRI 103 Managementansatz

Inhalt Der Managementansatz[21] enthält allgemeine Pflichtanforderungen an die Offenlegung des Managementansatzes mit seinen wesentlichen Bestandteilen und der Beurteilung seiner Wirksamkeit.

> **Übersicht**
> **Allgemeine Pflichtanforderungen an die Offenlegung des Managementansatzes**
> Diese Angaben umfassen die Art und Weise der Datenerhebung und ihrer Nachvollziehbarkeit innerhalb des Managementansatzes. Ist kein Managementansatz vorhanden, muss dies begründet werden beziehungsweise der Plan für die Erstellung eines Managementansatzes skizziert werden.
> **GRI 103-1 Erläuterung des wesentlichen Themas und seiner Abgrenzung**
> Das Unternehmen begründet, welche Themen warum von Bedeutung sind, es grenzt die Themen voneinander ab, es beschreibt den Beitrag des Unternehmens zu den Auswirkungen und in welchem Maß das Unternehmen dafür verantwortlich ist.
> **GRI 103-2 Der Managementansatz und seine Bestandteile**
> Das Unternehmen legt offen und beschreibt, wie es mit Herausforderungen umgeht und es beschreibt die Komponenten seines Managementansatzes – Richtlinien, Verpflichtungen, Ziele und Vorgaben, Verantwortlichkeiten, Ressourcen, Beschwerdeverfahren und konkrete Maßnahmen.
> **GRI 103-3 Beurteilung des Managementansatzes**
> Beschreibung der Verfahren, wie die Wirksamkeit des Managementansatzes gemessen und bewertet wird, über die Ergebnisse der Beurteilung des Managementansatzes und dessen Anpassungen.

---

[21] Global Reporting Initiative https://www.globalreporting.org/standards/media/1673/german-gri-103-management-approach-2016.pdf. Zugriff: 04.07.2023.

Bedeutung Der Managementansatz zeigt auf, wie das Unternehmen die ökonomischen, ökologischen und sozialen Herausforderungen im Rahmen seiner Geschäftstätigkeit identifiziert und analysiert und die Konsequenzen seines Handelns erkennt und darauf reagiert.

Erläuterungen Eine Kurzdarstellung oder Zusammenfassung der Unternehmens-Richtlinien mit den Quellen und den damit verbundenen Inhalten, die für die Genehmigung der Unternehmens-Richtlinien verantwortlich Handelnden und den Bezug zu internationalen Standards und anerkannten Initiativen. Die Absichtserklärung zum Umgang mit den Auswirkungen des unternehmerischen Handelns und der damit verbundenen Haltung des Unternehmens, der Umfang der Selbstverpflichtungen und ob diese über regulatorische Vorgaben hinausgehen und die Einhaltung internationaler Standards und weithin anerkannter Initiativen.

Impulse Es lohnt sich, den eigenen Managementansatz des Unternehmens dezidiert kritisch zu hinterfragen und unter Umständen zu erkennen, dass doch allzu viel aus dem Bauch heraus nach unklaren Spielregeln entschieden wird und ohne Rückkoppelung auf die Wirksamkeit immer weiter fortgesetzt wird. Unter Umständen wird es unangenehm, doch die Arbeit lohnt sich.

Erhebungsmethoden Für die Überwachung der Wirksamkeit des Managementansatzes wählen Sie die Auswertungen der internen oder externe Revision, externe Leistungsbewertungen in Form von Befragungen der Stakeholder, Vergleiche mittels Benchmarking oder Ergebnisse der Beschwerdeverfahren.

8.6 GRI 200 Ökonomie

Inhalt Die Ziffernkreise 201 bis 207 der GRI 200[22] umfassen alle ökonomischen Aspekte des Unternehmens – die Umsätze, Erträge, Ausschüttungen, Daten zur Marktpräsenz, die indirekten ökonomischen Auswirkungen des Unternehmens, Erläuterungen zu den Beschaffungspraktiken, der Korruptionsbekämpfung, zum wettbewerbswidrigen Verhalten und Angaben zu den Steuern.

---

[22] Global Reporting Initiative https://www.globalreporting.org/how-to-use-the-gri-standards/gri-standards-german-translations/. Zugriff: 04.07.2023.

Übersicht
GRI 201 Wirtschaftliche Leistung[23]
Der unmittelbar erzeugte und ausgeschüttete wirtschaftliche Wert des Unternehmens, die finanziellen Folgen des Klimawandels für das Unternehmen und andere mit dem Klimawandel verbundene Risiken und Chancen, Verbindlichkeiten für leistungsorientierte Pensionspläne und sonstige Vorsorgepläne und finanzielle Unterstützungen durch die öffentliche Hand.

GRI 202 Marktpräsenz[24]
Sofern das Unternehmen überwiegend den gesetzlichen Mindestlohn bezahlt, stellt es das Verhältnis des nach Geschlechtern aufgeschlüsselten Standardeintrittsgehalts zum lokalen gesetzlichen Mindestlohn dar. Das Unternehmen berichtet über den Anteil der aus der lokalen Gemeinschaft angeworbenen oberen Führungskräfte.

GRI 203 Indirekte ökonomischen Auswirkungen[25]
Das Unternehmen berichtet über die Art und Weise und den aktuellen Stand an Infrastrukturinvestitionen und geförderten Dienstleistungen, deren direkte Auswirkungen auf die Region und das wirtschaftliche Umfeld und über deren erhebliche indirekte ökonomische Auswirkungen.

GRI 204 Beschaffungspraktiken[26]
Der prozentuale Anteil des Beschaffungsbudgets für Produkte und Dienstleistungen lokaler Lieferanten aus der Region des Unternehmens.

GRI 205 Korruptionsbekämpfung[27]
Die Betriebsstätten des Unternehmens, die auf Korruptionsrisiken geprüft wurden, Kommunikation und Schulungen zu Richtlinien und Verfahren zur Korruptionsbekämpfung und bestätigte Korruptionsvorfälle und ergriffene Maßnahmen.

GRI 206 Wettbewerbswidriges Verhalten[28]
Das Unternehmen legt die Gesamtzahl der Rechtsverfahren aufgrund von wettbewerbswidrigem Verhalten und Verstößen gegen das Kartell- und Monopolrecht offen,

---

[23] Global Reporting Initiative https://www.globalreporting.org/standards/media/1039/gri-201-economic-performance-2016.pdf. Zugriff: 04.07.2023.

[24] Global Reporting Initiative https://www.globalreporting.org/standards/media/1003/gri-202-market-presence-2016.pdf. Zugriff: 04.07.2023.

[25] Global Reporting Initiative https://www.globalreporting.org/standards/media/1004/gri-203-indirect-economic-impacts-2016.pdf. Zugriff: 04.07.2023.

[26] Global Reporting Initiative https://www.globalreporting.org/standards/media/1005/gri-204-procurement-practices-2016.pdf. Zugriff: 04.07.2023.

[27] Global Reporting Initiative https://www.globalreporting.org/standards/media/1006/gri-205-anticorruption-2016.pdf. Zugriff: 04.07.2023.

[28] Global Reporting Initiative https://www.globalreporting.org/standards/media/1007/gri-206-anti-competitive-behavior-2016.pdf. Zugriff: 04.07.2023.

die während des Berichtszeitraums anhängig waren, bei denen das Unternehmen eine beteiligte Partei ist und es berichtet über die wichtigsten Ergebnisse abgeschlossener Rechtsverfahren, einschließlich aller gerichtlichen Entscheidungen und Urteile.

GRI 207 Steuern[29]

Das Unternehmen legt sein Steuerkonzept und seine Steuerstrategie offen, es benennt seine Kontrollorgane und die Häufigkeit der Überprüfungen, es beschreibt, wie das Steuerkonzept mit den Unternehmensstrategien zur geschäftlichen und nachhaltigen Entwicklung verknüpft ist, wie das Unternehmen mit Steuerrisiken umgeht und unethisches oder gesetzeswidriges Verhalten aufdeckt und meldet.

Bedeutung Die GRI 200 erfasst den klassischen Kern des Unternehmens – sein Wertschöpfungsmodell. Es beschreibt, zu welchen Bedingungen die Wertschöpfung entsteht, wer in welcher Form einen Anteil daran hat und wie sich das Unternehmen gegen unlauteres und gesetzwidriges Verhalten schützt.

Erläuterungen Die GRI 200 umfasst die ökonomische Dimension der Nachhaltigkeit. Sie beleuchtet die Wertschöpfung des Unternehmens im Zusammenhang mit den wirtschaftlichen Bedingungen der Arbeitskräfte und Lieferanten. Die GRI 200 schafft einen inneren Bezug zwischen dem Verhalten des Unternehmens und den ökonomischen Auswirkungen auf das sie umgebende Gemeinwesen und die Gesellschaft.

Impulse Einen wesentlichen Erkenntnisbeitrag liefert die Zusammenschau von wirtschaftlicher Leistung und den Arbeits- und Vertragsbedingungen der an der wirtschaftlichen Leistung beteiligten Menschen und Partner. Nachhaltig wirtschaften bedeutet insbesondere ausbeutungsfrei wirtschaften. Hinzu kommt das Verhalten des Unternehmens in Bezug zum Gemeinwesen, zur Steuerehrlichkeit und zu fairem Wettbewerbsverhalten.

Erhebungsmethoden Die meisten Daten finden Sie in Ihrer Gewinn- und Verlustrechnung, Ihrer Kostenrechnung und in Ihrem Jahresabschluss. Weiterhin dienen Ihnen die Daten des Personalwesens und der Einkaufsabteilung sowie Unterlagen aus Ihrer Rechtsabteilung. Gerne beziehen Sie sich auf das Leitbild Ihres Unternehmens, den Verhaltenskodex und die Compliance Ihres Unternehmens – diese sind idealerweise gemeinsam mit Ihren Mitarbeiter:innen erstellt und enthalten konkrete Verhaltensregeln, Schutzmaßnahmen und Sanktionen.

---

[29] Global Reporting Initiative https://www.globalreporting.org/standards/media/2482/gri-207-tax-2019.pdf. Zugriff: 04.07.2023.

8.7   GRI 300 Ökologie

Inhalt Die Ziffernkreise 301 bis 308 der GRI 300[30] analysieren die ökologischen Auswirkungen der unternehmerischen Aktivitäten. Sie umfassen die bei der Herstellung und Verpackung der Produkte und Dienstleistungen eingesetzten Materialien, die selbst hergestellte oder aus externen Quellen hinzugenommene Energie für den Betrieb des Unternehmens, die bezogene und verbrauchte Wassermenge im Unternehmen und dessen Qualität der (Ab)wassereinleitungen, Auswirkungen der Unternehmensaktivitäten auf die Biodiversität, Angaben zu direkten (Scope 1), indirekten energiebedingten (Scope 2) und sonstigen indirekten (Scope 3) Treibhausgasemissionen (THG-Emissionen), Angaben zum Abfall – Menge und Arten und dem Management von Abfall bis zu dessen Entsorgung, Angaben zur Umwelt-Compliance in Bezug zur Nichteinhaltung von Umweltschutzgesetzen und -verordnungen und der Umweltbewertung der Lieferanten anhand von Umweltkriterien und deren Auswirkungen auf die Lieferkette.

Übersicht
GRI 301 Materialien[31]
  Die bei der Herstellung und Verpackung der Produkte und Dienstleistungen eines Unternehmens eingesetzten Materialien können nicht erneuerbare Materialien wie Mineralien, Metalle, Öl, Gas oder Kohle oder erneuerbare Materialien wie Holz oder Wasser sein. Sowohl erneuerbare als auch nicht erneuerbare Materialien können aus Primärrohstoffen oder recycelten Ausgangsstoffen zusammengesetzt sein.
GRI 302 Energie[32]
  Ein Unternehmen kann Energie in verschiedenen Formen verbrauchen (z. B. als elektrischen Strom, Wärme- und Kühlenergie und Dampf). Energie kann selbst erzeugt oder aus externen Quellen bezogen werden. Sie kann außerdem aus erneuerbaren Quellen stammen (z. B. aus Wind-, Wasser- und Solarenergie) oder aus nicht erneuerbaren Quellen (z. B. Kohle, Erdöl oder Erdgas).
GRI 303 Wasser und Abwasser[33]
  Die Menge an Wasser, die ein Unternehmen bezieht und verbraucht, und die Qualität ihrer (Ab)wassereinleitungen können sich auf die Lebensqualität in den das

---

[30] Global Reporting Initiative https://www.globalreporting.org/how-to-use-the-gri-standards/gri-standards-german-translations/. Zugriff: 04.07.2023.

[31] Global Reporting Initiative https://www.globalreporting.org/standards/media/1680/german-gri-301-materials-2016.pdf. Zugriff: 04.07.2023.

[32] Global Reporting Initiative https://www.globalreporting.org/standards/media/1681/german-gri-302-energy-2016.pdf. Zugriff: 04.07.2023.

[33] Global Reporting Initiative https://www.globalreporting.org/standards/media/2033/german-gri-303-water-and-effluents-2018.pdf. Zugriff: 04.07.2023.

Unternehmen umgebenden Ökosystemen auswirken und ökonomische und soziale Folgen nach sich ziehen.

GRI 304 Biodiversität[34]

Der Schutz der Biodiversität sichert das Überleben und die genetische Diversität von Pflanzen- und Tierarten und erhält die natürlichen Ökosysteme. Natürliche Ökosysteme stellen sauberes Wasser und saubere Luft bereit und tragen zur Ernährungssicherheit und menschlichen Gesundheit bei. Biodiversität leistet einen direkten Beitrag zur Lebensgrundlage lokaler Gemeinschaften und ist unerlässlich für die Armutsbekämpfung und eine nachhaltige Entwicklung.

GRI 305 Emissionen[35]

Die Emissionen, die ein Unternehmen in die Luft einbringt – alle Substanzen, die aus einer Quelle in die Atmosphäre abgegeben werden. Emissionen sind Treibhausgase (THG), Ozon abbauende Substanzen (Ozone Depleting Substances, ODS) sowie Stickstoffoxide, (NOX) und Schwefeloxide (SOX) und andere signifikante Luftemissionen. THG-Emissionen tragen in hohem Maße zum Klimawandel bei und unterliegen dem Rahmenübereinkommen der Vereinten Nationen über Klimaänderungen (Framework Convention on Climate Change) und dem nachfolgenden Kyoto-Protokoll der UN. THG sind Kohlendioxid (CO_2), Methan (CH4), Distickstoffoxid (N2O), Fluorkohlenwasserstoffe (FKW), Perfluorkohlenwasserstoffe (PFKW), Schwefelhexafluorid (SF6), Stickstofftrifluorid (NF3). Einige THG, einschließlich Methan, sind Luftschadstoffe, die erhebliche negative Auswirkungen auf Ökosysteme, die Luftqualität, die Landwirtschaft sowie auf die Gesundheit von Mensch und Tier haben.

GRI 306 Abfall[36]

Die Menge, Art und Beschaffenheit des von einem Unternehmen erzeugten Abfalls ist die Folge der mit der Herstellung ihrer Produkte und Dienstleistungen verbundenen Aktivitäten und der späteren Nutzung dieser Produkte und Dienstleistungen. Eine Bewertung, wie Materialien in ein, durch ein und aus einem Unternehmen gelangen, kann zu einem besseren Verständnis dessen beitragen, an welcher Stelle in der Wertschöpfungskette des Unternehmens diese Materialien schließlich zu Abfall werden. Dadurch wird ein ganzheitlicher Überblick über die Abfallerzeugung und ihre Ursachen ermöglicht, durch den wiederum das Unternehmen bei der Identifizie-

---

[34] Global Reporting Initiative https://www.globalreporting.org/standards/media/1683/german-gri-304-biodiversity-2016.pdf. Zugriff: 04.07.2023.

[35] Global Reporting Initiative https://www.globalreporting.org/standards/media/1684/german-gri-305-emissions-2016.pdf. Zugriff: 04.07.2023.

[36] Global Reporting Initiative https://www.globalreporting.org/standards/media/2573/gri-306-waste-2020.pdf. Zugriff: 04.07.2023.

rung von Möglichkeiten zur Abfallvermeidung und Anwendung von Maßnahmen zur Kreislaufwirtschaft unterstützt werden kann. So kann das Unternehmen über die Milderung und Behebung negativer Auswirkungen hinausgehen, sobald Abfall angefallen ist, und sich auf das Management von Abfall als Ressource konzentrieren.

GRI 307 Umwelt-Compliance[37]

Im Kontext der GRI-Standards bezieht sich die ökologische Dimension der Nachhaltigkeit auf die Auswirkungen eines Unternehmens auf die belebte und unbelebte Natur, einschließlich Land, Luft, Wasser und Ökosysteme. Die Umwelt-Compliance umfasst die Einhaltung der Umweltschutzgesetze und -verordnungen durch das Unternehmen – die Einhaltung internationaler Erklärungen, Übereinkommen und Verträge sowie nationale, subnationale, regionale und lokale Vorschriften.

GRI 308 Umweltbewertung der Lieferanten[38]

Ein Unternehmen ist aufgrund seiner eigenen Aktivitäten oder infolge seiner Geschäftsbeziehungen mit anderen Parteien an Auswirkungen beteiligt. Von einem Unternehmen wird die Einhaltung der Sorgfaltspflicht zur Vermeidung und Linderung von negativen Umweltauswirkungen in der Lieferkette erwartet. Dazu gehören Auswirkungen, die von dem Unternehmen verursacht werden, zu denen das Unternehmen beiträgt oder die direkt mit den Aktivitäten, Produkten oder Dienstleistungen des Unternehmens im Rahmen einer Geschäftsbeziehung mit einem Lieferanten im Zusammenhang stehen.

Bedeutung Jedes Unternehmen agiert in einem dichten Netz aus Beziehungen und wechselseitigen Abhängigkeiten. Jedes Handeln hat Auswirkungen auf das System und die das Unternehmen umgebenden Systeme. Auch Ökosysteme sind Systeme, mit denen das Unternehmen in einer Beziehung steht. Ohne den Ziffernkreis 300 kann das Unternehmen seinen Beitrag zur Nachhaltigkeit, seine Schädigungen der Umwelt und seine Verantwortung gegenüber dieser nicht messen. Der Ziffernkreis 300 ist für nachhaltiges Wirtschaften unerlässlich.

Erläuterungen Die Art und die Menge der eingesetzten Materialien können Indikatoren dafür sein, wie abhängig das Unternehmen von natürlichen Ressourcen ist und welchen Einfluss das Unternehmen auf die Verfügbarkeit natürlicher Ressourcen hat. Die Berichte des Unternehmens in Bezug auf Recycling, Wiederverwendung und Wiederverwertung von Materialien, Produkten und Verpackungen können Auskunft über dessen Beitrag zum

---

[37] Global Reporting Initiative https://www.globalreporting.org/standards/media/1014/gri-307-environmental-compliance-2016.pdf. Zugriff: 04.07.2023.

[38] Global Reporting Initiative https://www.globalreporting.org/standards/media/1015/gri-308-supplier-environmental-assessment-2016.pdf. Zugriff: 04.07.2023.

Schutz der Ressourcen geben. Die Angaben können Informationen zu den Auswirkungen des Unternehmens im Zusammenhang mit Materialien sowie zu ihrem Umgang mit diesen Auswirkungen umfassen.

Impulse   Eine effizientere Nutzung der Ressourcen, Entscheidungen für die Nutzung erneuerbarer Ressourcen und für erneuerbare Energiequellen sind von entscheidender Bedeutung für den Kampf gegen den Klimawandel und die Senkung der gesamten Umweltbelastung durch ein Unternehmen. Deshalb ist die Erhebung von Daten, Fakten, Zahlen und Zusammenhängen im Ziffernkreis 300 von entscheidender Bedeutung.

Erhebungsmethoden   Der erste Schritt ist die vollständige Erfassung der Ressourcen, die das Unternehmen von der Umwelt bezieht und die Emissionen, die das Unternehmen an die Umwelt abgibt. Mögliche Gruppen sind die Energie für die Produktion – eingekaufte Energie, selbst erzeugte Energie, Kraftstoffe, Mineralöle, Gas und Flüssiggas, die Stoffe für die Produktion – natürliche Stoffe, Kunststoffe, Verbundstoffe, Begleitstoffe, gemischte Stoffe, Stahl, Metall, Holz, Papier, Chemikalien, recycelte Stoffe und recycelbare Stoffe, der Abfall – ungefährliche Abfälle und gefährliche Abfälle, das Wasser – der Verbrauch, der Schadstoffeintrag, die Rückführung.

Für eine saubere Erhebung entscheidend ist die Unterteilung der Emissionen in Scope 1, 2 und 3. Scope 1 ist der Energiebedarf, der zu direkten Treibhausgasemissionen führt (Kraftstoffe, Heizöl). Scope 2 ist der Energiebedarf, der zu indirekten Treibhausgasemissionen führt (Maschinenstrom, Bürostrom, Strom für die Herstellung und Verarbeitung). Scope 3 ist der Energiebedarf, der zu indirekten Treibhausgasemissionen aufgrund vorgelagerter und nachgelagerter Tätigkeiten für die Bereitstellung von Dienstleistungen und Herstellung von Produkten führt. Der entscheidende Punkt in der Erhebung ist die konsequente Umrechnung aller Emissionen in CO_2-Äqivalente.[39] Mit diesen hat man eine Messgröße in der Hand, die sich auch herausragend für das Benchmarking eignet und das Setzen von klaren Zielen und Etappen.

8.8   GRI 400 Soziales

Inhalt   Nachhaltig wirtschaften bedeutet, ohne Ausbeutung zu wirtschaften. Der Ziffernkreis 401 bis 419 der GRI 400[40] beleuchtet die Art und Weise, wie das Unternehmen mit seinen Mitarbeiter:innen umgeht, welche Rahmenbedingungen es für sie schafft und wie

---

[39] Das Internet ist voller Angebote für die Berechnung von CO_2-Äquivalenten und jedermann ist frei in der Wahl seiner Hilfestellungen. Ich folge der Empfehlung des DNK und verweise auf Ecocockpit https://ecocockpit.de/ Zugriff 05.07.2023.

[40] Global Reporting Initiative https://www.globalreporting.org/how-to-use-the-gri-standards/gri-standards-german-translations/. Zugriff: 04.07.2023.

es für faire Arbeitsbedingungen entlang der Liefer- und Wertschöpfungskette sorgt. Der Ziffernkreis 400 beinhaltet Aspekte zur Beschäftigung, das Verhältnis Arbeitnehmer-Arbeitgeber, die Arbeitssicherheit und den Gesundheitsschutz, die Aus- und Weiterbildung, Diversität und Chancengleichheit, er befasst sich mit Nichtdiskriminierung, Vereinigungsfreiheit und Tarifverhandlungen, mit Kinderarbeit, Zwangs- oder Pflichtarbeit, angewendeten Sicherheitspraktiken, den Rechten der indigenen Völker, der Prüfung auf Einhaltung der Menschenrechte, Auswirkungen auf lokale Gemeinschaften, er nimmt die soziale Bewertung der Lieferanten vor, er prüft die politische Einflussnahme, die Kundengesundheit und -sicherheit, das Marketing und die Kennzeichnung, den Schutz der Kundendaten und fordert abschließend eine sozioökonomische Compliance.

Übersicht

GRI 401 Beschäftigung[41]

Die Art und Weise, wie ein Unternehmen Einstellungen und Beschäftigung organisiert, Arbeitsplätze schafft, Anwerbungen durchführt, Mitarbeiter:innen bindet, welche Arbeitsbedingungen es bietet und wie sich die Beschäftigung und die Arbeitsbedingungen in der Lieferkette gestalten.

GRI 402 Arbeitnehmer-Arbeitgeber-Verhältnis[42]

Das Vermögen eines Unternehmens, seine Mitarbeiter:innen angemessen über erhebliche betriebliche Veränderungen zu informieren, diese gemeinsam zu besprechen und während erheblicher betrieblicher Veränderungen die Zufriedenheit und Motivation seiner Mitarbeiter:innen aufrechtzuerhalten.

GRI 403 Arbeitssicherheit und Gesundheitsschutz[43]

Gesunde und sichere Arbeitsbedingungen umfassen die Vorbeugung und Verhinderung körperlicher und geistiger Schäden und die aktive Förderung der Mitarbeitergesundheit. Maßnahmen des Unternehmens, sich demonstrativ für die Gesundheit und Sicherheit seiner Mitarbeiter:innen einzusetzen und sie in die Entwicklung, Umsetzung und Leistungsbewertung seiner Maßnahmen einzubeziehen und zu beteiligen.

GRI 404 Aus- und Weiterbildung[44]

Der Ansatz eines Unternehmens für die Aus- und Weiterbildung und die Verbesserung der Kompetenzen der Mitarbeiter:innen sowie für die Beurteilung ihrer Leistung und ihrer beruflichen Entwicklung zu sorgen. Dazu gehören auch Programme

---

[41] Global Reporting Initiative https://www.globalreporting.org/standards/media/1016/gri-401-employment-2016.pdf. Zugriff: 04.07.2023.

[42] Global Reporting Initiative https://www.globalreporting.org/standards/media/1017/gri-402-labor-management-relations-2016.pdf. Zugriff: 04.07.2023.

[43] Global Reporting Initiative https://www.globalreporting.org/standards/media/1910/gri-403-occupational-health-and-safety-2018.pdf. Zugriff: 04.07.2023.

[44] Global Reporting Initiative https://www.globalreporting.org/standards/media/1019/gri-404-training-and-education-2016.pdf. Zugriff: 04.07.2023.

zur Übergangshilfe, die den Erhalt der Beschäftigungsfähigkeit ermöglichen und den Berufsausstieg aufgrund von Ruhestand oder Kündigung unterstützen.

GRI 405 Diversität und Chancengleichheit[45]

Wenn ein Unternehmen die Diversität und Chancengleichheit am Arbeitsplatz aktiv fördert, können sowohl das Unternehmen als auch die Mitarbeiter:innen erheblich davon profitieren. So kann das Unternehmen zum Beispiel Zugang zu einer größeren und vielfältigeren Gruppe potenzieller Mitarbeiter:innen erhalten. Dies ist auch für die Gesellschaft als Ganzes von Vorteil, da mehr Gleichberechtigung die soziale Stabilität fördert und die weitere wirtschaftliche Entwicklung unterstützt.

GRI 406 Nichtdiskriminierung[46]

Diskriminierung ist die ungleiche Behandlung von Personen oder das Ergebnis der ungleichen Behandlung von Personen durch ungleiche Belastungen oder die Verweigerung von Leistungen anstelle einer fairen Behandlung jeder Person aufgrund ihres individuellen Verdiensts. Diskriminierung kann auch Belästigungen umfassen. Als Belästigungen gelten Kommentare oder Handlungen, die von der Person, an die sie gerichtet sind, unerwünscht sind oder allgemein als unerwünscht gelten. Die Maßnahmen eines Unternehmens, Diskriminierung von Personen auf jeglicher Grundlage zu vermeiden, einschließlich der Diskriminierung von Mitarbeiter:innen am Arbeitsplatz, der Diskriminierung von Kunden bei der Bereitstellung von Produkten und Dienstleistungen oder von jedem anderen Stakeholder, einschließlich Lieferanten und Geschäftspartnern.

GRI 407 Vereinigungsfreiheit und Tarifverhandlungen[47]

Die Vereinigungsfreiheit ist ein Menschenrecht. Im unternehmerischen Kontext bezieht sich Vereinigungsfreiheit auf das Recht von Arbeitgeber:innen und Mitarbeiter:innen zur Gründung, Mitgliedschaft und Leitung eigener Organisationen ohne vorherige Genehmigung oder Beeinflussung seitens staatlicher Behörden oder Organisationen gleich welcher Art. Das Recht der Mitarbeiter:innen auf Festlegung der Arbeitsbedingungen und Konditionen in Tarifverhandlungen ist ebenfalls ein international anerkanntes Menschenrecht.

GRI 408 Kinderarbeit[48]

Die Abschaffung der Kinderarbeit ist ein wesentlicher Grundsatz und zentrales Ziel der wichtigsten Menschenrechtsinstrumente und -bestimmungen und Gegen-

---

[45] Global Reporting Initiative https://www.globalreporting.org/standards/media/1020/gri-405-diversity-and-equal-opportunity-2016.pdf. Zugriff: 04.07.2023.

[46] Global Reporting Initiative https://www.globalreporting.org/standards/media/1021/gri-406-non-discrimination-2016.pdf. Zugriff: 04.07.2023.

[47] Global Reporting Initiative https://www.globalreporting.org/standards/media/1022/gri-407-freedom-of-association-and-collective-bargaining-2016.pdf. Zugriff: 04.07.2023.

[48] Global Reporting Initiative https://www.globalreporting.org/standards/media/1023/gri-408-child-labor-2016.pdf. Zugriff: 04.07.2023.

stand der nationalen Gesetzgebung in fast allen Ländern. Kinderarbeit ist Arbeit, die Kinder ihrer Kindheit sowie ihrem Potenzial und ihrer Ehre beraubt und die schädlich für ihre körperliche und geistige Entwicklung ist sowie ihre Schulbildung beeinträchtigt. Kinderarbeit ist eine allgemein anerkannte Menschenrechtsverletzung. Das Unternehmen legt dar, wie es seiner Sorgfaltspflicht nachkommt, um Kinderarbeit im Rahmen seiner Aktivitäten auch in Verbindung mit seinen Geschäftsbeziehungen zu unterbinden.

GRI 409 Zwangs- oder Pflichtarbeit[49]

Zwangs- oder Pflichtarbeit betrifft alle Weltregionen, Länder und wirtschaftlichen Branchen sowie Mitarbeiter:innen in formellen und nicht formellen Beschäftigungsverhältnissen. Eine der häufigsten Formen der Zwangsarbeit umfasst Zwangsarbeit in Gefängnissen (ausgenommen davon sind solche Häftlinge, die vom Gericht verurteilt wurden und deren Arbeit unter der Aufsicht und Kontrolle einer öffentlichen Behörde ausgeführt wird), Menschenhandel zum Zweck der Zwangsarbeit, Nötigung am Arbeitsplatz, Zwangsarbeit in Verbindung mit ausbeuterischen Beschäftigungsverhältnissen sowie aufgrund von Schulden verlangte Zwangsarbeit, die auch Schuldknechtschaft oder Schuldenabhängigkeit genannt wird. Die Opfer gehören meist diskriminierten Gruppen an oder üben Arbeit auf informeller oder unsicherer Grundlage aus. Beispiele dafür sind unter anderem Frauen und Mädchen, die zur Prostitution gezwungen werden, Migranten, die in Schuldenabhängigkeit gehalten werden, sowie Mitarbeiter:innen in ausbeuterischen Textilbetrieben oder in der Landwirtschaft. Beschreibung des Unternehmens, wie es seiner Sorgfaltspflicht nachkommt, um alle Formen der Zwangs- oder Pflichtarbeit im Rahmen seiner Aktivitäten zu verhindern und zu bekämpfen und es im Rahmen seiner Geschäftsbeziehungen vermeidet, zu Zwangs- oder Pflichtarbeit beizutragen oder damit in Verbindung zu stehen.

GRI 410 Sicherheitspraktiken[50]

Das Verhalten des Sicherheitspersonals des Unternehmens oder des angestellten Sicherheitspersonals anderer Unternehmen gegenüber Dritten, das mögliche Risiko übermäßiger Anwendung von Gewalt und andere Menschenrechtsverletzungen. Maßnahmen und Schulungen des Unternehmens über die angemessene Anwendung von Gewalt unter Gewährleistung der Menschenrechte.

---

[49] Global Reporting Initiative https://www.globalreporting.org/standards/media/1024/gri-409-forced-or-compulsory-labor-2016.pdf. Zugriff: 04.07.2023.

[50] Global Reporting Initiative https://www.globalreporting.org/standards/media/1025/gri-410-security-practices-2016.pdf. Zugriff: 04.07.2023.

GRI 411 Rechte der indigenen Völker[51]

Viele indigene Völker haben historisches Unrecht erfahren und werden daher als schutzbedürftige Gruppe betrachtet. Für eine solche Gruppe ist das Risiko höher, unverhältnismäßig stark von den ökonomischen, ökologischen und sozialen Auswirkungen der Aktivitäten eines Unternehmens betroffen zu sein. Das Unternehmen berichtet über die Art, die Schwere und die Häufigkeit der Auswirkungen seiner Aktivitäten auf indigene Völker, es beschreibt den Umgang mit den Auswirkungen und Maßnahmen zur Linderung oder Beseitigung der Auswirkungen.

GRI 412 Prüfung auf Einhaltung der Menschenrechte[52]

Die Leitlinien der Vereinten Nationen (UN) – Guiding Principles on Business and Human Rights – bilden den internationalen Standard für das verantwortliche Handeln von Unternehmen in Bezug zu den Menschenrechten. Das Unternehmen kann weitere Informationen über die Vermeidung und Linderung von negativen Auswirkungen auf die Menschenrechte bereitstellen.

GRI 413 Lokale Gemeinschaften[53]

Personen oder Personengruppen, die von den ökonomischen, sozialen oder ökologischen Auswirkungen der Geschäftätigkeiten des Unternehmens positiv oder negativ betroffen sind. Das Unternehmen berichtet soweit möglich unter Einbezug der Stakeholder über Maßnahmen, negative Auswirkungen auf lokale Gemeinschaften vorherzusehen und zu vermeiden.

GRI 414 Soziale Bewertung der Lieferanten[54]

Die Auswirkungen der eigenen Aktivitäten oder die in Verbindung mit Geschäftsbeziehungen entstehenden Auswirkungen entlang der Lieferkette. Angaben des Unternehmens zur Sorgfaltspflicht und zur Vermeidung und Linderung von negativen sozialen Auswirkungen in der Lieferkette, die von dem Unternehmen verursacht werden, zu denen es beiträgt oder die direkt mit den Aktivitäten, Produkten oder Dienstleistungen des Unternehmens im Rahmen einer Geschäftsbeziehung mit einem Lieferanten im Zusammenhang stehen.

---

[51] Global Reporting Initiative https://www.globalreporting.org/standards/media/1026/gri-411-rights-of-indigenous-peoples-2016.pdf. Zugriff: 04.07.2023.

[52] Global Reporting Initiative https://www.globalreporting.org/standards/media/1027/gri-412-human-rights-assessment-2016.pdf. Zugriff: 04.07.2023.

[53] Global Reporting Initiative https://www.globalreporting.org/standards/media/1028/gri-413-local-communities-2016.pdf. Zugriff: 04.07.2023.

[54] Global Reporting Initiative https://www.globalreporting.org/standards/media/1029/gri-414-supplier-social-assessment-2016.pdf. Zugriff: 04.07.2023.

GRI 415 Politische Einflussnahme[55]

Die Aktivitäten des Unternehmens wie Lobbyarbeit, finanzielle Spenden und Sachzuwendungen an politische Parteien, Politiker:innen oder für politische Zwecke. Der positive Beitrag des Unternehmens für die Unterstützung öffentlicher politischer Prozesse und die damit verbundenen Risiken im Zusammenhang mit Korruption, Bestechung und unzulässiger Einflussnahme.

GRI 416 Kundengesundheit und -sicherheit[56]

Aspekte zur Kundengesundheit und -sicherheit einschließlich der systematischen Bemühungen des Unternehmens, Gesundheit und Sicherheit im gesamten Lebenszyklus eines Produkts oder einer Dienstleistung zu berücksichtigen, die Vorschriften einzuhalten und die Beschreibung freiwilliger Verhaltensregeln zur Kundengesundheit und -sicherheit.

GRI 417 Marketing und die Kennzeichnung[57]

Der Zugang der Kunden zu korrekten und geeigneten Informationen über Produkt- und Dienstleistungsinformationen, den Kennzeichnungen, dem Marketing und der Kommunikation sowie damit verbundener positiver und negativer ökonomischer, ökologischer und sozialer Auswirkungen der von ihnen gekauften Produkte und in Anspruch genommenen Dienstleistungen als Grundlage für fundierte Entscheidungen.

GRI 418 Schutz der Kundendaten[58]

Angaben des Unternehmens zum Schutz der Kundendaten einschließlich Maßnahmen bei Verlust von Kundendaten und der Verletzung des Schutzes der Kundendaten. Die Angaben können die Folgen eines Verstoßes gegen bestehende Gesetze und Vorschriften und freiwillige Standards zum Schutz der Kundendaten enthalten.

GRI 419 Soziökonomische Compliance[59]

Sie umfasst die Einhaltung von internationalen Erklärungen, Übereinkommen und Verträgen, nationaler, subnationaler, regionaler und lokaler Gesetze und Vorschriften im sozialen und wirtschaftlichen Bereich. In die Compliance kann auch einbezogen werden die Buchhaltung, der Steuerbetrug, die Korruption und Bestechung, der Wettbewerb, die Bereitstellung von Produkten und Dienstleistungen, Beschäftigungsfragen und die Diskriminierung am Arbeitsplatz.

---

[55] Global Reporting Initiative https://www.globalreporting.org/standards/media/1702/german-gri-415-public-policy-2016.pdf. Zugriff: 04.07.2023.

[56] Global Reporting Initiative https://www.globalreporting.org/standards/media/1031/gri-416-customer-health-and-safety-2016.pdf. Zugriff: 04.07.2023.

[57] Global Reporting Initiative https://www.globalreporting.org/standards/media/1032/gri-417-marketing-and-labeling-2016.pdf.

[58] Global Reporting Initiative https://www.globalreporting.org/standards/media/1033/gri-418-customer-privacy-2016.pdf. Zugriff: 04.07.2023.

[59] Global Reporting Initiative https://www.globalreporting.org/standards/media/1034/gri-419-socioeconomic-compliance-2016.pdf. Zugriff: 04.07.2023.

Bedeutung Der Umgang mit Mitarbeiter:innen, mit Menschen, die Wertschöpfung erarbeiten, ist häufig noch tabubelastet. Sehr stark wirken weltweit jahrhundertealte kulturelle Vereinbarungen bis in die Gegenwart, die Mitarbeiter:innen als Verfügungsmasse ohne Schutzrechte und eigene Meinung betrachten. Die Laxheit im Umgang mit Mitarbeiter:innen nimmt in dem Maße zu, wie man sie aus den Augen verliert und deren Arbeitswirklichkeit nicht vor Augen hat. Vor dem Hintergrund weltweit miteinander verflochtener Produktionsketten und Handelssträngen kann fast jedes Unternehmen davon ausgehen, in ausbeuterische Methoden des Umgangs mit Mitarbeiter:innen einbezogen zu sein und damit seinen Teil der Verantwortung zu tragen.

Erläuterungen Die GRI 400 werfen ein helles Licht auf die soziale Dimension der Nachhaltigkeit. Die meisten Menschen und Unternehmen subsumieren unter Nachhaltigkeit den Umweltschutz. Die große Leistung der GRI besteht unter anderem darin, die soziale Nachhaltigkeit differenziert darzustellen und das soziale Handeln der Unternehmen zu dokumentieren und zu messen. Eine stille Revolution ist der Zifferkreis 400 insbesondere, weil er der Mär vom Trickle-Down-Effekt[60] ein Ende bereitet. Schlecht bezahlte Mitarbeiter:innen, miserabler Gesundheits- und Arbeitsschutz, mangelnde Mitsprache, kurz: ausbeuterische Praktiken sind kein notwendiges Übel, das Länder des Globalen Südens durchleiden müssen, um ökonomisch aufzusteigen. Das Gegenteil ist richtig: Je besser alle am Wertschöpfungsprozess beteiligten Menschen behandelt und je fairer sie bezahlt werden, desto schneller entsteht ein breit verteilter, gesunder Wohlstand, in dem die Menschen in Würde leben können.

Impulse Auch wenn viele der oben skizzierten Inhalte für Deutschland obsolet sein sollten, täuschen Sie sich nicht. Die Daten der Schattenwirtschaft in Deutschland belaufen sich für das Jahr 2022 auf weit über 300 Mrd. € bzw. knapp 9 % des Bruttoinlandsprodukts.[61] Für die anderen Länder der europäischen Union ist die Schattenwirtschaft meist noch deutlich stärker ausgeprägt.[62] Neben der sympathischen Nachbarschaftshilfe zeigt die Schattenwirtschaft insbesondere in der Schwarzarbeit ihre kriminelle Seite mit fehlenden Sozialstandards, Arbeitsschutzmaßnahmen und Rechten der Mitarbeiter:innen. Schwarzarbeit verbindet den Betrug mit der Ausbeutung.

---

[60] Krämer H (2018) Trickle-Down-Effekt – Definition: Was ist „Trickle-Down-Effekt"? Gabler Wirtschaftslexikon https://wirtschaftslexikon.gabler.de/definition/trickle-down-effekt-54458/version-277490 https://wirtschaftslexikon.gabler.de/definition/trickle-down-effekt-54458. Zugriff: 05.07.2023.

[61] Rudnicka J (2023) Umfang der Schattenwirtschaft in Deutschland bis 2023. Statista https://de.statista.com/statistik/daten/studie/20063/umfrage/entwicklung-des-umfangs-der-schattenwirtschaft-seit-1995. Zugriff: 05.07.2023.

[62] Ebenda, Griechenland 21 Prozent, Italien 20 Prozent, Belgien 16 Prozent, Frankreich 14 Prozent etc.

Erhebungsmethoden Die Indikatoren im GRI 400 umschließen viele Facetten der Arbeitswirklichkeit, die nicht allein durch Zahlen und Datenerhebungen beleuchtet werden können. Nicht zuletzt braucht es ein furchtfreies Arbeitsklima, ein vertrauensvolles Miteinander und eine konstruktive Offenheit der Geschäftspartner untereinander, um ehrliche Aussagen über die soziale Arbeitswirklichkeit der Mitarbeiter:innen zu erhalten. Eine wertvolle Datenquelle sind mit Sicherheit regelmäßige, systematische und anonyme Befragungen der Mitarbeiter:innen, dezidierte und aussagefähige Rückmeldebögen der Geschäftspartner:innen und lebendige Arbeitsgremien, in denen Mitarbeiter:innen im Rahmen von Erhebungen zu den GRI 400 aktiv mitwirken. Je mehr der oben genannten Faktoren fehlen, desto schärfer sollte der wachsame Blick auf die Tatsachen gerichtet sein.

Zum Abschluss der Kurzübersicht der GRI-Standards biete ich Ihnen eine Entscheidungsmatrix Abb. 8.3 an. Diese dient Ihrer Einschätzung, welche GRI-Standards für Ihr Unternehmen von Bedeutung sind. Die Matrix enthält zwei Parameter. Wie stark gestaltet sich der Bezug eines GRI-Indikators zu Ihrem Geschäftsmodell? Wie stark ist Ihr zu erwartender unternehmerischer Beitrag des Indikators zur Nachhaltigkeit?[63] Je stärker die

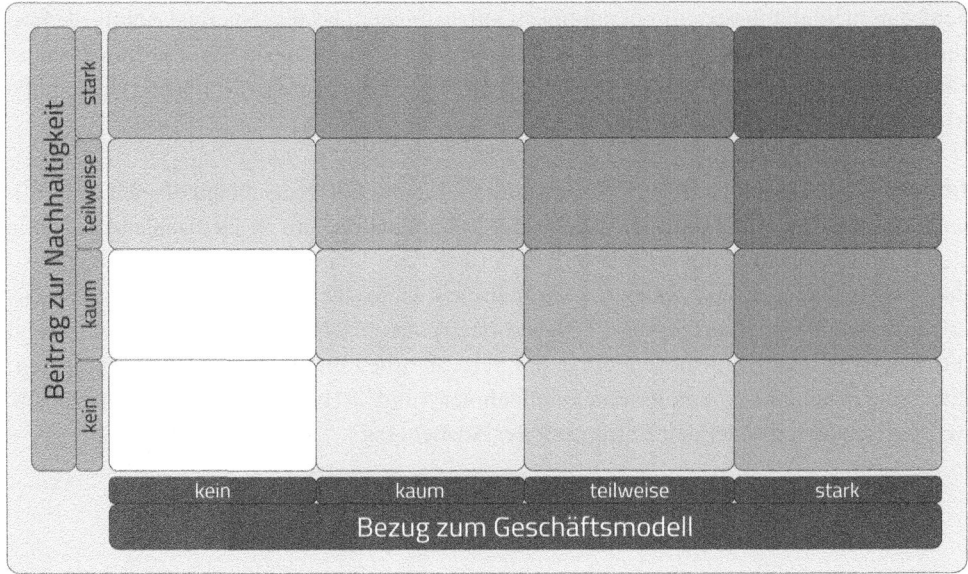

Abb. 8.3 Bezug des GRI-Indikators zum Geschäftsmodell (eigene Darstellung)

---

[63] Für eine lokal arbeitende Bäckerei stellt sich die Situation anders dar als für ein lokales Modegeschäft. In der Bäckerei zählen vermutlich sehr stark die Herkunft der Rohstoffe und der Energieverbrauch. Für das Modegeschäft zählen je nach Sortiment insbesondere die Lieferketten, die unter Umständen bis nach Malaysia reichen.

jeweiligen Ausprägungen sind, desto höhere Chancen haben Sie für nachhaltige Relevanz und Wirksamkeit. Konzentrieren Sie sich in Ihrer Auswahl der GRI-Indikatoren in erster Linie auf die starken inneren Zusammenhänge. 15 bis 20 relevante GRI-Indikatoren erhöhen Ihre Chance, wirksam zu arbeiten.

Die GRI-Indikatoren werden Ihrem Unternehmen von großem Nutzen sein. Meine Prognose: Nachhaltigkeit in all seinen Ausprägungen wird das Zentrum jeder Art öffentlicher Förderung bilden, ob für Non-Profit- oder Low-Profit-Organisationen, für KMU und Konzerne, ob als Investitionszuschüsse, Projektmittel oder Steuererleichterungen – Nachhaltigkeit ist das ökonomische Thema Nr. 1 des 21ten Jahrhunderts. Für öffentliche Ausschreibungen jeder Art werden Unternehmen einen Nachhaltigkeitsbericht vorlegen müssen, immer mehr Unternehmen prüfen ihre Partner und Lieferanten auf deren Nachhaltigkeitsbestrebungen und werden sich zunehmend – nicht zuletzt entlang der eigenen Nachhaltigkeitsstrategie – für Partner und Lieferanten entscheiden, die nachhaltig agieren. Die Indikatoren der GRI machen Nachhaltigkeit messbar, sie bieten sich als Vergleichsgröße an, sie können als Zeitreihe abgebildet werden, sie sind überprüfbar und sie sind ein international anerkannter Standard. Gründe genug, mit der GRI zu arbeiten. Entscheidend ist, die GRI gezielt und angepasst einzusetzen. Behalten Sie die GRI für das Kommende im Hinterkopf. Jetzt wenden wir uns dem Berichtssystem des DNK zu, dem Deutschen Nachhaltigkeitskodex. Der DNK bezieht sich explizit auf die 17 Ziele für nachhaltige Entwicklung und auf die GRI und formt daraus einen Managementansatz.

DNK-Berichtssystem

Das DNK-Berichtssystem zeigt Abb. 9.1.

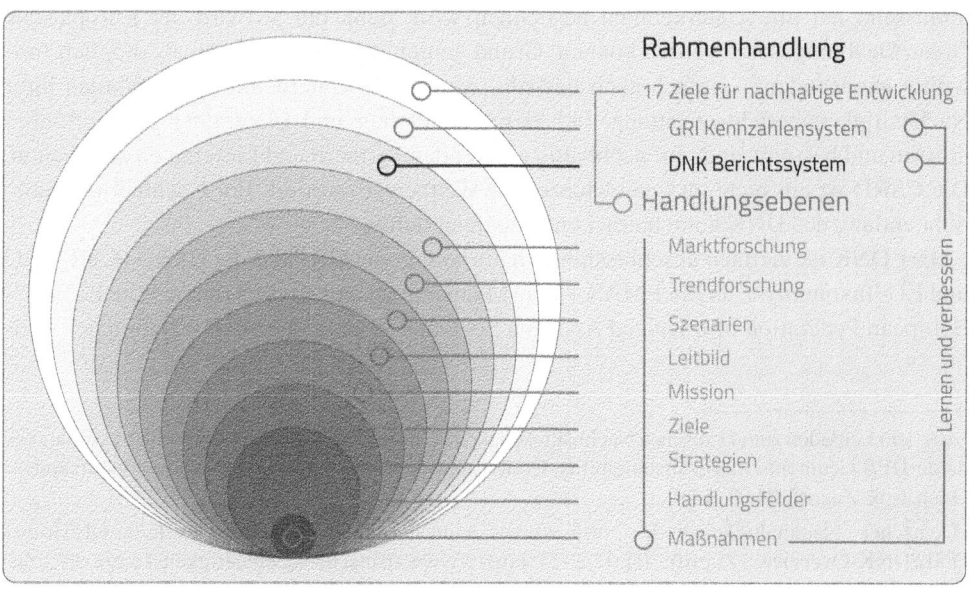

Rahmenhandlung

17 Ziele für nachhaltige Entwicklung

GRI Kennzahlensystem

DNK Berichtssystem

Handlungsebenen

Marktforschung

Trendforschung

Szenarien

Leitbild

Mission

Ziele

Strategien

Handlungsfelder

Maßnahmen

Lernen und verbessern

Abb. 9.1 DNK-Berichtssystem (eigene Darstellung)

„Nachhaltigkeit bedeutet Wohlstand für alle, aber weder auf Kosten anderer Länder, anderer Menschen und künftiger Generationen noch zulasten der natürlichen Umwelt. Kurz: heute nicht auf Kosten von morgen, hier nicht auf Kosten von anderswo. Nachhaltig wirtschaften heißt demnach in die Zukunft blicken und dabei soziale, ökologische und ökonomische Ziele austarieren."[1]

Die Entwicklung des DNK – Deutscher Nachhaltigkeitskodex reicht zurück bis in das Jahr 2010. Auch der DNK entstand wie die GRI in Zusammenarbeit mit vielen Stakeholdern aus der Politik, des Finanzmarktes, mit Unternehmen und mit zivilgesellschaftlichen Organisationen. Den Prozess angestoßen und hat der RNE – der Rat für Nachhaltige Entwicklung,[2] er führt ihn bis heute an. Die Entsprechenserklärung bzw. der Nachhaltigkeitsbericht nach DNK-Kriterien erfüllt die Vorgaben der Europäischen Union zur Berichtspflicht (CSRD – Corporate Sustainability Reporting Directive mit Stand 18. August 2022[3]). Die CSRD gelten aktuell verpflichtend für Unternehmen mit mehr als 20 Mio. € Bilanzsumme, mehr als 40 Mio. € Netto-Umsatz und mehr als 250 Mitarbeiter:innen,[4] sie gelten nicht für kapitalmarktorientierte Kleinstunternehmen.

Es ist absehbar, dass die Europäische Union die Berichtspflicht innerhalb weniger Jahre umfassend auf alle Unternehmen ausdehnen wird, denn nur so wird der Europäische Green Deal umgesetzt werden können. Grund genug, die CSRD so früh als möglich freiwillig anzuwenden – einfach auch deshalb, weil große Unternehmen im Rahmen ihrer Nachhaltigkeitsberichterstattung ihre kleineren Partner und Lieferanten mit aufführen müssen und bestrebt sind, mit nachhaltig agierenden Partnern und Lieferanten zu arbeiten. Die CSRD ist ein nicht zu unterschätzender Wettbewerbsvorteil. Ein Nachhaltigkeitsbericht entlang des DNK kann hierbei entscheidend helfen.

Der DNK ist vielfach anschlussfähig, natürlich an die GRI und die CSRD (CSR-RUG und EU-Taxonomy[5]), an die EMAS – Eco-Management and Audit Scheme,[6] die EFFAS – European Federation of Financial Analysts Societies[7] und an den NAP – Nationaler Akti-

---

[1] Aus dem Leitfaden zum Deutschen Nachhaltigkeitskodex: https://www.deutscher-nachhaltigkeitskodex. de/de-DE/Documents/PDFs/Sustainability-Code/Leitfaden-zum-Deutschen-Nachhaltigkeitskodex-Orien.aspx. Zugriff: 04.07.2023.

[2] Deutscher Nachhaltigkeitskodex https://www.deutscher-nachhaltigkeitskodex.de/de-DE/Home/ DNK/DNK-Overview. Zugriff: 04.07.2023 https://www.deutscher-nachhaltigkeitskodex.de/, Zugriff: 02.07.2023, mit freundlicher Genehmigung durch den Rat für Nachhaltige Entwicklung: Rat für Nachhaltige Entwicklung – (nachhaltigkeitsrat.de), Zugriff: 02.07.2023.

[3] Siehe hierzu das Erklärvideo des Rats für Nachhaltige Entwicklung: https://www.youtube.com/ watch?v=YHxYHGFvVdo. Zugriff: 04.07.2023.

[4] Zwei von drei Kriterien müssen zutreffen.

[5] European Commission (2023) Finanzieren – EU-Taxonomie für nachhaltige Aktivitäten https://finance.ec.europa.eu/sustainable-finance/tools-and-standards/eu-taxonomy-sustainable-activities_en. Zugriff: 05.07.2023.

[6] EMAS https://www.emas.de/. Zugriff: 04.07.2023.

[7] EFFAS https://effas.com/. Zugriff: 04.07.2023.

onsplan Wirtschaft und Menschenrechte.[8] Von besonderer Bedeutung ist, der DNK ist rechtskonform mit den Anforderungen des CSR-Richtlinie-Umsetzungsgesetzes. Jedes Unternehmen kann den DNK zur Erstellung einer nicht finanziellen Erklärung verwenden.

Nachhaltigkeitsberichte sind eine komplexe Anforderung, die viel Zeit und Erfahrung benötigen und deshalb viele KMU abschrecken. Neben einer gewöhnungsbedürftigen Sprache sehen sich KMU neuen Anforderungen gegenüber, Daten zu erheben und Werkzeuge zu entwickeln, ihre unternehmerische Wirklichkeit unter Nachhaltigkeitsaspekten abzubilden.

Persönliche Erfahrungen aus der unternehmerischen Praxis Nachhaltiges Handeln ist für viele KMU bereits fester Bestandteil ihrer Unternehmensstrategie. Doch viele KMU dokumentieren ihre Leistungen im Bereich Nachhaltigkeit nicht oder nicht systematisch, vielen KMU fehlt die strukturierte Herangehensweise, ihnen fehlt die Anbindung an ihr Geschäftsmodell und oftmals fehlen ihnen die Rückmeldungen ihrer Stakeholder – insbesondere ihrer Kunden – und Rückmeldungen des Marktes, dass Nachhaltigkeit ein großer Wertschöpfungshebel sein kann.

Nutzen des DNK Der DNK verbindet die Unternehmensstrategie, die Bestandsaufnahme und das prozessorientierte Lernen miteinander. Er bezieht die Führung und das Management auf die operative unternehmerische Ebene und die Nachhaltigkeit mit ein. Der DNK ist für erfahrene Nutzer relativ einfach handhabbar. Der RNE hat diverse Leitfäden für KMU erstellt, die Schritt für Schritt zur Entsprechenserklärung[9] führen.[10] Im Grunde genommen reicht die Erstellung des Nachhaltigkeitsberichts nach dem DNK völlig aus für große Fortschritte im nachhaltigen Handeln.

Kritik am DNK Die empfohlene Reihenfolge der 20 Kriterien des DNK[11] erschließt sich mir nicht. In der unternehmerischen Praxis ist es nicht üblich, seine Strategie, das Geschäftsmodell (die Wesentlichkeit) und die Ziele vor der Bestandsaufnahme zu definieren

---

[8] Die Bundesregierung (2020) Nationaler Aktionsplan | Umsetzung der VN-Leitprinzipien für Wirtschaft und Menschenrechte https://www.auswaertiges-amt.de/blob/297434/8d6ab29982767d5a3 1d2e85464461565/nap-wirtschaft-menschenrechte-data.pdf. Zugriff: 05.07.2023.

[9] Entsprechenserklärung ist Teil der verwendeten Terminologie, der KMU meist fremd ist. Sie meint: Gemäß § 161 Aktiengesetz (AktG) müssen Vorstand und Aufsichtsrat einer börsennotierten Gesellschaft jährlich eine Erklärung abgeben, inwieweit sie den Deutschen Corporate Governance-Kodex (DCGK) befolgen. Diese Erklärung wird als Entsprechenserklärung bezeichnet. Quelle: Juraforum Lexikon (2023) Entsprechenserklärung: Rechtlicher Rahmen & Bedeutung https://www.juraforum. de/lexikon/entsprechenserklaerung. Zugriff: 04.07.2023. Die Entsprechenserklärung ist der Nachhaltigkeitsbericht.

[10] Deutscher Nachhaltigkeitskodex https://www.deutscher-nachhaltigkeitskodex.de/de-DE/Home/ DNK/DNK-for-industry. Zugriff: 04.07.2023.

[11] Deutscher Nachhaltigkeitskodex https://www.deutscher-nachhaltigkeitskodex.de/de-DE/Home/ DNK/Criteria. Zugriff: 04.07.2023.

ebenso wie die Verantwortung, Regeln und Prozesse, die Kontrolle und die Anreizsysteme. Aus der Abarbeitung entlang der empfohlenen Reihenfolge werden schnell viele offene Baustellen, die nur wechselseitig und in kleinen Schritten abgeschlossen werden können, dadurch geht schnell der Gesamtzusammenhang verloren. Die Terminologie des DNK ist nicht durchgehend selbsterklärend und erhellend für die jeweilige Fragestellung. Der DNK birgt das Risiko in sich, sehr formalistisch angewendet zu werden im unreflektierten Abarbeiten der Punkte. Der Gestaltungsimpuls, entlang des DNK unternehmerisch kreativ zu werden, droht immer wieder zu versacken, einfach weil man der Form genügen will.

9.1   Empfehlung im Umgang mit dem DNK

Den Regelkreis Umgang mit dem DNK zeigt Abb. 9.2.

In der unternehmerischen Praxis bewährt hat sich die Untergliederung des DNK in drei große Arbeitsbereiche. Zu Beginn erfolgt die Bestandsaufnahme auf der operativen Ebene mit den Unternehmensinformationen, der Tiefe der Wertschöpfungskette, der Beteiligung von Anspruchsgruppen, der Wesentlichkeit, der Inanspruchnahme der natürlichen Ressourcen, dem Ressourcen-Management, den klimarelevanten Emissionen, den Arbeitnehmerrechten, der Chancengerechtigkeit, der Qualifizierung, den Menschenrechten, dem Gemeinwesen, der politischen Einflussnahme, dem gesetzes- und richtlinienkonformen Verhalten und dem Innovations- und Produktmanagement. Daran schließt sich der Dreiklang der Führungsebene an – Ziele, Strategien, Verantwortung. Die Management-

Abb. 9.2 Regelkreis Umgang mit dem DNK (eigene Darstellung)

ebene schließlich beschreibt die Regeln und Prozesse, die Kontrolle und die Anreizsysteme. So erhält man mit dem DNK einen schönen Regelkreis, der ausgehend von den Zielen bis zu den Anreizsystemen die operative Ebene umschließt. Die Gedanken des weiteren Vorgehens folgen obenstehender Logik.

Auch der DNK arbeitet mit dem Prinzip Comply or Explain – Belegen oder Erklären. Wenn Sie Angaben veröffentlichen können und wollen, dann wählen Sie die Option Comply. Wenn Sie keine Angaben veröffentlichen können und wollen, dann wählen Sie Explain. Auch bei den Angaben des DNK müssen Sie eine der beiden Optionen wählen. Damit wird die Vollständigkeit des Nachhaltigkeitsberichts gewährleistet. Die Option Explain enthält die Verpflichtung zu erklären, warum Sie keine Angaben veröffentlichen, bis wann Sie die Angaben liefern oder warum die Angaben für Ihr Unternehmen nicht wesentlich sind.

9.2 Die DNK-Kriterien im Überblick

Jedes DNK-Kriterium kann mit wenigen Aspekten scharf umrissen werden. Die Ziffer in der Klammer verweist auf die Originalnummerierung der DNK-Kriterien. Die Datenerhebung der DNK-Kriterien wird in der dargestellten Reihenfolge empfohlen. Einige Kriterien enthalten neben der Bestandsaufnahme bereits Angaben zu Zielen, Strategien und Maßnahmen, um bestimmte Aspekte systematisch zu verbessern. Sofern Sie hier bereits Angaben machen können, halten Sie wertvolle Hinweise für die Beschreibung und Gestaltung der Kriterien der Führungs- und Managementebene in der Hand.[12] Unterstützung bei der Bestandsaufnahme bieten die Tabellen Tab. 9.1, 9.2, 9.3, 9.4, 9.5, 9.6, 9.7, 9.8, 9.9, 9.10, 9.11, 9.12, 9.13, 9.14 und 9.15, sowie Führung Tab. 9.16, Management Tab. 9.17

9.2.1 Bestandsaufnahme

Tab. 9.1 DNK-Kriterium: Unternehmensinformationen

DNK-Kriterium	Aspekte zum Kriterium
Unternehmensinformationen	Unternehmensname und Eckdaten des Unternehmens
	Branche
	Anzahl und Struktur der Mitarbeiter:innen
	Beschreibung des Geschäftsmodells aus Sicht des Unternehmens
	Beschreibung des Geschäftsmodells aus Sicht der Kunden
	Beschreibung des Geschäftsmodells aus Sicht der Mitarbeiter:innen
	Beschreibung des Geschäftsmodells aus Sicht der Gesellschaft

---

[12] Deutscher Nachhaltigkeitskodex https://www.deutscher-nachhaltigkeitskodex.de/de-DE/Home/DNK/Criteria. Zugriff: 04.07.2023.

Tab. 9.2 DNK-Kriterium: Tiefe der Wertschöpfungskette (04)

DNK-Kriterium	Aspekte zum Kriterium
Tiefe der Wertschöpfungskette (04)	Welche Werte schöpfen wir?
	Wie gestaltet sich unsere Wertschöpfungskette konkret?
	Welche Akteur:innen sind an unserer Wertschöpfung beteiligt?
	Wie gestaltet sich unsere Lieferkette konkret?
	Wie gestalten sich die positiven Auswirkungen auf die Nachhaltigkeit?
	Wie gestalten sich die negativen Auswirkungen auf die Nachhaltigkeit?
	Inwieweit beachten wir bereits Kriterien für Nachhaltigkeit?

Tab. 9.3 DNK-Kriterium: Beteiligung von Anspruchsgruppen (09)

DNK-Kriterium	Aspekte zum Kriterium
Beteiligung von Anspruchsgruppen (09)	Wer sind unsere unternehmensinternen Akteurs-Gruppen?
	Wie kommunizieren wir mit unseren unternehmensinternen Akteurs-Gruppen?
	Wer sind unsere unternehmensexternen Akteurs-Gruppen?
	Wie kommunizieren wir mit unseren unternehmensexternen Akteurs-Gruppen?

Tab. 9.4 DNK-Kriterium: Wesentlichkeit (02)

DNK-Kriterium	Aspekte zum Kriterium
Wesentlichkeit (02)	Beschreibung des Umfeldes (ökonomisch, ökologisch, sozial), in dem das Geschäftsmodell stattfindet
	Positive Auswirkungen des Geschäftsmodells auf Aspekte der Nachhaltigkeit
	Negative Auswirkungen des Geschäftsmodells auf Aspekte der Nachhaltigkeit
	Positive Auswirkungen der Nachhaltigkeit auf Aspekte des Geschäftsmodells
	Negative Auswirkungen der Nachhaltigkeit auf Aspekte des Geschäftsmodells
	Chancen aus der Nachhaltigkeit für das Geschäftsmodell
	Risiken aus der Nachhaltigkeit für das Geschäftsmodell

Tab. 9.5 DNK-Kriterium: Inanspruchnahme natürlicher Ressourcen (11)

DNK-Kriterium	Aspekte zum Kriterium
Inanspruchnahme natürlicher Ressourcen (11)	Natürliche Ressourcen, die wir nutzen
	Natürliche Ressourcen, die durch uns beeinflusst werden
	Anteile der natürlichen Ressourcen im Geschäftsbetrieb
	Anteile der natürlichen Ressourcen im Lebenszyklus der Produkte und Dienstleistungen
	Rangreihe der genutzten natürlichen Ressourcen in geeigneten Maßeinheiten (Liter, Kilogramm, Tonnen, Kubikmeter, Hektar etc.)

Tab. 9.6 DNK-Kriterium: Ressourcen-Management (12)

DNK-Kriterium	Aspekte zum Kriterium
Ressourcen-Management (12)	Sachstand der Ressourceneffizienz auf Grundlage der bisher eingesetzten Ziele, Strategien und Maßnahmen
	Unsere konkreten Ziele, Strategien und Maßnahmen für mehr Ressourceneffizienz
	Sachstand der ökologischen Aspekte auf Grundlage der bisher eingesetzten Ziele, Strategien und Maßnahmen
	Unsere konkreten Ziele, Strategien und Maßnahmen für mehr ökologische Aspekte
	Negative Auswirkungen der Geschäftstätigkeit, der Geschäftsbeziehungen und der Produkte und Dienstleistungen auf die Ressourcen und Ökosysteme
	Wesentliche Risiken aus der Geschäftstätigkeit, den Geschäftsbeziehungen und der Produkte und Dienstleistungen für die Ressourcen und Ökosysteme

Tab. 9.7 DNK-Kriterium: Klimarelevante Emissionen (13)

DNK-Kriterium	Aspekte zum Kriterium
Klimarelevante Emissionen (13)	Die klimarelevanten Emissionsquellen im Unternehmen und ihre Bedeutung für die Wertschöpfung
	Das bezifferte Ausmaß der klimarelevanten Emissionen incl. der Berechnungsmethoden und ihrer Bezugsgrößen
	Sachstand der klimarelevanten Emissionen auf Grundlage der bisher eingesetzten Ziele, Strategien und Maßnahmen
	Unsere konkreten Ziele, Strategien und Maßnahmen für die Reduzierung der Emissionen
	Unsere konkreten Ziele, Strategien und Maßnahmen für den Einsatz erneuerbarer Energien

Tab. 9.8 DNK-Kriterium: Arbeitnehmerrechte (14)

DNK-Kriterium	Aspekte zum Kriterium
Arbeitnehmerrechte (14)	Sachstand der Arbeitnehmerrechte im Unternehmen
	Ziele, Strategien und Maßnahmen zur Sicherung der Arbeitnehmerrechte im Unternehmen
	Beteiligung der Arbeitnehmer:innen an der Sicherung und Weiterentwicklung der Arbeitnehmerrechte über die gesetzlichen Bestimmungen hinaus
	Negative Auswirkungen der Geschäftstätigkeit, der Geschäftsbeziehungen und der Produkte und Dienstleistungen auf die Arbeitnehmerrechte
	Wesentliche Risiken aus der Geschäftstätigkeit, den Geschäftsbeziehungen und der Produkte und Dienstleistungen für die Arbeitnehmerrechte

Tab. 9.9 DNK-Kriterium: Chancengleichheit (15)

DNK-Kriterium	Aspekte zum Kriterium
Chancengerechtigkeit (15)	Sachstand der Chancengerechtigkeit, Vielfalt, angemessenen Bezahlung, Vereinbarkeit von Familie und Beruf und Integration im Unternehmen
	Ziele, Strategien und Maßnahmen zur Sicherung der Chancengerechtigkeit im Unternehmen
	Ziele, Strategien und Maßnahmen zur Sicherung der Vielfalt im Unternehmen
	Ziele, Strategien und Maßnahmen zur Sicherung der angemessenen Bezahlung aller Mitarbeiter:innen im Unternehmen
	Ziele, Strategien und Maßnahmen zur Sicherung der Vereinbarkeit von Familie und Beruf im Unternehmen
	Ziele, Strategien und Maßnahmen zur Sicherung der Integration aller Mitarbeiter:innen im Unternehmen

Tab. 9.10 DNK-Kriterium: Qualifizierung (16)

DNK-Kriterium	Aspekte zum Kriterium
Qualifizierung (16)	Sachstand der Förderung der Qualifizierung aller Mitarbeiter:innen – (Weiter-)Bildung, Gesundheit, Digitalisierung, demografischer Wandel
	Ziele, Strategien und Maßnahmen zur Förderung der Qualifizierung – (Weiter-)Bildung, Gesundheit, Digitalisierung, demografischer Wandel
	Negative Auswirkungen der Geschäftstätigkeit, der Geschäftsbeziehungen und der Produkte und Dienstleistungen auf die Qualifizierung
	Wesentliche Risiken aus der Geschäftstätigkeit, den Geschäftsbeziehungen und der Produkte und Dienstleistungen für die Qualifizierung

Tab. 9.11 DNK-Kriterium: Menschenrechte (17)

DNK-Kriterium	Aspekte zum Kriterium
Menschenrechte (17)	Sachstand der Einhaltung der Menschenrechte im Unternehmen und ihm angeschlossenen Unternehmen, bei Partnern, Zulieferern und Dienstleistern
	Ziele, Strategien und Maßnahmen zur Einhaltung der Menschenrechte im Unternehmen, angeschlossenen Unternehmen, Partnern, Zulieferern und Dienstleistern
	Negative Auswirkungen der Geschäftstätigkeit, der Geschäftsbeziehungen und der Produkte und Dienstleistungen auf die Menschenrechte
	Wesentliche Risiken aus der Geschäftstätigkeit, den Geschäftsbeziehungen und der Produkte und Dienstleistungen für die Menschenrechte

Tab. 9.12 DNK-Kriterium: Gemeinwesen (18)

DNK-Kriterium	Aspekte zum Kriterium
Gemeinwesen (18)	Sachstand über die Beiträge des Unternehmens zum Gemeinwesen in sozialen, ökologischen, kulturellen und wirtschaftlichen Projekten der Kommune oder Region
	Ziele, Strategien und Maßnahmen über die Beiträge zum Gemeinwesen in sozialen, ökologischen, kulturellen und wirtschaftlichen Projekten der Kommune oder Region
	Sachstand des Dialogs des Unternehmens mit Personen, Institutionen und Verbänden in der Kommune und Region
	Ziele, Strategien und Maßnahmen für einen Dialog des Unternehmens mit Personen, Institutionen und Verbänden in der Kommune und Region

Tab. 9.13 DNK-Kriterium: Politische Einflussnahme (19)

DNK-Kriterium	Aspekte zum Kriterium
Politische Einflussnahme (19)	Beschreibung aller Gesetzgebungsverfahren, die für das Unternehmen relevant sind
	Beschreibung aller Gesetzgebungsverfahren, zu denen das Unternehmen Eingaben gemacht hat
	Beschreibung der Ziele, Strategien und Maßnahmen, wie das Unternehmen politischen Einfluss ausübt.
	Beschreibung der Ziele, Strategien und Maßnahmen, wie der Branchenverband politischen Einfluss ausübt.
	Konkrete Benennung aller Parteispenden, die das Unternehmen an politische Parteien gegeben hat.
	Konkrete Benennung aller Mitgliedschaften des Unternehmens in politischen Organisationen.

Tab. 9.14 DNK-Kriterium: Gesetzes- und richtlinienkonformes Verhalten (20)

DNK-Kriterium	Aspekte zum Kriterium
Gesetzes- und richtlinienkonformes Verhalten (20)	Sachstand des rechtswidrigen Verhaltens, insbesondere der Korruption und Bestechung im Unternehmen
	Ziele, Strategien und Maßnahmen zur Vermeidung, Aufdeckung und Sanktionierung von rechtswidrigem Verhalten, insbesondere der Korruption und Bestechung
	Wer ist für die Compliance[a] im Unternehmen verantwortlich?
	Wie ist die Compliance in die Geschäftsführung eingebunden?
	Maßnahmen, insbesondere Führungskräfte für Compliance zu sensibilisieren
	Negative Auswirkungen der Geschäftstätigkeit, der Geschäftsbeziehungen und der Produkte und Dienstleistungen auf Korruption und Bestechung
	Wesentliche Risiken aus der Geschäftstätigkeit, den Geschäftsbeziehungen und der Produkte und Dienstleistungen für Korruption und Bestechung

[a] Compliance ist die betriebswirtschaftliche und rechtswissenschaftliche Umschreibung für die Regeltreue (auch Regelkonformität) von Unternehmen, also die Einhaltung von Gesetzen, Richtlinien und freiwilligen Verhaltensweisen.

Tab. 9.15 DNK-Kriterium: Innovations- und Produktmanagement (10)

DNK-Kriterium	Aspekte zum Kriterium
Innovations- und Produktmanagement (10)	Sachstand der Auswirkungen auf soziale und ökologische Aspekte der Nachhaltigkeit durch die Herstellung der Produkte und Dienstleistungen
	Sachstand der Auswirkungen auf soziale und ökologische Aspekte der Nachhaltigkeit durch die Nutzung der Produkte und Dienstleistungen
	Sachstand der Auswirkungen auf soziale und ökologische Aspekte der Nachhaltigkeit durch die Verwertung der Produkte und Dienstleistungen
	Sachstand des Innovations- und Produktmanagements zur Verbesserung der Nachhaltigkeitsleistung
	Ziele, Strategien und Maßnahmen des Innovations- und Produktmanagements zur Verbesserung der Nachhaltigkeitsleistung
	Ziele, Strategien und Maßnahmen, um Geschäftspartner in das Innovations- und Produktmanagements zur Verbesserung der Nachhaltigkeitsleistung einzubinden

9.2.2 Führung (Tab. 9.16)

Tab. 9.16 DNK-Kriterium: Ziele (03), Strategien (01), Verantwortung (05)

DNK-Kriterium	Aspekte zum Kriterium
Ziele (03)	Das Zielsystem für die Schaffung eines nachhaltig wirtschaftenden Unternehmens
	Der Fahrplan des Zielsystems und die Priorisierungen im Zielsystem
	Das den Erreichungsgrad der Ziele begleitende Controllingsystem
	Die Verantwortlichkeiten im Unternehmen für die Ziele und das Controlling
	Der Bezug des Zielsystems zu den 17 Zielen für nachhaltige Entwicklung
Strategien (01)	Strategien für ein nachhaltig wirtschaftendes Unternehmen
	Die Einbindung der Nachhaltigkeitsstrategien in das unternehmerische Strategiesystem
	Strategien für ein nachhaltig wirtschaftendes Unternehmen als integraler Bestandteil des unternehmerischen Strategiesystems
	Die Ableitung der zentralen Handlungsfelder aus dem unternehmerischen Ziel- und Strategiesystem
	Die Beschreibung der Maßnahmen innerhalb der Handlungsfelder
	Benennung der verwendeten Nachhaltigkeitsstandards in den Handlungsfeldern und für die Maßnahmen – 17 Ziele für nachhaltige Entwicklung, GRI
Verantwortung (05)	Verantwortlich für Nachhaltigkeit auf Vorstandsebene
	Verantwortlich für Nachhaltigkeit auf Geschäftsführungsebene
	Verortung der Weisungsbefugnis für Nachhaltigkeit im Unternehmen
	Einbezug der Nachhaltigkeit in strategische Unternehmensentscheidungen
	Verteilung der Verantwortung für Nachhaltigkeit auf operativer Ebene

9.2.3 Management (Tab. 9.17)

Tab. 9.17 DNK-Kriterium: Regeln und Prozesse (06), Kontrolle (07), Anreizsysteme (08)

DNK-Kriterium	Aspekte zum Kriterium
Regeln und Prozesse (06)	Sachstand der internen Regeln, Prozesse und Standards für die Verankerung der Nachhaltigkeit im Geschäftsalltag
	Weiterentwicklung der internen Regeln, Prozesse und Standards für die Verankerung der Nachhaltigkeit im Geschäftsalltag
Kontrolle (07)	Sachstand der Leistungsindikatoren zur Steuerung und Kontrolle der Nachhaltigkeitsziele
	Gewährleistung der Daten in Bezug auf Zuverlässigkeit, Vergleichbarkeit und Konsistenz
Anreizsysteme (08)	Sachstand der Anreizsysteme – monetär und nicht-monetär – in Bezug zu Nachhaltigkeitszielen
	Entwicklung der Anreizsysteme – monetär und nicht-monetär – in Bezug zu Nachhaltigkeitszielen
	Prüfung des Zielerreichungsgrades der mit den Mitarbeiter:innen und der Geschäftsführung vereinbarten Nachhaltigkeitsziele
	Sachstand der Nachhaltigkeitsziele als fester Bestandteil der Evaluation der Unternehmensführung

9.3 Die inneren Zusammenhänge des DNK mit den 17 Zielen und der GRI

Für den Überblick in Ihrer Arbeit ergibt es Sinn, sich die inneren Zusammenhänge des DNK mit den 17 Zielen und der GRI zu vergegenwärtigen. So können Sie sich elegant innerhalb der Rahmenhandlungen bewegen, Verknüpfungen herstellen und die Rahmenhandlung wechseln – je nach Anforderung. Auch für Perspektivwechsel auf der Suche nach nachhaltigen Lösungen für Ihr Geschäftsmodell eignen sich die Übersichten und sie eignen sich als Ausgangspunkt für die Dokumentation der Nachhaltigkeit in Ihrem Unternehmen. Manche Stakeholder und öffentliche Stellen wollen die Anbindung ihrer Nachhaltigkeitsstrategie an die 17 Ziele aufgezeigt wissen, manche wollen die Anbindung anhand der Kennzahlen der GRI dokumentiert wissen und manche wollen die saubere Deklination Ihrer Nachhaltigkeitsstrategie entlang des DNK nachvollziehen. Für die Arbeit innerhalb der unternehmerischen Wirklichkeit bietet sich die Perspektive des DNK in Verbindung mit den 17 Zielen (Abb. 9.3 und der GRI Abb. 9.4) an.

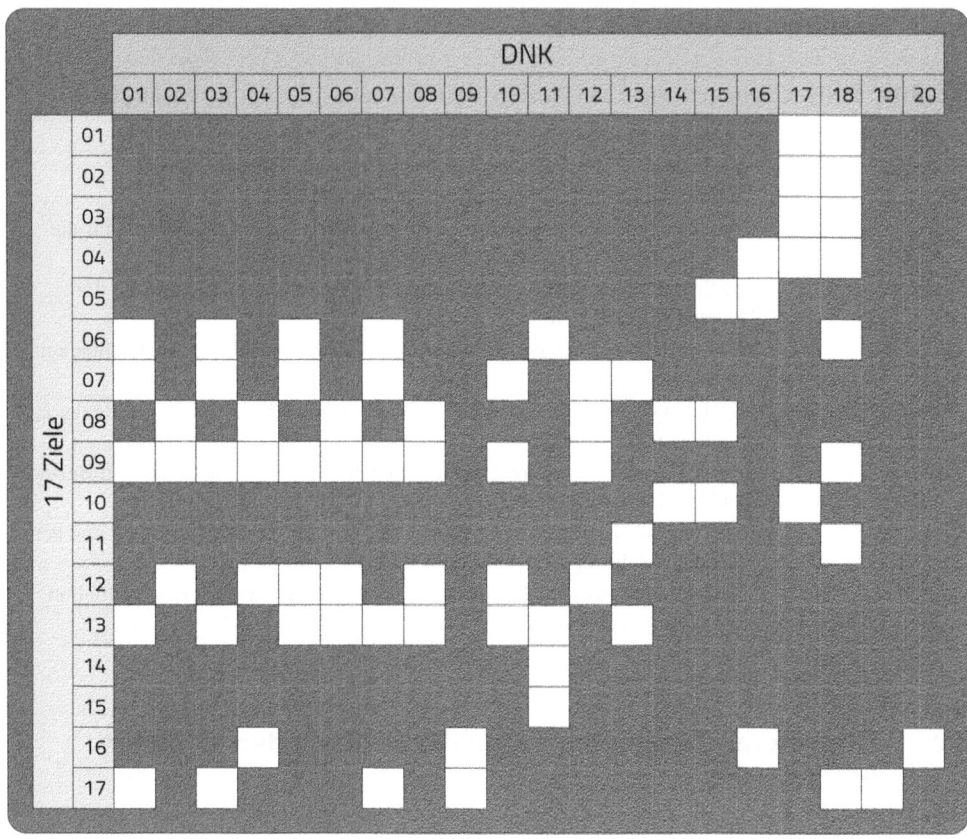

Abb. 9.3 DNK und 17 Ziele | Übersicht über die inneren Zusammenhänge (eigene Darstellung)

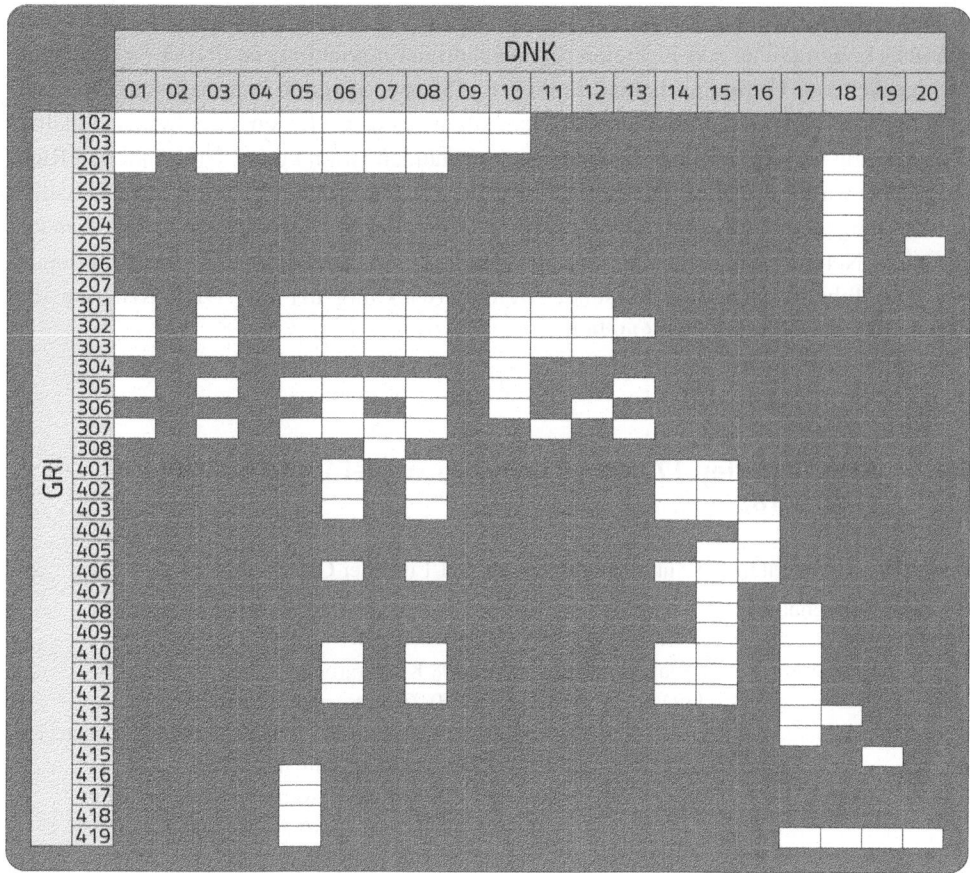

Abb. 9.4 DNK und GRI | Übersicht über die inneren Zusammenhänge (eigene Darstellung)

9.4   17 Ziele, DNK und GRI | Tabelle mit Zuordnungen

In der folgenden Tabelle finden Sie links die 17 Ziele für nachhaltige Entwicklung als Ausgangspunkt für die Zuordnungen der DNK-Kriterien und der GRI-Indikatoren. Die 17 Ziele sind und bleiben das Zentrum aller Überlegungen für eine nachhaltige Entwicklung. In der Mitte finden Sie die DNK-Kriterien, anhand dieser wird Ihr Geschäftsmodell im Zusammenhang mit Nachhaltigkeit beschrieben, rechts finden Sie die GRI-Indikatoren, sie liefern das Werkzeug für die Messung der Nachhaltigkeit.

Anhand der Tabelle können Sie ermitteln, ob die Nachhaltigkeitsstrategie Ihres Unternehmens kongruent zu den 17 Zielen für nachhaltige Entwicklung ist und ob Sie geeignete Messgrößen zur Verfügung haben. Sollten Sie Schwierigkeiten wahrnehmen, die Übersicht mit Ihren konkreten Inhalten zu füllen, könnte es daran liegen, dass Ihre Nachhaltigkeitsstrategie willkürlich ohne festen Grund entstanden ist und unter Umständen in Richtung Greenwashing driftet. Die inneren Bezüge zwischen den 17 Zielen für nachhaltige Entwicklung, dem DNK und der GRI können sich in Ihrem Unternehmen in Teilen anders gestalten. Nehmen Sie folgende Verknüpfungen als Ausgangspunkt für Ihre Überlegungen. Die Tabelle ist eine umfassende Weiterentwicklung der den DNK-Kriterien und GRI-Indikatoren hinterlegten Quellen.

9.4.1   DNK-Kriterien 17 und 18 in Bezug zu Ziel 1 und der GRI (Tab. 9.18)

Tab. 9.18 DNK-Kriterien 17 und 18 in Bezug zu Ziel 1 und der GRI

17 Ziele für nachhaltige Entwicklung	DNK-Kriterien[a, b]	GRI-Indikatoren[c]
Ziel 1: Keine Armut	Menschenrechte (17)	GRI 408 Kinderarbeit
		GRI 409 Zwangs- oder Pflichtarbeit
		GRI 412 Prüfung auf Einhaltung der Menschenrechte
		GRI 413 Lokale Gemeinschaften
		GRI 414 Soziale Bewertung der Lieferanten
		GRI 419 Sozioökonomische Compliance
	Gemeinwesen (18)	GRI 201 Wirtschaftliche Leistung
		GRI 202 Marktpräsenz
		GRI 203 Indirekte ökonomische Auswirkungen
		GRI 204 Beschäftigungspraktiken
		GRI 205 Korruptionsbekämpfung
		GRI 206 Wettbewerbswidriges Verhalten
		GRI 207 Steuern
		GRI 413 Lokale Gemeinschaften

[a] Betrachtung des DNK im Kontext der aktuellen EU-Nachhaltigkeitsregulierungsmaßnahmen und der SDGs als internationaler Referenzrahmen Deutscher Nachhaltigkeitskodex https://www.deutscher-nachhaltigkeitskodex.de/de-DE/Documents/PDFs/Sustainability-Code/Executive-Summary-Wissenschaftliches-Gutachten-Uni.aspx. Zugriff: 04.07.2023

[b] Deutscher Nachhaltigkeitskodex https://www.deutscher-nachhaltigkeitskodex.de/de-DE/Home/DNK/Criteria. Zugriff: 04.07.2023

[c] Übersicht Kriterien, GRI- und EFFAS-Indikatoren Deutscher Nachhaltigkeitskodex https://www.deutscher-nachhaltigkeitskodex.de/de-DE/Documents/PDFs/Sustainability-Code/Ubersicht-Indikatoren-im-DNK_2019_DE.aspx. Zugriff: 04.07.2023

9.4.2   DNK-Kriterien 17 und 18 in Bezug zu Ziel 2 und der GRI (Tab. 9.19)

Tab. 9.19 DNK-Kriterien 17 und 18 in Bezug zu Ziel 2 und der GRI

17 Ziele für nachhaltige Entwicklung	DNK-Kriterien	GRI-Indikatoren
Ziel 2: Kein Hunger	Menschenrechte (17)	GRI 412 Prüfung auf Einhaltung der Menschenrechte
		GRI 414 Soziale Bewertung der Lieferanten
	Gemeinwesen (18)	GRI 201 Wirtschaftliche Leistung
		GRI 202 Marktpräsenz
		GRI 203 Indirekte ökonomische Auswirkungen
		GRI 204 Beschäftigungspraktiken
		GRI 205 Korruptionsbekämpfung
		GRI 206 Wettbewerbswidriges Verhalten
		GRI 207 Steuern
		GRI 413 Lokale Gemeinschaften

9.4.3   DNK-Kriterien 17 und 18 in Bezug zu Ziel 3 und der GRI (Tab. 9.20)

Tab. 9.20 DNK-Kriterien 17 und 18 in Bezug zu Ziel 3 und der GRI

17 Ziele für nachhaltige Entwicklung	DNK-Kriterien	GRI-Indikatoren
Ziel 3: Gesundheit und Wohlergehen	Menschenrechte (17)	GRI 408 Kinderarbeit
		GRI 409 Zwangs- oder Pflichtarbeit
		GRI 410 Sicherheitspraktiken
		GRI 411 Rechte der indigenen Völker
		GRI 412 Prüfung auf Einhaltung der Menschenrechte
		GRI 414 Soziale Bewertung der Lieferanten
	Gemeinwesen (18)	GRI 201 Wirtschaftliche Leistung
		GRI 413 Lokale Gemeinschaften

9.4.4   DNK-Kriterien 16 bis 18 in Bezug zu Ziel 4 und der GRI (Tab. 9.21)

Tab. 9.21 DNK-Kriterien 16 bis 18 in Bezug zu Ziel 4 und der GRI

17 Ziele für nachhaltige Entwicklung	DNK-Kriterien	GRI-Indikatoren
Ziel 4: Hochwertige Bildung	Qualifizierung (16)	GRI 403 Arbeitssicherheit und Gesundheitsschutz
		GRI 404 Aus- und Weiterbildung
		GRI 405 Diversität und Chancengleichheit
		GRI 406 Nichtdiskriminierung
	Menschenrechte (17)	GRI 408 Kinderarbeit
		GRI 412 Prüfung auf Einhaltung der Menschenrechte
		GRI 414 Soziale Bewertung der Lieferanten
	Gemeinwesen (18)	GRI 201 Wirtschaftliche Leistung
		GRI 413 Lokale Gemeinschaften

9.4.5 DNK-Kriterien 14 und 15 in Bezug zu Ziel 5 und der GRI (Tab. 9.22)

Tab. 9.22 DNK-Kriterien 14 und 15 in Bezug zu Ziel 5 und der GRI

17 Ziele für nachhaltige Entwicklung	DNK-Kriterien	GRI-Indikatoren
Ziel 5: Geschlechtergleichheit	Arbeitnehmerrechte (14)	GRI 401 Beschäftigung
		GRI 403 Arbeitssicherheit und Gesundheitsschutz
	Chancengerechtigkeit (15)	GRI 405 Diversität und Chancengleichheit
		GRI 410 Sicherheitspraktiken
		GRI 411 Rechte der indigenen Völker
		GRI 412 Prüfung auf Einhaltung der Menschenrechte

9.4.6 DNK-Kriterien 01, 03, 05, 07, 11 und 18 in Bezug zu Ziel 6 und der GRI (Tab. 9.23)

Tab. 9.23 DNK-Kriterien 01, 03, 05, 07, 11 und 18 in Bezug zu Ziel 6 und der GRI

17 Ziele für nachhaltige Entwicklung	DNK-Kriterien	GRI-Indikatoren
Ziel 6: Sauberes Wasser und Sanitäreinrichtungen	Strategie (01)	GRI 102 Allgemeine Angaben
		GRI 103 Managementansatz
		GRI 301 Materialien
		GRI 302 Energie
		GRI 303 Wasser und Abwasser
	Ziele (03)	GRI 102 Allgemeine Angaben
		GRI 103 Managementansatz
		GRI 301 Materialien
		GRI 302 Energie
		GRI 303 Wasser und Abwasser
	Verantwortung (05)	GRI 102 Allgemeine Angaben
		GRI 103 Managementansatz
		GRI 301 Materialien
		GRI 302 Energie
		GRI 303 Wasser und Abwasser
	Kontrolle (07)	GRI 102 Allgemeine Angaben
		GRI 103 Managementansatz
		GRI 301 Materialien
		GRI 302 Energie
		GRI 303 Wasser und Abwasser
	Inanspruchnahme natürlicher Ressourcen (11)	GRI 301 Materialien
		GRI 302 Energie
		GRI 303 Wasser und Abwasser
		GRI 307 Umwelt-Compliance
	Gemeinwesen (18)	GRI 201 Wirtschaftliche Leistung

9.4.7   DNK-Kriterien 01, 03, 05, 07, 10 und 13 in Bezug zu Ziel 7 und der GRI (Tab. 9.24)

Tab. 9.24 DNK-Kriterien 01, 03, 05, 07, 10 und 13 in Bezug zu Ziel 7 und der GRI

17 Ziele für nachhaltige Entwicklung	DNK-Kriterien	GRI-Indikatoren
Ziel 7: Bezahlbare und saubere Energie	Strategie (01)	GRI 103 Managementansatz
		GRI 302 Energie
	Ziele (03)	GRI 103 Managementansatz
		GRI 301 Materialien
		GRI 302 Energie
		GRI 303 Wasser und Abwasser
		GRI 306 Abfall
	Verantwortung (05)	GRI 103 Managementansatz
		GRI 302 Energie
	Kontrolle (07)	GRI 103 Managementansatz
		GRI 302 Energie
	Innovations- und Produktmanagement (10)	GRI 102 Allgemeine Angaben
		GRI 103 Managementansatz
		GRI 301 Materialien
		GRI 302 Energie
		GRI 303 Wasser und Abwasser
		GRI 304 Biodiversität
		GRI 305 Emissionen
		GRI 306 Abfall
	Klimarelevante Emissionen (13)	GRI 305 Emissionen

9.4.8   DNK-Kriterien 02, 04, 06, 08, 12, 14 und 15 in Bezug zu Ziel 8 und der GRI (Tab. 9.25)

Tab. 9.25 DNK-Kriterien 02, 04, 06, 08, 12, 14 und 15 in Bezug zu Ziel 8 und der GRI

17 Ziele für nachhaltige Entwicklung	DNK-Kriterien	GRI-Indikatoren
Ziel 8: Menschenwürdige Arbeit und Wirtschaftswachstum	Wesentlichkeit (02)	GRI 102 Allgemeine Angaben
		GRI 103 Managementansatz
	Tiefe der Wertschöpfungskette (04)	GRI 102 Allgemeine Angaben
		GRI 103 Managementansatz
	Regeln und Prozesse (06)	GRI 102 Allgemeine Angaben
		GRI 103 Managementansatz
		GRI 401 Beschäftigung
		GRI 402 Arbeitnehmer-Arbeitgeber-Verhältnis
		GRI 403 Arbeitssicherheit und Gesundheitsschutz
		GRI 406 Nichtdiskriminierung
		GRI 410 Sicherheitspraktiken
		GRI 411 Rechte der indigenen Völker
		GRI 412 Prüfung der Einhaltung der Menschenrechte
	Anreizsysteme (08)	GRI 102 Allgemeine Angaben
		GRI 103 Managementansatz
		GRI 401 Beschäftigung
		GRI 402 Arbeitnehmer-Arbeitgeber-Verhältnis
		GRI 403 Arbeitssicherheit und Gesundheitsschutz
		GRI 406 Nichtdiskriminierung
		GRI 410 Sicherheitspraktiken
		GRI 411 Rechte der indigenen Völker
		GRI 412 Prüfung der Einhaltung der Menschenrechte
	Ressourcen-Management (12)	GRI 301 Materialien
		GRI 302 Energie
		GRI 303 Wasser und Abwasser
		GRI 306 Abfall
	Arbeitnehmerrechte (14)	GRI 401 Beschäftigung
		GRI 402 Arbeitnehmer-Arbeitgeber-Verhältnis
		GRI 403 Arbeitssicherheit und Gesundheitsschutz
		GRI 406 Nichtdiskriminierung
		GRI 407 Vereinigungsfreiheit und Tarifverhandlungen
		GRI 410 Sicherheitspraktiken
		GRI 411 Rechte der indigenen Völker
		GRI 412 Prüfung auf Einhaltung der Menschenrechte
	Chancengerechtigkeit (15)	GRI 403 Arbeitssicherheit und Gesundheitsschutz
		GRI 408 Kinderarbeit
		GRI 409 Zwangs- oder Pflichtarbeit

9.4.9   DNK-Kriterien 01 bis 08, 10, 12 und 18 in Bezug zu Ziel 9 und der GRI (Tab. 9.26)

Tab. 9.26 DNK-Kriterien 01 bis 08, 10, 12 und 18 in Bezug zu Ziel 9 und der GRI

17 Ziele für nachhaltige Entwicklung	DNK-Kriterien	GRI-Indikatoren
Ziel 9: Industrie, Innovation und Infrastruktur	Strategie (01)	GRI 102 Allgemeine Angaben
		GRI 103 Managementansatz
		GRI 201 Wirtschaftliche Leistung
	Wesentlichkeit (02)	GRI 102 Allgemeine Angaben
		GRI 103 Managementansatz
	Ziele (03)	GRI 102 Allgemeine Angaben
		GRI 103 Managementansatz
		GRI 201 Wirtschaftliche Leistung
	Tiefe der Wertschöpfungskette (04)	GRI 102 Allgemeine Angaben
		GRI 103 Managementansatz
	Verantwortung (05)	GRI 102 Allgemeine Angaben
		GRI 103 Managementansatz
		GRI 201 Wirtschaftliche Leistung
	Regeln und Prozesse (06)	GRI 102 Allgemeine Angaben
		GRI 103 Managementansatz
		GRI 201 Wirtschaftliche Leistung
		GRI 301 Materialien
		GRI 302 Energie
		GRI 303 Wasser und Abwasser
		GRI 305 Emissionen
		GRI 306 Abfall
		GRI 307 Umwelt-Compliance
	Kontrolle (07)	GRI 102 Allgemeine Angaben
		GRI 103 Managementansatz
		GRI 201 Wirtschaftliche Leistung
	Anreizsysteme (08)	GRI 102 Allgemeine Angaben
		GRI 103 Managementansatz
		GRI 201 Wirtschaftliche Leistung
		GRI 301 Materialien
		GRI 302 Energie
		GRI 303 Wasser und Abwasser
		GRI 305 Emissionen
		GRI 306 Abfall
		GRI 307 Umwelt-Compliance

(Fortsetzung)

Tab. 9.26   (Fortsetzung)

17 Ziele für nachhaltige Entwicklung	DNK-Kriterien	GRI-Indikatoren
	Innovations- und Produktmanagement (10)	GRI 102 Allgemeine Angaben
		GRI 103 Managementansatz
		GRI 301 Materialien
		GRI 302 Energie
		GRI 303 Wasser und Abwasser
		GRI 304 Biodiversität
		GRI 305 Emissionen
		GRI 306 Abfall
	Ressourcen-Management (12)	GRI 301 Materialien
		GRI 302 Energie
		GRI 303 Wasser und Abwasser
		GRI 306 Abfall
	Gemeinwesen (18)	GRI 201 Wirtschaftliche Leistung

9.4.10 DNK-Kriterien 14, 15 und 17 in Bezug zu Ziel 10 und der GRI (Tab. 9.27)

Tab. 9.27   DNK-Kriterien 14, 15 und 17 in Bezug zu Ziel 10 und der GRI

17 Ziele für nachhaltige Entwicklung	DNK-Kriterien	GRI-Indikatoren
Ziel 10: Weniger Ungleichheiten	Arbeitnehmerrechte (14)	GRI 403 Arbeitssicherheit und Gesundheitsschutz
	Chancengerechtigkeit (15)	GRI 401 Beschäftigung
		GRI 402 Arbeitnehmer-Arbeitgeber-Verhältnis
		GRI 403 Arbeitssicherheit und Gesundheitsschutz
		GRI 406 Nichtdiskriminierung
		GRI 407 Vereinigungsfreiheit und Tarifverhandlungen
	Menschenrechte (17)	GRI 410 Sicherheitspraktiken
		GRI 411 Rechte der indigenen Völker
		GRI 412 Prüfung auf Einhaltung der Menschenrechte
		GRI 414 Soziale Bewertung der Lieferanten

9.4.11 DNK-Kriterien 13 und 18 in Bezug zu Ziel 11 und der GRI (Tab. 9.28)

Tab. 9.28 DNK-Kriterien 13 und 18 in Bezug zu Ziel 11 und der GRI

17 Ziele für nachhaltige Entwicklung	DNK-Kriterien	GRI-Indikatoren
Ziel 11: Nachhaltige Städte und Gemeinden	Klimarelevante Emissionen (13)	GRI 302 Energie
		GRI 305 Emissionen
		GRI 307 Umwelt-Compliance
	Gemeinwesen (18)	GRI 201 Wirtschaftliche Leistung
		GRI 202 Marktpräsenz
		GRI 203 Indirekte ökonomische Auswirkungen
		GRI 204 Beschäftigungspraktiken
		GRI 205 Korruptionsbekämpfung
		GRI 206 Wettbewerbswidriges Verhalten
		GRI 207 Steuern
		GRI 419 Sozioökonomische Compliance

9.4.12 DNK-Kriterien 02, 04 bis 06, 08, 10 und 12 in Bezug zu Ziel 12 und der GRI (Tab. 9.29)

Tab. 9.29 DNK-Kriterien 02, 04 bis 06, 08, 10 und 12 in Bezug zu Ziel 12 und der GRI

17 Ziele für nachhaltige Entwicklung	DNK-Kriterien	GRI-Indikatoren
Ziel 12: Nachhaltiger Konsum und nachhaltige Produktion	Wesentlichkeit (02)	GRI 102 Allgemeine Angaben
	Tiefe der Wertschöpfungskette (04)	GRI 102 Allgemeine Angaben
		GRI 103 Managementansatz
	Verantwortung (05)	GRI 416 Kundengesundheit und -sicherheit
		GRI 417 Marketing und Kennzeichnung
		GRI 418 Schutz der Kundendaten
		GRI 419 Sozioökonomische Compliance
	Regeln und Prozesse (06)	GRI 102 Allgemeine Angaben
		GRI 103 Managementansatz
		GRI 301 Materialien
		GRI 302 Energie
		GRI 303 Wasser und Abwasser
		GRI 305 Emissionen
		GRI 307 Umwelt-Compliance
	Anreizsysteme (08)	GRI 102 Allgemeine Angaben
		GRI 103 Managementansatz
		GRI 301 Materialien
		GRI 302 Energie
		GRI 303 Wasser und Abwasser
		GRI 305 Emissionen
		GRI 307 Umwelt-Compliance

(Fortsetzung)

Tab. 9.29 (Fortsetzung)

17 Ziele für nachhaltige Entwicklung	DNK-Kriterien	GRI-Indikatoren
	Innovations- und Produktmanagement (10)	GRI 102 Allgemeine Angabe
		GRI 103 Managementansatz
		GRI 301 Materialien
		GRI 302 Energie
		GRI 303 Wasser und Abwasser
		GRI 304 Biodiversität
		GRI 305 Emissionen
		GRI 306 Abfall
	Ressourcen-Management (12)	GRI 301 Materialien
		GRI 302 Energie
		GRI 303 Wasser und Abwasser
		GRI 306 Abfall

9.4.13 DNK-Kriterien 01, 03, 05 bis 08, 11 und 13 in Bezug zu Ziel 13 und der GRI (Tab. 9.30)

Tab. 9.30 DNK-Kriterien 01, 03, 05 bis 08, 11 und 13 in Bezug zu Ziel 13 und der GRI

17 Ziele für nachhaltige Entwicklung	DNK-Kriterien	GRI-Indikatoren
Ziel 13: Maßnahmen zum Klimaschutz	Strategie (01)	GRI 102 Allgemeine Angaben
		GRI 103 Managementansatz
		GRI 301 Materialien
		GRI 302 Energie
		GRI 303 Wasser und Abwasser
		GRI 305 Emissionen
		GRI 307 Umwelt-Compliance
	Ziele (03)	GRI 102 Allgemeine Angaben
		GRI 103 Managementansatz
		GRI 301 Materialien
		GRI 302 Energie
		GRI 303 Wasser und Abwasser
		GRI 305 Emissionen
		GRI 307 Umwelt-Compliance
	Verantwortung (05)	GRI 102 Allgemeine Angaben
		GRI 103 Managementansatz
		GRI 301 Materialien
		GRI 302 Energie
		GRI 303 Wasser und Abwasser
		GRI 305 Emissionen
		GRI 307 Umwelt-Compliance

(Fortsetzung)

Tab. 9.30 (Fortsetzung)

17 Ziele für nachhaltige Entwicklung	DNK-Kriterien	GRI-Indikatoren
	Regeln und Prozesse (06)	GRI 102 Allgemeine Angaben
		GRI 103 Managementansatz
		GRI 301 Materialien
		GRI 302 Energie
		GRI 303 Wasser und Abwasser
		GRI 305 Emissionen
		GRI 307 Umwelt-Compliance
	Kontrolle (07)	GRI 102 Allgemeine Angaben
		GRI 103 Managementansatz
		GRI 301 Materialien
		GRI 302 Energie
		GRI 303 Wasser und Abwasser
		GRI 305 Emissionen
		GRI 307 Umwelt-Compliance
	Anreizsysteme (08)	GRI 102 Allgemeine Angaben
		GRI 103 Managementansatz
		GRI 301 Materialien
		GRI 302 Energie
		GRI 303 Wasser und Abwasser
		GRI 305 Emissionen
		GRI 307 Umwelt-Compliance
	Innovations- und Produktmanagement (10)	GRI 102 Allgemeine Angaben
		GRI 103 Managementansatz
		GRI 301 Materialien
		GRI 302 Energie
		GRI 303 Wasser und Abwasser
		GRI 304 Biodiversität
		GRI 305 Emissionen
		GRI 306 Abfall
	Inanspruchnahme natürlicher Ressourcen (11)	GRI 301 Materialien
		GRI 302 Energie
		GRI 303 Wasser und Abwasser
	Klimarelevante Emissionen (13)	GRI 305 Emissionen

9.4.14 DNK-Kriterium 11 in Bezug zu Ziel 14 und der GRI (Tab. 9.31)

Tab. 9.31 DNK-Kriterium 11 in Bezug zu Ziel 14 und der GRI

17 Ziele für nachhaltige Entwicklung	DNK-Kriterien	GRI-Indikatoren
Ziel 14: Leben unter Wasser	Inanspruchnahme natürlicher Ressourcen (11)	GRI 301 Materialien
		GRI 302 Energie
		GRI 303 Wasser und Abwasser
		GRI 307 Umwelt-Compliance

9.4.15 DNK-Kriterium 11 in Bezug zu Ziel 15 und der GRI (Tab. 9.32)

Tab. 9.32 DNK-Kriterium 11 in Bezug zu Ziel 15 und der GRI

17 Ziele für nachhaltige Entwicklung	DNK-Kriterien	GRI-Indikatoren
Ziel 15: Leben an Land	Inanspruchnahme natürlicher Ressourcen (11)	GRI 301 Materialien
		GRI 302 Energie
		GRI 303 Wasser und Abwasser
		GRI 307 Umwelt-Compliance

9.4.16 DNK-Kriterien 05, 09, 17 und 20 in Bezug zu Ziel 16 und der GRI (Tab. 9.33)

Tab. 9.33 DNK-Kriterien 05, 09, 17 und 20 in Bezug zu Ziel 16 und der GRI

17 Ziele für nachhaltige Entwicklung	DNK-Kriterien	GRI-Indikatoren
Ziel 16: Frieden, Gerechtigkeit und starke Institutionen	Verantwortung (05)	GRI 102 Allgemeine Angaben
		GRI 103 Managementansatz
	Beteiligung von Anspruchsgruppen (09)	GRI 102 Allgemeine Angaben
		GRI 103 Managementansatz
	Menschenrechte (17)	GRI 408 Kinderarbeit
		GRI 409 Zwangs- oder Pflichtarbeit
		GRI 412 Prüfung auf Einhaltung der Menschenrechte
		GRI 414 Soziale Bewertung der Lieferanten
	Gesetzes- und richtlinienkonformes Verhalten (20)	GRI 205 Korruptionsbekämpfung
		GRI 419 Soziökonomische Compliance

9.4.17 DNK-Kriterien 01, 03, 07, 09, 18 und 19 in Bezug zu Ziel 17 und der GRI (Tab. 9.34)

Tab. 9.34 DNK-Kriterien 01, 03, 07, 09, 18 und 19 in Bezug zu Ziel 17 und der GRI

17 Ziele für nachhaltige Entwicklung	DNK-Kriterien	GRI-Indikatoren
Ziel 17: Partnerschaften zur Erreichung der 17 Ziele	Strategie (01)	GRI 102 Allgemeine Angaben
		GRI 103 Managementansatz
		GRI 301 Materialien
		GRI 302 Energie
		GRI 303 Wasser und Abwasser
		GRI 305 Emissionen
		GRI 307 Umwelt-Compliance
	Ziele (03)	GRI 102 Allgemeine Angaben
		GRI 103 Managementansatz
	Kontrolle (07)	GRI 307 Umwelt-Compliance
		GRI 308 Umweltbewertung der Lieferanten
	Beteiligung von Anspruchsgruppen (09)	GRI 102 Allgemeine Angaben
		GRI 103 Managementansatz
	Gemeinwesen (18)	GRI 201 Wirtschaftliche Leistung
		GRI 202 Marktpräsenz
		GRI 203 Indirekte ökonomische Auswirkungen
		GRI 204 Beschäftigungspraktiken
		GRI 205 Korruptionsbekämpfung
		GRI 206 Wettbewerbswidriges Verhalten
		GRI 207 Steuern
		GRI 413 Lokale Gemeinschaften
	Politische Einflussnahme (19)	GRI 415 Politische Einflussnahme
		GRI 419 Sozioökonomische Compliance

Die Handlungsebenen für nachhaltiges Wirtschaften

Jedes Unternehmen agiert innerhalb spezifischer Bedingungslagen. (Abb. 10.1) Es agiert in seinem Vertriebsgebiet in Märkten, dort steht es mit seinen Waren und Dienstleistungen im Wettbewerb. Gemeinsam mit den Wettbewerbern wirbt das Unternehmen um die Gunst der Menschen mit ihren differenzierten Bedürfnissen. Die Waren und Dienstleistungen bedienen die Nachfrage, die aus den Bedürfnissen resultiert. In dem Maße, wie sich die Welt

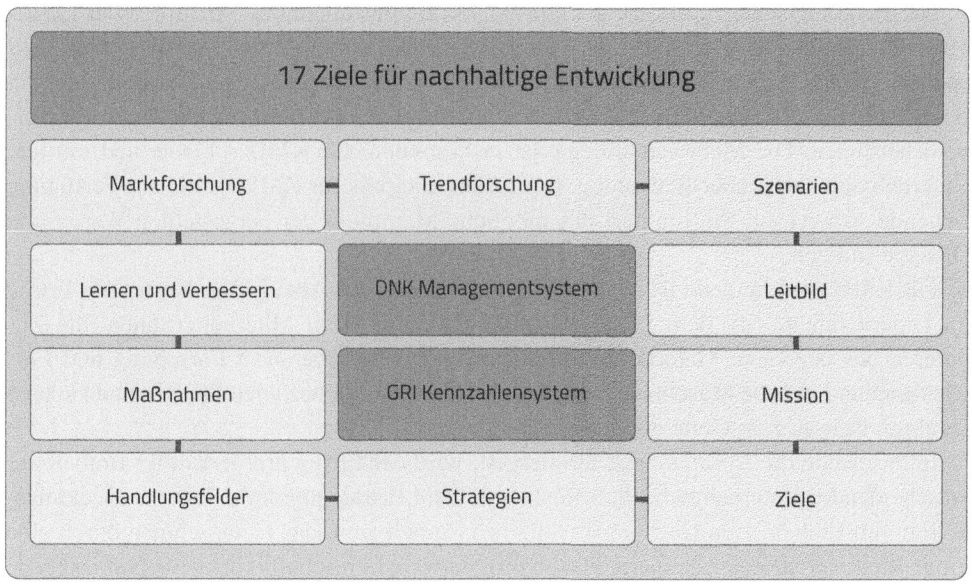

Abb. 10.1 Regelkreis Rahmenhandlung Handlungsebenen (eigene Darstellung)

© Der/die Autor(en), exklusiv lizenziert an Springer Fachmedien Wiesbaden
GmbH, ein Teil von Springer Nature 2023
S. Theßenvitz, *Nachhaltig wirtschaften in der Praxis*,
https://doi.org/10.1007/978-3-658-42458-9_10

verändert, muss sich das Unternehmen verändern, damit seine Waren und Dienstleitungen attraktiv und begehrenswert bleiben.

Das folgende Abschn. 10.1 *Marktforschung* mit seinen Unterkapiteln Abschn. 10.1.1 *Zielgruppen und Milieus*, Abschn. 10.1.2 *Wettbewerb* und Abschn. 10.1.3 *Umfeld* hilft, die spezifischen Bedingungslagen zu erkennen, in denen Unternehmen agieren. Daran anschließend finden Sie die Abschn. 10.4 *Trendforschung* und Abschn. 10.5 *Szenarien*. Diese beinhalten das Erkennen und die Analyse von Megatrends, um das Unternehmen zukunftsfest zu gestalten und es entlang der sich verändernden Welt veränderungsbereit- und fähig zu halten.

▶ **Lesetipp** *Im engeren Sinne haben diese Kapitel nichts mit dem nachhaltigen Wirtschaften zu tun. Leserinnen und Leser, die in den Themen Marktforschung und Megatrends sattelfest sind und über profunde Daten verfügen, sind herzlich eingeladen, die Lektüre dieses Buches ab Abschn. 10.6 Leitbild fortzusetzen. Denn Leitbild und Mission sind fester Bestandteil jedes Nachhaltigkeitsberichtes. Abschn. 10.1 Marktforschung und Abschn. 10.4 Trendforschung folgen dem Anspruch, ein in sich geschlossenes, schlüssiges und vollständiges Buch zum Thema nachhaltig wirtschaften vorzulegen, dass allen Leserinnen und Lesern einen großen Nutzen stiftet. Denn Sie wollen ein selbstbestimmtes nachhaltiges Unternehmenskonzept entwickeln. Marktforschung und Trendforschung helfen Ihnen dabei, das Machbare im Möglichen zu erkennen.*

Die Handlungsebenen für nachhaltiges Wirtschaften folgen den Prinzipien der klassischen Unternehmenssteuerung. Durch die Hinzunahme der Dimension der Nachhaltigkeit ändert sich an diesen Prinzipien nichts. Unternehmerisch betrachtet ist Nachhaltigkeit ein Bestandteil der Mehrwertstrategie. Nachhaltigkeit schafft neue Nutzenebenen für die Verbraucher:innen. Die Mehrwertstrategie ist insbesondere für KMU – kleine und mittlere Unternehmen von großer Bedeutung. Der größte Engpass für KMU ist die zur Verfügung stehende Arbeitszeit. Sie limitiert das mögliche Maximum der hergestellten Waren und Dienstleistungen.

Für KMU entscheidend ist die Marge – was bleibt nach Abzug aller Kosten als Ertrag im Unternehmen? Mit dem Ertrag bezahlen die KMU ihre Mitarbeiter:innen, die Zulieferer, das bezogene Material und die Energie, sie investieren in Forschung und Entwicklung und in neue Maschinen, sie bilden Rücklagen, sie bezahlen Steuern und sie leisten ihren Beitrag zum Gemeinwohl.

Immer wenn die Absatzmenge limitiert ist, wird der Ertrag pro verkaufter Einheit zur entscheidenden unternehmerischen Kennzahl. Dem Ertrag zugrunde liegt der Deckungsbeitrag pro Einheit. Den Deckungsbeitrag pro Einheit kann das Unternehmen durch eine kluge Mehrwertstrategie steigern. Nachhaltig wirtschaften schafft eine neue Nutzenebene und einen substanziellen Mehrwert für Kunden und damit eine gute Ertragslage für Unternehmen.

Nachhaltig wirtschaften kann nicht losgelöst von der unternehmerischen Wirklichkeit ins Werk gesetzt werden. Unternehmen schaffen einen Mehrwert, nur so können sie existieren. Entscheidend sind hierbei die Spielregeln, wie man Mehrwert schafft, diesen einsetzt und verteilt. Nachhaltig wirtschaften definiert die Spielregeln neu, wie man wirtschaftet.

Nachhaltig wirtschaften ist eine Mehrwertstrategie mit neuen Spielregeln. Für das neue Spiel brauchen Unternehmen Mitstreiter, Wegbegleiter und gute Rahmenbedingungen. Gute Unternehmen beginnen immer dort, wo sie etwas bewirken können – bei sich im Unternehmen. Die Grafik Abb. 10.2 veranschaulicht die Handlungsebenen in ihrer sinnfälligen Reihenfolge.

Jedes Unternehmen hat den legitimen Wunsch, mit seinem Angebot Nachfrage zu generieren. Diesen Wunsch formulierte unvergleichlich schön der Direktor im ‚Vorspiel auf dem Theater' im Faust I.[1] Jedes Unternehmen beginnt mit einer Idee. Idealerweise wird diese Idee auf ihre Tragfähigkeit geprüft. Mit den Methoden der Marktforschung & Trendforschung ermittelt und analysiert das Unternehmen, ob und in welcher Art und Weise die

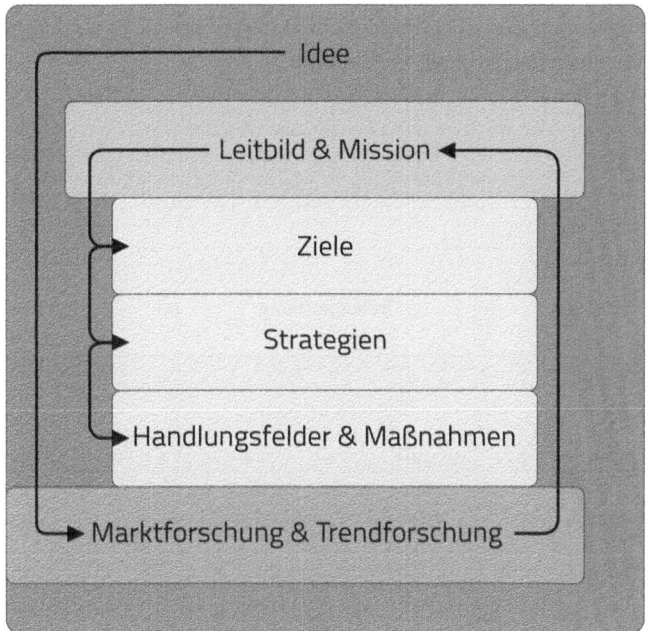

Abb. 10.2 Handlungsebenen (eigene Darstellung)

---

[1]Wie machen wir's, dass alles frisch und neu und mit Bedeutung auch gefällig sei? Denn freilich mag ich gern die Menge sehen, wenn sich der Strom nach unsrer Bude drängt und mit gewaltig wiederholten Wehen sich durch die enge Gnadenpforte zwängt. Bei hellem Tage, schon vor vieren, mit Stößen sich bis an die Kasse ficht und, wie in Hungersnot um Brot an Bäckertüren, um ein Billet sich fast die Hälse bricht. – Johann Wolfgang Goethe, Faust I, Vorspiel auf dem Theater I (Auszug).

Idee marktfähig ist. Welche Menschen wollen und brauchen das – wo sind die Zielgruppen? Wer bietet bereits etwas ähnliches an – wer ist der Wettbewerb? Wie groß ist das Marktpotenzial – Wie attraktiv ist die Idee? Welche Strömungen beeinflussen die Idee – Trendforschung? Die Ergebnisse der Marktforschung & Trendforschung bilden die Entscheidungsgrundlage, die Idee unternehmerisch zu realisieren.

10.1 Marktforschung

Nachhaltig wirtschaften als neue Nutzenebene erweitert den unternehmerischen Handlungsrahmen (Abb. 10.3) und Perspektiven, es stellt viele Unternehmen vor neue Herausforderungen. Darum ist es sinnvoll, auf der Handlungsebene mit der Markt- und Trendforschung zu beginnen. Vielen Unternehmen sind die Methoden der Markt- und Trendforschung geläufig, einigen Unternehmen weniger. Sie entscheiden, ob Sie die Kapitel *Markt- und Trendforschung* überfliegen oder intensiv in die Aspekte und Fragestellungen einsteigen wollen. Unter Umständen finden auch alte Hasen wertvolle Hinweise für ihre Arbeit insbesondere unter der stets mitgedachten Perspektive des nachhaltigen Wirtschaftens. Beginnen wir mit einer kleinen Geschichte.

Abb. 10.3 Regelkreis Rahmenhandlung Handlungsebenen (eigene Darstellung)

Beispiel

Tante Käthe betreibt seit vielen Jahren ein kleines Café in Leipzig im Stadtteil Plagwitz. Früher war Plagwitz ein typisches Arbeiterviertel, die Menschen lebten in komfortarmen Gründerzeithäusern umgeben von mittlerweile stillgelegten Fabrikanlagen. Das Freizeit-, Kultur- und Ausgehangebot war überschaubar. Tante Käthes Café bietet klassische Kuchen und Gebäck, gehaltvoll nach traditionellen Rezepten gebacken, Kaffee aus Kännchen, Sekt aus Piccolo-Flaschen und einen Mittagstisch mit deftigen Kleinigkeiten, zum Beispiel Ragout-Fin,[2] Soljanka, Fettbemmen, sächsische Kartoffelsuppe, Strammer Max und Kochklopse. Mit der verschwundenen Industriearbeit sind auch die kräftige Kost bevorzugenden Arbeiter verschwunden, Tante Käthes Kuchen-Kundschaft wird älter und weniger, man träumt am Tresen von alten Zeiten und seufzt ob der mageren Umsätze in der Kasse, die kaum noch zur Deckung der Betriebskosten reichen.

Rund um Tante Käthes Café verändert sich die Welt. Plagwitz wird zum Magneten für junge Menschen aus ganz Deutschland, sie werden angezogen von den günstigen Mieten, dem attraktiven Hochschulangebot, der Kunstszene in der Baumwollspinnerei und dem schier unendlichen Freiraum in den Industriebrachen für Projekte aller Art. Die jungen Menschen bringen ihren Lebensstil mit, es entstehen vegane Restaurants, Biosupermärkte, Unverpacktläden, Fahrradreparatur-Werkstätten, die abends zum angesagten Club werden, Gebrauchtläden für Bücher, Kleidung, Upcycling-Werkstätten für Möbel, Spätis mit Craft-Bier und eine lebendige Off-Szene für Theater, Musik und Performance.

Eines Tages steht Eva, die Enkelin von Tante Käthe im Café. Die Mutter versuchte nach der Wende ihr Glück in Baden-Württemberg. Eva kehrt zurück nach Leipzig, wegen ihres Studiums und auch wegen Hypezig,[3] dass sich unter jungen Menschen als guter Ort zum Leben und Ausprobieren rumgesprochen hat. Tante Käthe freut sich, ihre Enkelin folgt der Einladung, man sitzt und redet und Tante Käthe klagt Eva ihr Leid. Die Kunden werden weniger und sie versteht die Welt nicht mehr, so kann es nicht weitergehen und sie überlegt, ihr Café zu schließen. Da wäre letztens ein netter Herr gewesen, der Interesse bekundete, das Café zu kaufen. Eva erschrickt, nein Oma, so geht das nicht, dieses Café birgt einen riesigen Schatz, es ist authentisch und vor allem, es ist genau am richtigen Ort. Ob ihr die Oma vertrauen und Eva machen lassen würde? Gerne dürfte sich die Oma ein paar Tage – ach was – ein paar Wochen freimachen, in ihren heiß geliebten Spreewald gondeln und mal so richtig ausspannen. Tante Käthe packt und fährt.

---

[2] In der DDR Würzfleisch genannt.

[3] Quelle: Weltnest (2014) Hypezig – Bitte bleibt doch in Berlin! https://hypezig.tumblr.com/. Zugriff: 04.07.2023.

Eva fängt an. Sie begeistert ihre Mitbewohner:innen in ihrer WG, Tante Käthes Café zum hottest place in Plagwitz zu machen. Als erstes arrangieren sie Getränkekisten auf dem Bürgersteig als Sitzgelegenheit, in einem Gebrauchtmöbelkaufhaus erstehen sie eine Schiefertafel und am nächsten Tag steht da geschrieben: Veggie-Burger, Latte Macchiato mit Hafermilch, selbst gemachte Limonade, Kichererbsenmus, Schoko-traum (klar vegan). Mit dem Lastenfahrrad besorgt man die Lebensmittel – regional, saisonal und biologisch angebautes Obst und Gemüse, bald reicht die Lieferkette bis nach Holzhausen für frisch gepresste Säfte aus einer Kleingartenkolonie, der Kaffee ist Fairtrade, das Craft-Bier lässt man liefern aus Zwönitz im Erzgebirge.

Nach und nach füllt sich das Café mit neuen Gästen. Sie fühlen sich wohl in dem etwas verwohnten, aber stilechten Interieur aus den späten 1970er-Jahren, die Frauen stillen entspannt ihre Kinder, ihre Begleitungen geben sich dem Moment hin. Bald steht ein WLAN-Hotspot zur Verfügung, das Café Käthe wird tagsüber zum kollaborativen Workspace. Auslegende Flyer bewerben das Abendprogramm, es reicht von Lesungen junger Autor:innen über offene Musik-Sessions und Spieleabende bis hin zum sonntäg-lichen Tatort. Eva und ihre Freund:innen organisieren Spendenaktionen für die Sea-Watch, einige Gäste gründen eine genossenschaftlich organisierte Wohnungsbau-gesellschaft, ihre Besprechungen finden im Café Käthe statt. Das Café Käthe blüht auf. Ab dem späten Vormittag bis spät abends brummt der Laden. Tante Käthe steht nach vier Wochen in der Tür und reibt sich die Augen. Eva, was ist das hier? Das ist mein Geschäftsmodell, Dein Café wieder erfolgreich zu machen. Die Zeiten haben sich ge-ändert, also habe ich das Café verändert.

Nach und nach begrüßt Eva neue Gäste in ihrem Café, die so gar nicht in das Bild passen. Auf Nachfrage erzählen sie. Plagwitz ist so kreativ, bunt und lebendig, man sei gekommen, um hier mit seiner Werbeagentur zu arbeiten, man wäre Designerin, Archi-tekt, Modemacherin, Musikproduzent, Kulturschaffende. Die neuen Gäste bringen ihre Kunden mit, meist etabliert konservative Menschen, die ihren Ausflug in die kreative Szene sehr genießen. Die neuen Gäste werden mehr, der Wohnraum in Plagwitz wird knapp, Investoren entdecken die Industriebrachen und schaffen Lofts zum Wohnen und Arbeiten, die Mietpreise steigen, die ersten Gründerzeithäuser werden aufwändig mo-dernisiert, das neue Hypezig entsteht. Viele Stammgäste von Eva können oder wollen sich ihr Leben in Plagwitz nicht mehr leisten,[4] Eva bleibt. Auf der Schiefertafel steht geschrieben: Die neuen Weine sind da – Schloss Wackerbarth, Leipziger Allerlei mit Flusskrebsen nach Omas Rezept – natürlich bio, Leipziger Lerchen – die süße Ver-führung, Pale Ale und Pilsener – Das leckere Craft Bier für Leipzig.

---

[4]Lesen Sie hierzu gerne den Bericht im SPIEGEL: Menzel B (2014) Gentrifizierung in Leipzig – Lofts aus Liebe. SPIEGEL Panorama https://www.spiegel.de/panorama/gentrifizierung-in-leipzig-investoren-vertreiben-bewohner-a-973423.html. Zugriff: 05.07.2023.

Eva hat die Zeichen der Zeit erkannt. Mit scharfem Blick auf ihr Umfeld und dessen innewohnende Chancen entwickelt sie ein Geschäftsmodell, das die Bedürfnisse der Bewohner:innen ihres Umfeldes befriedigt und gleichzeitig ihren Werten entspricht. Sie führt ihr Café Käthe – mittlerweile hat sie es ihrer Oma abgekauft – konsequent nach nachhaltigen Kriterien. Sie bezahlt faire Löhne, sie bildet aus, sie engagiert sich für ihr Umfeld, sie bietet ausschließlich Speisen und Getränke aus der Region, die fair und biologisch hergestellt werden, sie hat genügend Geld für Investitionen und sie kann kommod davon leben. Die guten Zeiten für Filterkaffee, Ragout-Fin, Soljanka, Fett-bemmen, sächsische Kartoffelsuppe, Strammer Max und Kochklopse sind in der Gastronomie schon lange vorbei, schon seit Tante Käthes Zeiten, es sei denn, man in-szeniert diese ab und an als Event-Abend unter neuen Spielregeln – handgemacht, bio-logisch, auch als vegetarische Variante und eingebettet in ein authentisches Flair.[5] ◄

Marktforschung ist keine Wissenschaft. Die Marktforschung bedient sich der Mathe-matik, um mittels statistischer Verfahren Grundlagen für Entscheidungen zu erhalten. Sie bedient sich der Soziologie, um Antworten über gesellschaftliche Strömungen zu erhalten. Sie bedient sich der Psychologie, um Antworten über Motivationsstrukturen der Men-schen zu erhalten. Ein paar zentrale Begriffe der Marktforschung:

> **Übersicht**
> **Desk-Research**
> Bestehende Daten von interessensunabhängigen Quellen. Zum Beispiel Studien von Instituten, Recherchen im Internet (Statistik-Portale) und vor Ort in Archiven, Verlagen, Bibliotheken, Verbänden, öffentlichen Einrichtungen.
> **Field-Research**
> Daten, die in dieser Form erstmalig mit einem guten Untersuchungsdesign er-hoben werden. Zum Beispiel Zählungen, Befragungen, Interviews, Beobach-tungen, Tests.
> **Quantitative Daten**
> Alles, was man in Daten und Zahlen ausdrücken kann. Zum Beispiel Struktur-daten von Regionen, Kaufkraft, Marktanteile, Altersklassen, soziodemografische Daten, Mengen, Größen, Zeiteinheiten und deren Umrechnungen in Äquivalente, um Relationen und Vergleiche zu ermöglichen.
> **Qualitative Daten**
> Alle Daten, die Qualitäten beinhalten: Zum Beispiel Meinungen, Haltungen, Ein-stellungen, Einschätzungen, Vorlieben und Abneigungen, Bewertungen, psycho-grafische Daten.

---

[5] Folgender Link ist ausdrücklich keine Werbung. Ich war bei der Recherche nach einem Beispiel für meine Geschichte ehrlich verblüfft, dass bereits der erste Google-Treffer für ‚ddr abend‘ ein voller war: Leckeres Essen | Gasthof Ennewitz https://leckeres-essen.de/veranstaltungen/ddr-show, und hier das Video dazu YouTube: https://www.youtube.com/watch?v=v4C538T2MqI. Zugriff: 04.07.2023.

Grundgesamtheit

Alle Datensätze, auf die sich das Untersuchungsziel bezieht. Zum Beispiel potenzielle Kunden Ihrer Leistungen, Ihr Kundenstamm, Kunden des Wettbewerbers, Nicht-Kunden. Die Grundgesamtheit enthält alle Eigenschaften, die Sie in Erfahrung bringen wollen. Die Datenerhebung in der Grundgesamtheit ist eine Vollerhebung. Diese ergibt immer dann Sinn, wenn die Grundgesamtheit nicht sehr groß ist, wenn die Verteilung der Eigenschaften unbekannt ist oder wenn die Eigenschaften sehr ausdifferenziert sind.

Stichprobe

Eine Teilmenge der Grundgesamtheit, idealerweise ein proportionales Abbild der Grundgesamtheit. Ist die Grundgesamtheit sehr heterogen, so können mehrere Stichproben sinnvoll sein. Die Verteilung der Eigenschaften einer Stichprobe sollte der Verteilung der Eigenschaften in der Grundgesamtheit entsprechen. Sind in der Grundgesamtheit 40 % Frauen und insgesamt 60 % Akademiker:innen, jedoch unter den Frauen 80 % Akademikerinnen, leben 70 % der Männer in der Grundgesamtheit als Singles und haben 25 % der Männer einen handwerklichen Beruf und sind diese Daten für Ihre Befragung wichtig, dann sollte die Verteilung der Eigenschaften dieser Stichprobe der Verteilung der Eigenschaften in der Grundgesamtheit entsprechen.

Repräsentativität

Die Repräsentativität der Daten entscheidet über die Verwertbarkeit der Ergebnisse. Hierbei entscheidend ist das Verfahren der Stichprobenauswahl, zum Beispiel Ziehen ohne Zurücklegen. Sie können bildlich dargestellt alle Mitarbeiter:innen in Ihrem Unternehmen in eine Vase legen. Dann ziehen Sie entsprechend des Stichprobenumfangs so viele Mitarbeiter:innen aus der Vase, bis die Anzahl der benötigten Stichprobe erreicht ist. Diese Stichprobe wird dann befragt. Eine Stichprobe ist immer dann repräsentativ, wenn deren Anteile der Merkmale zur Grundgesamtheit normalverteilt sind UND die Stichprobe zu mindestens 85 % ausgeschöpft wird

Validität

Daten sind immer dann valide, wenn Sie messen, was Sie messen sollen. Dafür ist in erster Linie ein klares Untersuchungsziel erforderlich. Entscheidend für die Verwertbarkeit der Daten ist deren Gültigkeit (Validität) bezogen auf die Art des untersuchten Objekts. Je homogener das untersuchte Objekt und je eingegrenzter das Untersuchungsfeld ist, desto geringer kann die Stichprobe sein. Um valide Ergebnisse zu erhalten, braucht man vor allem ein robustes Untersuchungsdesign – Fragebogenstruktur, Methoden zur Auswertung.

Zeitreihe

Jede Untersuchung ermittelt eine Verfasstheit zu einem Zeitpunkt N. Die Taschenlampe leuchtet in einen dunklen Raum. Den ganzen Raum erfassen Sie erst bei wiederholten Befragungen. Mit Zeitreihen erkennen Sie Trends! Ab drei Erhebungspunkten erhalten Sie eine Zeitreihe.

Untersuchungsdesign

Sie können Daten durch eigene Erhebungen ermitteln in Befragungen, Interviews, Tests, Beobachtungen (persönlich, telefonisch, schriftlich, offene Fragen, geschlossene Fragen, Skalierungen, Tiefeninterviews, Experten-Gespräche, Delphi-Befragungen, Tests und Projektionen), durch Recherchen, Beobachtungen, Befragungen, Akzeptanz-Tests, Vergleiche, A/B Tests und durch Sekundärdaten anderer Quellen, zum Beispiel in Forschungsergebnissen, Machbarkeitsstudien und Projektberichten. Sie können die Daten online erheben durch Online-Befragungen, Kundenmeinungen, Rezensionen, Rückmeldungen und Erfahrungsberichte. Entscheiden Sie sich bitte für ein begründbares Untersuchungsdesign und denken Sie immer mit: Die Art der Datenerhebung und der Fragen beeinflusst die Antwort.

Aktuelle Daten

Arbeiten Sie stets mit aktuellen Daten. Arbeiten Sie niemals mit Daten, die älter als drei Jahre sind. Binnen dreier Jahre kann sich nahezu alles verändern – der Markt, das Wettbewerbsverhalten, Kundenanforderungen und Kundenmeinungen, benötigte Qualifikationsprofile Ihrer Mitarbeiter:innen, die Positionierung Ihres Unternehmens. Faustregel: Laufende Sichtung, Zuordnung und Sicherung der Unternehmensdaten nach Anfall (Material, Verbrauch, Wareneingänge, Auslieferungen, Produktionsdaten), Kundenrückmeldungen über Online-Kanäle einmal pro Woche, kleinere Untersuchungen und Bestandsaufnahmen ohne großen logistischen Aufwand alle drei Monate, unternehmerische Vollerhebung alle zwei Jahre (zum Beispiel für Ihren Nachhaltigkeitsbericht).

Im Zusammenhang mit dem nachhaltigen Wirtschaften haben Sie in diesem Buch bereits eine Fülle an Aspekten, Argumenten, Zahlen und Fakten an die Hand bekommen. Nachhaltigkeit als Wirtschaftsprinzip, als Kundennutzen und Wettbewerbsvorteil ist evident.

Grundregeln guter Marktforschung

Tab. 10.1 gibt Ihnen ein paar Regeln an die Hand, die helfen können, gute Marktforschung zu betreiben. Für die Auswahl der Quellen gilt: Achten Sie bitte auf den jeweiligen Absender und die statistische Qualität in Bezug auf Repräsentativität, Untersuchungsdesign und Hochrechnungen. Ihre Daten sollten nicht älter als drei Jahre sein, es sei denn Sie beziehen im Rahmen von Zeitreihen historische Bezüge mit in Ihre Arbeit ein. Für Ihre Arbeit mit den Marktforschungsergebnissen gilt:

Methoden der Marktforschung

Für Ihre Datenerhebungen bieten sich vielfältige Möglichkeiten. Sie können Ihre Daten aus der analogen und der digitalen Welt generieren, Sie können eigene Erhebungen durchführen und Sekundärdaten heranziehen, Sie können quantitative und qualitative Daten erheben (Abb. 10.4).

Die Tabelle Tab. 10.2 liefert Ihnen als Inspiration Stichworte für die jeweilige Erhebungsmethode und dazu beigestellte Hinweise für Ihre Untersuchung.

Tab. 10.1 Grundregeln für gute Marktforschung

Versuchen Sie zu beweisen, dass Ihre Annahmen falsch sind.	Man lässt sich leicht verführen, eigene Annahmen mit Quellen zu unterfüttern, die einem Recht geben.
Stellen sie die richtigen Fragen und fragen Sie die Richtigen	Die Formulierung der Fragen, ihre Reihenfolge im Kontext und die Auswahl der Befragten beeinflussen die Antworten.
Arbeiten Sie ergebnisoffen.	Bleiben Sie neugierig, vergessen Sie gewünschte Ergebnisse und lassen Sie sich von der Lust an der Erkenntnis leiten.
Informieren Sie sich umfassend.	Wenden Sie das Zwei-Quellen-Prinzip an. Achten Sie auf Widersprüche und scheinbar kausale Korrelationen.
Nutzen Sie gute Werkzeuge und setzen Sie diese umsichtig ein.	Achten Sie auf die Qualität der Daten und die Methoden der Datenerhebung. Vorsicht bei hübschen Grafiken!
Denken Sie in Zusammenhängen.	Nehmen Sie auch Quellen hinzu, die Ihre Fragestellung aus ungewöhnlichen Perspektiven beleuchten.
Behalten Sie das Ganze im Blick.	Jede Frage ist in einen Kontext eingebettet. Beachten Sie die inneren Zusammenhänge jeder Frage mit der Aufgabe.
Akzeptieren Sie Fakten.	Tatsachen ändern sich nicht, wenn man sie dialektisch aufbereitet. Achten Sie auf die Überprüfbarkeit der Fakten.
Überinterpretieren sie nicht.	Vermeiden Sie jede Form ausgefeilter Statistik, um aus dünnen Ergebnissen dicke Faktenbretter zu zimmern.
Vertrauen Sie Ihrer Intuition.	Für Menschen mit mehr als zehn Jahren Berufserfahrung gilt: Ihr Bauchgefühl hat ein Wort mitzureden.
Wagen Sie zu denken – Sapere aude.	Nutzen Sie Ihren Verstand, Hypothesen zu bilden und Zusammenhänge herzustellen. Vertrauen Sie Ihrer Kreativität.

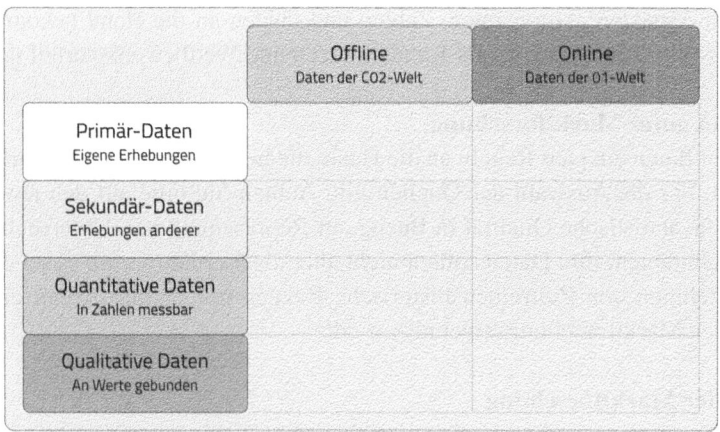

Abb. 10.4 Methoden der Marktforschung (eigene Darstellung)

Tab. 10.2 Erhebungsmethoden

	Analoge Daten	Digitale Daten
Primärdaten Eigene Erhebungen	Befragungen, Interviews, Tests, Beobachtungen Persönlich, telefonisch oder schriftlich mit offenen und geschlossene Fragen, Skalierungen, Experten-Gespräche, Delphi-Befragungen, Tests, Projektionen Begründen Sie das Untersuchungsdesign! Achtung: Die Art der Fragen beeinflusst die Antwort.	Recherchen, Beobachtungen, Befragungen, Akzeptanz-Tests, Vergleiche, A/B Tests Websites, Internet-Portale (Verbraucher, Statistik), Suchmaschinen, Social-Media (Trends auf YouTube, Facebook, Twitter), Google-Alert, Internationale Presse, Stiftungen, Ämter, Parteien, Verbände, Kommunen Beachten Sie das Zwei-Quellen-Prinzip.
Sekundärdaten Erhebungen anderer	Forschungsergebnisse, Machbarkeitsstudien, Projektberichte Stiftungen, Ämter, Parteien, Verbände, Kommunen, Hochschulen, Institute, Unternehmen, Verlage, ÖRR Achten Sie auf den Absender und die statistische Qualität (Repräsentativität, Untersuchungsdesign, Hochrechnungen) Daten nicht älter als drei Jahre.	Nutzen Sie das Internet, es ist fantastisch! Zum Beispiel destatis.de, statista.com, wegweiser-kommune.de. (Nähere Erläuterungen folgen in Abschn. 10.1.3 *Umfeld*) Achten Sie auf den jeweiligen Absender und die statistische Qualität (Repräsentativität, Untersuchungsdesign, Hochrechnungen. Daten nicht älter als drei Jahre).
Quantitative Daten In Zahlen messbar	Beobachtungen, Zählungen, Messungen POS-Studien, Werbewirkungs-Tests (Entscheidungsmuster, Kaufverhalten), Frequenzmessungen (Messe, Einkaufszentrum, Shop) Warenkorb-Tracking Achten Sie bitte darauf, exakt das zu messen, was Sie messen wollen.	Analyse-Tools Ihrer Internetanbieter, von Google, Facebook, Instagram, YouTube, Pinterest Meine persönliche Hypothese: Das Internet ist für die Marktforschung erfunden worden.
Qualitative Daten An Werte gebunden	Interviews und Mystery-Shopping Qualitätsmessungen, Kundenerwartungen und Kundenzufriedenheit. Achtung: Sehr aufwändig und sehr teuer. Die Aussagen müssen im Original-Ton erfasst werden. Die Auswertungen erfordern viel Erfahrung.	Kundenmeinungen, Rezensionen, Rückmeldungen, Erfahrungsberichte Kundenaussagen als Teil des Geschäftsmodells: Qualitätsmanagement, Kundenbindung und Freundschaftswerbung. Achtung: Das müssen Sie wirklich wollen. Jede Aussage ist wichtig (außer Pauschales und Schattiges) und führt zu einer Verbesserung.

10.1.1 Zielgruppen und Milieus

Die Sinus-Milieus® [6] in Abb. 10.5 können durch ihre weite Verbreitung als Entscheidungs- und Handlungsgrundlage in der Wirtschaft, in der Politik und in Organisationen aller Art als Referenzmodell für die soziologische Verfasstheit der Menschen betrachtet werden. Die Sinus-Milieus® setzen die soziodemografische – klassische – Dimension zur Erfassung von Zielgruppen in eine Beziehung zur psychografischen Dimension[7] – zum Wertgerüst der Menschen.

Soziodemografische Daten Sie umfassen alles, was man in Zahlen messen kann: Zum Beispiel Geschlecht, Alter, Familienstand, Haushaltsgröße, Einkommen, Beruf, Ausbildung, Wohnort.

Sinus-Milieus® in Deutschland 2021

Soziale Lage und Grundorientierung

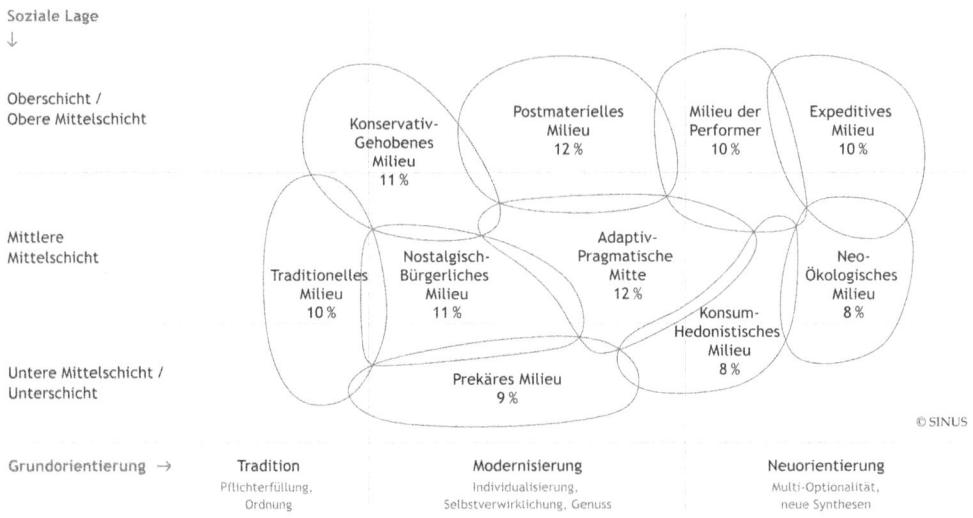

Abb. 10.5 Sinus-Milieus in Deutschland 2021. Grafik mit freundlicher Genehmigung der SINUS Markt- und Sozialforschung GmbH

---

[6] Siehe hierzu SINUS Markt- und Sozialforschung GmbH https://www.sinus-institut.de/. Das Sinus-Institut ist ein privatwirtschaftliches Unternehmen. Gleichwohl ist diese Zitation keineswegs eine Aufforderung, Produkte und Dienstleistungen des Sinus-Instituts zu kaufen. Der Autor ist weder mit dem Sinus-Institut verbunden noch erhält er Zahlungen für Zitationen.

[7] Lesenswert! Barth B, Flaig B, Schäuble N, Tautscher M (2018) Praxis der Sinus-Milieus® – Gegenwart und Zukunft eines modernen Gesellschafts- und Zielgruppenmodells. pringer Fachmedien Wiesbaden GmbH https://link.springer.com/book/10.1007/978-3-658-19335-5. Zugriff: 04.07.2023.

Psychografische Daten   Sie umfassen alles, sich in den Köpfen der Menschen abspielt: Zum Beispiel Bedürfnisse, Wünsche, Ziele, Erwartungen, Wertvorstellungen, Lebensstile.

Die Sinus-Milieus® schaffen in der Verknüpfung der soziodemografischen und psychografischen Daten und ihrer daraus resultierenden Lebensweltforschung eine erkenntnisleitende Perspektive auf soziale Wirklichkeiten. Wie gestalten sich denn die sozialen Wirklichkeiten in Deutschland?

15 % der Menschen, meist Vertreter der im 2ten Weltkrieg oder den Folgejahren geborenen, verharren in ihren traditionellen Weltbildern, ich nenne sie die aussterbenden Bewahrer. Mit deren Abschied aus der Welt verschwinden auch deren Werthaltungen. Die Hälfte der Bevölkerung sind individualisierte Genießer, sie speisen sich mehrheitlich aus der Boomer-Generation[8] und der Generation X.[9] 35 % zähle ich zu den lebenshungrigen Entdeckern, vornehmlich Menschen der Generationen Y und Z.

Blicken wir auf die Affinität der Sinus-Milieus® zu nachhaltigen Aspekten der Lebensgestaltung. Das etablierte Wertezentrum rund um den nachhaltigen Lebensstil finden wir im Postmateriellen Milieu.[10] Dieses Milieu hat sich entlang der deutschen Nachkriegsgeschichte in seiner Werthaltung deutlich von seinen Eltern distanziert und neue Wege beschritten. In Stichworten: Kerndlfresser,[11] Konsumverweigerer, Friedensaktivisten, Frieden schaffen ohne Waffen, Atomkraft-Nein-Danke, Eine-Welt-Initiativen, Jute statt Plastik. Das Neo-Ökologische Milieu versteht sich als Treiber der gesellschaftlichen Transformation, setzt auf globale Vernetzung, sozialen Mehrwert und die Postwachstumsgesellschaft (Degrowth[12]). Sie sind Verfechter einer neuen moralischen Konsumkultur und praktizieren einen umwelt- und klimasensiblen Lebensstil.[13] Das Postmaterielle Milieu und das Neo-Ökologische Milieu können als Leitmilieus für Nachhaltigkeit verstanden

---

[8] Anbei ein interessantes Psychogramm der Boomer-Generation in der Berliner Zeitung. Die Autorin des Buches Gebhard M *Unsere Nachkriegseltern* im Interview in der Berliner Zeitung: https://www.berliner-zeitung.de/kultur-vergnuegen/debatte/nachkriegseltern-vorsicht-boomer-warum-diese-generation-so-hart-ist-li.235037. Zugriff: 04.07.2023.

[9] Besonders spannend in unserem Zusammenhang ist die Prophezeiung des Autors Douglas Coupland in seinem Buch *Generation X*, dass diese Generation für die ökonomischen und ökologischen Sünden ihrer Eltern werde büßen müssen.

[10] Für nähere Informationen folgen Sie bitte dem Link zu SINUS Markt- und Sozialforschung GmbH https://www.sinus-institut.de/sinus-milieus/sinus-milieus-deutschland, scrollen Sie dort auf der Milieulandkarte über das betreffende Milieu und lesen Sie die Kurzbeschreibung. Diese ist hier aus urheberrechtlichen Gründen nicht wiedergegeben.

[11] Bairisches Wörterbuch https://www.bayrisches-woerterbuch.de/kerndlfresser-der/. Zugriff: 04.07.2023.

[12] Lexikon der Nachhaltigkeit (2015) Degrowth. https://www.nachhaltigkeit.info/artikel/degrowth_1849.htm. Zugriff: 04.07.2023.

[13] SINUS Markt- und Sozialforschung GmbH | b4p – best 4 planning https://gik.media/wp-content/uploads/2021/09/Sinus-Milieus-in-b4p-2021_Webbroschuere.pdf. Zugriff: 04.07.2023.

werden. Um diese Milieus scharen und schmiegen sich das Milieu der Performer, das Expeditive Milieu und die Adaptiv-Pragmatische Mitte. Diese fünf Milieus ergeben zusammengenommen 52 % der deutschen Bevölkerung. Sie alle eint ihre positive Haltung zur Nachhaltigkeit verbunden mit konkreten Handlungsimpulsen für Freizeit, Einkaufen und Konsum. Diese positive Haltung zur Nachhaltigkeit finden wir auch abgeschwächt im Konservativ-Gehobenen Milieu, im Traditionellen Milieu und Nostalgisch-Bürgerlichen Milieu. Nur in den Prekären und Konsum-Hedonistischen Milieus ist die positive Haltung zur Nachhaltigkeit sehr stark unterrepräsentiert. Welche Erkenntnisse zum Thema Nachhaltigkeit unter Hinzunahme des Prinzips der kaufmännischen Vorsicht ziehen wir aus den Sinus-Milieus®?

Nachhaltig hergestellte Produkte gewinnen an Bedeutung, wenn der Mehrwert für die Kunden stimmt. Die Verfasstheit der Sinus-Milieus® in Deutschland in Bezug zu deren jeweiligen Grundorientierung, Werteprofil, Weltsicht, Freizeitaktivitäten, Einkaufen und Konsum, Ökologie und Nachhaltigkeit[14] weist das eindeutig auf. Insbesondere jüngere und gebildete Menschen bezahlen mehr für Produkte und Dienstleistungen, wenn sie sicher sein können, dass die Arbeitsbedingungen fair sind, wenn sich das Unternehmen für die Umwelt engagiert und wenn das Unternehmen darauf achtet, möglichst regional zu produzieren. Diese Haltungen finden sich bei mindestens 40 % der Bevölkerung. Besonders wichtig ist die Erkenntnis, dass gerade die jüngeren Milieus die zukünftigen Leitmilieus sind mit Vorbildfunktion für alle Milieus. Die wichtigste Schlussfolgerung aus der Milieuanalyse ist: Nachhaltigkeit ist ein Wert, der bei Kaufentscheidungen nachdrücklich auf breiter Front an Bedeutung gewinnt.

Beschreiben Sie die aktuellen Kundengruppen Ihres Unternehmens anhand ihrer sozio- und psychografischen Merkmale, die Ihr Unternehmen mit seinen jetzigen Waren und Dienstleistungen anspricht und analysieren Sie deren Zukunftspotenzial für Ihr Unternehmen insbesondere im Hinblick auf deren sich verändernde Anteile an der Bevölkerung und daraus folgender möglicher Konsequenzen für Ihre nachhaltige Unternehmensstrategie.

Nehmen Sie Tab. 10.3 als Anregung für Ihre Arbeit – unter Umständen haben Sie nur eine Kundengruppe oder mehrere, unter Umständen haben Sie mehrere Geschäftsfelder. Wichtig ist immer ein scharf abgrenzbares Untersuchungsdesign. Im Zweifel analysieren Sie jedes Geschäftsfeld oder Marktsegment für sich. Sie wissen: das Untersuchungsdesign determiniert die Qualität der Antworten.

Die Analyse des Zukunftspotenzials Ihrer Kundengruppen (Tab. 10.4) ist mit Unsicherheiten behaftet. Für eine handhabbare konkrete Vorschau hat sich in der Praxis ein Zeitraum von drei bis fünf Jahren bewährt.

Sollte sich abzeichnen, dass die künftigen Umsatz- und Ertragspotenziale mit Ihren bestehenden Kundengruppen rückläufig sein werden, dann definieren Sie im dritten Arbeitsschritt strategische Optionen für Ihre künftige Unternehmensstrategie (Tab. 10.5) in Bezug zu neu zu findenden Kundengruppen.

---

[14] Die Aufzählung ist nicht vollständig, mehr dazu finden Sie hier: SINUS Markt- und Sozialforschung GmbH https://www.sinus-institut.de/infopakete/deutschland/basis. Zugriff: 04.07.2023.

Tab. 10.3 Profil von Kundengruppen in der Gegenwart

Gegenwart	Kundengruppe 1	Kundengruppe 2
Beschreibung der Kundengruppe anhand ihrer sozio- und psychografischen Merkmale		
Gegenwärtiger Anteil der Kundengruppe in Ihrem Unternehmen in Prozent		
Beitrag der Kundengruppe zum Umsatz in Prozent		
Beitrag der Kundengruppe zum Ertrag in Prozent		
Gegenwärtiger Anteil der Kundengruppe in der Bevölkerung in Prozent		

Tab. 10.4 Profil von Kundengruppen in der Zukunft

Zukunft	Kundengruppe 1	Kundengruppe 2
Zukünftiger Anteil der Kundengruppe in der Bevölkerung in Prozent		
Mögliche Entwicklung der Bedeutung der Kundengruppe für Ihr Unternehmen		
Mögliche Konsequenzen aus der Entwicklung der Kundengruppe für Ihr Unternehmen		
Künftiges Umsatzpotenzial mit der bestehenden Kundengruppe		
Künftiges Ertragspotenzial mit der bestehenden Kundengruppe		

Tab. 10.5 Strategische Optionen für die künftige Unternehmensstrategie

Strategische Optionen	Kundengruppe 1	Kundengruppe 2
Beschreibung neuer attraktiver Kundengruppen anhand ihrer sozio- und psychografischen Merkmale		
Affinität der neuen attraktiven Kundengruppen zur Nachhaltigkeit bei Kauf und Konsum		
Umsatzpotenzial Ihres Unternehmens mit nachhaltigen Produkten und Dienstleistungen		
Ertragspotenzial Ihres Unternehmens mit nachhaltigen Produkten und Dienstleistungen		
Konsequenzen für Ihre künftige Unternehmensstrategie		

10.1.2 Wettbewerb

Im freien Spiel der Kräfte steht Ihr Unternehmen mit seinen Waren und Dienstleistungen immer im Wettbewerb. Die Verbraucher:innen entscheiden sich für die am besten zu ihnen passenden Lösungen entlang ihrer Gewohnheiten, ihres Mindsets und ihrer Kaufkraft. Ihr Unternehmen kann seinen Wettbewerb auf vielfache Art und Weise analysieren. Ich biete Ihnen an, jeden Ihrer Wettbewerber direkt mit Ihrem Unternehmen zu vergleichen und aus den ermittelten relativen Stärken und Schwächen wertvolle Erkenntnisse zu ziehen.

Tab. 10.6 Relevanz der wichtigsten Wettbewerber

Kriterium	Wettbewerber	Begründung	Ihr Unternehmen
Welcher Wettbewerber ist die Benchmark?		Welche Eigenschaften markieren die Benchmark?	Was fehlt uns zur Benchmark?
Wer ist der aggressivste Wettbewerber?		Merkmale für dessen Aggressivität	In welchen Bereichen sind wir aggressiv?
Welcher Wettbewerber wächst stark?		Gründe für dessen Wachstum	Warum wachsen wir weniger stark?
Welcher Wettbewerber ist uns besonders ähnlich?		Welche Ähnlichkeiten in welchen Bereichen?	Wie bedeutsam sind die Ähnlichkeiten für uns?
Welcher Wettbewerber ist besonders innovativ?		Dessen Innovationen in welchen Bereichen	Wo sind wir innovativ?
Wer ist über die Branchengrenzen hinaus stark vernetzt?		Dessen branchen-übergreifende Initiativen und Kooperationen	Wo und wie sind wir branchenübergreifend vernetzt?
Welcher Wettbewerber kommuniziert am aktivsten?		Dessen Kommunikations-kanäle und -inhalte	Wo und wie kommunizieren wir?
Wer besetzt die Nachhaltigkeit besonders gut?		Dessen Inhalte der Nachhaltigkeits-aspekte	Wie besetzen wir die Nachhaltigkeit?

Beginnen Sie anhand der Kriterien in der Checkliste Tab. 10.6 mit der Auflistung der für Ihr Unternehmen wichtigsten Wettbewerber und einer kurzen Begründung, warum sie diese Wettbewerber für relevant halten. Wenn Sie möchten, dann fügen Sie zu den Kriterien in der folgenden Checkliste auch ein auf Ihr Unternehmen bezogenes kurzes Statement hinzu.

Sie werden unter Umständen feststellen, dass Sie zu einigen Kriterien immer den gleichen Wettbewerber nennen. Das ist in Ordnung, denn realiter sind es nicht selten nur ein oder sehr wenige Unternehmen, die Wettbewerber Ihres Unternehmens sind.

Ziehen Sie diesen einen oder die wenigen Wettbewerber heran und analysieren Sie dessen Relevanz aus Kundensicht. Auch hier fügen Sie zu den Kriterien in der Checkliste auch ein auf Ihr Unternehmen bezogenes kurzes Statement hinzu. Dieses Vorgehen folgt dem Grundgedanken, dass Ihr Unternehmen aus Verbrauchersicht einzig unter dem Aspekt der unmittelbar erlebbaren Nutzen wahrgenommen wird. Ihr Wettbewerb ist immer dort, wo er aus Verbrauchersicht ähnliche Nutzen erfüllt. Diese Nutzen beziehen über ökonomisch messbare Kriterien hinaus auch psychologische Kriterien mit ein. Der Ausgangspunkt ist immer der Verbraucher – Ihr Unternehmen und Ihr Wettbewerb schaffen mit den erstellten Waren und Dienstleistungen Bedarfe, um die Bedürfnisse[15] der Verbraucher:in-

---

[15] Mehr zu Bedürfnis und Bedarf finden Sie im Abschn. 11.4 *Unternehmen sind wirkmächtige Orte.*

Tab. 10.7 Wettbewerber: Ausprägung der Nutzen aus Verbrauchersicht

Nutzenebene	Wettbewerber	Ihr Unternehmen
Qualität	Wie nehmen die Kunden dessen Qualität wahr?	Wie nehmen die Kunden unsere Qualität wahr?
Preis	Wie nehmen die Kunden dessen Preise wahr?	Wie nehmen die Kunden unsere Preise wahr?
Verfügbarkeit	Wo und wie können die Kunden dessen Waren und Dienstleistungen kaufen?	Wo und wie können die Kunden unsere Waren und Dienstleistungen kaufen?
Unternehmensgröße	Wie wichtig ist es den Kunden, dass der Wettbewerber groß ist?	Wie wichtig ist es den Kunden, dass unser Unternehmen groß ist?
Bekanntheit	Wie wichtig ist es den Kunden, dass der Wettbewerber bekannt ist?	Wie wichtig ist es den Kunden, dass unser Unternehmen bekannt ist?
Image	Welches Image schreiben die Kunden dem Wettbewerber zu?	Welches Image schreiben die Kunden unserem Unternehmen zu?
Innovationskraft	Wie wichtig ist es den Kunden, dass der Wettbewerber innovativ ist?	Wie wichtig ist es den Kunden, dass unser Unternehmen innovativ ist?
Nachhaltigkeit	Wie wichtig ist es den Kunden, dass der Wettbewerber nachhaltig wirtschaftet?	Wie wichtig ist es den Kunden, dass unser Unternehmen nachhaltig wirtschaftet?

nen zu konkretisieren und diese Nachfrage auf sich zu konzentrieren. Anhand der Tab. 10.7 definieren Sie die Ausprägung der Nutzen aus Verbrauchersicht.

Spannend wird die Betrachtung des Wettbewerbs und der relativen Positionierung Ihres Unternehmens dazu unter Hinzunahme der Dimension der Nachhaltigkeit. Was verändert sich in der Positionierung Ihres Unternehmens in Beziehung zu Ihrem Wettbewerb und möglicherweise neue entstehenden Wettbewerbs, wenn Sie Ihre Nutzenebenen um die Dimension der Nachhaltigkeit erweitern? Tab. 10.8 ist ein Gedankenspiel:

10.1.3 Umfeld

Ihr Unternehmen ist eingebettet in sein Umfeld (Abb. 10.6) – die Region, das Land, die Gesellschaft. Dieses Umfeld – das Vertriebsgebiet – bildet die Rahmenhandlung für Ihr unternehmerisches Handeln, es ermöglicht Ihrem Unternehmen Chancen und es birgt Risiken, es eröffnet Ihrem Unternehmen Möglichkeiten und es setzt Begrenzungen.

Jedes Unternehmen ist einzigartig, entsprechend unzureichend sind vorgefertigte Umfeldanalysen. Ich biete Ihnen Tab. 10.9 an, in der unter Bezugnahme der wesentlichen Kriterien für Ihre Umfeldanalyse qualitativ hochwertige Quellen angegeben sind, die Ihrem Unternehmen kostenfrei zur Verfügung stehen. In der Tabelle beigefügt sind die jeweilige Quelle ergänzende Informationen.

Tab. 10.8 Veränderung der Positionierung

Nutzenebene Nachhaltigkeit für die Kunden	Mögliche Veränderung für Ihr Unternehmen	Veränderung Ihrer Position im Wettbewerb?	Handlungsdruck auf den Wettbewerb
Vertrauen	Wie wirkt sich Nachhaltigkeit auf das Vertrauen der Kunden aus?	Wie verändert sich unsere Position im Wettbewerb?	Was wird der Wettbewerb vermutlich unternehmen?
Image	Wie wirkt sich Nachhaltigkeit auf unser Image aus?	Wie verändert sich unsere Position im Wettbewerb?	Was wird der Wettbewerb vermutlich unternehmen?
Neue attraktive Marktsegmente	Erschließen wir uns mit Nachhaltigkeit neue attraktive Marktsegmente?	Welche neuen Wettbewerber erwarten uns?	Was wird der Wettbewerb vermutlich unternehmen?
Preise	Können wir mit Nachhaltigkeit höhere Preise durchsetzen?	Wie verändert sich unsere Position im Wettbewerb?	Was wird der Wettbewerb vermutlich unternehmen?

Abb. 10.6 Umfeld (eigene Darstellung)

Als übergreifende Quellen dienen Ihnen das Statistische Bundesamt,[16] das Statistikportal der Europäischen Union eurostat,[17] die Metaquelle statista[18] und die Fachzeitschrift der ARD-Media.[19]

---

[16] Statistisches Bundesamt https://www.destatis.de. Zugriff: 04.07.2023.

[17] Eurostat https://ec.europa.eu/eurostat/de/. Zugriff: 04.07.2023.

[18] Statista https://de.statista.com/, Achtung; die meisten Daten sind kostenpflichtig. statista generiert seine Datensätze aus frei zugänglichen Quellen, nutzen Sie wenn möglich diese. Zugriff: 04.07.2023.

[19] ARD Mediaperspektiven https://www.ard-media.de/media-perspektiven/fachzeitschrift/. Zugriff: 04.07.2023.

Tab. 10.9 Übersicht Quellen zur Umfeldanalyse

Kriterium	Quellen	Inhalte
Bevölkerung	Wegweiser Kommune[a]	Bevölkerung und deren Entwicklung nach Kommunen und Demografietypen incl. Auswahl- und Vergleichsmöglichkeiten
	Statistische Landesämter[b]	Alle Daten und Zeitreihen für das jeweilige Bundesland zzgl. Karten
	Rostocker Zentrum zur Erforschung des Demografischen Wandels[c]	Forschungsprojekte und Publikationen zum Demografischen Wandel
Kaufkraft	GfK – Gesellschaft für Konsumforschung[d]	Die Kaufkraft[e] in Deutschland nach Kreisen
Wirtschaftskraft	prognos[f] in Kooperation mit dem Handelsblatt[g]	Zukunftsatlas auf Kreisebene mit Chancen, Stärken, Dynamik und Ranking mit Zeitreihen
Lebensstile	Sinus-Institut[h]	Milieuprofile, Lebenswelten, Medien-, Konsum- und Freizeitverhalten
Branchen & Märkte	Kantar[i]	Fallstudien für ausgewählte Branchen, Wachstumsmärkte und Trends

[a]Wegweiser-Kommune https://www.wegweiser-kommune.de/. Zugriff: 04.07.2023
[b]Jedes Bundesland unterhält ein eigenes statistisches Landesamt, zum Beispiel Bayern https://www.statistik.bayern.de/, Baden-Württemberg https://www.statistik-bw.de/, Hessen https://statistik.hessen.de/, Sachsen https://www.statistik.sachsen.de/. Zugriffe: 04.07.2023
[c]Rostocker Zentrum zur Erforschung des Demografischen Wandels https://www.rostockerzentrum.de/. Zugriff: 04.07.2023
[d]GfK – Gesellschaft für Konsumforschung (2023) Kaufkraft nach Kreisen, https://www.gfk.com/de/insights/bild-des-monats-gfk-kaufkraft-deutschland-2023 zzgl. hochauflösendes JPG. Bitte verwenden Sie stets die aktuelle Kaufkraftkarte. Zugriff: 04.07.2023
[e]Lexikon der Wirtschaft (2016) Kaufkraft. Bundeszentrale für politische Bildung https://www.bpb.de/kurz-knapp/lexika/lexikon-der-wirtschaft/19958/kaufkraft/. Zugriff: 06.07.2023
[f]Zukunftsatlas 2022 – Das Ranking für Deutschlands Regionen. Prognos https://www.prognos.com/de/zukunftsatlas. Zugriff: 06.07.2023
[g]Handelsblatt | Infografiken (2022) Zukunftsatlas 2022 – Regionen und ihre Zukunftschancen. Handelsblatt https://www.handelsblatt.com/infografiken/prognos-zukunftsatlas-2022/28715856.html. Zugriff: 06.07.2023
[h]SINUS Markt- und Sozialforschung GmbH https://www.sinus-institut.de/, hier finden Sie gute kostenfreie Übersichten, tiefergehende Analysen gegen Entgelt. Zugriff: 04.07.2023
[i]Kantar https://www.kantar.com/de. Zugriff: 04.07.2023

Google[20] und Google-Maps[21] sind besonders ergiebige Datenquellen. Wenn Sie über einen Google-Account, eine Google-Präsenz Ihres Unternehmens[22] und einen Google-Ads-Account[23] verfügen, dann bietet Ihnen Google eine Fülle an Informationen und Hilfe-

---

[20] Google https://www.google.de/. Zugriff: 04.07.2023.

[21] Google Maps https://www.google.de/maps/. Zugriff: 04.07.2023.

[22] Google Unternehmensprofil-Hilfe https://support.google.com/business/answer/7032839?hl=de. Zugriff: 04.07.2023.

[23] Keine Aufforderung, nur ein Hinweis: Google Ads ist eine sehr ergiebige Datenquelle, sofern man hier Werbung schaltet, Google-Ads https://ads.google.com/intl/de_DE/home/. Zugriff: 04.07.2023.

stellungen an. Viele Unternehmen nutzen die Möglichkeit, sich kostenfrei auf Google-Maps mit ihren Unternehmensdaten und dem Leistungsprofil eintragen zu lassen. Mit Ihren Suchanfragen bei Google können Sie die Affinität zu nachhaltigen Waren und Dienstleistungen in Ihrem Vertriebsgebiet ermitteln. Die Häufigkeit und Wertigkeit der Treffer geben Ihnen wertvolle Indizien für das Marktpotenzial in Ihrem Vertriebsgebiet für nachhaltige Waren und Dienstleistungen an die Hand.

Wenn Ihr Unternehmen eigene Social-Media-Accounts, zum Beispiel via Facebook, Instagram und Pinterest[24] und einen YouTube-Kanal betreibt, dann haben Sie mit den Analysetools der Social-Media Plattformen für die Planung Ihrer Kampagnen erstklassige Informationen an der Hand. Die Nutzer:innen von Social-Media Plattformen stellen in ihren Profilen jede Menge Informationen zu ihrem Lebensstil, ihren Einstellungen, ihrem Kauf- und Konsumverhalten bereit, die Sie hervorragend für Ihre Analyse des Marktpotenzials nutzen können.

Auf Deutschland bezogen leben wir in einem Land der vier Geschwindigkeiten. Dabei sind die Unterschiede in den Bundesländern nicht selten größer als im Bundesvergleich. Tab. 10.10 zeigt eine grobe Einteilung der Verfasstheit der Umfelder, in denen Unternehmen agieren. Verorten Sie Ihr Unternehmen gerne in einem der vier Quadranten.[25]

Es steht zu vermuten, dass nachhaltige Waren und Dienstleistungen nicht in jedem Umfeld gleich stark nachgefragt werden, weil einfach die Kaufkraft fehlt. Dennoch ergeben sich mit Sicherheit Lösungen für Kooperationen und Projekte zwischen Unternehmen, der öffentlichen Hand und privaten Initiativen. Meine Erfahrung war oft, dass sich gerade in strukturschwachen Regionen mehr Möglichkeiten öffnen für neue Lösungen, einfach weil diese Regionen wenig zu verlieren und viel zu gewinnen haben.

Tab. 10.10 Deutschland der vier Geschwindigkeiten

	Schrumpfende, rezessive oder stagnierende Region mit bröckelnder Attraktivität	Wachsende, prosperierende Boom-Region mit steigender Attraktivität
Städtisches, urban geprägtes Umfeld	- Kaum Investitionen - Beschleunigte Alterung - schwindende Kaufkraft - absterbendes Kulturleben	- starke Wirtschaft - innovatives Umfeld - viele Hochqualifizierte - das Leben ist teuer
Ländliches, regional geprägtes Umfeld	- Alles wird immer billiger - Was schließt, bleibt zu - Wer geht, bleibt fort - Kampf um die Grundversorgung	- viele Familien - hoher Freizeitwert - gute Infrastruktur - lebendiges Miteinander

[24] Alle Social-Media Dienste bieten die Möglichkeit, Werbung zu schalten und damit verbunden umfangreiche Analysetools – auch das ist nur ein Hinweis, keine Aufforderung.

[25] Die Grafik hierzu finden Sie zu Beginn des Abschn. 10.1.3 *Umfeld*.

Tab. 10.11 Bestandsaufnahme

Wie gestaltet sich das Potenzial für nachhaltige Waren und Dienstleistungen in meinem Vertriebsgebiet?	
Welche Indizien liegen der Einschätzung des Potenzials für nachhaltige Waren und Dienstleistungen zugrunde (Lebensmittel, Einzelhandel, Restaurants, Unternehmen aus anderen Branchen)?	
Welche Wettberber sind bereits mit nachhaltigen Waren und Dienstleistungen in meinem Vertriebsgebiet vertreten?	
Wie attraktiv gestalten sich die Möglichkeiten nachhaltige Waren und Dienstleistungen in meinem Vertriebsgebiet anzubieten? (Chancen und Risiken)	
Erste Ideen für den Markteintritt mit eigenen nachhaltigen Waren und Dienstleistungen (unbeschadet der Inhalte der folgenden Kapitel)?	

Ihre unternehmerische Aufgabe: Erarbeiten Sie eine konstruktive und kritische Bestandsaufnahme Ihres Vertriebsgebietes, die Sie in die Lage versetzt, folgende Fragen zu beantworten (Tab. 10.11).

10.2   Bestandsaufnahme der Nachhaltigkeit im Unternehmen

Das folgende Kapitel gibt Ihnen praktische Werkzeuge an die Hand für die Messung der Nachhaltigkeit im Unternehmen anhand qualitativer und quantitativer Daten. Die Messungen geben Aufschluss über das Maß der nachhaltigen Wertschöpfung im Unternehmen unter Einbezug der unternehmensinternen Prozesse und der damit in Verbindung stehenden vor- und nachgelagerten Prozesse. Die Handlungsebenen für das nachhaltige Wirtschaften des Unternehmens umfassen zwei zentrale Perspektiven.

Stakeholder
Die Anspruchsgruppen, Partnerschaften und Interessensgruppen, die in einem Zusammenhang mit der Wertschöpfung Ihres Unternehmens stehen. Mit den und für die Stakeholder produziert Ihr Unternehmen seine Waren und Dienstleistungen. Je nachhaltiger Ihre Stakeholder handeln, desto nachhaltiger wirtschaftet Ihr Unternehmen. Mit den Ihnen an die Hand gegebenen Werkzeugen für die Messung der Nachhaltigkeit Ihrer Stakeholder verfügen Sie über eine Entscheidungsgrundlage, wie Ihr Unternehmen in Zukunft seine Beziehungen zu den Stakeholdern gestaltet. Welche Beziehungen kann man nachhaltiger gestalten? Welche Beziehungen muss man überdenken? Welche Beziehungen sollte man

beenden? Mit wem möchte man neue Beziehungen aufbauen? Mit der Messung des nachhaltigen Verhaltens Ihrer Stakeholder schaffen Sie die Grundlage für Ihre strategischen Entscheidungen. In Abschn. 10.2.1 *Stakeholder – Anspruchsgruppen, Partnerschaften und Interessensgruppen* finden Sie eine Fülle praktischer Werkzeuge für die Erhebung, die Ansprache und Analyse der Nachhaltigkeit Ihrer Stakeholder.

THG – Treibhausgas-Emissionen

Unternehmerische Prozesse erzeugen häufig THG-Emissionen. Die THG-Emissionen finden im Unternehmen statt im Zusammenhang und als Folge der Herstellungsprozesse – sie resultieren aus den für die Produktion notwendigen Roh-, Hilfs- und Betriebsstoffen, aus den zugekauften Halbzeugen und Vorprodukten und der für die Produktion benötigte Energie. Die TGH-Emissionen finden dem Unternehmen vorgelagert statt, zum Beispiel durch die Zulieferer und sie finden dem Unternehmen nachgelagert statt, zum Beispiel im Zusammenhang mit Kauf. Konsum und Entsorgung. Die TGH-Emissionen werden als Scope 1, 2 und 3 erfasst. Im Abschn. 10.3.5 *Treibhausgas-Emissionen* finden Sie dezidierte Informationen hierzu und praktische Werkzeuge für die Erfassung der TGH-Emissionen.

Die Datenerhebung dient drei Zwecken: Ihr Unternehmen erhält valide Daten über seinen Beitrag zum nachhaltigen Wirtschaften. Ihr Nutzen: Sie kennen Ihre Ist-Situation. Ihr Unternehmen kann auf Grundlage dieser Daten nachhaltig besser werden. Ihr Nutzen: Sie wissen, was man in welchen Bereichen künftig nachhaltig besser lösen kann. Ihr Unternehmen kann mit diesen Daten kommunizieren. Ihr Nutzen: Ihre Kunden, Mitarbeiter:innen und Partner wissen, wofür Ihr Unternehmen steht, was Ihr Unternehmen tut und worauf sie sich bei Ihrem Unternehmen verlassen können. Kurz: Aus Ihrer Datenerhebung erkennen Sie den Handlungsbedarf für Ihr Unternehmen. Sie erkennen die Kommunikationsmöglichkeiten Ihres Unternehmens. Gute Daten sind Ihr Goldschatz im Unternehmen.

Gute Daten werden mit einem guten Untersuchungsdesign erhoben. Insbesondere für qualitative Daten gilt, das Untersuchungsdesign beeinflusst das Ergebnis. Allein die Art der Fragestellung – offene oder geschlossene Fragen – und die Reihenfolge der Fragen beeinflussen das Ergebnis. Gute Daten sind aktuell, valide und repräsentativ. Gute Daten liegen idealerweise als Zeitreihe vor, sie erlauben die Beobachtung der Entwicklungen im Zeitablauf und sie erlauben die Analyse entlang der durchgeführten Maßnahmen. Gute Daten ermöglichen, den Zusammenhang von Ursache und Wirkung zu erkennen.

Das Ziel der Datenerhebung: Aus der guten und fairen Gestaltung einer emissionsfreien Wertschöpfung im Unternehmen im Zusammenspiel mit seinen Stakeholdern entsteht das nachhaltig wirtschaftende Unternehmen.

10.2.1 Stakeholder – Anspruchsgruppen, Partnerschaften und Interessensgruppen

Jedes Unternehmen unterhält viele Beziehungen – zu Mitarbeiter:innen, Partnern, Lieferanten, Verbänden, Institutionen, kommunalen und staatlichen Organen, zu den Medien, zu Kooperationen und Netzwerken und vielen mehr. Was jede Beziehung eint, ist das jeweilige Interesse aneinander, unternehmerische Beziehungen sind immer interessensgeleitet. Für unsere folgenden Betrachtungen ist der Aspekt des nachhaltigen Wirtschaftens von besonderer Bedeutung. Nachhaltiges Wirtschaften gelingt nur im Miteinander lebendiger Beziehungen – niemals gegeneinander. Deshalb ist die Ermittlung und Analyse der Stakeholder ein wichtiger Baustein für eine nachhaltige Unternehmensstrategie.

Stakeholder
Anspruchsgruppen, Partnerschaften, Interessengruppen, deren Interessen sich direkt oder indirekt auf die Erreichung der Ziele Ihres Unternehmens auswirken können und/oder von der Erreichung Ihrer Unternehmensziele direkt oder indirekt betroffen sind. Ihre Unternehmensziele umfassen auch Ziele für mehr Nachhaltigkeit.

Stakeholder können den Unternehmenserfolg positiv oder negativ beeinflussen. Deren Einfluss kann unter Umständen entscheidend sein. Stakeholder können den Unternehmenserfolg und das Unternehmensimage befördern, wenn sie einen Nutzen davon haben und in die Arbeit des Unternehmens eingebunden sind. Stakeholder leisten einen freiwilligen oder unfreiwilligen Beitrag zur Leistungsfähigkeit des Unternehmens, seinen Aktivitäten und seiner Weiterentwicklung in Richtung nachhaltiges Unternehmen.

Erster Arbeitsschritt
Im ersten Arbeitsschritt sammeln Sie alle Stakeholder, die mit Ihrem Unternehmen in Verbindung stehen. Die Stoffsammlung kann gerne ungeordnet erfolgen, schreiben Sie einfach jeden Stakeholder auf eine Moderationskarte und legen Sie einen Stapel an. Idealerweise führen Sie die Sammlung der Stakeholder mit ausgewählten Mitarbeiter:innen aus allen Abteilungen durch für eine vollständige Stoffsammlung. In diesem Arbeitsschritt bewerten Sie nicht, sie sammeln nur und konkretisieren unter Umständen das Stichwort. Je konkreter die Beschreibung, desto besser. Die Namen Ihrer Regionalzeitung und des lokalen Radiosenders sind zum Beispiel besser als das Stichwort <Medien>. Sie benötigen für Ihre Arbeit Moderationskarten und dicke Stifte.

Anbei eine ungeordnete Beispielliste ohne Anspruch auf Vollständigkeit: Mitarbeiter:innen, Auszubildende, Dienstleister, Subunternehmer, Kooperationspartner, Wettbewerber, Privatkunden, Geschäftskunden, Lieferanten, Verbände, Vereine, Verbünde, Banken, Bürger:innen, Nachbarschaft, Medien, Social-Media-Fans und -Follower, Newsletter-Abonnenten, Öffentliche Hand, Zertifizierungsstellen, Parteien, Behörden, Kommunen, Stadtrat, Landrat, Land, Kirchen.

Zweiter Arbeitsschritt

Übertragen Sie die gesammelten Stakeholder auf eine Mindmap (Abb. 10.7) und bilden Sie, wenn möglich, Gruppen – Hauptäste und Nebenäste. So erkennen Sie die inneren Bezüge der Stakeholder besser und Sie behalten den Überblick. Optional können Sie noch die Bezüge zwischen den Stakeholdern grafisch herstellen. Die dicken Stifte haben Sie bereits, Sie benötigen eine oder mehrere Flipchartbögen, die Sie unter Umständen miteinander verbinden und einen Klebestift zum Anbringen der Moderationskarten auf den Flipchartbögen.

Dritter Arbeitsschritt

Beantworten Sie sich für jeden Stakeholder – unter Umständen können Sie diese in Gruppen zusammenfassen – zwei zentrale Fragen: Wie stark ist der Einfluss der Stakeholder auf unser Unternehmen? Wie stark ist der Einfluss unseres Unternehmens auf den Stakeholder? Die dritte Frage folgt in der Analyse: Wie stark befördert oder behindert der Stakeholder unseren Weg hin zu einem nachhaltigen Unternehmen?

Vielleicht helfen Ihnen folgende Überlegungen bei Ihrer Einschätzung der wechselseitigen Einflüsse (Abb. 10.8): Welche Stakeholder spielen eine formelle oder informelle Rolle bei der Formulierung unserer Unternehmensstrategie? Welche Stakeholder verschaffen sich nachdrücklich Gehör? Welche Stakeholder reagieren mit Aktionen im Zusammenhang mit unserer Unternehmensstrategie? Welche Stakeholder können unser Unternehmen beeinflussen? Welche Stakeholder haben relevante Interessen an unserem

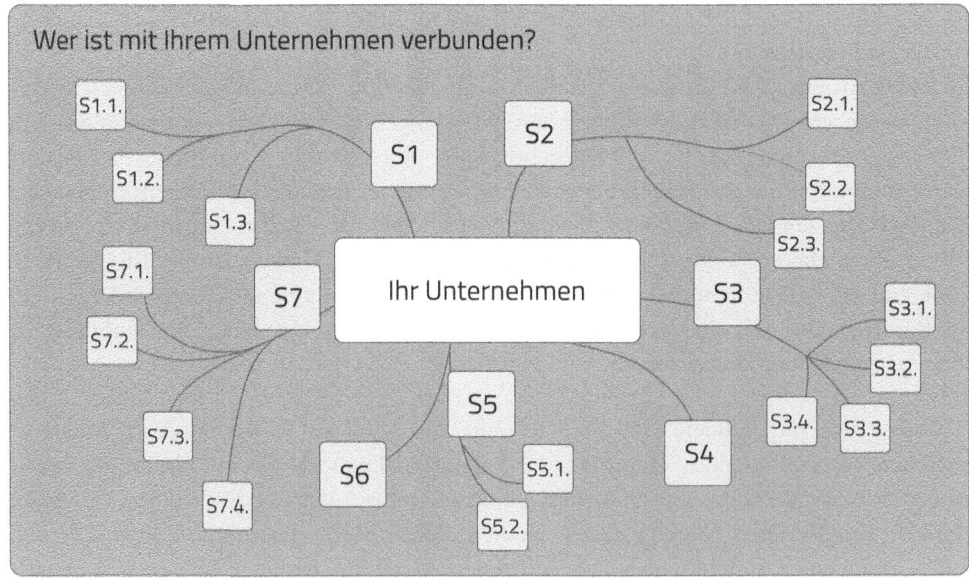

Abb. 10.7 Wer ist mit unserem Unternehmen verbunden? (eigene Darstellung)

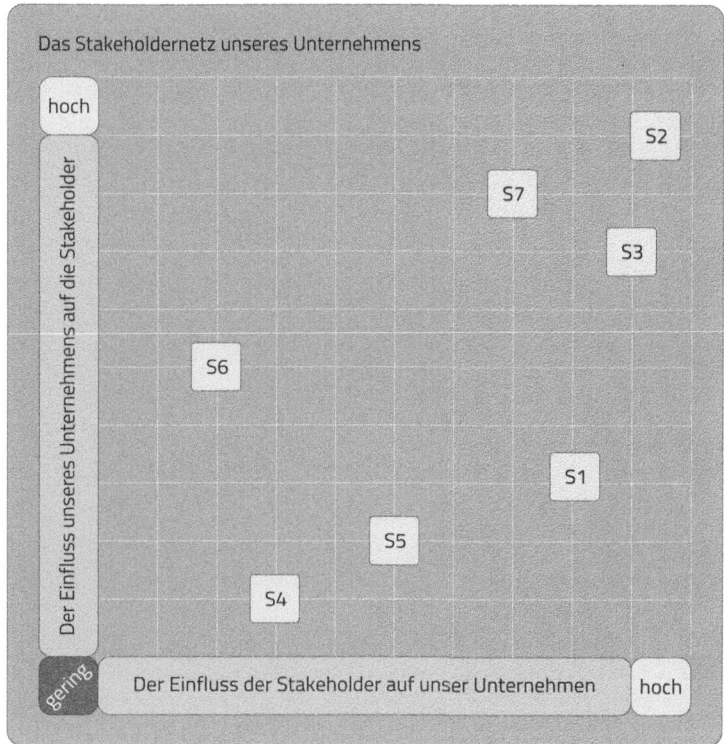

Abb. 10.8 Das Stakeholder-Netz unseres Unternehmens (eigene Darstellung)

Unternehmen? Welche Konflikte oder Reibungsflächen gibt es zwischen dem Stakeholder und unserem Unternehmen?

Verorten Sie die Stakeholder oder ihre Stakeholder-Gruppen in das Achsen-System der wechselseitigen Einflüsse. Besprechen Sie die Begründungen für die Einschätzungen mit Ihren Mitarbeiter:innen und finden Sie wo möglich einen Konsens für die Zuordnung. Je schwieriger die Zuordnung in das Achsen-System ist, desto wahrscheinlicher ist es, dass der Stakeholder nicht konkret genug gefasst ist.

Vierter Arbeitsschritt
Zeichnen Sie in das Achsensystem die vier Felder A, B, C und D (Abb. 10.9). Sie erkennen, dass sich jeder Ihrer Stakeholder in einem der vier Felder befindet. Auf diese Weise wird grafisch schnell klar, welche Stakeholder für Ihr Unternehmen von Bedeutung sind und welche nicht. Die Rangreihe der Felder ergibt sich aus dem aufsteigenden Alphabet der Felder.

Ihre relevanten Stakeholder mit Rang 1 finden Sie im Feld A – S2, S3 und S7. Auf Rang 2 folgen Ihre Stakeholder im Feld B – S1 und S5. Es kann sein, dass Ihnen Ihre Stakeholder in den Feldern C und D ebenfalls wichtig sind, doch das sind meist Stakeholder

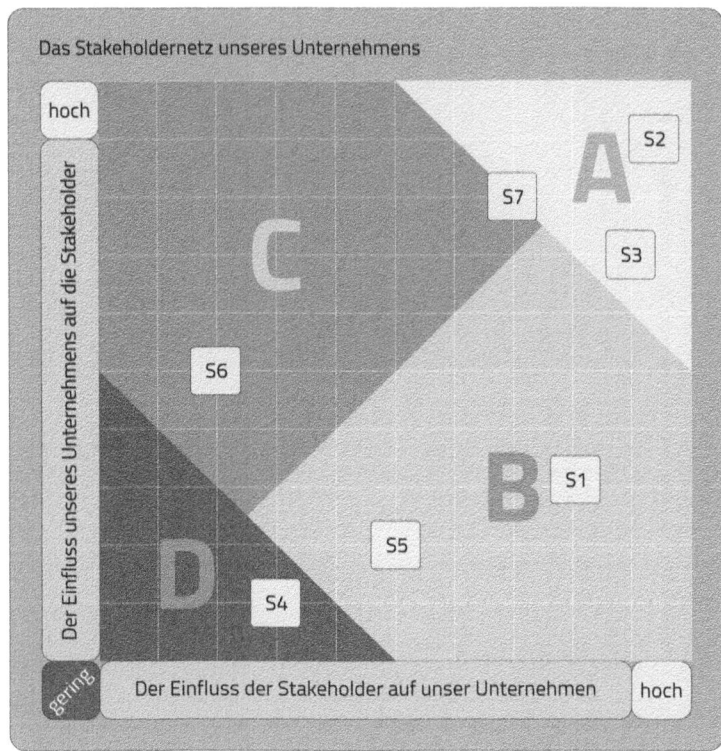

Abb. 10.9 Relevanz der Stakeholder für unser Unternehmen (eigene Darstellung)

entlang gewachsener Beziehungen mit hoher gegenseitiger Sympathie, die jedoch keine strategische Bedeutung für Ihr Unternehmen haben. Hier helfen Ihnen Antworten auf sechs einfache Fragen: Welche Stakeholder wollen wir? Welche Stakeholder brauchen wir? Welche Stakeholder wollen uns? Welche Stakeholder brauchen uns? Welche Stakeholder beeinflussen uns? Welche Stakeholder beeinflussen wir?

Für das vorliegende Praxisbuch finden Sie beispielhafte Befragungsmöglichkeiten für sechs Stakeholder-Gruppen in Tab. 10.12: Ihre Kunden, Ihre Mitarbeiter:innen, Ihre Facebook-Fans, Ihre Wertschöpfungspartner, Ihre öffentlichen Partner und Ihre Verbünde und Verbände. Die Nachhaltigkeit ist jeweils fester Bestandteil der Befragung. Hinzu kommen noch persönliche Interviews mit dem Inhaber, dem Vorstand und der Geschäftsführung.

Die Schlüssel für den Erfolg dieser Befragungen sind Transparenz, Offenheit und Datenschutz. Erklären Sie, warum Sie die Befragung durchführen, berichten Sie über Ihre Ziele der Befragung, vermitteln Sie, warum jede Befragung für Ihr Unternehmen wichtig ist, veröffentlichen Sie die zusammengefassten Ergebnisse und sorgen Sie dafür, dass der Datenschutz eingehalten wird. Von Belohnungen für die Teilnahme an der Befragung rate ich ab, Belohnungen erzeugen ein sozial erwünschtes Verhalten und verzerren die Ergebnisse.

Tab. 10.12 Stakeholdergruppen

Stakeholder	Wer ist gemeint? Wer wird befragt?
Kundinnen und Kunden	Befragen Sie idealerweise alle Kunden Ihres Unternehmens der zurückliegenden drei Jahre im Rahmen einer Vollerhebung
Mitarbeiter:innen	Befragen Sie idealerweise alle Mitarbeiter:innen Ihres Unternehmens und untergliedern Sie diese sinnfällig – zum Beispiel: Verwaltung, Produktion, Auszubildende
Facebook-Fans	Laden Sie alle Facebook-Fans auf Ihrem Unternehmens-Account ein, an der Befragung teilzunehmen
Wertschöpfungspartner	Befragen Sie idealerweise alle aktiven Partner Ihres Unternehmens: Kooperationspartner, Dienstleister, Lieferanten, Subunternehmer
Öffentliche Partner	Befragen Sie alle mit Ihrem Unternehmen per Gesetz oder ähnlicher Regelungen verbundenen Institutionen – Kommune, Energieversorger, Abfallentsorger
Verbünde und Verbände	Befragen Sie alle verbandlich organisierten Institutionen – z. B. Fachverband und Berufsverband – und institutionell organisierten Verbünde wie Fachgruppen
Inhaber:in, Vorstand, Geschäftsführung	Befragen Sie alle an der Spitze der Verantwortlichkeit verantwortlich handelnden und entscheidenden Personen des Unternehmens.

Mögliche Erhebungsmethoden

Der Erfolg Ihrer Befragungen bemisst sich an der Zahl der Rückläufe (Repräsentativität) und der Qualität der Antworten (Validität). Der Zugang zu den Fragen muss leicht sein, die Fragen müssen leicht zu beantworten sein, die Befragung darf nicht zu lange dauern und die Befragungen sollten effizient gestaltet sein. In der Tab. 10.13 finden Sie mögliche Erhebungsmethoden, die in der Praxis sehr gut funktionieren.

Fragebogen-Statistik Im Zuge der Auswertung dokumentieren Sie bitte den Zeitraum der Befragung, die Anzahl der Versendungen, die Anzahl der Rückläufe, den Anteil der Rückläufe an den Versendungen in Prozent.

Fragebogen-Auswertung Bilden Sie je Fragekomplex der geschlossenen Fragen absteigende Rangreihen der Antworten. Die häufigsten Nennungen im Rang Eins bis Fünf ergeben die wichtigsten Indizien, wie die Kunden Ihres Unternehmens zum Thema Nachhaltigkeit stehen und wie nachhaltig Ihre Kunden Ihr Unternehmen wahrnehmen. Daraus erkennen Sie unmittelbar den Handlungsbedarf für Ihr Unternehmen und die Kommunikationsmöglichkeiten. Was können Sie besser lösen? Was können Sie besser kommunizieren? Dokumentieren Sie die offenen Antworten im O-Ton und bilden Sie wenn möglich Cluster, um die Themenkreise und ihre jeweilige Bedeutung für Ihr Unternehmen zu erfassen.

Tab. 10.13 Erhebungsmethoden Stakeholder

Stakeholder	Methode
Kundinnen und Kunden	Geschlossene Fragen und offene Fragen
	Anonym via Website mit Passwort
Mitarbeiter:innen	Geschlossene Fragen und offene Fragen
	Anonym via Website mit Passwort
Facebook-Fans	Geschlossene Fragen und offene Fragen
	Anonym via Facebook mit Link zur Website
Wertschöpfungspartner	Offene Fragen
	Mit Klarnamen via Website
Öffentliche Partner	Offene Fragen
	Mit Klarnamen via Website
Verbünde und Verbände	Offene Fragen
	Mit Klarnamen via Website
Inhaber:in, Vorstand, Geschäftsführung	Offene Fragen
	Mit Klarnamen via persönlichem Interview

Ergebnisbericht Erstellen Sie je Stakeholder einen anonymisierten Ergebnisbericht und wenn möglich eine Gesamtzusammenfassung aller Ergebnisse. Stellen Sie die anonymisierten Ergebnisberichte online auf Ihre Website und informieren Sie Ihre Stakeholder über die Veröffentlichung – gerne auch mit Querverweisen auf die anderen Ergebnisberichte. Damit dokumentieren Sie Ihre Glaubwürdigkeit. Transparenz und Offenheit sind auch Kriterien einer nachhaltigen Unternehmensstrategie.

10.2.2 Kunden

Ablauf Sie erstellen den Befragungsbogen für Ihre Kunden und legen auf Ihrer Website die Befragung mit Eingabemasken in einem passwortgeschützten Bereich an. Sie richten eine Clearingstelle ein für die Sammlung der Antworten und deren anonymisierte Auswertung. Sie verfassen eine E-Mail mit der Einladung zur passwortgeschützten Online-Umfrage für Ihre Kunden und versenden diese an Ihre Kunden. Die Kunden beantworten den Online-Fragebogen, dieser geht an eine Clearingstelle. Die Clearingstelle wertet die Antworten aus und erstellt den Ergebnisbericht.

Kundenanschreiben Liebe Kundinnen und Kunden unseres Unternehmens, wir führen zurzeit eine Online-Befragung durch und Ihre Erfahrungen mit uns, Ihre Meinungen und Einstellungen über uns, Ihre Erwartungen und Wünsche an uns sind uns sehr wichtig.

Der zentrale Entwicklungsschwerpunkt in unserem Unternehmen ist das nachhaltige Wirtschaften. Wir sind auf dem Weg zu einem nachhaltig wirtschaftenden Unternehmen und Sie – unsere Kunden – sind der Grund, warum es unser Unternehmen gibt. Deshalb laden wir Sie zu der Befragung ein. Bitte antworten Sie offen und gerne auch spontan.

Bitte nehmen Sie sich 15 min Zeit und füllen den Fragebogen aus. Sie finden den Fragebogen auf unserer Website in einem für Sie mit Passwort geschützten Bereich. Die Befragung erfüllt selbstverständlich alle Kriterien der DSGVO. Ihre Angaben sind vollständig anonym und werden NICHT veröffentlicht. Wir lassen aus allen Antworten einen anonymisierten Bericht für unser Haus erstellen. Wir werden den Bericht auf unserer Website veröffentlichen.

Unser Weg dient der beständigen Weiterentwicklung in Richtung Nachhaltigkeit. Denn wir wollen einen Unterschied machen. Mit Ihnen als unsere Kunden, Ihr:e Inhaber:in des Unternehmens.

Online-Befragung   Liebe Kundinnen und Kunden unseres Unternehmens, herzlich willkommen zum Online-Fragebogen. Unsere Nachhaltigkeitsstrategie erarbeiten wir auf der Grundlage international anerkannter Standards beginnend mit den 17 Zielen für Nachhaltigkeit. Sie finden alle Informationen hierzu auf unserer Website.

Die Befragung erfüllt selbstverständlich alle Kriterien der DSGVO. Ihre Angaben sind vollständig anonym und werden NICHT veröffentlicht. Wir lassen aus allen Antworten einen anonymisierten Bericht für unser Haus erstellen. Wir werden den Bericht auf unserer Website veröffentlichen.

Füllen Sie einfach den auf mehrere Tabellen (Tab. 10.14, 10.15, 10.16, 10.17 und 10.18) verteilten Fragebogen[26] aus, es gibt keine richtigen oder falschen Antworten. Wenn Sie den Fragebogen gemeinsam beantworten, dann fühlen Sie sich bitte als *Wir* angesprochen. Beantworten Sie die Fragen gerne offen und spontan.

Dieses Formular speichert ausschließlich Ihre Antworten. Sie stimmen der Speicherung Ihrer Antworten zu. Mehr Informationen erhalten Sie in unserer Datenschutzerklärung. Vielen Dank für Ihre Antworten. Ihre Unterstützung hilft uns sehr! Ihr:e Inhaber:in des Unternehmens

---

[26] Diese Fragebögen sind eine in weiten Teilen angepasste, veränderte und praxiserprobte Weiterentwicklung der Fragebögenvorlagen des Nachhaltigkeitsnavigators Handwerk und liegen in diesem Buch in allgemeinen Formulierungen vor. Es ist empfehlenswert, diese Fragebögen der eigenen unternehmerischen Wirklichkeit anzupassen. Die Downloads der Originalbögen finden Sie unter Navigator Nachhaltiges Handwerk. Zentralstelle für die Weiterbildung im Handwerk e.V. (ZWH) https://navigator.nachhaltiges-handwerk.de/, diese sind nur angemeldeten Nutzer:innen zugänglich. Die Anmeldung zum Nachhaltigkeitsnavigator Handwerk ist kostenfrei. Zugriff: 06.07.2023.

Tab. 10.14 Kunden Fragebogen-Teil 01

Ich kaufe die Waren und Dienstleistungen dieses Unternehmens, weil (Sie können mehrere Antworten wählen)	Ihre Antwort (Ankreuzen)
ich hier eine freundliche Geschäftsführung erlebt habe.	
ich hier freundliche Mitarbeiter:innen erlebt habe.	
die Produkte und Dienstleistungen eine hohe Qualität haben.	
hier hoch qualifizierte Mitarbeiter:innen arbeiten.	
es in seiner Branche eine herausragende Expertise hat.	
es auf hochwertige Materialien, Werkstoffe und Arbeitsmittel achtet.	
es geografisch in der Nähe von mir liegt.	
es gut vernetzt ist mit anderen Unternehmen in der Region.	
es mir von Freunden empfohlen wurde.	
es sich vor Ort in der Gemeinde engagiert.	
es auf seine ökologische Bilanz achtet.	
es seine Ressourcen effizient einsetzt.	
es das erste war, das ich bei meinen Recherchen gefunden habe.	
das Angebot das günstigste war.	
es mir durch seine Werbung aufgefallen ist.	
Ich habe andere Gründe:	
(Offene Antwort)	

Tab. 10.15 Kunden Fragebogen-Teil 02

Folgende Themen sind mir persönlich wichtig und beeinflussen meine Auswahl beim Einkauf von Waren und Dienstleistungen im Allgemeinen: (Sie können mehrere Antworten wählen)	Ihre Antwort (Ankreuzen)
Preis-Leistungsverhältnis	
Beachtung von Arbeits- und Gesundheitsschutz	
Reduzierung von Verpackungsmüll	
Bekenntnis zu Nachhaltigkeit	
Umweltschutz	
Klimaschutz	
kostenloses Beratungsangebot	
Engagement des Unternehmens in der Region	
Vielfalt der Belegschaft	
Kundenbindungs-Preisgestaltung	
Digitalisierung	
Gutschein Angebote	
Mir sind andere Dinge persönlich wichtig und beeinflussen meine Auswahl beim Einkauf:	
(Offene Antwort)	

Tab. 10.16 Kunden Fragebogen-Teil 03

Bei der Suche nach einem zu mir passenden Unternehmen für Waren und Dienstleistungen orientiere ich mich an (Sie können mehrere Antworten wählen)	Ihre Antwort (Ankreuzen)
dem Bekenntnis zu Qualität	
den Serviceleistungen	
den Empfehlungen von Freunden	
den Preisen	
den Rabatten, Kredit- und Finanzierungsmöglichkeiten	
dem Internetauftritt	
der expliziten Erwähnung von Nachhaltigkeit auf der Website	
den Aussagen zum Umgang mit Roh- und Werkstoffen auf der Website	
dem Bekenntnis zu Digitalisierung	
Mir sind andere Kriterien bei einem zu mir passenden Unternehmen persönlich wichtig und beeinflussen meine Auswahl beim Einkauf:	
(Offene Antwort)	

Tab. 10.17 Kunden Fragebogen-Teil 04

Bei gleichen Angebotspreisen von zwei oder mehr Unternehmen würde ich stets das Unternehmen wählen, (Sie können mehrere Antworten wählen)	Ihre Antwort (Ankreuzen)
dessen Geschäftsführung, Inhaber:in, Vorstand ich persönlich kenne.	
das ausbildet.	
das sich um Umweltschutz bemüht.	
dessen Mitarbeiter:innen mir persönlich bekannt sind.	
das sich ausdrücklich zu Nachhaltigkeit bekennt.	
das seine Werte, sein Leitbild und seine Firmenphilosophie auf der Website kommuniziert.	
zu dem ich den kürzesten Anfahrtsweg habe.	
das regionale Vereine, Initiativen und Aktionen unterstützt.	
Mir sind andere Aspekte im Vergleich von Unternehmen persönlich wichtig und beeinflussen meine Auswahl beim Einkauf:	
(Offene Antwort)	

10.2.3 Mitarbeiter:innen

Ablauf Sie erstellen den Befragungsbogen für Ihre Mitarbeiter:innen und legen auf Ihrer Website die Befragung mit Eingabemasken in einem passwortgeschützten Bereich an. Sie richten eine Clearingstelle ein für die Sammlung der Antworten und deren anonymisierte Auswertung. Sie verfassen eine E-Mail mit der Einladung zur passwortgeschützten Online-Umfrage für Ihre Mitarbeiter:innen (manche nutzen auch gerne WhatsApp, je nachdem wie die Kommunikationswege im Unternehmen gestaltet sind) und versenden diese an Ihre Mitarbeiter:innen. Die Mitarbeiter:innen beantworten den

Tab. 10.18 Kunden Fragebogen-Teil 05

Mir als **Kunde** sind diese Aspekte der Nachhaltigkeit besonders wichtig für meine Auswahl von Unternehmen und deren Waren und Dienstleitungen: (Sie können mehrere Antworten wählen)	Ihre Antwort (Ankreuzen)
Vermeidung von Schadstoffen bei der Herstellung	
Beachtung von gesetzlichen Vorschriften	
Einsatz von hochwertigen Inhaltsstoffen	
Vermeidung von Verpackungsmüll	
Ausbildungsangebot	
Kenntnis der Lieferfirmen und bewusste Auswahl der Lieferfirmen	
Einsatz von erneuerbaren Energien	
Sorge um die Vereinbarkeit von Familie und Beruf für Mitarbeiter:innen	
Reparatur von Geräten und Gegenständen	
Förderung von Vielfalt in der Belegschaft	
Beteiligung an der Kreislaufwirtschaft	
Transparente Kommunikation von Auswahlkriterien für Lieferfirmen	
Beachtung von Emissionswerten	
Unterstützung von benachteiligten Menschen	
Digitalisierung der Buchhaltung, der Kommunikation und der Bestellungen	
Rücknahme von alten Geräten oder Maschinen	
Mir sind andere Aspekte zur Nachhaltigkeit bei Unternehmen persönlich wichtig und beeinflussen meine Auswahl beim Einkauf: (Offene Antwort)	

Online-Fragebogen, dieser geht an eine Clearingstelle. Die Clearingstelle wertet die Antworten aus und erstellt den Ergebnisbericht.

Anschreiben an die Mitarbeiter:innen Liebe Mitarbeiter:innen, das Thema Nachhaltigkeit spielt für unser Unternehmen eine immer größere Rolle. Viele unserer Kundinnen und Kunden legen auf nachhaltige Produkte sehr großen Wert. Wir achten bei der Materialbeschaffung bereits auf Aspekte der Nachhaltigkeit und wir wollen auch hier unsere Anstrengungen verstetigen.

Unser Projekt *Nachhaltigkeit im Unternehmen stärken* ist eines unserer zentralen Jahresschwerpunkte. Wir wollen den Weg der Nachhaltigkeit in unserem Unternehmen noch konsequenter gehen und dafür brauche ich Ihre Unterstützung. Mehr über unser Projekt finden Sie auf unserer Website.

Meine Bitte an Sie: Dieses Projekt schaffen wir nur gemeinsam! Ich bitte Sie, ein paar Fragen zu Ihrer Arbeitszufriedenheit und Ihre Gedanken zum Thema Nachhaltigkeit in unserem Unternehmen zu beantworten. Für Ihre Unterstützung bedanke ich mich bereits jetzt herzlich!

Sie finden den Fragebogen auf unserer Website in einem für Sie mit Passwort geschützten Bereich. Die Befragung ist freiwillig und erfüllt selbstverständlich alle Kriterien der DSGVO. Ihre Angaben sind vollständig anonym und werden NICHT veröffentlicht. Wir lassen aus allen Antworten einen anonymisierten Bericht für unser Haus erstellen. Wir werden die Ergebnisse im Rahmen eines Mitarbeiter:innen-Workshops gemeinsam besprechen und analysieren und anschließend auf unserer Website veröffentlichen, Ihr:e Inhaber:in des Unternehmens

Online-Befragung Liebe Mitarbeiter:innen unseres Unternehmens, herzlich willkommen zum Online-Fragebogen. Unsere Nachhaltigkeitsstrategie erarbeiten wir auf der Grundlage international anerkannter Standards beginnend mit den 17 Zielen für Nachhaltigkeit. Sie finden alle Informationen hierzu auf unserer Website.

Die Befragung erfüllt selbstverständlich alle Kriterien der DSGVO. Ihre Angaben sind vollständig anonym und werden NICHT veröffentlicht. Wir lassen aus allen Antworten einen anonymisierten Bericht für unser Haus erstellen. Wir werden die Ergebnisse im Rahmen eines Mitarbeiter:innen-Workshops gemeinsam besprechen und analysieren und anschließend auf unserer Website veröffentlichen.

Füllen Sie einfach den auf mehrere Tabellen (Tab. 10.19, 10.20, 10.21, 10.22, 10.23, 10.24, 10.25 und 10.26) verteilten Fragebogen aus, es gibt keine richtigen oder falschen Antworten. Beantworten Sie die Fragen gerne offen und spontan. Die Teilnahme an der Befragung ist freiwillig und erfüllt selbstverständlich alle Kriterien der DSGVO. Ihre Angaben sind vollständig anonym und werden NICHT veröffentlicht, Ihr:e Inhaber:in des Unternehmens

Dieses Formular speichert ausschließlich Ihre Antworten. Sie stimmen der Speicherung Ihrer Antworten zu. Mehr Informationen erhalten Sie in unserer Datenschutzerklärung. Vielen Dank für Ihre Antworten. Ihre Unterstützung hilft uns sehr! Ihr:e Inhaber:in des Unternehmens

Tab. 10.19 Mitarbeiter:innen Fragebogen-Teil 01

Was gefällt Ihnen am besten an Ihrer Arbeit bei uns im Unternehmen? (Sie können mehrere Antworten wählen)	Ihre Antwort (Ankreuzen)
Arbeitszeiten	
Mitarbeiter:innen im Team, Stimmung im Team	
Arbeitsinhalte und Tätigkeiten	
Ausstattung, Technik, Arbeitsmittel	
Fairness der Führungskräfte	
Arbeitsorganisation	
Arbeits- und Gesundheitsschutz	
Mir gefallen andere Aspekte meiner Arbeit im Unternehmen: (Offene Antwort)	

Tab. 10.20 Mitarbeiter:innen Fragebogen-Teil 02

In welchen Bereichen Ihrer Tätigkeit im Unternehmen wünschen Sie sich Verbesserungen? (Sie können mehrere Antworten wählen)	Ihre Antwort (Ankreuzen)
Arbeitsorganisation	
Arbeits- und Gesundheitsschutz	
Kommunikations-Stil der Führungskräfte	
Zusammenarbeit im Team	
Ausstattung, Technik, Arbeitsmittel	
Arbeitsinhalte und Tätigkeiten	
Ich wünsche mir zu anderen Aspekten Verbesserungen im Unternehmen:	
(Offene Antwort)	

Tab. 10.21 Mitarbeiter:innen Fragebogen-Teil 03

Wenn Sie eine Änderung vom Unternehmen einfordern könnten, welche von diesen wäre das: (Bitte wählen Sie wenn möglich EINE Antwort aus)	Ihre Antwort (Ankreuzen)
Ein Tag mehr bezahlter Urlaub	
bezahlte Freistellung für Teilnahme an Weiterbildungsangeboten	
finanzieller Zuschuss für Fitnessstudio-Mitgliedschaft	
sorgfältiger Umgang mit Abfall und natürlichen Ressourcen	
finanzieller Zuschuss für Massagen (1x im Monat)	
Möglichkeit zur Teilzeitarbeit	
Obst für Pausen (bezahlt vom Betrieb)	
Mitbestimmung bei der Projektauswahl	
Freistellung (unbezahlter Urlaub) für soziales Engagement in meiner Heimatgemeinde	
Ich würde eine andere Änderung vom Unternehmen einfordern:	
(Offene Antwort)	

Tab. 10.22 Mitarbeiter:innen Fragebogen-Teil 04

Welcher Satz vertritt am besten Ihre Stimmungslage in Bezug auf unser Unternehmen: (Bitte wählen Sie wenn möglich EINE Antwort aus)	Ihre Antwort (Ankreuzen)
Das Meiste hier ist wirklich prima, manchmal ist eben nicht alles perfekt	
Im Großen und Ganzen passt es, manches passt nicht	
Alles Bestens, es macht viel Spaß, hier zu arbeiten	
Ich komme gerne zur Arbeit, doch ich bin auch froh, wenn ich frei habe	
Ich komme nicht wirklich gerne zur Arbeit, mich stört doch manches	
Ich verdiene hier mein Geld und insofern passt das schon	
Ich bin drauf und dran, mir eine neue Arbeit in einem anderen Unternehmen zu suchen	
Meine Stimmungslage in Bezug auf das Unternehmen beschreibe ich wie folgt:	
(Offene Antwort)	

Tab. 10.23 Mitarbeiter:innen Fragebogen-Teil 05

Meiner Meinung nach kaufen unsere Kunden die Waren und Dienstleistungen unseres Unternehmens wegen diesen Merkmalen: (Sie können mehrere Antworten wählen)	Ihre Antwort (Ankreuzen)
Wir produzieren hohe Qualität	
Wir kommen aus der Region	
Unsere Mitarbeiter:innen und die Geschäftsführung sind sehr freundlich	
Man kennt unser Unternehmen und hört viel Gutes über uns	
Wir sind sehr hilfsbereit	
Wir haben sehr gute Arbeitsmittel (Maschinen, Material)	
Die Geschäftsführung ist mit potenziellen Auftraggebern gut vernetzt	
Das Können und Fachwissen der Mitarbeiter:innen	
Wir achten auf den effizienten Einsatz von Material und Energie	
Wir sind besser als der Wettbewerb	
Ich weiß es nicht	
Wir sind billiger als der Wettbewerb	
Wir sind schneller als der Wettbewerb	
Die Kunden kaufen die Waren und Dienstleistungen unseres Unternehmens wegen diesen Merkmalen:	
(Offene Antwort)	

Tab. 10.24 Mitarbeiter:innen Fragebogen-Teil 06

Worauf sollte sich unser Unternehmen in der Außendarstellung an Kunden konzentrieren? (Sie können mehrere Antworten wählen)	Ihre Antwort (Ankreuzen)
Das Wissen und Können der Mitarbeiter:innen	
Die effiziente Planung und Produktion unserer Waren und Dienstleistungen	
Unser schonender Umgang mit Material und Energie	
Unsere hochwertige Technik und Arbeitsmittel	
Die Weiterverwendung von vorhandenen Materialien	
Ich weiß es nicht	
Die Schnelligkeit der Lieferungen	
Die hohe Verfügbarkeit unserer Waren und Dienstleistungen	
Glaubwürdigkeit in die Aussagen unseres Unternehmens	
Vertrauen in unsere Waren und Dienstleistungen	
Unser Unternehmen sollte sich in der Außendarstellung an Kunden darauf konzentrieren:	
(Offene Antwort)	

Tab. 10.25 Mitarbeiter:innen Fragebogen-Teil 07

Unser Unternehmen hat meiner Meinung nach bereits in folgenden Bereichen einen Beitrag für mehr Nachhaltigkeit geleistet: (Sie können mehrere Antworten wählen)	Ihre Antwort (Ankreuzen)
Vereinbarkeit von Beruf und Familie (zum Beispiel Arbeitszeit, Arbeitszeitmodelle, Ferienplanung, etc.)	
Förderung von lokalen Vereinen durch Geldspenden	
Arbeitsschutz der Mitarbeiter:innen	
Mitwirkung an der Ausbildung	
Zusammenarbeit mit anderen Unternehmen in der Region	
Schonender Umgang mit Material und Energie	
Mitwirkung in Verbänden, Verbünden und Initiativen	
Rückgabe von Materialien, die nicht mehr gebraucht werden	
Vielfalt der Belegschaft in Bezug auf Herkunft, Alter, Geschlecht, Behinderung, Familienstand	
Verwendung von erneuerbaren Energien	
Investitionen und Steuerabgaben in der Region	
Gesundheitsschutz der Mitarbeiter:innen	
Mitbestimmungsmöglichkeiten für Mitarbeiter:innen	
Wieder- und Weiterverwendung von Materialien	
Förderung von lokalen Vereinen durch Freiwilligendienst	
Kompensierung von CO_2 Emissionen	
Erfüllung der Gesetzesvorlagen für unsere Branche	
Meiner Meinung nach hat unser Unternehmen in diesen Bereichen einen Beitrag für mehr Nachhaltigkeit geleistet:	
(Offene Antwort)	

Tab. 10.26 Mitarbeiter:innen Fragebogen-Teil 08

Als Mitarbeiter:in wünsche ich mir mit Blick auf Nachhaltigkeit: (Sie können mehrere Antworten wählen)	Ihre Antwort (Ankreuzen)
Vermeidung von Plastikverpackungen	
Verwendung von nachhaltigen Rohstoffen, Baustoffen und Materialien	
Unsere Auszubildenden auf Nachhaltigkeit aufmerksam machen	
Unser Vertriebsgebiet auf unsere Region konzentrieren	
kürzere Anfahrtswege für Mitarbeiter:innen	
Verbesserte Abfallentsorgung unserer Arbeitsmittel	
Verwendung von Arbeitsmitteln mit biologisch abbaubaren Inhaltsstoffen	
Produktentwicklung nach nachhaltigen Kriterien	
Überprüfbare und transparente Lieferketten	
Weiterbildungen zum Thema Nachhaltigkeit	
Ich wünsche mir mit Blick auf Nachhaltigkeit:	
(Offene Antwort)	

10.2.4 Facebook-Fans

Ablauf Sie erstellen den Befragungsbogen für Ihre Facebook-Fans und legen auf Ihrer Website die Befragung mit Eingabemasken an. Sie richten eine Clearingstelle ein für die Sammlung der Antworten und deren anonymisierte Auswertung. Sie verfassen einen Facebook-Post zur Online-Umfrage für Ihre Facebook-Fans und posten diesen auf dem Facebook-Account Ihres Unternehmens. Die Facebook-Fans klicken auf den angegebenen Link im Post und beantworten den Online-Fragebogen auf der Website. Die Antworten gehen an eine Clearingstelle. Die Clearingstelle wertet die Antworten aus und erstellt den Ergebnisbericht.

Post für die Facebook-Fans (Muster) Liebe Freunde, Fans und Follower, das Thema Nachhaltigkeit spielt für unser Unternehmen eine immer größere Rolle. Wir achten bereits auf viele Aspekte der Nachhaltigkeit und wir wollen unsere Anstrengungen verstetigen. Unser Projekt *Nachhaltigkeit im Unternehmen stärken* ist eines unserer zentralen Jahresschwerpunkte. Dafür brauchen wir eure Unterstützung. Mehr über unser Projekt findet ihr auf unserer Website. Meine Bitte an euch: Dieses Projekt schaffen wir nur gemeinsam! Ich bitte euch, ein paar Fragen zu eurer Einstellung, euren Gedanken und Wünschen zum Thema Nachhaltigkeit – auch in unserem Unternehmen – zu beantworten. Für eure Unterstützung bedanke ich mich bereits jetzt herzlich! Euer/Eure Inhaber:in des Unternehmens

Ihr findet den Online-Fragebogen auf unserer Website. Die Befragung ist freiwillig und erfüllt selbstverständlich alle Kriterien der DSGVO. Eure Angaben sind vollständig anonym und werden NICHT veröffentlicht.

Online-Befragung (Muster) Liebe Freunde, Fans und Follower, herzlich willkommen zum Online-Fragebogen. Unsere Nachhaltigkeitsstrategie erarbeiten wir auf der Grundlage international anerkannter Standards beginnend mit den 17 Zielen für Nachhaltigkeit. Ihr findet alle Informationen hierzu auf unserer Website.

Die Befragung erfüllt selbstverständlich alle Kriterien der DSGVO. Eure Angaben sind vollständig anonym und werden NICHT veröffentlicht. Wir lassen aus allen Antworten einen anonymisierten Bericht für unser Haus erstellen. Wir werden die Ergebnisse auf unserer Website veröffentlichen.

Fülle einfach den auf mehrere Tabellen (Tab. 10.27, 10.28, 10.29, 10.30 und 10.31) verteilten Fragebogen aus, es gibt keine richtigen oder falschen Antworten. Beantworte die Fragen gerne offen und spontan. Die Teilnahme an der Befragung ist freiwillig und erfüllt selbstverständlich alle Kriterien der DSGVO. Deine Angaben sind vollständig anonym und werden NICHT veröffentlicht, Dein/e Inhaber:in des Unternehmens

Dieses Formular speichert ausschließlich Deine Antworten. Du stimmst der Speicherung Deiner Antworten zu. Mehr Informationen erhältst Du in unserer Datenschutzerklärung. Vielen Dank für Deine Antworten. Deine Unterstützung hilft uns sehr! Dein/e Inhaber:in des Unternehmens

Tab. 10.27 Facebook-Fans Fragebogen-Teil 01

Nachhaltigkeit …	Deine Antwort (Ankreuzen)
geht uns alle an	
ist für mich persönlich ein sehr wichtiges Thema	
ist eine zentrale Aufgabe für unsere Wirtschaft	
ist eine gute Lösung für mehr Klimaschutz	
wird überbewertet	

Tab. 10.28 Facebook-Fans Fragebogen-Teil 02

In meinem Alltag …	Deine Antwort (Ankreuzen)
achte ich meist auf regionale Produkte	
nutze ich gerne Ökostrom und energiesparende Geräte	
vermeide ich Plastik und Verpackung wo möglich	
fahre ich so viel wie möglich mit dem Rad oder dem ÖPNV	
ist viel zu viel Action, um mich um Nachhaltigkeit zu kümmern	

Tab. 10.29 Facebook-Fans Fragebogen-Teil 03

Produkte …	Deine Antwort (Ankreuzen)
dürfen gerne etwas teurer sein, wenn sie nachhaltig hergestellt werden	
mit Informationen, wie und wo sie hergestellt werden, interessieren mich	
die man reparieren kann, finde ich gut	
sollen vor allem lange halten	
müssen für mich in erster Linie günstig sein	

Tab. 10.30 Facebook-Fans Fragebogen-Teil 04

Unternehmen …	Deine Antwort (Ankreuzen)
die auf Nachhaltigkeit achten, finde ich super	
sollten gute Arbeitsbedingungen bieten	
sollten faire Löhne zahlen	
sollten darauf achten, wo sie ihr Material und ihre Rohstoffe beziehen	
sollten in erster Linie so günstig wie möglich produzieren	

Tab. 10.31 Facebook-Fans Fragebogen-Teil 05

Euer Unternehmen finde ich gut, weil …	Deine Antwort (Ankreuzen)
ihr aus meiner Region kommt	
ich eure Mitarbeiter:innen mag	
ihr gute Produkte herstellt	
ihr auf Nachhaltigkeit achtet	
… nein, euch finde ich nicht so gut	
Meine Gedanken und Wünsche zum Thema Nachhaltigkeit:	
(Offene Antwort)	

10.2.5 Wertschöpfungspartner

Ablauf Sie erstellen den Befragungsbogen für Ihre Wertschöpfungspartner und legen auf Ihrer Website die Befragung mit Eingabemasken an. Sie richten eine Clearingstelle ein für die Sammlung der Antworten und deren Auswertung. Sie verfassen eine E-Mail mit der Einladung zur Online-Umfrage und versenden diese an Ihre Wertschöpfungspartner. Die Wertschöpfungspartner beantworten den Online-Fragebogen, dieser geht an eine Clearingstelle. Die Clearingstelle wertet die Antworten aus und erstellt den Ergebnisbericht.

Anschreiben für Ihre Wertschöpfungspartner (Muster) Liebe Wertschöpfungspartner unseres Unternehmens, das Thema Nachhaltigkeit spielt für unser Unternehmen eine immer größere Rolle. Unsere regelmäßigen Kundenbefragungen bestätigen, dass immer mehr unserer Kundinnen und Kunden auf nachhaltige Waren und Dienstleistungen sehr großen Wert legen.

Wir achten bereits auf viele Aspekte der Nachhaltigkeit und wir wollen unsere Anstrengungen verstetigen. Für uns ist es wichtig zu wissen, welchen ökologischen Fußabdruck die von uns verarbeiteten Materialien und Produkte hinterlassen. Dazu gehören auch die Leistungen unserer Wertschöpfungspartner.

Unser Projekt *Nachhaltigkeit im Unternehmen stärken* ist eines unserer zentralen Jahresschwerpunkte. Wir wollen den Weg der Nachhaltigkeit in unserem Unternehmen noch konsequenter gehen und dafür brauchen wir Ihre Unterstützung. Mehr über unser Projekt finden Sie auf unserer Website.

Meine Bitte an Sie: Dieses Projekt schaffen wir nicht allein, wir schaffen es gemeinsam mit Ihnen, mit unseren Wertschöpfungspartnern. Ich bitte Sie, uns ein paar Fragen über Ihren Beitrag zum Thema Nachhaltigkeit zu beantworten. Für Ihre Unterstützung bedanke ich mich bereits jetzt herzlich! Sie finden den Online-Fragebogen auf unserer Website. Ihr:e Inhaber:in des Unternehmens

Online-Befragung (Muster) Liebe Wertschöpfungspartner unseres Unternehmens, herzlich willkommen zum Online-Fragebogen. Unsere Nachhaltigkeitsstrategie erarbeiten wir auf der Grundlage international anerkannter Standards beginnend mit den 17 Zielen für Nachhaltigkeit. Sie finden alle Informationen hierzu auf unserer Website.

Die Befragung erfüllt selbstverständlich alle Kriterien der DSGVO. Ihre Angaben werden NICHT veröffentlicht. Wir erstellen aus allen Antworten einen anonymisierten Bericht für unser Haus. Wir werden den Bericht auf unserer Website veröffentlichen.

Füllen Sie einfach den Fragebogen Tab. 10.32 aus, es gibt keine richtigen oder falschen Antworten, berichten Sie einfach kurz über den Sachstand in Ihrem Unternehmen zum

Tab. 10.32 Wertschöpfungspartner Fragebogen

Der Name Ihres Unternehmens	
Ihre Branche	
Woher beziehen Sie die Rohstoffe und Vorprodukte für Ihre Produkte?	
Was wissen Sie über die Umweltbedingungen für den Abbau der Rohstoffe?	
Was wissen Sie über die Arbeitsbedingungen beim Abbau der Rohstoffe?	
Was wissen Sie über die Arbeitsbedingungen bei der Verarbeitung der Rohstoffe?	
Was wissen Sie über die Arbeitsbedingungen bei der Herstellung der Vorprodukte?	
Was unternehmen Sie bereits zur Förderung von Nachhaltigkeit für Ihre Produkte und Materialien?	
Haben Sie bereits das Thema Nachhaltigkeit gegenüber Ihren eigenen Lieferanten und Partnern hinterfragt?	
Woher beziehen Sie die Produkte, die Ausrüstung und die Werkzeuge für Ihren Betrieb? (auch Büroausstattung, Software, Computer)	
Was unternehmen Sie bereits zur Förderung von Nachhaltigkeit in Ihrem Unternehmen? (z. B. Müllvermeidung, Energieversorgung, Arbeitsplatzgestaltung, Ausbildungsangebote, Kriterien für den Einkauf, Produktgestaltung, Beratungsangebote, gesellschaftliches Engagement)	
Senden Sie uns gerne Anlagen, die Ihre Angaben belegen, bitte in den Datei-Formaten pdf, doc oder docx.	
Senden Sie uns gerne Links zu den Internetquellen, die Ihre Angaben belegen.	
Ihre persönlichen Angaben für unsere Rückfragen an Sie	
Ihr Vorname und Nachname	
Ihre Telefonnummer	
Ihre E-Mail-Adresse	

Thema Nachhaltigkeit. Es kann sein, dass nicht jede Frage auf Ihr Unternehmen zutrifft, lassen Sie das Feld dann einfach frei

Vielen Dank für Ihre Angaben. Ihre Unterstützung hilft uns sehr! Ihr:e Inhaber:in des Unternehmens

Dieses Formular speichert Ihren Namen, Ihre E-Mail-Adresse sowie den Inhalt des Betreffs und Ihrer Nachricht. Warum? Für unsere Antwort an Sie und für unsere Rückfragen. Sie stimmen der Speicherung Ihrer Daten zu. Mehr Informationen erhalten Sie in unserer Datenschutzerklärung

10.2.6 Öffentliche Partner

Ablauf Sie erstellen den Befragungsbogen für Ihre öffentlichen Partner und legen auf Ihrer Website die Befragung mit Eingabemasken an. Sie richten eine Clearingstelle ein für die Sammlung der Antworten und deren Auswertung. Sie verfassen eine E-Mail mit der Einladung zur Online-Umfrage und versenden diese an Ihre öffentlichen Partner. Die öffentlichen Partner beantworten den Online-Fragebogen, dieser geht an eine Clearingstelle. Die Clearingstelle wertet die Antworten aus und erstellt den Ergebnisbericht.

Anschreiben für Ihre öffentlichen Partner (Muster) Liebe öffentliche Partner unseres Unternehmens, das Thema Nachhaltigkeit spielt für unser Unternehmen eine immer größere Rolle. Wir achten bereits auf viele Aspekte der Nachhaltigkeit und wir wollen unsere Anstrengungen verstetigen.

Für uns ist es wichtig zu wissen, wie unsere öffentlichen Partner zum Thema Nachhaltigkeit agieren, welchen Anforderungen Sie gegenüberstehen, welche Entwicklungen Sie kommen sehen, was Sie von unserem Unternehmen erwarten und welche Unterstützung Sie Unternehmen anbieten, die auf dem Weg des nachhaltigen Wirtschaftens sind.

Unser Projekt *Nachhaltigkeit im Unternehmen stärken* ist eines unserer zentralen Jahresschwerpunkte. Mehr über unser Projekt finden Sie auf unserer Website. Wir wollen den Weg der Nachhaltigkeit in unserem Unternehmen noch konsequenter gehen und dafür brauchen wir Ihre Informationen und Ihre Unterstützung.

Meine Bitte an Sie: Dieses Projekt schaffen wir nicht allein, wir schaffen es gemeinsam mit Ihnen, mit unseren öffentlichen Partnern. Ich bitte Sie, uns ein paar Fragen über Ihre Perspektive zum Thema Nachhaltigkeit zu beantworten. Für Ihre Unterstützung bedanke ich mich bereits jetzt herzlich! Sie finden den Online-Fragebogen auf unserer Website. Ihr:e Inhaber:in des Unternehmens

Online-Befragung (Muster) Liebe öffentliche Partner unseres Unternehmens, herzlich willkommen zum Online-Fragebogen. Unsere Nachhaltigkeitsstrategie erarbeiten wir auf der Grundlage international anerkannter Standards beginnend mit den 17 Zielen für Nachhaltigkeit. Sie finden alle Informationen hierzu auf unserer Website.

Die Befragung erfüllt selbstverständlich alle Kriterien der DSGVO. Ihre Angaben werden NICHT veröffentlicht. Wir erstellen aus allen Antworten einen anonymisierten Bericht für unser Haus. Wir werden den Bericht auf unserer Website veröffentlichen.

Füllen Sie einfach den Fragebogen Tab. 10.33 aus, es gibt keine richtigen oder falschen Antworten, berichten Sie einfach kurz über Ihre Perspektive zum Thema Nachhaltigkeit. Es kann sein, dass nicht jede Frage auf Sie zutrifft, lassen Sie das Feld dann einfach frei.

Vielen Dank für Ihre Angaben. Ihre Unterstützung hilft uns sehr! Ihr:e Inhaber:in des Unternehmens

Tab. 10.33 Öffentliche Partner Fragebogen

Der Name Ihrer Einrichtung	
Ihr Sektor (Behörde, Amt, Eigenbetrieb)	
Welchen Anforderungen zum Thema Nachhaltigkeit stehen Sie gegenüber?	
Welche Entwicklungen zum Thema Nachhaltigkeit erwarten Sie in den kommenden Jahren?	
Was erwarten Sie für Unternehmen zum Thema Nachhaltigkeit?	
Was erwarten Sie von Unternehmen zum Thema Nachhaltigkeit?	
Was unternehmen Sie bereits zur Förderung von Nachhaltigkeit in Unternehmen?	
Welche Unterstützungen bieten Sie Unternehmen auf dem Weg der Nachhaltigkeit?	
Was unternehmen Sie bereits zur Förderung von Nachhaltigkeit in Ihrer Einrichtung? (z. B. Müllvermeidung, Energieversorgung, Arbeitsplatzgestaltung, Ausbildungsangebote, Kriterien für den Einkauf, Produktgestaltung, Beratungsangebote, gesellschaftliches Engagement)	
Senden Sie uns gerne Anlagen, die Ihre Angaben belegen, bitte in den Datei-Formaten pdf, doc oder docx.	
Senden Sie uns gerne Links zu den Internetquellen, die Ihre Angaben belegen.	
Ihre persönlichen Angaben für unsere Rückfragen an Sie	
Ihr Vorname und Nachname	
Ihre Telefonnummer	
Ihre E-Mail-Adresse	

Dieses Formular speichert Ihren Namen, Ihre E-Mail-Adresse sowie den Inhalt des Betreffs und Ihrer Nachricht. Warum? Für unsere Antwort an Sie und für unsere Rückfragen. Sie stimmen der Speicherung Ihrer Daten zu. Mehr Informationen erhalten Sie in unserer Datenschutzerklärung.

10.2.7 Verbünde und Verbände

Ablauf Sie erstellen den Befragungsbogen für Ihre Verbünde und Verbände und legen auf Ihrer Website die Befragung mit Eingabemasken an. Sie richten eine Clearingstelle ein für die Sammlung der Antworten und deren Auswertung. Sie verfassen eine E-Mail mit der Einladung zur Online-Umfrage und versenden diese an Ihre Verbünde und Verbände. Die Verbünde und Verbände beantworten den Online-Fragebogen, dieser geht an eine Clearingstelle. Die Clearingstelle wertet die Antworten aus und erstellt den Ergebnisbericht.

Anschreiben für Ihre Verbünde und Verbände (Muster) Liebe Verbünde und Verbände unseres Unternehmens, das Thema Nachhaltigkeit spielt für unser Unternehmen eine immer größere Rolle. Wir achten bereits auf viele Aspekte der Nachhaltigkeit und wir wollen unsere Anstrengungen verstetigen.

Für uns ist es wichtig zu wissen, wie unsere Verbünde und Verbände zum Thema Nachhaltigkeit agieren, welchen Anforderungen Sie gegenüberstehen, welche Entwicklungen Sie kommen sehen, was Sie von unserem Unternehmen erwarten und welche Unterstützung Sie Unternehmen anbieten, die auf dem Weg des nachhaltigen Wirtschaftens sind.

Unser Projekt *Nachhaltigkeit im Unternehmen stärken* ist eines unserer zentralen Jahresschwerpunkte. Mehr über unser Projekt finden Sie auf unserer Website. Wir wollen den Weg der Nachhaltigkeit in unserem Unternehmen noch konsequenter gehen und dafür brauchen wir Ihre Informationen und Ihre Unterstützung.

Meine Bitte an Sie: Dieses Projekt schaffen wir nicht allein, wir schaffen es gemeinsam mit Ihnen, mit unseren Verbünden und Verbänden. Ich bitte Sie, uns ein paar Fragen über Ihre Perspektive zum Thema Nachhaltigkeit zu beantworten. Für Ihre Unterstützung bedanke ich mich bereits jetzt herzlich! Sie finden den Online-Fragebogen auf unserer Website. Ihr:e Inhaber:in des Unternehmens

Online-Befragung (Muster) Liebe Verbünde und Verbände unseres Unternehmens, herzlich willkommen zum Online-Fragebogen. Unsere Nachhaltigkeitsstrategie erarbeiten wir auf der Grundlage international anerkannter Standards beginnend mit den 17 Zielen für Nachhaltigkeit. Sie finden alle Informationen hierzu auf unserer Website.

Die Befragung erfüllt selbstverständlich alle Kriterien der DSGVO. Ihre Angaben werden NICHT veröffentlicht. Wir erstellen aus allen Antworten einen anonymisierten Bericht für unser Haus. Wir werden den Bericht auf unserer Website veröffentlichen.

Füllen Sie einfach den Fragebogen Tab. 10.34 aus, es gibt keine richtigen oder falschen Antworten, berichten Sie einfach kurz über Ihre Perspektive zum Thema Nachhaltigkeit. Es kann sein, dass nicht jede Frage auf Sie zutrifft, lassen Sie das Feld dann einfach frei

Tab. 10.34 Verbünde und Verbände Fragebogen

Der Name Ihres Verbundes/Verbandes	
Ihr Sektor (Fachverband, Berufsverband, Fachgruppe, Initiative)	
Welchen Anforderungen zum Thema Nachhaltigkeit stehen Sie gegenüber?	
Welche Entwicklungen zum Thema Nachhaltigkeit erwarten Sie in den kommenden Jahren?	
Welche Entwicklungen zum Thema Nachhaltigkeit werden Sie in den kommenden Jahren anstoßen?	
Welche Formen der Mitwirkung unseres Unternehmens zum Thema Nachhaltigkeit planen Sie und wünschen Sie sich?	
Was erwarten Sie für Unternehmen zum Thema Nachhaltigkeit?	
Was erwarten Sie von Unternehmen zum Thema Nachhaltigkeit?	
Was unternehmen Sie bereits zur Förderung von Nachhaltigkeit in Unternehmen?	
Welche Unterstützungen bieten Sie Unternehmen auf dem Weg der Nachhaltigkeit?	
Was unternehmen Sie bereits zur Förderung von Nachhaltigkeit in Ihrem Verband/Verbund? (z. B. Müllvermeidung, Energieversorgung, Arbeitsplatzgestaltung, Ausbildungsangebote, Kriterien für den Einkauf, Produktgestaltung, Beratungsangebote, gesellschaftliches Engagement)	
Senden Sie uns gerne Anlagen, die Ihre Angaben belegen, bitte in den Datei-Formaten pdf, doc oder docx.	
Senden Sie uns gerne Links zu den Internetquellen, die Ihre Angaben belegen.	
Ihre persönlichen Angaben für unsere Rückfragen an Sie	
Ihr Vorname und Nachname	
Ihre Telefonnummer	
Ihre E-Mail-Adresse	

Vielen Dank für Ihre Angaben. Ihre Unterstützung hilft uns sehr! Ihr:e Inhaber:in des Unternehmens

Dieses Formular speichert Ihren Namen, Ihre E-Mail-Adresse sowie den Inhalt des Betreffs und Ihrer Nachricht. Warum? Für unsere Antwort an Sie und für unsere Rückfragen. Sie stimmen der Speicherung Ihrer Daten zu. Mehr Informationen erhalten Sie in unserer Datenschutzerklärung

10.2.8 Inhaber:in, Vorstand, Geschäftsführung

Inhaber:in, Vorstand und Geschäftsführung sind keine Stakeholder im engeren Sinne, doch sie sind die wesentlichen Promotoren für die Entwicklung eines Unternehmens. Sie haben idealerweise den Instinkt für wichtige Entwicklungen, den Verstand für eine klare Analyse, den Willen, Entwicklungen im Unternehmen anzustoßen und die Macht, diese Entwicklungen durchzusetzen – gemeinsam mit den Mitarbeiter:innen.

Ablauf   Sie erstellen einen Interviewbogen für ein offenes Interview (Tab. 10.35) mit jedem an der Spitze der Verantwortlichkeit verantwortlich handelnden und entscheidenden Personen des Unternehmens. Manchmal kann es sinnvoll sein, auch den Aufsichtsrat, den Betriebsrat und die Gesellschafter einzubeziehen. Das Interview zieht einen größeren Radius um das Thema Nachhaltigkeit.

Warnhinweis   Das Maß der Offenheit und Ehrlichkeit der Interviewpartner determiniert den Umgang mit den Ergebnissen der Interviews – von der Verschlusssache bis zum Mission-Statement des Unternehmens. Letztlich zeigt sich an genau dieser Stelle, ob der Weg des nachhaltigen Wirtschaftens für das Unternehmen überhaupt beschritten werden kann

Tab. 10.35 Inhaber:in, Vorstand, Geschäftsführung Fragebogen

Was hat sich seit der Gründung des Unternehmens stets bewährt?	
Für welche Werte steht das Unternehmen?	
Was zeichnet das Unternehmen aus?	
Was begeistert Sie in Ihrer Arbeit?	
Wofür kämpfen Sie in Ihrer Arbeit?	
Was verbinden Sie persönlich mit dem Wort Nachhaltigkeit?	
Wie lebt das Unternehmen das nachhaltige Wirtschaften?	
Wo sehen Sie das Unternehmen in zehn Jahren?	
Was versprechen Sie Ihren Mitarbeiter:innen?	
Was versprechen Sie Ihren Kundinnen und Kunden?	

Kommen wir zu den harten Fakten – zu Zahlen, Größenangaben, Mengen. Kommen wir zu den Quantitäten Ihres Unternehmens. Alles, was Sie an Waren und Dienstleistungen in Ihrem Unternehmen herstellen, benötigt Ressourcen. Sie benötigen Rohstoffe, Vorprodukte und Energie. Jede Ressource lässt sich als CO_2-Äqivalent darstellen. Genau darum geht es in Abschn. 10.3.

10.3 Treibhausgas-Emissionen

Im Kern geht es um die Erfassung der THG-Emissionen – der Treibhausgas-Emissionen, die aus dem Ressourcenverbrauch resultieren. Die THG-Emissionen umfassen mehr als die CO_2-Emissionen. Für eine Vergleichbarkeit und systematische Messbarkeit der THG-Emissionen werden alle Emissionen und der Ressourcenverbrauch in CO_2-Äquivalente umgerechnet.

Die Menge an CO_2-Emissionen[27] ist die zentrale Kennzahl, an der Sie den Ressourcenverbrauch Ihres Unternehmens messen können, aus der Sie Zeitreihen bilden können, mit der Sie Ihr Unternehmen mit anderen vergleichen können, anhand der Sie Entscheidungen treffen und die Konsequenzen daraus abschätzen können.

Jedes Unternehmen ist einzigartig. Es wäre vermessen, einen Ready-Mix anzurühren, Ihnen vorzusetzen und Ihnen zu versprechen, binnen weniger Minuten für Ihr Unternehmen die CO_2-Emissionen zu berechnen. Die Wahrheit ist, hier kommt Arbeit auf Sie zu, die nicht standardisierbar ist, einfach weil jedes Unternehmen einzigartig ist.

Wenn Sie Ihre erste Bestandsaufnahme abgeschlossen und diese sinnfällig strukturiert haben, dann sind alle folgenden Bestandsaufnahmen Fortschreibungen daraus, die sich sehr effizient gestalten. Kleiner Trost und Ermunterung: Das haben schon andere Unternehmen geschafft und Sie schaffen das auch!

Es gibt Hilfestellungen, Strukturierungen und Hinweise, die Ihnen in Ihrer Arbeit helfen und es Ihnen ermöglichen, die CO_2-Emissionen Ihres Unternehmens systematisch zu erfassen und elegant fortzuschreiben. Anbei eine unvollständige Liste guter Hilfestellungen für die Berechnung der CO_2-Emissionen in Ihrem Unternehmen.

Energiebuch der Mittelstandsinitiative Die *Mittelstandsinitiative Energiewende und Klimaschutz*[28] bietet explizit für Handwerksbetriebe zwei kostenfreie Werkzeuge für die

---

[27] CO_2-Emissionen sind die zentrale Kennzahl, auf deren Messung man sich geeignet hat. Siehe hierzu Die Bundesregierung (2023) CO_2-Emissionen https://www.bundesregierung.de/breg-de/aktuelles/co2-kohlenstoffdioxid-oder-kohlendioxid-emission-614692. Neben CO_2 zählen auch Methan (CH_4), Distickstoffoxid (Lachgas/N_2O), teilhalogenierte Fluorkohlenwasserstoffe (H-FKW/HFC), perfluorierte Kohlenwasserstoffe (FKW/PFC) und Schwefelhexafluorid (SF_6) zu den Treibhausgasen. Für diese gibt es ebenfalls die Möglichkeit der Umrechnung in CO_2-Äquivalente. Zugriff: 06.07.2023.

[28] Mittelstandsinitiative Energiewende und Klimaschutz https://www.mittelstand-energiewende.de/. Zugriff: 06.07.2023.

Erfassung der Energieverbrauchsdaten, das Energiebuch[29] als Druckversion und das E-Tool[30] für die Online-Erfassung der Daten. Damit können Sie Ihre Energieträger Strom, Wärme, Kraftstoffe, Wasser/Abwasser und technische Gase/Kältemittel ebenso differenziert analysieren wie Ihre Maschinen, Anlagen und den Fuhrpark. Die Hinzunahme von Filialen ist möglich. Neben der Datenerfassung bieten die Tools auch die Berechnung von Kennzahlen und des CO_2-Abdrucks Ihres Unternehmens. Sofern Sie alle Unterlagen für die Dateneingabe parat haben, ist das eine flotte Lösung.

KlimAktiv Auf der Website von *KlimAktiv*[31] finden Sie angepasste CO_2-Rechner für Privatpersonen, Unternehmen, Kommunen und Dienstleistungen incl. der Ermittlung des CO_2-Fußabdrucks und Handreichungen und Tipps für Klimastrategien und Klimaneutralität. Neben dem einfach gestalteten kostenfreien Testangebot bietet *KlimAktiv* kostenpflichtige umfangreiche Berechnungstools auf der Grundlage individueller Angebote an.

Ecocockpit[32] Die *Effizienz-Agentur NRW des Ministeriums für Umwelt, Naturschutz und Verkehr des Landes Nordrhein-Westfalen* bietet bundesweit für Industrie und Handwerk das kostenfreie Tool *Ecocockpit* an zur Ermittlung der Treibhausgas-Bilanz und deren Umrechnung in CO_2-Äquivalente. Die Grundlage des *Ecocockpit* bildet das Greenhouse Gas Protocol,[33] es ist das am weitesten verbreitete Verfahren für die Erstellung von Treibhausgasbilanzen. Die Quellenangaben der hinterlegten Daten in *Ecocockpit* sind im Bericht einsehbar, damit ist die erstellte Bilanz belastbar. *Ecocockpit* ist beliebig erweiterbar, es nutzt vornehmlich die Datenbank *ProBas*[34] des *Deutschen Umweltbundesamtes* und die Datenbank *GEMIS*[35] *des Umweltbundesamtes Österreich*. *Ecocockpit* verwendet darüber hinaus CO_2-Äquivalente, die im *Bundesförderprogramm Energie- und Ressourceneffizienz in der Wirtschaft* (EEW)[36] vorgegeben werden.

---

[29] Leitfaden Energieeffizienz im Handwerk. Mittelstandsinitiative Energiewende und Klimaschutz https://www.energieeffizienz-handwerk.de/energiebuch. Zugriff: 06.07.2023.

[30] Zentralverband des Deutschen Handwerks e.V. (ZDH) E-Tool. Mittelstandsinitiative Energiewende und Klimaschutz https://www.energie-tool.de/. Zugriff: 06.07.2023.

[31] KlimAktiv https://klimaktiv.de/. Zugriff: 04.07.2023.

[32] Ecocockpit https://ecocockpit.de/. Zugriff: 04.07.2023.

[33] Greenhouse Gas Protocol | Treibhausgas-Protokoll https://ghgprotocol.org/. Zugriff: 06.07.2023.

[34] Umweltbundesamt (2023) Probas – Prozessorientierte Basisdaten für Umweltmanagementsysteme. https://www.probas.umweltbundesamt.de/php/index.php. Zugriff: 06.07.2023.

[35] Umweltbundesamt Österreich (2023) Globales Emissionsmodell-Modell integrierter System https://www.umweltbundesamt.at/angebot/leistungen/angebot-cfp/gemis. Zugriff: 06.07.2023.

[36] KfW – Bundesförderung für Energie- und Ressourceneffizienz in der Wirtschaft https://www.kfw.de/inlandsfoerderung/Unternehmen/Energie-Umwelt/F%c3%b6rderprodukte/Energieeffizienz-und-Prozessw%c3%a4rme-aus-Erneuerbaren-Energien-(295)/, Zugriff: 06.07.2023.

Ecocockpit erstellt drei Bilanzen.[37] Die *Standortbilanz* umfasst alle Treibhausgas-Emissionen, die am Standort durch die wertschöpfenden und nichtwertschöpfenden Prozessschritte innerhalb der eigenen Werkstore unter Berücksichtigung der vorgelagerten Emissionen verursacht werden. Die *Prozessbilanz* umfasst alle Treibhausgas-Emissionen, die in den betrachteten Prozessen verursacht werden, bezogen auf eine spezifische Größe wie zum Beispiel ein gewählter Zeitraum oder eine produzierte Menge. Der Prozess kann unterteilt werden in seine einzelnen Prozessschritte. Die *Produktbilanz* umfasst alle Treibhausgas-Emissionen, die durch die Herstellung der Produkte verursacht werden. Hierzu ist es sinnvoll, das Produkt in einer typischen Verkaufsgröße zu betrachten.

Umweltbundesamt Österreich Der kostenfreie CO_2-Rechner auf der Website des *Umweltbundesamtes Österreich*[38] errechnet in Windeseile die CO_2-Äquivalente verschiedener Energieträger. Auch *Ecocockpit* bezieht diese Quelle in seine Berechnungen ein. Natürlich kann diese bestechend einfache Eingabemaske des Umweltbundesamtes Österreich nur Durchschnittswerte liefern, doch jenseits detaillierter Berechnungen auf Grundlage der individuellen Situation in jedem Unternehmen und seiner Prozesse sind die Ergebnisse der Berechnungen valide und transparent dargestellt. Es lohnt sich, auf der Website nach unten zu scrollen.

GHG – Greenhouse Gas Protokoll[39] Das *GHG-Protokoll* ist die Mutter aller Standards für die Erstellung von Treibhausgasbilanzen. Zahlreiche weitere Standards bauen auf dem *GHG-Protokoll* auf, darunter die *DIN EN ISO 14064*[40] und viele von Staaten geforderte Standards für Unternehmen. Das *GHG-Protokoll* bietet Werkzeuge für die Ermittlung der THG-Emissionen für Unternehmen vieler Branchen, für Länder und für Städte.[41] Das Herz bilden herunterladbare Excel-Tabellen mit sehr differenzierten Auflistungen und Umrechnungen von kohlenstoffbasierten Ressourcen und Excel-Tabellen für die individuelle Weiterbearbeitung.

Neben den Datensätzen des *GHG-Protokolls* können Sie auch auf die Datensätze des *Kyoto Protokolls,*[42] des *IPCC – Intergovernmental Panels on Climate Change*[43] und des

---

[37] Ecocockpit https://tool.ecocockpit.de/faq. Zugriff: 06.07.2023.

[38] Umweltbundesamt Österreich (2022) Berechnung von Treibhausgas (THG)-Emissionen verschiedener Energieträger https://secure.umweltbundesamt.at/co2mon/co2mon.html. Zugriff: 06.07.2023.

[39] Greenhouse Gas Protocol | Treibhausgas-Protokoll https://ghgprotocol.org/. Zugriff: 06.07.2023.

[40] Die DIN EN ISO 14064 umfasst die normierte Grundlage für THG-Emissionen in Unternehmen.

[41] Ebenda, Kalkulationstool https://ghgprotocol.org/calculation-tools. Zugriff: 06.07.2023.

[42] Was ist das Kyoto-Protokoll? United Nations – Climate Change https://unfccc.int/kyoto_protocol. Zugriff: 06.07.2023.

[43] ipcc – Intergovernmental Panel on Climate Change (Der Weltklimarat) https://www.ipcc.ch/. Zugriff: 06.07.2023.

Lebenszyklusrechners von *ecoinvent*[44] zugreifen und Sie können den *GWP – Global Warming Potenzial Rechner*[45] für Kältemittel des Industrieparks Höchst nutzen. Die Datensätze bieten teilweise sportliche Herausforderungen für Fortgeschrittene. Für ein normales Unternehmen dürften kostenfreie Tools – zum Beispiel das Tool von *Ecocockpit* – ausreichen.

10.3.1 Direkte und indirekte Emissionen entlang der Wertschöpfung

Jedes Unternehmen hat eine spezifische Wertschöpfungstiefe. Teile der Produktion erfolgen inhouse, Teile der Produktion werden zugekauft und diese Ressourcen benötigen für ihre Herstellung Energie. Jedes Unternehmen ist eingebunden in ein dichtes Netz aus Partnern, Lieferanten, Produzenten und Dienstleistern. Die Logistikkette des Unternehmens ist verzahnt mit den Lieferketten der Lieferanten, die Waren und Dienstleistungen werden direkt an die Kunden geliefert oder sie finden ihren Platz im Groß- und Einzelhandel. Die Mitarbeiter:innen kommen und gehen an ihren Arbeitsplatz, sie besuchen Kunden, Messen und Baustellen. Jeder Arbeitsplatz benötigt eine ausgestattete Arbeitsumgebung – Maschinen, Material, Computer, Software, Fläche, Sozialräume. Das Unternehmen benötigt für die Produktion einen Overhead bestehend aus Forschung & Entwicklung, Organisation & Verwaltung, Marketing & Vertrieb. Diese verkürzte Darstellung dient der Veranschaulichung der komplexen und miteinander verzahnten unternehmerischen Strukturen und Prozesse. All das benötigt Ressourcen, es benötigt Energie und all das erzeugt THG-Emissionen.

Von entscheidender Bedeutung für die annähernd korrekte Berechnung der THG-Emissionen ist deren umfassende Betrachtung entlang der Wertschöpfung des Unternehmens. Nehmen Sie sich die Zeit und dokumentieren Sie die Wertschöpfungskette Ihres Unternehmens, gerne auch grafisch.

Was können Sie der vorgelagerten Wertschöpfung zurechnen – welche Leistungen, Strukturen und Prozesse nimmt Ihr Unternehmen in Anspruch, um die Wertschöpfung im Unternehmen zu realisieren? Welche und wieviel THG-Emissionen entstehen aus der vorgelagerten Wertschöpfung? Wie gestaltet sich die Wertschöpfung in Ihrem Unternehmen, die dafür notwendige Bereitstellung und Nutzung von Energie und die daraus resultierenden THG-Emissionen? Was passiert nach der Wertschöpfung in Ihrem Unternehmen – welche Leistungen, Strukturen und Prozesse erreichen den Markt für die dortige Transformation und den Konsum, welche Investments Ihres Unternehmens erreichen den Markt und wie gestaltet sich der daraus resultierende Return on Investment für Ihr Unternehmen? Welche und wieviel THG-Emissionen resultieren aus der nachgelagerten Wertschöpfung?

---

[44] Ecoinvent https://ecoinvent.org/. Zugriff: 06.07.2023.
[45] Mit GWP-Rechner den eigenen Handlungsbedarf ermitteln. Infraserv Höchst https://www.infraserv.com/de/leistungen/facility-management/expertenwissen/f-gase/gwp-rechner/. Zugriff: 06.07.2023.

Die THG-Emissionen setzen sich zusammen aus den direkten Emissionen – dem
Energiebedarf für die Erstellung der Waren und Dienstleistungen und aus den damit zusammenhängenden indirekten Emissionen. Die indirekten Emissionen resultieren aus ex-
tern erzeugten und eingekauften Energieträgern für die Erstellung der Waren und Dienstleistungen und aus Emissionen der vor- und nachgelagerten Lieferkette. Für diesen Ansatz
der Erfassung der THG-Emissionen bietet sich das Modell der Scope 1, Scope 2 und
Scope 3 an (Abb. 10.10).

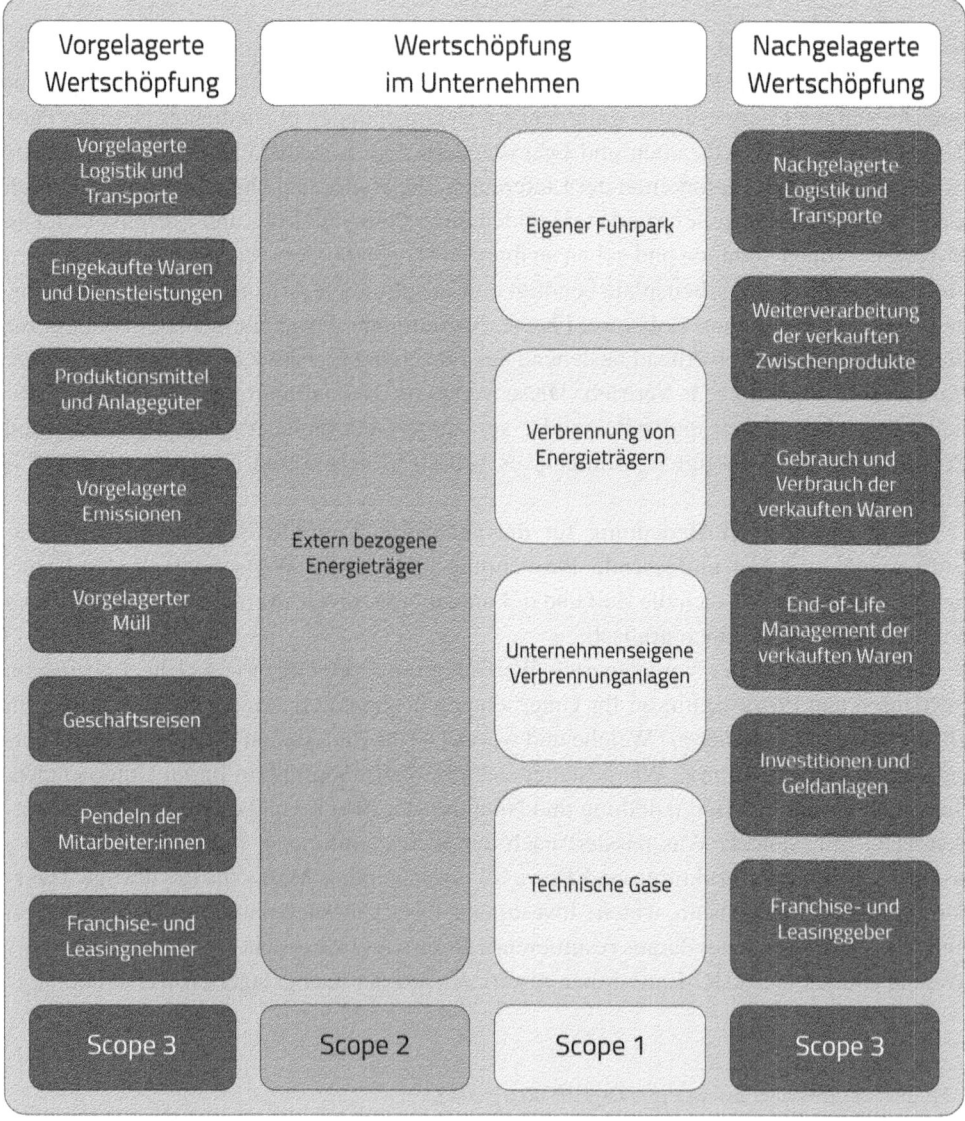

Abb. 10.10 Treibhausgas-Emissionen Scope 1, Scope 2, Scope 3 (eigene Darstellung)

Scope steht für den Umfang, den Geltungsbereich, die Kategorie. Die Scopes schaffen klar abgrenzbare Systemgrenzen und damit die Grundlage für eine saubere Datenerhebung und die Zuordnung der Emissionen zu definierbaren Quellen. Die folgende Grafik veranschaulicht beispielhaft den Zusammenhang zwischen der Wertschöpfung und den damit verbundenen Scopes 1, 2 und 3. Unter Umständen nutzen Sie dieses Beispiel für die Darstellung Ihrer Wertschöpfungskette.

Für die Ermittlung und Berechnung der THG-Emissionen innerhalb der Scope 1, Scope 2 und Scope 3 bietet das GHG-Protokoll folgende Kategorien an:

Stationäre Verbrennung Verbrennung von Brennstoffen in stationären Anlagen, zum Beispiel in Kesseln, Öfen, Brennern, Turbinen, Heizungen, Verbrennungsanlagen, Motoren und Fackeln.

Mobile Verbrennung Verbrennung von Brennstoffen zum Beispiel in Transportmitteln wie Autos, Lastwagen, Busse, Züge, Flugzeuge, Boote, Schiffe, Lastkähne, Wasserfahrzeuge.

Prozessemissionen Emissionen aus physikalischen oder chemischen Prozessen zum Beispiel bei der Zementherstellung, in der petrochemischen Verarbeitung und Emissionen aus der Aluminiumschmelze.

Flüchtige Emissionen Absichtliche und unbeabsichtigte Freisetzungen zum Beispiel bei Leckagen von Verbindungen, Dichtungen, Packungen und Dichtungen sowie flüchtige Emissionen aus Kohlehalden, der Abwasserbehandlung, Gruben, Kühltürmen und Gasverarbeitungsanlagen.

10.3.2 Scope 1

Scope 1 erfasst und misst die direkten Emissionen des Unternehmens aus dem Bezug von Energieträgern für die interne Verbrennung, zum Beispiel Gas, Öl, Diesel, Benzin für die Erzeugung von Strom, Wärme und Dampf. Die direkten Emissionen stammen aus Quellen, die sich direkt im Eigentum oder dem Geltungsbereich des Unternehmens befinden, zum Beispiel eigene Heizkessel, Turbinen, Boiler, eigener Fuhrpark und aus Emissionen aus der physikalischen und chemischen Verarbeitung in unternehmenseigenen Anlagen – zum Beispiel Zement, Aluminium, Adipinsäure,[46] Ammoniak und die Verarbeitung von Abfall.

---

[46] Adipinsäure. Lexikon Chemie.de | Lumitos AG https://www.chemie.de/lexikon/Adipinsäure.html. Zugriff: 06.07.2023.

Scope 1 umfasst Geschäftsreisen mit firmeneigenen Fahrzeugen, den Transport mit firmeneigenen Transportern – zum Beispiel Lastwagen, Züge, Schiffe, Flugzeuge, Busse, PKW und Gabelstapler, den Bezug und Einsatz von Energieträgern für die interne Verbrennung, technische Gase, Methanemissionen aus Kohlegruben und deren Entlüftung, Emissionen von Fluorkohlenwasserstoffen während der Verwendung von Kühl- und Klimaanlagen, Methanlecks beim Gastransport und weitere direkt im Unternehmen Emissionen verursachende Prozesse.[47, 48]

Zu Beginn identifizieren Sie die direkten THG-Emissionsquellen in Ihrem Unternehmen (Abb. 10.11) aus der stationären und mobilen Verbrennung, aus den Prozessemissionen und flüchtigen Emissionen. In der Industrie sind vermutlich die Prozessemissionen von großer Bedeutung. Für das produzierende Gewerbe stehen vermutlich die direkten Emissionen in allen vier Kategorien im Vordergrund. Dienstleister mit überwiegender Büroarbeit verursachen unter Umständen kaum direkte THG-Emissionen, abgesehen vom Fuhrpark und dem Einsatz von Klimaanlagen.

Meine Erfahrung ist: allein aus der Zusammenstellung der Emissionen entlang der Scope 1, 2 und der vor- und nachgelagerten Scope 3 und deren Zuordnung in die vier

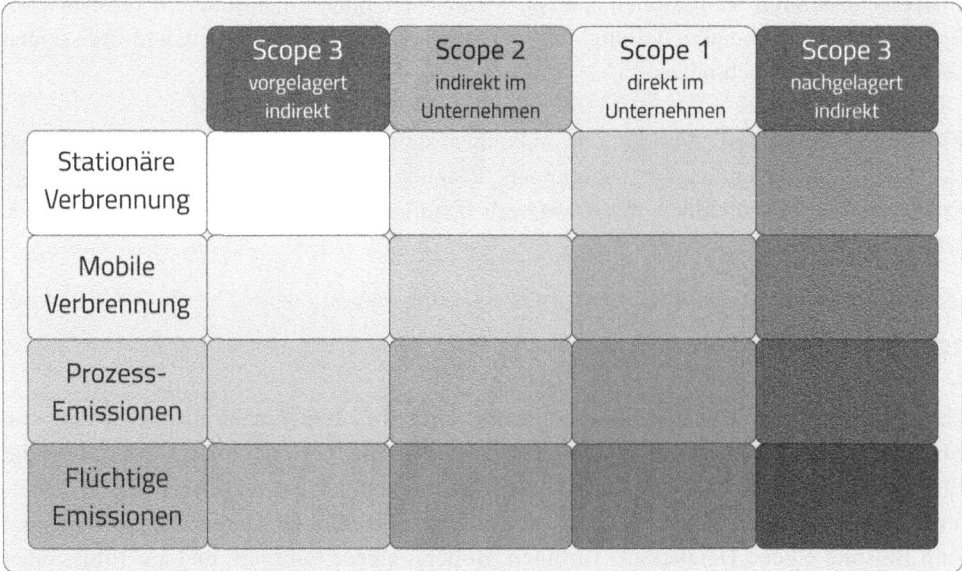

Abb. 10.11 THG-Emissionsquellen (eigene Darstellung)

---

[47] Ecocockpit https://ecocockpit.de/. Zugriff: 06.07.2023.

[48] A Corporate Accounting and Reporting Standard – Revised Edition. Greenhouse Gas Protocol | Treibhausgas-Protokoll.   https://ghgprotocol.org/sites/default/files/standards/ghg-protocol-revised. pdf. Zugriff: 06.07.2023.

Kategorien ergeben sich viele Ansätze und sehr gute Ideen, THG-Emissionen umstandslos einzusparen, ohne den Wertschöpfungskern des Unternehmens zu tangieren.[49]

10.3.3 Scope 2

Scope 2 erfasst und misst die indirekten Emissionen des Unternehmens aus dem Bezug von leitungsgebundenen Energieträgern von Energielieferanten, zum Beispiel Strom und Fernwärme. Die indirekten Emissionen entstehen aus der eingesetzten Energie, die das Unternehmen für die eigene Nutzung einkauft, zum Beispiel Strom, Wärme, Kühlung. Erzeugt das Unternehmen die genutzte elektrische Energie selbst, dann wird dieser Strom nicht als Scope 2 bilanziert, er wird unter den Scope 1, den direkten Emissionen bilanziert.

Scope 2 umfasst die Bereitstellung von Energie aus externen Quellen und weitere indirekte Emissionen des Unternehmens im Zusammenhang mit dem Bezug von Energieträgern.[50] Scope-2-Emissionen treten physisch an der Anlage auf, in der Strom erzeugt wird.[51]

Aus zugekauftem Strom resultieren für viele Unternehmen die größten THG-Emissionen. Hier bieten sich gute Möglichkeiten, Emissionen einzusparen und zu vermeiden, zum Beispiel durch Investitionen in energieeffiziente Technologien und Maßnahmen zur Energieeinsparungen. Weniger treibhausgasintensive Stromquellen sind eine Überlegung wert ebenso wie ein unternehmenseigenes effizientes Blockheizkraftwerk.[52] Von großer Bedeutung ist der Strommix, doch Achtung: Unter Umständen bietet sich Ökostrom als Lösung an, hierbei ist eine gründliche Recherche sinnvoll, ob im angebotenen Ökostrom auch wirklich Ökostrom enthalten ist[53] oder ob sich der Strom entlang des deutschen Strommix zusammensetzt.[54]

---

[49] Anbei drei hilfreiche Links, Scope 1, 2 und 3 zu verstehen, zu messen und zu berechnen: Stiftung Allianz für Entwicklung und Klima https://allianz-entwicklung-klima.de/, Kluthe Magazin Scope 1, 2 und 3 Emissionen. Chemische Werke Kluthe GmbH https://kluthe.com/magazin/scope-1-2-und-3-emissionen/, Gowdy J (2022) Berechnung von Scope 1, 2 und 3 Emissionen: Ein Überblick. Sustainserv GmbH https://sustainserv.com/de/insights/berechnung-von-scope-1-2-und-3-emissionen-ein-ueberblick/. Zugriffe: 06.07.2023.

Die folgenden Absätze beziehen sich in Teilen auf diese Links, sie enthalten jedoch substanziell mehr Informationen und eine kompakte Zusammenstellung der breit gestreuten Informationsbröckchen im Internet.

[50] Ecocockpit https://ecocockpit.de/. Zugriff: 06.07.2023.

[51] Scope-2 Guidance – Leitfaden. Greenhouse Gas Protocol | Treibhausgas-Protokoll https://ghgprotocol.org/scope_2_guidance. Zugriff: 06.07.2023.

[52] Scope-2 Guidance – Leitfaden. Greenhouse Gas Protocol | Treibhausgas-Protokoll https://ghgprotocol.org/scope_2_guidance. Zugriff: 06.07.2023.

[53] Vielleicht gönnen Sie sich zur nochmaligen Vergegenwärtigung sieben heitere Minuten aus der Sendung *Die Anstalt*, Der Marktstand https://www.zdf.de/comedy/die-anstalt/die-anstalt-clip-4-212.html. Das Video verfügbar bis 04.10.2024. Der Faktencheck zur Sendung vom 4. Oktober 2022: https://www.zdf.de/comedy/die-anstalt/fakten-im-check-der-anstalt-118.html. ZDF Zweites Deutsches Fernsehen Zugriffe: 06.07.2023.

[54] Strommix Deutschland: Aktuelle Stromerzeugung 2023.Strom-Report https://strom-report.de/strom/. Zugriff: 06.07.2023.

10.3.4 Scope 3

Scope 3 erfasst und misst die indirekten Emissionen aus dem Bezug von Leistungen und Produkten durch Lieferanten der vor- und nachgelagerten Lieferkette, zum Beispiel Roh-, Hilfs- und Betriebsstoffe, Geschäftsreisen und Dienstleistungen. Diese indirekten Emissionen resultieren aus Aktivitäten, die nicht direkt zum Unternehmen gehören, zum Beispiel Emissionen aus Geschäftsreisen, durch Leasingfahrzeuge oder aus dem Abfallmanagement.

Scope 3 umfasst Geschäftsreisen mit externen Transportmitteln, Transporte mit externen Dienstleistern und externen Fahrzeugen, chemische Grundstoffe und Produkte, Holz, Papier, Pappe, Kunststoffe, Metalle, Mineralien, Baustoffe, die Entsorgung, Wasser, die Anfahrt der Mitarbeiter:innen, Lebensmittel, Veranstaltungen und weitere indirekte Emissionen des Unternehmens im Zusammenhang mit dem Bezug von Leistungen und Produkten durch Dritte.[55]

Wenn THG-intensive Materialien einen erheblichen Anteil an den verwendeten oder hergestellten Produkten haben, zum Beispiel Zement, Aluminium und Betonteile, dann ist eine intensive Prüfung sinnvoll, den Anteil dieser Produkte zu reduzieren oder durch weniger THG-intensive Materialien zu ersetzen. Auch eine Analyse der Transportwege kann sinnvoll sein und die Suche nach regionalen Lieferanten. Die Notwendigkeit von Geschäftsreisen wird im Zuge der Lernkurve entlang der Corona-Pandemie auch meist anders bewertet.

Identifizieren Sie alle Partner Ihres Unternehmens entlang der Wertschöpfungskette, zum Beispiel Kunden, Hersteller, Energieversorger, Dienstleister und messen Sie deren Beitrag zu den Ihrem Unternehmen zurechenbaren THG-Emissionen. Sie merken schon, die Berechnung des Scope 3 ist mit größeren Unsicherheiten behaftet als die Berechnung der Scope 1 und 2.

Durch die Hinzunahme der Scope-3-Emissionen ermittelt das Unternehmen alle relevanten THG-Emissionen, die im Zusammenhang mit seiner Wertschöpfung stehen. Die Erfassung von Scope 1 und Scope 2 entspricht der betriebswirtschaftlichen Teilkostenrechnung. Rein rechnerisch schlägt die optionale Hinzunahme von Scope 3 – diese werden für den Nachhaltigkeitsbericht nicht immer gefordert[56] – natürlich ins Kontor. Unternehmen mit einer flachen originären Wertschöpfung und viel Outsourcing profitieren erheblich von diesem Rechentrick, allerdings zählt am Ende immer die Betrachtung der Vollkosten beziehungsweise die Ermittlung und Messung der Scope 1, 2 und 3. Nur mit diesen Zahlen handelt das Unternehmen transparent und ehrlich.

---

[55] Ecococpit https://ecocockpit.de/. Zugriff: 06.07.2023.

[56] Scope 3-Emissionen. Climate Partner GmbH https://www.climatepartner.com/de/news-insights/glossar/scope-3-emissionen. Zugriff: 06.07.2023.

Die Schätzung von THG-Emissionen ist immer dann akzeptabel, wenn der Schätz-ansatz transparent ist, die für die Analyse verwendeten Daten angemessen sind und sich für eine Fortschreibung eignen, um die Ziele der Bestandsaufnahme zu unterstützen und Veränderungen auf Grundlage einer gleichmäßigen Datenbasis nachvollziehbar sind. Die Verifizierung von Scope-3-Emissionen ist oft schwierig und kann nur in Betracht gezogen werden, wenn die Daten aus zuverlässigen Quellen stammen.[57] Unter Umständen ver-wenden Sie das Zwei-Quellen-Prinzip.

10.3.5 THG-Emissionen und CO_2-Äquivalente

Damit Sie ein Gefühl für CO_2-Äquivalente bekommen, ihr Gewicht im Sinne des Wortes und ihren Beitrag zum Treibhauseffekt, finden Sie anbei mehrere gruppierte Auflistungen von Ausgangsstoffen, die in den meisten Unternehmen anfallen (Tab. 10.36 und 10.37). Alle Angaben sind Durchschnittswerte. Lesebeispiel: Das CO_2-Äquivalent für Methan be-trägt 25 bei einem Zeithorizont von 100 Jahren. Ein Kilogramm Methan trägt innerhalb der ersten 100 Jahre nach der Freisetzung 25-mal so stark zum Treibhauseffekt bei wie ein Kilogramm CO_2.

Das *BAFA – Bundesamt für Wirtschaft und Ausfuhrkontrolle* liefert zu den erneuerbaren Energieträgern andere Werte (Tab. 10.38), diese enthalten nicht die Vorkette.

Tab. 10.36 THG-Emissionen und CO_2-Äquivalente I Gase

Gase[a]		Menge	Einheit	CO_2-Äquivalent in kg	Anmerkungen
CO_2	Kohlen-Dioxid	1	kg	1	GWP[b]
CH_4	Methan	1	kg	25	GWP
N_2O	Lachgas	1	kg	298	GWP
FKW	Fluorkohlen-Wasserstoffe	1	kg	124–14.800	GWP
PFC	Perfluor-Carbone	1	kg	7390–12.200	GWP
SF_6	Schwefel-Hexafluorid	1	kg	22.800	GWP
NF_3	Stickstoff-Trifluorid	1	kg	17.200	GWP

[a]Rabo O (2020) CO_2 Äquivalent: Definition und Berechnung. Cooler Future https://www.coolerfu-ture.com/blog-de/co2-aquivalent. Zugriff: 06.07.2023
[b]GWP – Greenhouse Warming Potential, TreibhausPotenzial, mittlere Erwärmungswirkung der Erdatmosphäre über einen bestimmten Zeitraum (in der Regel 100 Jahre). Das TreibhausPotenzial gibt an, wie viel eine bestimmte Masse eines Treibhausgases im Vergleich zur gleichen Masse CO_2 zur globalen Erwärmung beiträgt.

---

[57]Greenhouse Gas Protocol I Treibhausgas-Protokoll https://ghgprotocol.org/sites/default/files/stan-dards/ghg-protocol-revised.pdf. Zugriff: 06.07.2023.

Tab. 10.37 THG-Emissionen und CO_2-Äquivalente | Energieträger

Energieträger[a]	Menge	Einheit	CO_2-Äquivalent in kg	Anmerkungen
Strom	1	kWh	0,202	incl. Vorkette[b]
Grüner Strom	1	kWh	0,014	incl. Vorkette
Fernwärme	1	kWh	0,191	incl. Vorkette
Erdgas	1	m^3	2,718	incl. Vorkette
Heizöl	1	Liter	3,305	incl. Vorkette
Flüssiggas	1	Liter	2,158	incl. Vorkette
Diesel	1	Liter	3,134	incl. Vorkette
Biodiesel	1	Liter	1,077	incl. Vorkette
Bioethanol	1	Liter	0,520	incl. Vorkette
Benzin	1	Liter	2,739	incl. Vorkette
Holzpellets	1	kg	0,133	incl. Vorkette
Holz	1	kg	0,049	incl. Vorkette

[a]THG-Emissionen in CO_2-Äquivalenten als Summe aus direkten und indirekten THG-Emissionen, Umweltbundesamt Österreich https://secure.umweltbundesamt.at/co2mon/co2mon.html. Zugriff: 06.07.2023. Dort finden Sie auch die Erläuterungen zu den Berechnungen, die aufgeschlüsselten Berechnungen und die Quellenangaben.
[b]In die Berechnung fließen ein: Scope 1, Scope 2, Scope 3

Tab. 10.38 THG-Emissionen und CO_2-Äquivalente | Erneuerbare Energieträger

Erneuerbare Energieträger[a]	Menge	Einheit	CO_2-Äquivalent in kg	Anmerkungen
Biomasse Holz	1	tCO_2/MWh	0,027	ohne Vorkette
Pellets	1	tCO_2/MWh	0,036	ohne Vorkette
Biodiesel[b]	1	tCO_2/MWh	0,070	ohne Vorkette
Bioethanol[401]	1	tCO_2/MWh	0,043	ohne Vorkette
Biogas[401]	1	tCO_2/MWh	0,152	ohne Vorkette
Klärschlamm	1	tCO_2/MWh	0,010	ohne Vorkette

[a]Quelle: Bundesamt für Wirtschaft und Ausfuhrkontrolle – Infoblatt zu den CO_2-Faktoren der Bundesförderung für Energie- und Ressourceneffizienz in der Wirtschaft, https://www.bafa.de/DE/Home/home_node.html. Zugriff: 06.07.2023. Achtung: Das Infoblatt wird immer wieder an anderer Stelle auf der Website des BAFA veröffentlicht. Bitte verwenden Sie stets die aktuelle Fassung, das Infoblatt wird regelmäßig vom BAFA aktualisiert.
[b]Nur bei Erzeugung auf dem Betriebsgelände

Bitte beachten Sie: Die in Tab. 10.39 aufgeführten Stoffe sind eine Auswahl der gängigsten Stoffe in Unternehmen. Für eine umfassende Betrachtung der Stoffe verweise ich herzlich auf das Merkblatt des BAFA mit den dort aufgeführten Ressourcen mit abschließender Gültigkeit.[58] Bitte beachten Sie ebenfalls, diese Daten sind ohne Vorkette (Scope 3) zu verstehen.

---

[58]Quelle: Bundesamt für Wirtschaft und Ausfuhrkontrolle – Infoblatt zu den CO_2-Faktoren der Bundesförderung für Energie- und Ressourceneffizienz in der Wirtschaft, https://www.bafa.de/DE/Home/home_node.html. Zugriff: 06.07.2023. Achtung: Das Infoblatt wird immer wieder an anderer Stelle auf der Website des Bafa veröffentlicht. Bitte verwenden Sie stets die aktuelle Fassung, das Infoblatt wird regelmäßig vom BAFA aktualisiert.

Tab. 10.39 THG-Emissionen und CO_2-Faktor in tCO_2-äquiv/t | Stoffe, Ressourcen, Energieträger

Stoffe, Ressourcen, Energieträger	CO_2-Faktor in tCO_2-äquiv/t
Altpapierstoff	0,865
Aluminium, primär[a]	10,005
Aluminium, sekundär[b]	0,5173
Baumwollgewebe	11,101
Beton	0,061
Bitumen	0,325
Blei	1,363
Blei, sekundär	0,501
Edelstahlblech	5,184
Eisen	1,764
Gips (Calciumsulfat)	0,008
Glas (Behälterglas)	1,026
Glas (Flachglas)	0,965
Glaswolle	2,662
Gold	47.790,300
Holz, unbehandelt	0,118
Holzstoff	1,551
Kies (Baukies)	0,005
Kohlenstofffaserverstärkte Kunststoffe	83,643
Kupferblech, primär	7,199
Kupferblech, sekundär	2,267
Lack Lösemittelbasis	1,999
Leim/Klebstoffe	5,596
Lithium	79,288
Magnesium	28,814
Messing	5,554
Methan (Erdgas)	0,659
Naturkautschuk	2,708
Nickel	19,896
Nickel, sekundär	1,036
Papier	1,377
Pappe Kartonage	0,624
PET	2,745
Platin	69.410,025
Polyethylen (HDPE)[c]	1,9234
Polyethylen (LDPE)[d]	1,968
Polystyrol[e]	3,775
Polystyrol/expandiertes Polystyrol (EPS)[f]	9,616
PVC	1,902
Recycling-Kunststoff (PET)	1,156
Sand (Bausand)	0,005
Schiefer	0,009

(Fortsetzung)

Tab. 10.39 (Fortsetzung)

Stoffe, Ressourcen, Energieträger	CO_2-Faktor in tCO_2-äquiv/t
Silber	449,387
Silizium	77,614
Spanplatte	0,465
Stahl (Elektrostahl)	0,551
Stahl (Konverterstahl[g])	2,182
Stahlblech	2,390
Stahlblech verzinkt	2,494
Stahlschrott	0,034
Steinwolle	1,319
Titan	50,859
Torf	0,014
VE-Wasser/technisches Wasser[h]	0,001[i]
Wasser	0,001[j]
Wasserstoff (Prozessgas)	12,821
Zellstoff (Sulfatzellstoff)[k]	0,348
Zellstoff (Sulfitzellstoff)[l]	1,096
Zement	0,789
Zink	2,717
Zinn	10,147

[a]Statista Research Department (2023) Primär- und Sekundäraluminium – Produktion in Deutschland bis 2021. Statista https://de.statista.com/statistik/daten/studie/197960/umfrage/produktion-von-primaer-und-sekundaeraluminium-in-deutschland. Zugriff: 06.07.2023

[b]ebenda

[c]PE – Polyethylen HD – High Density

[d]Ebenda, PE – Polyethylen HD – Low Density

[e]Polystyrol (PS). Kunststoffe.de | Carl Hanser Verlag GmbH & Co. KG https://www.kunststoffe.de/a/grundlagenartikel/polystyrol-ps-264382. Zugriff: 06.07.2023

[f]Expandiertes Polystyrol (EPS). Baunetz Wissen | Heinze GmbH | NL Berlin https://www.baunetzwissen.de/daemmstoffe/fachwissen/daemmstoffe/expandiertes-polystyrol-eps-152198. Zugriff: 06.07.2023

[g]Konverter. Mineralienatlas – Lexikon. Geolitho Stiftung gemeinnützige GmbH https://www.mineralienatlas.de/lexikon/index.php/Konverter?lang=de. Zugriff: 06.07.2023

[h]Demineralisiertes Wasser. Chemie.de | Lumitos AG https://www.chemie.de/lexikon/Demineralisiertes_Wasser.html. Zugriff: 06.07.2023

[i]Exakt: 0,00044

[j]Exakt: 0,00033

[k]Wellpappe-Wissen – Holzfaserprodukt Zellstoff (Zellulose). Verband der Wellpappen-Industrie e.V. https://www.wellpappe-wissen.de/wissen/papier/papierherstellung/holzfaserprodukt-zellstoff-zellulose.html. Zugriff: 06.07.2023

[l]ebenda

CO$_2$-Faktor in tCO$_2$-äquiv/t Stoffe sind Ressourcen, sie sind Energieträger mit spezifischen Emissionsfaktoren. Der Emissionsfaktor jedes Stoffes ist abhängig vom Kohlenstoffgehalt und den physikalischen Eigenschaften des Energieträgers. Der Emissionsfaktor beziffert die freigesetzte Menge an Treibhausgas durch den Einsatz des Energieträgers. Emissionsfaktoren werden in der Regel ausgewiesen in kg CO$_2$ pro kg Energieträger.

Damit können die THG-Emissionen jedes Energieträgers direkt miteinander verglichen werden und damit ihre Wirkung auf das Klima.[59]

Die Schlussfolgerungen aus obiger Tabelle sind einfach. Als Faustregel gilt: Je naturbelassener ein Stoff ist, desto klimafreundlicher ist er. Recycelte Stoffe sind klimafreundlicher als neu hergestellte Stoffe. Durch physikalische und chemische Prozesse hoch verarbeitete Stoffe und Verbundstoffe sind klimaschädlicher als gering verarbeitete Stoffe.

Die Kunst der klimaschonenden Verwendung von Stoffen besteht darin, wo immer möglich stark das Klima belastende Stoffe durch klimafreundlichere Stoffe zu substituieren, Stoffe sparsam einzusetzen und recycelte Stoffe zu verwenden. Die hergestellten Produkte sollten am Ende ihrer Lebensdauer sortenrein getrennt werden und möglichst vollständig in den Produktionskreislauf zurückgeführt werden können.[60]

10.4 Trendforschung

Trends (Abb. 10.12) im Sinne von Megatrends sind breite soziale, wirtschaftliche, politische und technische Veränderungen, die sich langsam bilden und die, wenn in Kraft, lange von Einfluss sind. Niemand kann sich dauerhaft gegen diese Entwicklungen stellen. Entscheidend ist, konstruktiv mit Entwicklungen in Wirtschaft und Gesellschaft umzugehen. Die Zukunft kann niemand vorhersehen. Denn Zukunft entwickelt sich nicht linear. Wir erleben Disruption, aufbrechende Dynamiken und Zeiten scheinbaren Stillstandes. Doch wir können unseren Blickwinkel erweitern, den Horizont beobachten und die Gegenwart aus verschiedenen Perspektiven betrachten. Mit diesem Wissen kann sich Ihr Unternehmen auf mögliche Zukünfte vorbereiten und diese selbstbestimmt gestalten.

Entscheidend für eine gute Anwendung der Trendforschung ist der zeitliche Horizont. Liegt dieser zu nahe an der Gegenwart, bleibt der Erkenntnisgrad gering, liegt er zu weit in der Zukunft, zum Beispiel 20 Jahre oder länger, dann werden die Ergebnisse nebulös. Für die unternehmerische Praxis bewährt haben sich Zeiträume zwischen drei und sieben Jahren – es kommt immer auf die Branche und deren konkrete Situation an.

Mit dem Trendradar in Abb. 10.13 können Sie mögliche Zukünfte in sieben Dimensionen erfassen, analysieren und im Zusammenhang mit Ihrer konkreten Aufgabenstellung

---

[59] Siehe hierzu: Stiftung Allianz für Entwicklung und Klima Was sind Emissionsfaktoren. https://allianz-entwicklung-klima.de/toolbox/was-sind-emissionsfaktoren/. Zugriff: 06.07.2023.

[60] Das ist Ihnen zu einfach? Die Wahrheit ist, es ist einfach. Wir haben kein Erkenntnisproblem, wir haben ein Umsetzungsproblem.

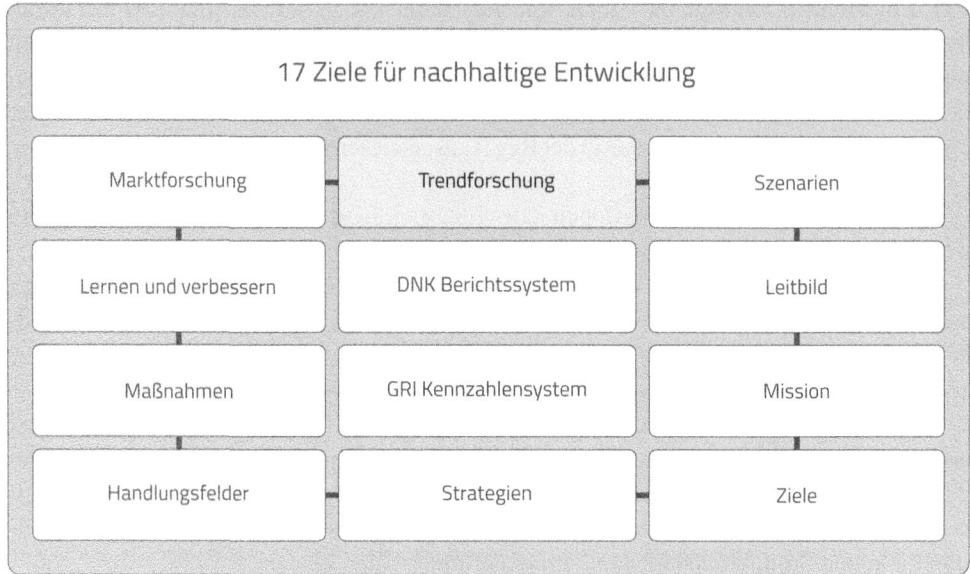

Abb. 10.12 Trendforschung (eigene Darstellung)

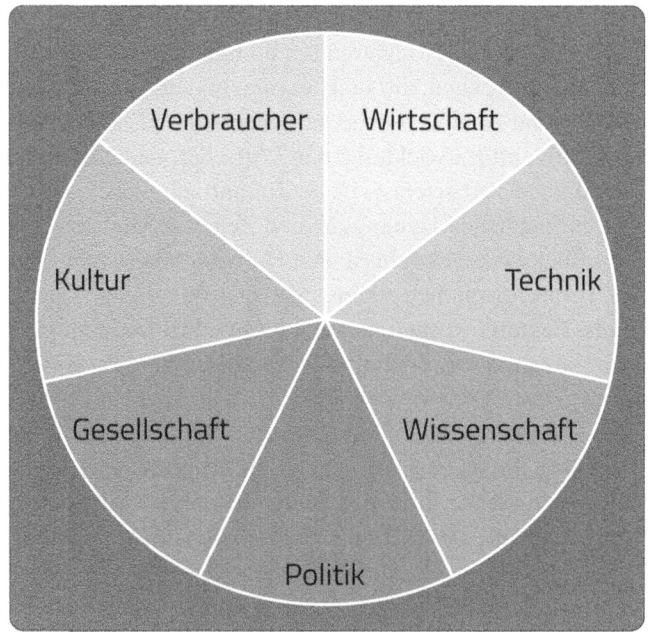

Abb. 10.13 Trendradar Megatrends (eigene Darstellung)

bewerten. Das Trendradar umfasst die entscheidenden Treiber des Wandels – die Megatrend-Cluster – diese sind illustrativ mit Stichworten unterfüttert.

Wirtschaftliche Trends Fabrik 4.0 – Vernetzung und Automatisierung der Produktion, Aufhebung der Branchengrenzen zwischen analogen und digitalen Unternehmen, Recycling, Upcycling und Kreislaufwirtschaft, Voranschreitende Globalisierung, Wachsende Regionalisierung, Nachhaltigkeit als Geschäftsmodell, Flexibilisierung – projektbasierte Organisation

Technische Trends Big Data als Grundlage für die vernetzte Mobilität, die Gesundheitsvorsorge, das nachhaltige Design von Waren, Gebäuden und Wertstoffketten, die Energiewende, die vorausschauende Polizeiarbeit, die künstliche Intelligenz und die Weiterentwicklung der Informationstechnologie.

Wissenschaftliche Trends Life Sciences – Internet- und computergestützte Gesundheitsvorsorge, Green Sciences – grüne Verbund-Werkstoffe, grüne und rote Gentechnik, grüne Energie und Energiespeicher, genbasierte Impfstoffe, klimastabile Nutzpflanzen

Politische Trends Europäisierung, supranationale Verbünde, bilaterale Beziehungen, Regionalisierung, Abschottung, Nationalismus, bürgerschaftliches Engagement, Nudging, neue Koalitionen, Populismus, Individualisierung der Lebensrisiken

Gesellschaftliche Trends Demografischer Wandel, Community-Building, Ghettoisierung, Integration, Parallelgesellschaften, Migration, Urbanisierung, wachsende Wohlstandspolarisierung, Postfaktische Universen

Kulturelle Trends Ökonomisierung, Wiederverwertung, Subsistenzwirtschaft, Ökologisierung, Verantwortung, Posthumanismus, neue Achtsamkeit, digitale Sozialität, Feedback-Society, ethische Schönheit, Share-Economy

Verbrauchertrends Individualisierung, veganer Lebensstil, Einfachheit – reduce it, Erlebnis & Sinn, Gut leben statt viel haben, globale Wachstumsmärkte, Digitalisierung des Alltags

Die den Megatrend-Clustern beigefügten Stichworte dienen Ihnen zur Illustration der Themenspektren innerhalb der Megatrend-Cluster. Für Ihre unternehmerische Arbeit kommt es nicht darauf an, für welchen Megatrend Sie besonders große Sympathien oder Abneigungen empfinden. Entscheidend für Ihre Arbeit mit Megatrends sind die aus Ihrer Sicht für Ihr Unternehmen relevanten Megatrends. Ihre Leitfragen zeigt Tab. 10.40:

Hypothese Verdichten wir die oben angeführte Stichwortliste unter dem Aspekt Nachhaltigkeit und stellen diese Stichworte zusammen, so ergeben sich: Green Sciences, grüne Energie, klimastabile Nutzpflanzen, Regionalisierung, bürgerschaftliches Engagement,

Tab. 10.40 Relevante Megatrends

Welche Megatrends betreffen unmittelbar mein Geschäftsmodell?	
Welche Megatrends haben starken Einfluss auf die Kauf- und Konsumgewohnheiten meiner Kunden?	
Welche Megatrends werden mein Vertriebsgebiet tiefgreifend und dauerhaft verändern?	

Wiederverwertung, Ökologisierung, Verantwortung, neue Achtsamkeit, ethische Schönheit, Share-Economy, veganer Lebensstil, Einfachheit, Erlebnis & Sinn, Gut leben statt
viel haben. Daraus folgt: Nachhaltigkeit ist mit hoher Wahrscheinlichkeit ein Megatrend-
Cluster übergreifender Megatrend, der alle politischen, gesellschaftlichen und ökonomischen Prozesse, Vereinbarungen und Spielregeln einbeziehen und mit Macht um-
gestalten wird. Im folgenden Kapitel *Szenarien* schreiben wir den Megatrend Nachhaltigkeit exemplarisch fort.

10.5   Szenarien

Die Idee der Szenariotechnik (Abb. 10.14) entstammt der Commedia dell'arte. Ein nach
den Regeln der Commedia dell'arte entworfenes Theaterstück spielt innerhalb einer
Rahmenhandlung, die szenisch improvisiert wird. Deshalb heißt die Commedia dell'arte

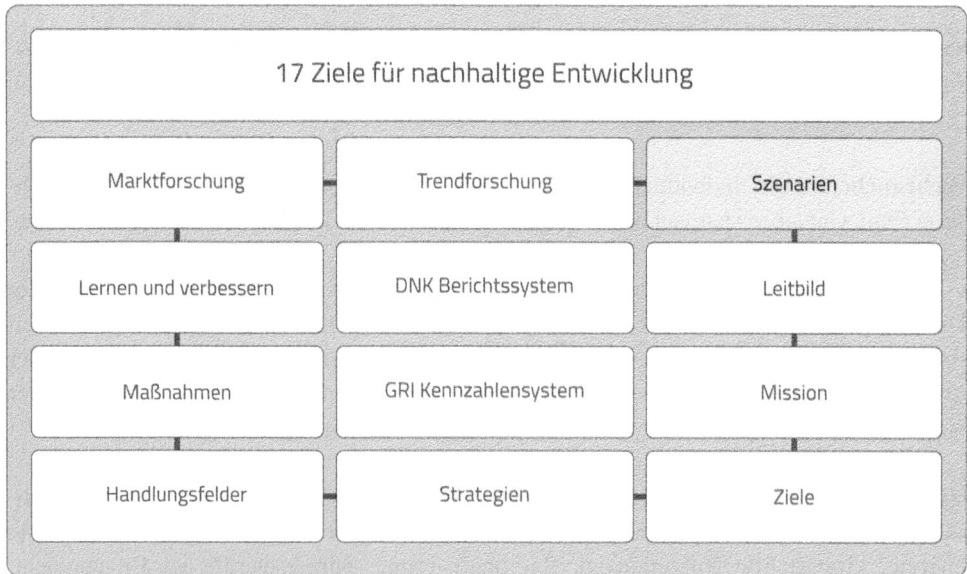

Abb. 10.14 Szenarien (eigene Darstellung)

auch commedia improvvisa. Heute noch werden Theaterstücke und Fernsehfilme[61] als Improvisationstheater in Szene gesetzt. Für unsere Arbeit mit Megatrends bedeutsam ist, die Rahmenhandlung steht fest, alles andere entwickelt sich im Zeitablauf daraus.

Die Szenariotechnik als Prognose- und Entscheidungsinstrument wurde in den 1960er-Jahren von der RAND Corporation[62] und dem dort arbeitenden Herman Kahn für das Militär entwickelt. In den 1970er-Jahren fand die Szenariotechnik ihren Weg in die Wirtschaft. Die Studie des Club of Rome ‚Die Grenzen des Wachstums' basiert auf der Szenariotechnik, der Mineralölkonzern Shell wandte sie an für den Umgang mit der Ölpreiskrise. Bis in die Gegenwart ist die Szenariotechnik ein Standardwerkzeug für Unternehmen, meist wird sie eingesetzt im Rahmen der revolvierenden Zielplanung. Diese beschreibt ausgehend von der Situation des Unternehmens und seinen Stärken und Schwächen mögliche Zukünfte in den kommenden Jahren unter Hinzunahme der Megatrends und daraus entstehender Chancen und Risiken. Die revolvierende Zielplanung ist eine kontinuierliche Fortschreibung in die Zukunft unter Einbezug der Entwicklungen der letzten Jahre und den daraus gezogenen Erkenntnissen. Die revolvierende Zielplanung wird in der Regel alle zwei bis drei Jahre durchgeführt, sie umfasst die Vergangenheit der letzten drei bis fünf Jahre und die Zukunft der kommenden drei bis sieben Jahre.

Mit der Szenariotechnik beziehen wir in systematischer Weise quantitative und qualitative Entwicklungsgrößen der Megatrends ein und analysieren mögliche Auswirkungen für die Zukunft. Mit der Szenariotechnik verfassen wir ein Drehbuch, das zukünftige Wirklichkeiten beschreibt. Das Drehbuch enthält mehrere denkbare Zukunftsentwicklungen. Zukunft lässt sich nicht voraussagen, mögliche Zukünfte und deren Eintrittswahrscheinlichkeit schon. Ein gutes Szenario-Drehbuch hilft dabei, die Bedeutung von Megatrends für Ihr Unternehmen zu erkennen und das Geschäftsmodell zukunftsfest zu gestalten, es ist eine wertvolle Entscheidungshilfe für strategische Entscheidungen, Alternativpläne in der Schublade zu haben und Wettbewerbsvorteile zu nutzen und auszubauen. Im Folgenden ist beispielhaft ein Szenario dargestellt anhand des Megatrends Nachhaltigkeit, genauer, wir beleuchten den nachhaltigen Konsum (Abb. 10.15).

10.5.1 Szenario-Analyse 2028 | Nachhaltiger Konsum

1. Megatrend und kurze Beschreibung
Nachhaltiger Konsum umfasst das Kauf- und Konsumverhalten von Menschen, die großen Wert legen auf faire Produktionsbedingungen entlang der gesamten Lieferkette, auf reparierbare und langlebige Produkte. Im Bereich Lebensmittel bevorzugen diese Menschen regionale, saisonale und biologische Produkte aus der Direktvermarktung.

---

[61] Tatort – Das Team. (2020) ARD DasErste.de https://www.daserste.de/unterhaltung/krimi/tatort/sendung/das-team-132.html. Zugriff: 06.07.2023.
[62] RAND Corporation https://www.rand.org/. Zugriff: 06.07.2023.

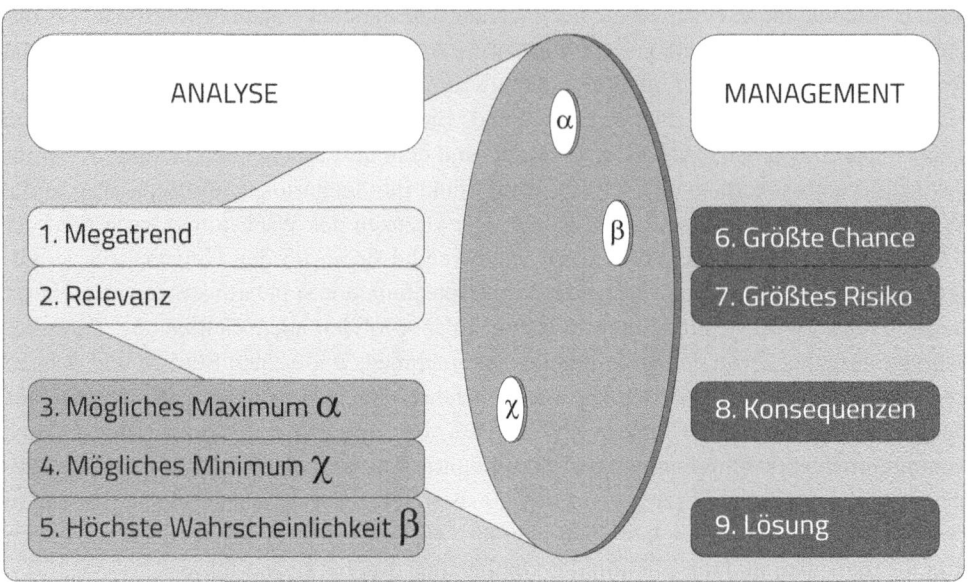

Abb. 10.15 Szenario-Analyse (eigene Darstellung)

2. Relevanz des Megatrends

Das Marktsegment des nachhaltigen Konsums wächst kontinuierlich seit Jahren. Folgende Dimensionen des nachhaltigen Konsums haben sehr große Bedeutung: fairer Handel, soziales Engagement, natürliche Inhaltsstoffe, Tierwohl, umsichtiger Ressourceneinsatz, umweltfreundliche Verpackung und regionale Erzeugung. Für über 60 % der Verbraucher:innen ist Nachhaltigkeit ein Top-Thema und der Markt wächst überproportional.[63]

3. Mögliches Maximum α

Die hohe Inflationsrate und deutliche Preissteigerungen ab dem Jahr 2022 haben die zusätzliche Zahlungsbereitschaft für nachhaltige Konsumgüter gedämpft. Das Bewusstsein für Nachhaltigkeit nimmt weiter zu. Die Energie- und damit die Erzeugerpreise werden in allen Warengruppen steigen. Die Inflationsrate sinkt im Jahr 2023 nur leicht. Es steht zu vermuten, dass im Jahr 2028 auch entlang der verschärften Richtlinien des Lieferkettengesetztes nachhaltige Konsumgüter das größte Segment im Einzelhandel bilden.

---

[63] Studie Nachhaltigkeit und Verbraucherverhalten. (2022) Deloitte GmbH Wirtschaftsprüfungsgesellschaft https://www2.deloitte.com/de/de/pages/consumer-business/articles/studie-nachhaltigkeit-und-verbraucherverhalten.html. Zugriff: 06.07.2023.

4. Mögliches Minimum β

Der Fachkräftemangel und der Pflegenotstand werden sich mit den beschleunigenden Renteneintritten und der Alterung der Baby-Boomer verschärfen, die Energiekosten steigen weiter an, der Erhalt der Infrastruktur, der Ausbau der erneuerbaren Energien und die Sozialausgaben belasten die Staatskasse bei gleichzeitigem Rückgang der Steuereinnahmen, die Endverbrauchersteuern steigen weiter an und belasten neben den stark gestiegenen Aufwendungen für die Pflege die Haushaltsbudgets. Nachhaltiger Konsum bleibt zwar für viele Verbraucher:innen weiterhin erstrebenswert, ist jedoch für die meisten nicht bezahlbar. Nachhaltiger Konsum verharrt im Jahr 2028 in einer kleinen Nische.

5. Höchste Wahrscheinlichkeit γ

Nachhaltiger Konsum wird politisch gewollt, gefördert und in Teilen durch die Steuergesetzgebung subventioniert. Der gesellschaftliche Konsens pro Nachhaltigkeit wächst. Viele nicht-nachhaltige Waren und Dienstleistungen (zum Beispiel Flugreisen, PKW mit Verbrennermotor) werden entlang der ökologischen Vollkostenrechnung sehr teuer, nachhaltiger Konsum ist für weite Teile der Bevölkerung selbstverständlich. Die Marktsegmente für nachhaltige Konsumgüter haben sich durchdifferenziert und im Warenkorb etabliert. Im Jahr 2028 konsumieren die meisten Menschen normal nachhaltig. Wer es sich leisten kann, konsumiert nachhaltig plus.

10.5.2 Szenario-Management 2028 | Nachhaltiger Konsum

6. Größte Chance

Mit dem jetzigen druckvollen Einstieg in die Forschung & Entwicklung, die Produktion und Vermarktung nachhaltiger Konsumgüter sichern wir uns eine gute Startposition im wachsenden Markt mit der Chance, Marktführer zu werden und die größten Erträge zu realisieren. Menschen vertrauen etablierten Marken. Im Jahr 2028 sind wir als Hersteller von nachhaltigen Produkten etabliert.

7. Größtes Risiko

Nachhaltige Konsumgüter verlieren ihren Reiz, einfach weil viele Menschen des Themas müde sind und nachhaltige Konsumgüter aufgrund ihrer inneren Beschaffenheit hohe Herstellkosten nach sich ziehen, die letztlich zu Marktpreisen führen, die sich nur eine Minderheit leisten kann und will. Die Menschen haben andere Sorgen, ihr Geld fließt vor allem in die Grundversorgung. Wir werden bis 2028 viel Lehrgeld bezahlt haben und unsere Investitionen abschreiben müssen.

8. Konsequenzen

Je nach Betrachtungsweise überwiegen die Chancen oder die Risiken. Rückblickend auf die letzten Jahre und Jahrzehnte hat unser Unternehmen schon viele Krisen gemeistert. Wir sind fähig und willig zur Veränderung. Wir haben gute Mitarbeiter:innen, die hier gerne arbeiten. Unsere Kunden vertrauen uns, die Marktsignale zeigen eindeutig in Richtung nachhaltige Konsumgüter. Der politische Wille pro Nachhaltigkeit ist stark, die mediale Berichterstattung gibt viel Rückenwind in das Thema. Das Risiko, den Anschluss an das Marktsegment nachhaltiger Konsum zu verlieren ist deutlich höher als die Chancen, die sich daraus ergeben.

9. Lösung

Wir bleiben unserem ertragsstarken Kerngeschäft treu, reduzieren unser Engagement in ertragsschwächeren Geschäftsfeldern und investieren diese freiwerdenden Mittel in die Entwicklung unseres neuen Geschäftsfeldes nachhaltige Konsumgüter. Dafür stellen wir unseren besten Mitarbeiter:innen frei, an dem Aufbau unseres neuen Geschäftsfeldes mitzuarbeiten. Wir führen ein jährliches Reporting durch mit dem Ziel einer zeitnahen Chancen- und Risikoanalyse.

Idealerweise erstellen Sie für Ihr Unternehmen für jeden als relevant erkannten Megatrend ein Szenario (Tab. 10.41 und 10.42). Nehmen Sie gerne Bezug auf die Megatrends, die sie in Abschn. 10.4 *Trendforschung* ermittelt haben.

Zum Abschluss dieses Kapitels eine herzliche Bitte. Stellen Sie die wesentlichen Erkenntnisse Ihrer Marktforschung und Trendforschung abschließend zusammen, bevor Sie fortfahren (Tab. 10.43). Diese wesentlichen Erkenntnisse werden Ihnen sehr helfen, die Inhalte der kommenden Kapitel unter Einbezug der Ergebnisse der Markt- und Trendforschung praktisch und konkret auf Ihr Unternehmen zu beziehen. Mit diesem Vorgehen sichern Sie sich einen guten Transfer entlang der Bedingungslagen, innerhalb derer Ihr Unternehmen agiert hin zu einem selbstbestimmten nachhaltigen Unternehmenskonzept. Sie erkennen das Machbare im Möglichen.

Tab. 10.41 Szenario-Analyse für einen Megatrend

Szenario <Jahr> ANALYSE	Ihr Megatrend
1. Megatrend und kurze Beschreibung	
2. Relevanz des Megatrends	
3. Mögliches Maximum α	
4. Mögliches Minimum β	
5. Höchste Wahrscheinlichkeit χ	

Tab. 10.42 Szenario-Management für einen Megatrend

Szenario <Jahr> MANAGEMENT	Ihr Megatrend
6. Größte Chance	
7. Größtes Risiko	
8. Konsequenzen	
9. Lösung	

Tab. 10.43 Erkenntnisse aus Marktforschung und Trendforschung

Marktforschung	Wesentliche Erkenntnisse
Zielgruppen und Milieus	
Wettbewerb	
Umfeld	
Trendforschung	
Ihr Megatrend 1	
Ihr Megatrend 2	
Ihr Megatrend 3	
Szenarien	
Ihr Szenario aus dem Megatrend 1	
Ihr Szenario aus dem Megatrend 2	
Ihr Szenario aus dem Megatrend 3	

10.6 Leitbild

Das Leitbild[64] (Abb. 10.16) ist die schriftlich formulierte Unternehmenskultur, damit beschreiben Sie Ihr unternehmerisches Selbstverständnis. Das Leitbild umfasst die Begründung Ihrer Marktpräsenz aus Innensicht, wie sie diese gestalten und was sie damit erreichen wollen unter verantwortlichem Einbezug Ihrer Stakeholder und der Ihr Unternehmen umgebenden Welt. Dem Leitbild beigefügt sind der Verhaltenskodex und die Compliance-Erklärung, diese beschreiben die Spielregeln des Miteinanders im Unternehmen und der mit ihm verbundenen Partner.

Leitbild (Tab. 10.44), Verhaltenskodex (Tab. 10.45) sowie Compliance und Mission (Tab. 10.46) werden in allen Nachhaltigkeitsberichten gefordert. Unabhängig davon stiften diese Texte Ihrem Unternehmen einen großen Nutzen, sie umfassen das Commitment – das Bekenntnis, die Selbstverpflichtung Ihres Unternehmens und dienen Ihnen als Richtschnur in der täglichen Praxis.

Sie werden feststellen, es ist nicht so leicht, kurze, präzise und verständliche Antworten auf die folgenden Fragen zu finden, doch ich verspreche Ihnen, die Arbeit und die Hinwendung lohnen sich. Idealerweise erarbeiten Sie das Leitbild gemeinsam mit Ihren Mitarbeiter:innen.

Einen beispielgebenden Mustertext für ein Leitbild finden Sie im Abschn. 12.4.6 *Fallbeispiel für ein nachhaltiges Unternehmenskonzept.*

---

[64] Das Wort *Leitbild* entstammt dem griechischen ágein – führen und leiten. Es bedeutet agieren, handeln, unternehmen.

Abb. 10.16 Leitbild (eigene Darstellung)

Tab. 10.44 Leitbild – Tabelle 01

Unsere Daseinsberechtigung		Die Ausrichtung
Warum gibt es unser Unternehmen?		
Welche Leistungen bieten wir an?		
Warum bieten wir die Leistungen an?		
Welchen Sinn stiften unsere Leistungen?		
Warum handeln wir	ökonomisch?	
	ökologisch?	
	sozial?	

Tab. 10.45 Leitbild – Tabelle 02

Unser Handeln in Verantwortung		Die Realisierung
Wie nehmen wir Verantwortung wahr?	für unsere Kunden	
	für unsere Mitarbeiter:innen	
	für unsere Partner und Lieferanten	
	für die Gesellschaft	
	für die Umwelt	
Wie gestalten wir Nachhaltigkeit?	ökonomisch	
	ökologisch	
	sozial	
Wie handeln wir?	Unsere Geschäftspolitik	
	Unsere Wertschöpfungstiefe	
	Unsere Innovationsstrategie	

Tab. 10.46 Leitbild – Tabelle 03

Unsere Bilanz und Zukunft		Die Ergebnisse
Was haben wir bisher erreicht?	für unser Unternehmen	
	für unsere Kunden	
	für unsere Mitarbeiter:innen	
	für unsere Partner und Lieferanten	
	für die Gesellschaft	
	für die Umwelt	
Was wollen wir in Zukunft erreichen?	für unser Unternehmen	
	für unsere Kunden	
	für unsere Mitarbeiter:innen	
	für unsere Partner und Lieferanten	
	für die Gesellschaft	
	für die Umwelt	

10.6.1 Verhaltenskodex

Ein guter Verhaltenskodex beschreibt sehr konkret, wie man miteinander umgehen möchte. Auf gesellschaftlicher Ebene bietet sich der Knigge an. Adolph Freiherr Knigge veröffentlichte im Jahr 1788 das Buch *Über den Umgang mit Menschen,*[65] dass bis heute eine vielfache Fortschreibung erfahren hat und im gesellschaftlichen Umgang miteinander eine große Hilfe ist. Jede Familie hat einen eigenen Verhaltenskodex, der selten schriftlich niedergelegt ist, jedoch als Teil der Kultur des Umgangs miteinander anerzogen und täglich praktiziert wird.[66] Auch in Unternehmen gelten Verhaltensregeln, die allerdings nicht immer zum Wohl aller führen. Erlauben Sie zwei Anekdoten hierzu.

> **Beispiel**
>
> Ich war in den 1980er-Jahren unter anderem Eilzusteller bei der Deutschen Post. Dort fuhr ich mit einem gelben Golf mit bis zu 50.000 D-Mark durch München für telegrafische Zahlungsanweisungen. Mein Bezirk war Schwabing, zu Schichtbeginn sortierten wir unsere Posttaschen voll, dann ab ins Auto und los. Wessen Posttasche leer war, der fuhr zurück in die Bayerstraße und holte sich neue Telegramme. Am dritten Arbeitstag bog ich nach der ersten Runde wieder auf dem Posthof ein und wurde von zwei Kollegen abgepasst. Ich käme zu früh von meiner Tour zurück und damit würde ich den Schnitt der langjährigen Eilzusteller versauen. Ich dürfte frühestens 29 min vor Schichtende wiederkommen, denn dann müsste ich kein zweites Mal los. Was tun? Ich

---

[65] Zusammengefasst geht es Knigge nicht um Benimmregeln, ihm es geht um Umgangsregeln.

[66] Stichworte dazu: sich begrüßen, Danke sagen, hilfsbereit sein, kein Mobiltelefon am Tisch, Gemeinschaftsaufgaben übernehmen, Großeltern besuchen, Rituale zu Festtagen, Umgang mit Verabredungen, …

solle mir gute Verstecke für meinen gelben Golf in der Stadt suchen, es gäbe Kontrolleure der Deutschen Post, die hätten schon länger den Verdacht, dass hier Zeit geschunden würde, und öffentliche Tiefgaragen wären keine gute Idee. So verwendete ich meinen Scharfsinn darauf, meinen Golf unsichtbar zu machen. Bei Tagschicht und gutem Wetter ließ ich zum Beispiel den Golf in ein dichtes Gebüsch am Englischen Garten rollen, trollte mich auf die Liegewiese und las Charles Bukowski, Der Mann mit der Ledertasche.

Ein anderer Job führte mich in die Verwaltung eines Ölmultis in der Sonnenstraße in München. Meine Aufgabe war es, dreimal täglich die Hauspost zu verteilen. Ausgehend von der zentralen Poststelle zog ich mit meinen befüllten Handwagen los und dann ging es Aufzug hoch und Aufzug runter durch die verschiedenen Gebäudeteile in die jeweiligen Büros. Die Arbeit war verzwickt und gleichzeitig öde, man musste sich viel merken und man machte ganz schön Kilometer. Nach der ersten Woche notierte ich mir während der Arbeitspausen ein paar Eckwerte meiner Route und am Wochenende drauf setzte ich mich daheim hin, zeichnete den Gebäudeplan aus dem Gedächtnis auf ein großes Blatt Papier, fügte meine Notizen hinzu und nach wenigen Stunden hatte ich einen optimierten Zustellungsplan erarbeitet. Mein Ziel war es: Null nachdenken und möglichst alles automatisiert ablaufen lassen, so hatte ich auch untertags genug Zeit, meinen Gedanken nachzuhängen. Mein Vorgesetzter der Poststelle bemerkte meinen Plan, den ich auf meinen Handwagen geklemmt hatte, fragte und ließ sich den Plan zeigen. Damit wäre es möglich, nahezu jede Mitarbeiter:in ohne Einarbeitungszeit auf Tour zu schicken. Ob ich sowas für alle Poststellenarbeiten erarbeiten könnte? Ja klar. Mein Vorgesetzter war begeistert, rief zur Abteilungsbesprechung, sprach sein Lob öffentlich aus und schlug eine Bonuszahlung für mich vor. Soweit lief alles gut, bis sich ein Gewerkschafter zu Wort meldete mit seinen Bedenken, meine Optimierung würde Arbeitsplätze gefährden. Das war nie meine Absicht, ich hatte diese Arbeit nur für mich gemacht. Das Ende vom Lied? Meine Unterlagen verschwanden in der Schublade und wenige Wochen später wurde mir gekündigt.[67] ◄

Informelle Regeln im Unternehmen sind gefährlich. Sie begünstigen die Ausformung informeller Hierarchien, sie befördern Korruption und eine Günstlingswirtschaft, sie schaffen ein mafiöses System, das einen inneren Kreis Wissender schafft und damit verbundener Privilegien und darum gruppierte Unwissende ohne Privilegien, die nicht wissen, dass sie unwissend sind. Nicht zuletzt: Ein wesentliches Merkmal nachhaltigen Wirtschaftens ist die Nachvollziehbarkeit, die Transparenz des Handelns und die dem Handeln zugrunde liegenden nachvollziehbaren Regeln. All das sind gute Gründe für einen Verhaltenskodex.

---

[67] Sehr empfehlenswert hierzu ist das kleine Büchlein: *Das kleine Sabotage-Handbuch von 1944*: Die besten Tricks des amerikanischen Geheimdienstes im Kampf gegen Hitler, rororo Verlag, 2018. Für Büroangestellte bieten sich die Seiten 57 ff, an, beginnend mit (11) Allgemeine Störungen von Organisation und Produktion.

Tab. 10.47 Verhaltenskodex

Kriterien für gutes Verhalten	Was wir uns als Verhalten wünschen
Wie ist der Umgangston der Mitarbeiter:innen untereinander und gegenüber unseren Kunden und Partnern?	
Wie reden wir untereinander und in der Öffentlichkeit über das Unternehmen, Kollegen und Partnern?	
Wie formulieren wir Kritik untereinander und gegenüber Partnern?	
Wie präsentieren wir uns mit unserer Kleidung im Unternehmen und in der Öffentlichkeit?	
Wie halten wir es mit der Pünktlichkeit?	
Wie halten wir es mit Zusagen und Versprechen?	
Wie halten wir es mit Alkohol und Rauchen im Unternehmen und bei öffentlichen Präsentationen des Unternehmens?	
Wie halten wir es mit Ordnung und Sauberkeit im Unternehmen?	
Wie gestalten wir unseren Umgang mit Maschinen, Betriebsmitteln und Energie?	
Inwieweit können wir bei Missständen eigenverantwortlich handeln, wenn diese umgehend gelöst werden können?	
Wie gehen wir mit Wünschen, Anliegen, Hinweisen und Verärgerungen unserer Kunden und Partner um?	
Wie sanktionieren wir Fehlverhalten im Rahmen unseres Verhaltenskodex?	
Wie begünstigen wir, dass unser Verhaltenskodex allen Mitarbeiter:innen präsent bleibt und gelebt wird?	

Schreiben Sie einen Verhaltenskodex für das innerbetriebliche verbindliche Verhalten der Mitarbeiter:innen untereinander, sowie gegenüber Geschäftspartnern und Kunden (Tab. 10.47). Im Abschn. 12.4.6.4 *Fallbeispiel für ein nachhaltiges Unternehmenskonzept* finden Sie zur Veranschaulichung einen *Mustertext* für einen Verhaltenskodex. Idealerweise erarbeiten Sie den Verhaltenskodex gemeinsam mit Ihren Mitarbeiter:innen.

Kompetenz und Verantwortung sollten stets Hand in Hand gehen. Kompetenz ohne Verantwortung ist wirkungslos. Verantwortung ohne Kompetenz ist gefährlich. Das Prinzip der Selbstermächtigung muss verknüpft werden mit der Befähigung zu dieser.

10.6.2 Compliance

Sie kennen den Begriff des ehrbaren Kaufmanns. Er handelt innerhalb des kategorischen Imperativs von Immanuel Kant

„Handle nur nach derjenigen Maxime, von der Du wollen kannst, dass sie ein allgemeines Gesetz werde!"

Der Satz beinhaltet Aspekte zur Moral und Sitte, Anstand, Pflicht und Vernunft. Es ist nicht immer leicht, diesem inneren Gesetz zu folgen, auch ändern sich kulturelle Vereinbarungen, was denn nun als sittlich zu gelten habe. Viele Anstandsregeln finden wir heute in Gesetzesform, zum Beispiel im Bürgerlichen Gesetzbuch, im Strafgesetzbuch, im Handelsgesetzbuch, im Sozialgesetzbuch, im Arbeitsschutzgesetz und daraus folgenden Verordnungen und Richtlinien.

Natürlich sind die meisten Unternehmen bestrebt, innerhalb der geltenden Gesetze zu arbeiten – keine Frage –, doch diese Herausforderung gestaltet sich in der Praxis sehr komplex. Im engen Zusammenspiel von internen Mitarbeiter:innen und externen Partnern, von projektbasierten Teams mit großer Leitungsspanne und flachen Hierarchien, engmaschigen Verknüpfungen mit Partnern und Subunternehmern entlang der Lieferkette, der Anbindung an staatliche Investitions-, Innovations- und Förderprogramme, an Hochschulen, Instituten und Forschungseinrichtungen ist es nahezu unmöglich einen Überblick über alle Interaktionen, Entscheidungen, Verabredungen und Planungen in Echtzeit zu behalten. Hierbei helfen Compliance-Regeln.

Compliance-Regeln ersetzen nicht die Gesetze, sie helfen, auf der Grundlage einer gemeinsamen Vereinbarung die Gesetze zu beachten und beschleunigen im Fall von Verstößen, dass diese sichtbar, geheilt und geahndet werden können. Wie auch der Verhaltenskodex sind die Compliance-Regeln Teil der täglich geübten unternehmerischen Praxis. Der Einstieg in die Erarbeitung von Compliance-Regeln erweist sich meist als sperrig, abstrakt und hochkomplex. Im Abschn. 12.4 *Fallbeispiel für ein nachhaltiges Unternehmenskonzept* finden Sie einen *Mustertext*, der Ihrem besseren Verständnis dienen und Ihnen die Umsetzung in Ihrem Unternehmen erleichtern soll. Idealerweise erarbeiten Sie die Compliance-Regeln gemeinsam mit Ihren Mitarbeiter:innen entlang der Tab. 10.48, 10.49 und 10.50 oder Sie gestalten diese frei nach Ihren Bedürfnissen.

Unsere Compliance-Verpflichtung

Tab. 10.48 Compliance-Verpflichtung

Kriterium		Unsere Verpflichtung
Unser Verständnis von Compliance	Rechtstreue	
	Regelkonformität	
	Freiwillige Verpflichtungen	
	Einhaltung der Regeln	
	Informationen sind eine Bringschuld	
	Fragen sind eine Holschuld	

Unsere Compliance-Ziele

Tab. 10.49 Compliance-Ziele

Unsere Compliance dient uns	als Wegweiser	
	als Frühwarnsystem	
	zur Aufdeckung	
	zur Aufklärung	
	der Eigenverantwortung	
	der Handlungssicherheit	

Unsere Compliance-Regeln

Tab. 10.50 Compliance-Regeln

Kriterium		Unsere Regeln
Wir gestalten unsere Compliance durch	Führung	
	Verhalten	
	Anforderungen	
	Informationen	
	Schulungen	
	Sanktionen	
	Sicherungsmaßnahmen	
	Kontrollen	
	Vereinbarungen	

10.7 Mission

Die Mission (Abb. 10.17) begründet die Marktpräsenz Ihres Unternehmens aus Außensicht – die Leistungen und Nutzen der Waren und Dienstleitungen für Ihre Kunden. Letztlich läuft alles immer auf die zentrale Frage hinaus: *„Was ist unser Beitrag, dass es der Welt mit unserem Unternehmen nachhaltig besser geht?"*

> „Ein Reisender kam zu einer Baustelle und sah zwei Männer, die Steine schleppten. Der eine arbeitete lustlos und mit einem griesgrämigen Gesicht, der andere aber sang fröhlich, während er eifrig Stein um Stein herbeitrug. *„Was tust Du?"*, fragte der Reisende den Griesgram. *„Ich schichte Steine auf"*, lautete die Antwort. *„Was tust Du?"*, fragte er darauf den emsigen Arbeiter. *„Ich baue eine Kathedrale"*, antwortete dieser. (Volksgut)"

Abb. 10.17 Mission (eigene Darstellung)

Bringen Sie Ihre Antworten auf den Punkt – kurz, präzise und verständlich. Meine Erfahrung: wenn Sie ewig und drei Tage um Worte ringen und Sie produzieren nur abstrakte, hochkomplexe Sätze, die viel zusätzlicher Erklärungen bedürfen, dann ist das ein wesentliches Indiz für höheren Blödsinn.[68] Auch hier verspreche ich Ihnen, die Arbeit und die Hinwendung lohnen sich. Idealerweise erarbeiten Sie die Mission gemeinsam mit Ihren Mitarbeiter:innen (Tab. 10.51).

Einen beispielgebenden Mustertext für eine Mission finden Sie im Abschn. 12.4.7 *Fallbeispiel für ein nachhaltiges Unternehmenskonzept.*

Mit den nächsten Kapiteln öffnen wir die Tore zur operativen Ebene eines nachhaltigen Unternehmenskonzepts. Ziele, Strategien, Handlungsfelder und Maßnahmen definieren das planvolle Handeln des Unternehmens innerhalb der Rahmenhandlung. Aus dem Leitbild und der Mission leiten sich die Ziele, Strategien, Handlungsfelder und Maßnahmen ab. Arbeitsvorlagen, Mustertexte oder Checklisten für diese ergeben keinen Sinn, sie würden der Individualität der Anforderungen nicht gerecht. Im Abschn. 12.4 *Fallbeispiel für ein nachhaltiges Unternehmenskonzept* finden Sie ein in sich geschlossenes Konzept anhand eines fiktiven jedoch praktisch vorstellbaren Unternehmens.

---

[68] Immer wieder ein Ansporn, sich klar auszudrücken: Der Satz 3.1. aus dem Tractatus logico-philosophicus von Ludwig Wittgenstein: *„Im Satz drückt sich der Gedanke sinnlich wahrnehmbar aus."*

Tab. 10.51 Mission

Unser Engagement		Das Commitment[a]
Unsere verbindende Idee im Unternehmen für unsere Kunden		
Unser Selbstverständnis im Unternehmen für unsere Kunden		
Unser großes Versprechen	an unsere Kunden	
	an unsere Mitarbeiter:innen	
	an unsere Partner und Lieferanten	
	an die Gesellschaft	
Unser Beitrag, dass es der Welt mit unserem Unternehmen nachhaltig besser geht.		
Unsere gemeinsamen Herausforderungen mit unseren und für unsere Kunden		

[a]Commitment. Lexikon der Psychologie I spectrum.de I Spektrum der Wissenschaft Verlagsgesellschaft mbH https://www.spektrum.de/lexikon/psychologie/commitment/2930. Zugriff: 06.07.2023

10.8   Ziele

Ziele (Abb. 10.18) sind magische Orte. Sie beschreiben meist eine strahlende Zukunft, in der sich alles trefflich gefügt hat. Ziele sind Wunschorte, zu denen man gelangen möchte. Eine klare Vorstellung dieser Wunschorte beflügelt die Menschen. Die Vorstellung regt ihre Fantasie an, wie schön und leicht man leben könnte. Ziele sind ein gefährlicher Ort. Ziele können gleichermaßen so wunderschön und unrealistisch sein, dass

Abb. 10.18 Ziele (eigene Darstellung)

man entmutigt in sich zusammensinkt, so unerreichbar sind sie – man begnügt sich mit der Vorstellung. Der Kopf lebt in den Wolken, die Füße kleben am Boden. Die Formulierung von Zielen vermittelt den Menschen die Zuversicht, den Weg in die Zukunft kraftvoll anzupacken.

Leider werden aus kraftvoll formulierten Wunschorten nicht selten Traumschlösser, einfach weil man nicht den ersten Schritt macht. Ich habe es noch und noch erlebt, eine engagierte Arbeitsgruppe in einem Unternehmen formuliert wunderschöne Ziele. Diese Ziele werden grafisch in Szene gesetzt, sie werden fester Bestandteil der kommenden Meetings und dann passiert schlicht nichts mehr. Die Arbeitsgruppe ist fest davon überzeugt, das Formulieren der Ziele reicht aus. Das ist ein Irrtum. Wer hat sie nicht, die Vorstellung einer strahlenden Zukunft, in der man gemeinsam große Herausforderungen gemeistert, sich selbst überwunden hat und für noch Größeres bereit ist. Vorstellungen, Wünsche und Träume sind keine Ziele. Besonders gefährlich hierbei ist das Aufschieben der Tat. In dem Maße, wie man sich vornimmt, etwas zu unternehmen und das Unternehmen unterlässt, trainiert man seinen Kopf, sich etwas vorzunehmen.[69]

Beispiel

Sie kennen jemanden, der im nächsten Jahr den Stadtmarathon in Berlin mitlaufen will? Ihr Bekannter ist vollständig untrainiert mit etwas zu vielen Pfunden? Er sei gerne bereit, zu trainieren, allerdings nicht von Montag bis Sonntag und schon gar nicht von 00:00 Uhr bis 24:00 Uhr. Ach ja, die Woche sollte acht Tage haben, dann wäre man ein großer Marathonläufer.[70]

Ich nehme Sie jetzt mit auf eine Reise. Sie wollen zu Fuß von San Francisco nach Washington D.C. laufen. Die Route verläuft über 4500 km quer durch die USA. Mit Ihnen startet ein zweiter Wanderer. Er will auch zu Fuß von San Francisco nach Washington D.C. Sie beide wissen, es wird eine lange Wanderung: durch Wüsten, über Gebirge, durch unendliche Wälder, ab und an liegen kleine Ortschaften am Weg, selten kreuzen sie eine große Stadt. Auch das Wetter ist wechselhaft. Mit dem Wechsel der Höhenlagen und der Vegetation ändert sich die Temperatur, aus Regen wird Schnee, aus Wind wird Sturm, manchmal ist es knochentrocken, dann wieder angenehm luftig und manchmal werden sie klatschnass.

---

[69] In einem Führungsseminar, das ich vor vielen Jahren besuchten durfte, ging es genau darum: Wie erreiche ich meine Ziele? Der Trainer sagte, dem Vorhaben muss binnen 24 h die erste Tat folgen, danach geht die Wahrscheinlichkeit der Umsetzung gegen Null. Für das Vorhaben braucht es einen Plan, am besten schriftlich mit täglichen Etappen und man soll möglichst vielen Menschen davon erzählen. Und man darf sich die ersten sechs Wochen nicht fragen, ob einem die Umsetzung Freude bereitet. Unser Kopf braucht Zeit, sich an das Neue zu gewöhnen. Die Tat formt das Bewusstsein, das Bewusstsein trollt dem Sein hinterher.

[70] Für Leserinnen und Leser mit Humor die Lyrics der Band Fishmob zum Song „*Mach doch*", Genius Holdings, LLC https://genius.com/Fischmob-mach-doch-lyrics, das Musikvideo auf YouTube dazu: https://www.youtube.com/watch?v=uiymT34_qaM. Zugriffe: 06.07.2023.

Der wesentliche Unterschied zwischen ihnen beiden. Sie nehmen sich vor, jeden Tag
25 km zu wandern, komme was da wolle. Sie wollen Ihre Reise nach 180 Tagen beendet
haben. Der andere Wanderer sagt sich, er läuft was eben so geht und will so schnell wie
möglich sein. Die ersten Tage vergehen angenehm mit Sonne, Rückenwind und Wölk-
chen. Ihr Mitwanderer schafft pro Tag 50 km und mehr und legt sich abends todmüde
schlafen. Sie wandern Ihre 25 km, schlagen am frühen Nachmittag Ihr Zelt auf und genießen einen lauen Abend.

Ihr Mitwanderer ist Ihnen weit voraus, doch dann schlägt das Wetter um. Es wird
richtig fies mit peitschendem Regen von vorne. Sie laufen Ihre 25 km, Ihr Mitwanderer
bleibt im Zelt, denn er hat ja schon vorgearbeitet. Sie erreichen höhere Lagen und aus
Regen wird Schnee. Sie stapfen tapfer Ihre 25 km, Ihr Mitwanderer verschanzt sich bei
aufkommendem Schneetreiben im Zelt.

Und so vergehen die Tage. Mal ist das Wetter gut zum Wandern, mal weniger gut,
mal ist es anstrengend, mal geht es leicht. Doch Sie und Ihr Mitwanderer empfinden die
Reise als höchst unterschiedlich. Viele Tage fallen Ihnen leicht, mache Tage sind anstrengend, wenige Tage sind hart. Sie haben an jedem Abend Ihrer Wandertage noch
genügend Kraftreserven, zum Beispiel, um sich noch etwas Leckeres zu kochen, Ihre
Ausrüstung in Form zu bringen, kleinere Reparaturen auszuführen oder sich einfach zu
freuen. Ihr Mitwanderer hat sich an den leichten Tagen überfordert, er schont sich an
den anstrengenden Tagen und an den harten Tagen scheitert er. Er hat abends kaum die
Kraft zu kochen, ganz zu schweigen davon, dass er sich heiteren Gemüts an seiner
Tagesleistung erfreuen könnte.

Es kommt, wie es kommen muss. Sie erreichen am frühen Abend des 180ten Tages
Ihr Ziel. Zur Feier des Tages gehen Sie in Washington D.C. nach einem ausgiebigen
Bad in einem eleganten Hotel ein großes Steak essen. Ihr Mitwanderer ist da noch
unterwegs. Er wird 360 Tage brauchen – doppelt so lange wie Sie und ein halbes Jahr
später sehr schlecht gelaunt in Washington D.C. eintreffen, mit dem festen Vorsatz: Nie
wieder. Sie haben mittlerweile neue Ziele in Angriff genommen und freuen sich Ihres
Lebens. ◀

Sie erreichen Ihre Ziele immer dann mit sehr hoher Wahrscheinlichkeit, wenn Sie das
Ziel anspornt und Sie mit Leidenschaft versorgt, wenn Sie trainiert sind, vorbereitet sind
und wenn Sie diszipliniert handeln. Sie überfordern sich nicht, wenn es Ihnen leichtfällt –
bei Sonne, Schäfchenwolken und Rückenwind. Sie unterfordern sich nicht, wenn es Ihnen
schwerfällt – bei Regen, Matsch und Gegenwind.

Unternehmerisch gesprochen: Gute Ziele vergegenwärtigen eine angestrebte Zukunft.
Gute Ziele sind klar, einfach, verständlich, machbar und dienen einer Verbesserung.[71]

---

[71] Über meinem Schreibtisch hängt eine Grafik von Gilbert & George, ein in London lebendes
Künstlerpaar – mit dem Satz: „*Wir sind nicht dazu da, um der Gesellschaft dafür zu gratulieren wie
sie ist. Wir wollen Veränderungen sehen. Verbesserungen und Fortschritt.*"

Ziele liegen außerhalb des kurzfristig Erreichbaren. Um Ziele zu erreichen, muss man seine Handlungen verändern. Wenn man etwas verbessern will, dann muss man etwas verändern. Diese Veränderung ist unangenehm, einfach weil sie einen vorübergehend aus dem gewohnten Trott[72] zwingt.

Gute Ziele umfassen weitaus mehr als strategisch kühle, abgezirkelte Überlegungen. Gute Ziele umfassen eine Vereinbarung mit uns selbst, Spiritualität, Inspiration und Kreativität als Kraftquellen zu nutzen. Mit guten Zielen setzen Sie Energie frei. Was würden Sie mit Ihrem Unternehmen erreichen wollen, wenn Sie wüssten, dass Sie nicht scheitern können?

Spiritueller Exkurs Erlauben Sie bitte ein paar Zitate zum Thema Ziele, die wesentliche mit Zielen zusammengehörende Aspekte in aller Kürze fassen.

> „Für ein Schiff, das sein Ziel nicht kennt, ist kein Wind der richtige. (Lucius Annaeus Seneca)"

> „Nicht der Wind, sondern das Segel bestimmt die Richtung. (Volksmund, China)"

> „In 20 Jahren wirst du mehr enttäuscht sein über die Dinge, die du nicht getan hast, als über die Dinge, die du getan hast. Also löse die Knoten, laufe aus aus dem sicheren Hafen. Erfasse die Passatwinde mit deinen Segeln. Erforsche. Träume. (Mark Twain)"

Für Ziele brauchen Sie einen Wunschort, den Sie erreichen wollen, nennen Sie es gerne einen Traum. Sie brauchen eine Route zum Ziel und idealerweise Kartenmaterial, mit dem Sie das Ziel immer wieder anpeilen können und unter Umständen eine andere Route planen können. Und Sie brauchen ein oder mehrere Transportmittel, mit denen Sie ans Ziel gelangen können. Trennen Sie im ersten Arbeitsschritt gedanklich die Ziele von der Route – den Strategien und den Beförderungsmitteln – den Maßnahmen. Eine reflexhafte Verquickung dieser drei Ebenen führt zu oben beschriebenen Phänomenen, Ziele gerade nicht zu erreichen (Abb. 10.19).

Gute Ziele sind in einem Referenzrahmen eingebettet. Aus der Marktforschung und Trendforschung ergeben sich Erkenntnisse, welche Chancen die Zukunft bietet. Aus der Analyse der Stärken und Schwächen eines Unternehmens ergeben sich die verfügbaren Ressourcen für die Erreichung der Ziele. Innerhalb dieses Referenzrahmens sollen Ziele gleichermaßen anspruchsvoll sein und als Ansporn dienen sowie realistisch sein, um erreichbar zu sein. Es ist eine Kunst, die Latte in der richtigen Höhe zu platzieren. Die Fortschritte auf dem Weg der Zielerreichung sollen messbar sein, in Quantitäten und in Qualitäten. Es wäre ein kostspieliger Irrtum, nur zu messen, was in Zahlen vorliegt.[73] Gute Ziele

---

[72] Ich halte nichts von einem Leben dauerhaft außerhalb der Komfortzone. Dieses Denkweise halte ich für einen Fehler. Menschen sind insbesondere innerhalb ihrer Komfortzone leistungsfähig. Denn innerhalb dieser fühlt man sich sicher, man verschwendet keine Kraft für Schutz- und Abwehrmaßnahmen.

[73] Lesen Sie hierzu gerne weiter bei William Edwards Deming, dem Erfinder des modernen Qualitätsmanagements: Hunter J (2015) Mythos: Wenn man es nicht messen kann, kann man es auch nicht managen. The Deming Institute https://deming.org/myth-if-you-cant-measure-it-you-cant-manage-it/. Zugriff: 06.07.2023.

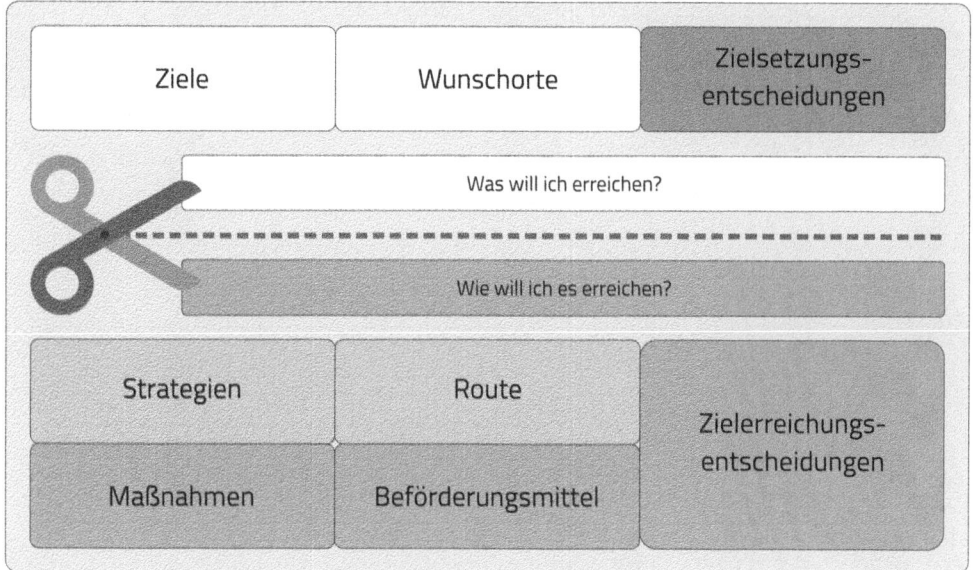

Abb. 10.19 Ziele – Strategien – Maßnahmen (eigene Darstellung)

erstrecken sich über einen längeren Zeitraum. Daraus abgeleitete Etappenziele helfen, die Übersicht zu behalten und bei Durststrecken das nächste Etappenziel in den Blick zu nehmen. Ziele in einer klaren Sprache begünstigen das Verständnis aller Mitarbeiter:innen im Unternehmen.

Der schwierigste Aspekt bei der Zielfindung ist, dass sich diese nicht gegenseitig kannibalisieren, dass keine Zielkonflikte entstehen,[74] dass die Kräfte durch zu viele Ziele fragmentiert werden oder dass ein mächtiges Ziel alle anderen Ziele überformt. Daraus folgt, ein gutes Zielsystem muss Prioritäten setzen und um Ausgleich bemüht sein. Konfliktfreie Zielsysteme gibt es nicht. Ein gutes Zielsystem ist konfliktarm und schafft eine ausgewogene Statik. Hierbei hilft dem Unternehmen sein Wertgerüst, seine kulturelle Verfasstheit, dokumentiert in seinem Leitbild und seiner Mission.

Wenn Sie Ihr nachhaltiges Unternehmenskonzept auf Grundlage der 17 Ziele für nachhaltige Entwicklung erarbeiten, dann werden Sie einen großen qualitativen Sprung in der Entwicklung Ihrer unternehmerischen Ziele wahrnehmen. Meine bisherigen Erfahrungen mit den 17 Zielen haben mich gelehrt: diese reichen aus, die gewollte unternehmerische Zukunft vollständig in allen Dimensionen zu beschreiben. Dabei geht es nicht darum, 17 unternehmerische Ziele festzulegen. Dieses Verfahren führt in die Irre und Sie verzetteln sich. Es geht darum, dass Sie für Ihr Unternehmen das Leitziel aus den 17 Zielen erkennen,

---

[74] Mein Vater sagte einmal: „*Wenn Du bekannt sein willst, dann stopf Dir eine Socke in den Mund und lauf durch Schwabing.*" Doch was wäre der Preis für die Bekanntheit, welches Image wäre die Folge? Damit wird deutlich, bei der Definition von Zielen immer das Ganze im Blick zu behalten.

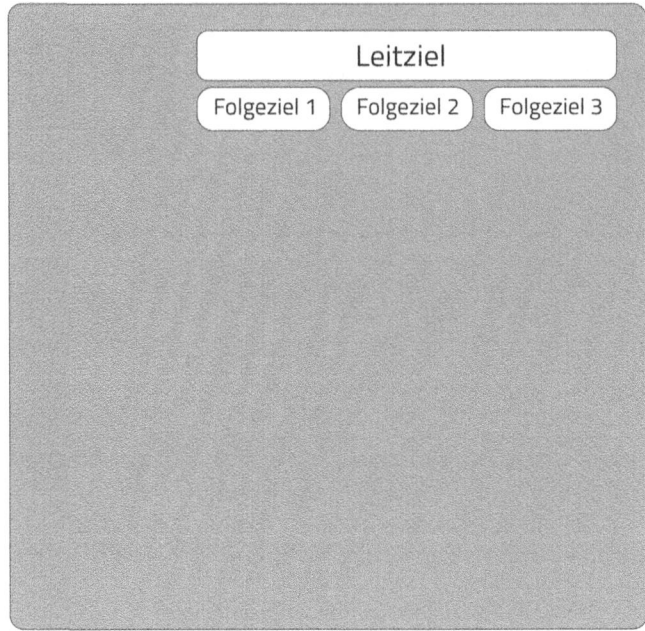

Abb. 10.20 Ziele – Strategien – Handlungsfelder (eigene Darstellung)

benennen und quantifizieren. Dazu wählen Sie zwei oder drei weitere unterstützende Folgeziele aus den 17 Zielen (Abb. 10.20).

Gute Ziele vergegenwärtigen Ihre angestrebte unternehmerische Zukunft. Sie bestimmen jene angestrebten zukünftigen Sollzustände, die durch den Einsatz der richtigen Instrumente realisiert werden sollen. Dabei orientiert sich Ihre Zielplanung sowohl an zukünftigen Marktmöglichkeiten als auch an vorhandenen Ressourcen.

Beispielgebende Ziele finden Sie im Abschn. 12.4.8 *Fallbeispiel für ein nachhaltiges Unternehmenskonzept.*

10.9 Strategien

Ohne Strategien (Abb. 10.21) verschwenden Sie Kraft, Zeit und Geld. Mit guten Strategien kanalisieren Sie Ihre Kräfte. Wissen, Zeit und Geld sind knappe Güter, die Sie klug einsetzen, um Ihre Ziele zu erreichen. So arbeiten Sie kräfteschonend (effizient) an der Erreichung Ihrer Ziele (effektiv).

Ihr strategisches Geschick entscheidet über Ihren unternehmerischen Erfolg. Strategien definieren die Leitplanken Ihres Handelns. Strategien begünstigen eigenverantwortliches Arbeiten im Sinne der Ziele. Strategien verkürzen Entscheidungsprozesse. Strategien erleichtern die Führung von Mitarbeiter:innen. Strategien sind die Leitmaximen Ihrer täglichen Arbeit. Mein Tipp: Hängen Sie sich Ihre Strategien über den Schreibtisch. Treffen Sie jede operative Entscheidung auf Grundlage einer Strategie (Abb. 10.22).

Abb. 10.21   Strategien (eigene Darstellung)

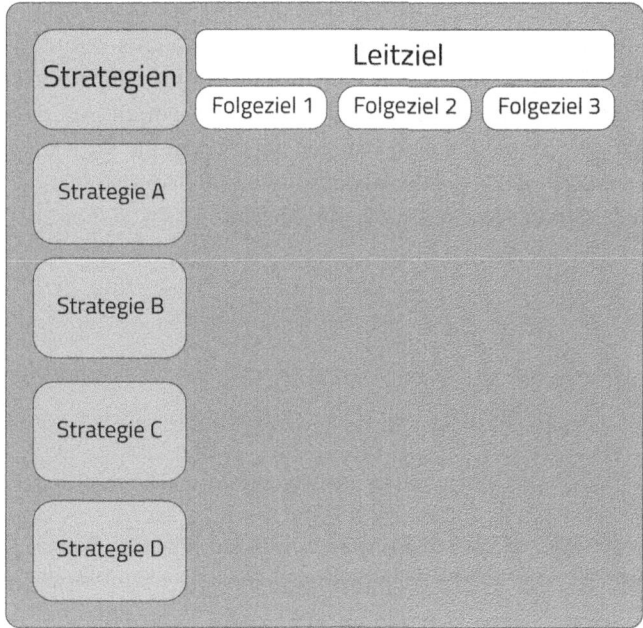

Abb. 10.22   Strategien-Matrix (eigene Darstellung)

Für die Entwicklung von Strategien bietet sich die klassische Z-Matrix mit den Strategiefeldern Marktdurchdringung, Marktentwicklung, Produktentwicklung und Diversifikation von Harry Igor Ansoff[75] an. Sie liefert wertvolle Erkenntnisbeiträge ebenso wie Überlegungen in den Spannungsfeldern Massen- oder Nischenmärkte, Nischen- oder Mainstreamprodukte, Qualitäts- oder Kostenführerschaft, regionale oder globale Märkte. Die *BSC – Balanced ScoreCard*[76] bietet ein auf Kennzahlen basiertes System, das sowohl Steuerungs- als auch Messfunktion hat. Die BSC umfasst die Finanzperspektive, die Kundenperspektive, die Prozessperspektive und die Lern – und Entwicklungsperspektive. alle betrieblichen Perspektiven umfasst und harte und weiche Faktoren gleichermaßen berücksichtigt. Die *BCG-Matrix*[77] wurde im Jahr 1970 von der *Boston Consulting Group*[78] entwickelt. Sie ist der Klassiker für die Analyse des eigenen Produktportfolios oder für die Analyse des eigenen Produktportfolios im Vergleich zum Wettbewerb. Alle formalisierten Methoden der Strategieentwicklung verleiten zum Denken Inside-the-Box. Neues wird auf Grundlage des bereits Bekannten entwickelt und erfolgreiche Vorbilder des Wettbewerbs sind schnell bei der Hand. Die Entwicklung von Strategien ist die kreativste Arbeit im Rahmen der Erstellung eines Unternehmenskonzepts, ich rate sehr dazu, auch neue Wege zu wagen und neue Gedanken zu denken. Die 17 Ziele für nachhaltige Entwicklung sind ein sehr guter Ausgangspunkt für das Denken Outside-the-Box. Im Zusammenhang mit den 17 Zielen entstehen entlang der strategischen Überlegungen durchgängig substanziell tragfähige und dauerhafte Strategien.

Eine gute Strategie entsteht immer aus dem Kontext der Gegenwart. Deshalb gibt es keine Strategien mit ewiger Gültigkeit für alles. Jede Situation erfordert die Gestaltung einer individuellen Strategie, die – wenn sie gut ist – ein paar Jahre wirksam ist. Eine gute Strategie schafft oftmals den entscheidenden Wettbewerbsvorteil. Auf engen Märkten mit vergleichbaren Produkten und Dienstleistungen entscheidet die Strategie über Erfolg und Misserfolg. Sie erinnern sich? Nachhaltigkeit ist eine Mehrwertstrategie.

Beispielgebende Strategien finden Sie im Abschn. 12.4.9 *Fallbeispiel für ein nachhaltiges Unternehmenskonzept.*

---

[75] Ansoff-Matrix. Studyflix GmbH https://studyflix.de/wirtschaft/ansoff-matrix-1148. Zugriff: 06.07.2023.

[76] Balanced Scorecard (BSC) einfach und verständlich erklärt. Business-Wissen.de | b-wise GmbH https://www.business-wissen.de/hb/balanced-scorecard-einfach-und-verstaendlich-erklaert/. Zugriff: 06.07.2023.

[77] BCG-Matrix. Studyflix GmbH https://studyflix.de/wirtschaft/bcg-matrix-228. Zugriff: 06.07.2023.

[78] BCG – Boston Consulting Group https://www.bcg.com/. Zugriff: 06.07.2023.

10.10 Handlungsfelder

Handlungsfelder (Abb. 10.23) entstehen organisch aus dem Zusammenspiel von Zielen und Strategien. Dieser Arbeitsschritt verhindert, dass willkürliche Maßnahmen aus der Schublade gezogen werden, die irgendjemand schon lange als Lieblingsprojekt in petto hatte oder dass bestehende Maßnahmen dialektisch zurechtgebogen werden, um in ein Handlungsfeld hineingequetscht zu werden. Die Definition von Handlungsfeldern wird nicht selten als Machtfrage begriffen, denn aus ihnen resultiert die unternehmensinterne Bedeutung in Form von Ressourcen – Manpower, Knowhow, Zeit und Geld.

Handlungsfelder begünstigen die strategische Kreativität (Abb. 10.24). Welche Maßnahmen sind strategisch geeignet, die Ziele zu erreichen? In den Handlungsfeldern kulminieren zwei betriebswirtschaftliche Grundsätze. Effektiv in Richtung der Ziele zu arbeiten – die richtigen Dinge zu tun und diese Arbeit effizient zu organisieren und auszuführen – die Dinge richtig zu tun. Die Handlungsfelder bilden die Verknüpfungspunkte zwischen den Zielen und Strategien. Handlungsfelder haben keine eigenen Inhalte. Versehen Sie Ihre Handlungsfelder gerne mit memorablen Überschriften.

Beispielgebende Handlungsfelder finden Sie in Abschn. 12.4.10 *Fallbeispiel für ein nachhaltiges Unternehmenskonzept*.

Abb. 10.23 Handlungsfelder (eigene Darstellung)

Abb. 10.24 Handlungsfelder-Matrix (eigene Darstellung)

10.11 Maßnahmen

Die Maßnahmen (Abb. 10.25) entstehen innerhalb der Handlungsfelder. So können zum Beispiel im HF – Handlungsfeld 1A drei Maßnahmen stehen und im HF 2C eine Maßnahme (Abb. 10.26). Entscheidend ist nicht, jedes HF auf Biegen und Brechen mit Maßnahmen zu füllen, entscheidend ist, für jedes Ziel mindestens eine Maßnahme zu haben, die in Beziehung zu einer Strategie steht. Das Schöne an diesem Vorgehen ist, dass alle unternehmerischen Aktivitäten wie von selbst im Sinne der Ziele wirken

Mit Ihren Maßnahmen bringen Sie die Kraft Ihrer konzeptionellen Überlegungen – Ihrer Ziele und Strategien – auf die Straße. Mit Ihrem Handeln schöpfen und schaffen Sie Werte – für Ihre Kunden, Ihre Mitarbeiter:innen, für Ihr Unternehmen und für die Gesellschaft. Maßnahmen erwecken Ihr Unternehmen zum Leben.

Beispielgebende Maßnahmen finden Sie im Abschn. 12.4.11 *Fallbeispiel für ein nachhaltiges Unternehmenskonzept.*

Abb. 10.25   Maßnahmen (eigene Darstellung)

Abb. 10.26   Maßnahmen-Matrix (eigene Darstellung)

10.12 Lernen und verbessern

Idealerweise dokumentieren Sie längstens alle zwei Jahre Ihre unternehmerischen Ergebnisse im DNK-Berichtssystem und nutzen das GRI-Kennzahlensystem (Abb. 10.27). Der so entstehende Nachhaltigkeitsbericht dient Ihrem Unternehmen als Nachweis für den Weg des nachhaltigen Wirtschaftens, er kann für die Bewerbung um ein Nachhaltigkeitssiegel genutzt werden und berechtigt zur Nutzung des Nachhaltigkeitssiegels und allen damit verbundenen Vorteilen.

Wie eingangs im Buch erwähnt, sind Sie selbstverständlich frei in der Wahl Ihrer Management- und Kennzahlensysteme ebenso wie in der Herangehensweise für Ihre Zertifizierungsverfahren. Es ist unerheblich, nach welchen Standards sich Ihr Unternehmen zertifizieren lässt, nach EFQM, ISO, EMAS oder den Umweltpakten der Bundesländer. Mit dem Bezug auf die 17 Ziele, dem DNK und den GRI liegt Ihr Unternehmen auf dem Weg des nachhaltigen Wirtschaftens garantiert richtig und kann sich letztlich für eine Zertifizierung seiner Wahl entscheiden.

Dieses Vorgehen mündet nicht im Kauf von CO_2-Zertifikaten, mit denen man seine Emissionen für eine gute Klimabilanz ausgleicht. Ein nachhaltig wirtschaftendes Unternehmen setzt alles gut ins Werk, um umfassend ausbeutungsfrei zu wirtschaften. Es behandelt Mensch und Natur gut, es nutzt die Ressourcen achtsam und arbeitet emissionsfrei. Ein nachhaltig wirtschaftendes Unternehmen ist ein guter Ort, der mit seinem Beitrag die Welt ein wenig besser macht. Deshalb spreche ich gerne von dem Weg des nachhaltigen Wirtschaftens. Man kann auf diesem Weg immer besser werden in dem Wissen, dass alles immer ein wenig besser gemacht werden kann.

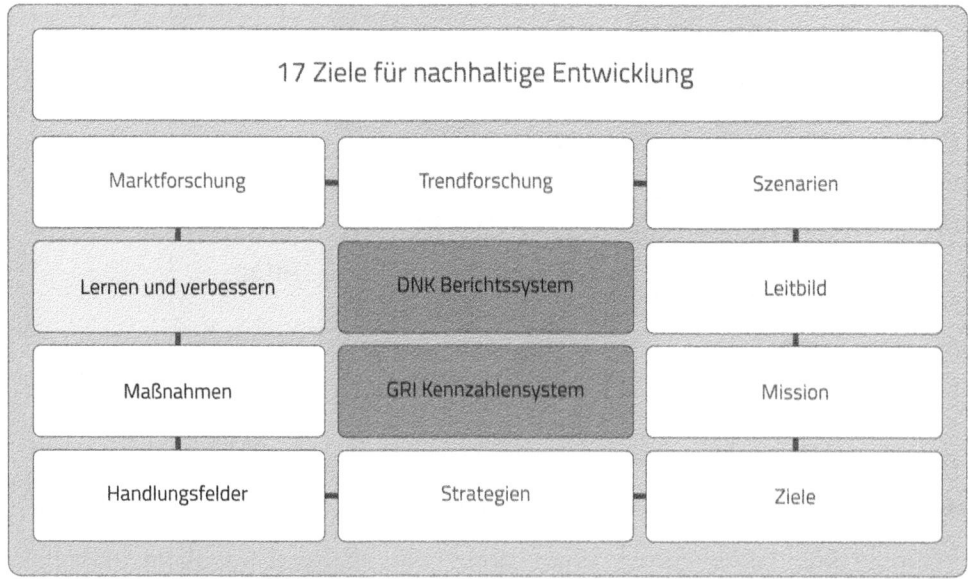

Abb. 10.27 Lernen und verbessern (eigene Darstellung)

Lernen und verbessern sind feste Bestandteilteile des nachhaltigen Wirtschaftens. Es bietet sich an, das Feld Lernen und verbessern als festen organischen Bestandteil Ihres unternehmerischen Schaffens zu begreifen und in alle Prozesse zu implementieren. Nur so können Sie Erfolge, Misserfolge, Rück- und Fortschritte analysieren und Ihre unternehmerischen Prozesse anpassen.

Viele Unternehmen leisten herausragende Arbeit und verbessern kontinuierlich ihre Performance, allein, sie dokumentieren ihre Arbeit nicht. Allein der erste Schritt, der erste Nachhaltigkeitsbericht, ist eine große Lernerfahrung mit liefert wertvolle Erkenntnisse. Die aus der Fortschreibung der Daten und Fakten entstehenden Zeitreihen dienen Ihrem Unternehmen wesentlich, die Fortschritte auf dem Weg zu einem nachhaltigen Unternehmen zu dokumentieren und zu kommunizieren.

Mit dem dokumentierten Weg des nachhaltigen Wirtschaftens wird Ihr Unternehmen allen kommenden Anforderungen privater und öffentlicher Auftraggeber gerecht. Und Sie haben die Gewissheit, in eine gute Transformation Ihres Unternehmens zu investieren, die glaubwürdig ist und Beweise liefert.

Zur Abrundung der bisherigen Ausführungen und als Überleitung zum Abschn. 12.4 *Fallbeispiel für ein nachhaltiges Unternehmenskonzept* lade ich Sie ein auf einen Gedankenflug, der das nachhaltige Wirtschaften aus einer etwas höheren Flughöhe und von dort aus verschiedenen Perspektiven beleuchtet. Die nicht ungewollt ketzerischen Fragen dahinter: Wäre es nicht möglich, einfach so weiterzumachen wie bisher? Gäbe es nicht auch einfache Lösungen? Wie werden sich die Dinge vermutlich ohne nachhaltiges Wirtschaften entwickeln? Verpassen wir wirklich etwas, wenn wir auf das nachhaltige Wirtschaften verzichten?

Ökonomische Zusammenhänge und Wechselwirkungen

Ursache ist ein vorhergehender Sachverhalt, der einen momentanen Sachverhalt wesentlich bestimmt hat. **Wirkung** ist das Resultat einer Ursache. **Kausalität** ist die Beziehung zwischen Ursache und Wirkung. Sie betrifft die Abfolge von Ereignissen und Zuständen, die aufeinander bezogen sind. Demnach ist A die Ursache für die Wirkung B, wenn B von A erzeugt wird. Eine **Korrelation** beschreibt eine Beziehung zwischen zwei oder mehreren Merkmalen, Zuständen oder Funktionen. Die Beziehung muss keine kausale Beziehung sein.[1] Manche Elemente eines Systems beeinflussen sich gegenseitig nicht, oder es besteht eine stochastische, also vom Zufall beeinflusste Beziehung zwischen ihnen. Die häufigsten Denkfehler sind die Verwechslung von Ursache und Wirkung und ein zwingend kausaler Zusammenhang zwischen Korrelation und Kausalität.

Warum schreibe ich das? Unternehmen sind meist über viele Jahre gewachsene Organisationen, die aus einer Verstetigung von Beziehungen und Prozessen ihre jetzige Form gefunden haben, die meist unhinterfragt so lange weiter in bewährter Manier gemanagt werden, wie die Wertschöpfung funktioniert. Das ist insofern fatal, weil die etablierte Betrachtungsweise ihre Begründung gerade in den etablierten Beziehungen und Prozessen findet. Wie soll sich da das Neue durchsetzen? Wie soll das Neue den Beweis antreten, wenn die Erfahrung damit fehlt? Und besonders schlimm: Das Neue ist stets mit neuen Risiken verbunden, bei etablierten Beziehungen und Prozessen sind die Risiken bekannt, diese kann man kalkulieren, einpreisen, managen. So scheint es oftmals sinnvoll, bestehende Beziehungen und Prozesse zu reparieren und gezielt zu intervenieren, um damit

---

[1] Besonders schön wird es, wenn die Korrelation zur Umkehrung des Kausalzusammenhangs führt wie im berühmten Beispiel: Der Hahn kräht, die Sonne geht auf.

S. Theßenvitz, *Nachhaltig wirtschaften in der Praxis*, https://doi.org/10.1007/978-3-658-42458-9_11

alles wie bisher am Laufen zu halten. Diese etablierte Sichtweise ist die Sichtweise des Establishments, die damit ihre Macht, ihren Einfluss und ihre Geldquellen sichert und diese Sichtweise ist nachvollziehbar.

Doch die Anzeichen verdichten sich, mit einem Weiter-so werden wir die Grundlagen für eine von Menschen dicht besiedelten Welt dauerhaft zerstören. Die bisherige Wirtschaftsweise seit Beginn der Industrialisierung hat den meisten Menschen in Europa und Nordamerika viel Wohlstand gebracht. Doch es ist bisher nicht gelungen, den weitaus meisten Menschen in Südamerika, Afrika und Asien die Chance auf ein wohlständiges Leben zu geben, obwohl diese in der Regel deutlich härter für sehr viel weniger Geld arbeiten müssen, um ihr tägliches Überleben zu sichern. Und selbst wenn das westliche Wohlstandsmodell weltweit erfolgreich wäre – kleines Gedankenspiel –, was jedem Menschen von Herzen zu wünschen ist, dann würden wir die Grundlagen für eine von Menschen bewohnbare Welt noch rascher noch gründlicher zerstören. Die jetzige ökonomische und gesellschaftliche Verfasstheit der Menschheit ist weltweit betrachtet keine Ruhmestat unserer Spezies und die immer drängender werdende Debatte über Gerechtigkeit bricht sich Bahn.[2]

Das preisbereinigte BIP – Bruttoinlandsprodukt gilt in Deutschland als die wesentliche Kennzahl für Wohlstand, Fortschritt und Stabilität. Wächst das BIP, geht es dem Land gut und man kann sich vieles leisten – privat und gesellschaftlich. Man kann in neue Infrastruktur investieren, die Renten anheben, die Sozialleistungen ausweiten und vieles mehr. Schrumpft das BIP, dann geht es dem Land schlecht und man muss sparen. Die Investitionen und Ausgaben in den guten Jahren erzeugen immer Folgekosten und sei es nur das sich-daran-gewöhnt-haben und Rücknahmen von Leistungen werden psychologisch immer als doppelter Verlust empfunden – das, was ich verliere und das, was ich nicht mehr habe kulminieren in der Verlustaversion.[3]

Anbei eine kleine Übersicht mit dem preisbereinigten BIP in Deutschland von 1950 bis 2021 Abb. 11.1. Das Ergebnis vorweg: Der Grenzertrag des BIP – das Wirtschaftswachstum – wird von Dekade zu Dekade niedriger. Zum einen gilt natürlich, selbst minimale Zuwächse des BIP in Prozent in der Gegenwart übersteigen die nominalen Zuwächse der 1950er-Jahre, zum anderen gilt, der Grenznutzen des bisherigen ökonomischen Handelns scheint erreicht. Der im November 2022 veröffentlichte Konjunkturkompass der KfW – Kreditanstalt für Wiederaufbau prognostiziert für das Jahr 2023 eine Schrumpfung

---

[2] Lesen Sie hierzu gerne weiter in der am 16. Januar 2023 veröffentlichten Studie von OXFAM: Bericht zur sozialen Ungleichheit – Krisen-Profite: Reichstes Prozent kassiert fast doppelt so viel wie der Rest der Welt zusammen. Oxfam Deutschland (2023) https://www.oxfam.de/ueber-uns/aktuelles/soziale-ungleichheit-krisen-profite-reichstes-prozent-kassiert. Zugriff: 06.07.2023.

[3] Daldos F, Gritsch S (2022) Verlust-Aversion im Alltag – Verluste wiegen stärker in unserem Leben als Gewinne. Universität Innsbruck https://www.uibk.ac.at/ibf/blog-wirtschaft-und-verantwortung/posts/verlust-aversion-im-alltag.html. Zugriff: 06.07.2023.

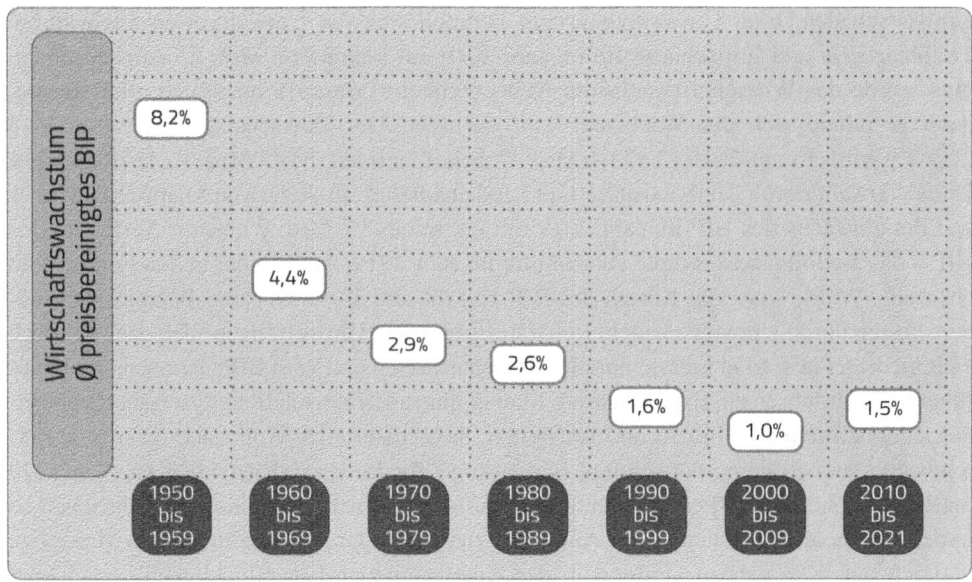

Abb. 11.1 Bruttoinlandsprodukt Entwicklung 1950–2021. (Quelle: Statistisches Bundesamt/Destatis, PM vom 04.07.2023, Grafik: eigene Darstellung)

des BIP um 1,0 %.[4] Die KfW sieht die Ursache für die wirtschaftliche Zeitenwende[5] insbesondere im Rückgang der Fachkräfte und in der schwachen Entwicklung der Produktivität.

Insbesondere das Coronajahr 2020 hat Deutschland mit einem Rückgang von 4,6 % des BIP schwer getroffen, der bis 2023 nicht ausgeglichen werden konnte. Der Rückgang im Jahr 2020 resultierte aus dem Rückgang des Konsums, doch insbesondere aus den massiv gestörten international vernetzten Lieferketten, in erster Linie mit China, die bis Anfang 2023 noch nicht vollständig wiederhergestellt worden sind. Quellen: 1950 bis 2009 destatis,[6] 2010 bis 2021 statistik-bw.[7]

Erfasst sind in Abb. 11.1 die Veränderungen in Prozent des BIP – des Bruttoinlandsprodukts. Nicht erfasst sind im BIP die Kosten des Wachstums zum Beispiel in Form von

[4] KfW Research – KfW-Konjunkturkompass (2023) https://www.kfw.de/%C3%9Cber-die-KfW/KfW-Research/KfW-Konjunkturkompass.html?redirect=80256. Zugriff: 06.07.2023.

[5] Welt.de (2023) KfW warnt vor „Ära schrumpfenden Wohlstands" in Deutschland. Axel Springer SE https://www.welt.de/wirtschaft/article243367637/KfW-warnt-vor-Aera-schrumpfenden-Wohlstands.html? Zugriff: 06.07.2023.

[6] Bundeszentrale für politische Bildung (2016) Die Entwicklung des deutschen Wirtschaftswachstums. Quelle: Statistisches Bundesamt https://www.bpb.de/medien/248871/Die_Entwicklung_des_deutschen_Wirtschaftswachstums.pdf. Zugriff: 06.07.2023.

[7] Der Zeitraum umfasst 12 Jahre. Ich will die Werte so nahe wie möglich an die Gegenwart bringen und als Trendzahl ist diese valide. Quelle: Statistisches Landesamt Baden-Württemberg (2023) Gesamtwirtschaft und Konjunktur. https://www.statistik-bw.de/GesamtwBranchen/. Zugriff: 06.07.2023.

Umweltschäden. Laut Umweltbundesamt beliefen sich die Umweltkosten allein durch Treibhausgase und Luftschadstoffe im Jahr 2019 auf knapp 203 Mrd. €.[8] Angenommen, man würde das Wirtschaftswachstum Netto rechnen – das BIP abzüglich aller Kosten, dann gestaltete sich das Wachstum weit geringer. Der Zuwachs des BIP von 2018 (3.367,9 Mrd. €) auf 2019 (3.473,4 Mrd. €) belief sich auf 105,5 Mrd. €. Abzüglich der Umweltkosten durch Treibhausgase und Luftschadstoffe in Höhe von knapp 203 Mrd. € war der Zuwachs des BIP im Jahr 2019 mit ca. minus 97 Mrd. € negativ. Verkürzt: Das NIP – das Nettoinlandsprodukt[9] schrumpfte im Jahr 2019. Am Rande: in den Folgejahren ebenfalls. Würde man alle Kosten des BIP von diesem abziehen (zum Beispiel Gesundheitskosten durch Umweltschäden, Reparaturkosten der Umwelt) dann sähe das NIP noch weit niedriger aus. Man müsste nur alle Kosten erfassen und vom BIP abziehen, doch hierüber tobt seit Jahren ein Expertenstreit. Man könnte auch Korrelationen zwischen Lebenszufriedenheit und BIP bilden und feststellen, dass materieller Wohlstand zwar eine hinreichende, jedoch keine notwendige Bedingung[10] für Lebenszufriedenheit ist. Von 1978 bis 2022 hat sich das BIP weit mehr als verfünffacht,[11] das Lebensglück der Deutschen ist in der Summe nicht gestiegen, der Anteil der ziemlich oder sehr unglücklichen Menschen hat sich auf 9 % nahezu verdoppelt, der Anteil der ziemlich Glücklichen verzeichnet leichte Rückläufe auf 71 % und der Anteil der sehr Glücklichen stagniert bei 20 %.[12] Dieses Buch ist ein Praxisbuch und so belassen wir es bei diesem Gedankenspiel mit der Erkenntnis: das BIP allein macht nicht glücklich. Vielleicht erinnern Sie sich an den Anfang dieses Buches „*Organisationen wirken auf den Menschen zurück. In diesem symbiotischen System entstehen durch seine Wechselwirkungen kulturelle Vereinbarungen, wie man der Welt gegenübertritt, wie man auf sie einwirkt und wie man sie gestaltet.*" „~".

In Abb. 11.1 nicht erfasst ist das Jahr 2022, das Jahr des Beginns des Angriffskriegs Russlands gegen die Ukraine.[13] In diesem Zusammenhang stiegen die Energiepreise für

---

[8] Umweltbundesamt (2023) Gesellschaftliche Kosten von Umweltbelastungen. https://www.umweltbundesamt.de/daten/umwelt-wirtschaft/gesellschaftliche-kosten-von-umweltbelastungen. Zugriff: 06.07.2023.

[9] Achtung: Damit meine ich NICHT die klassische Definition des NIP. Dieses zieht vom BIP nur die Abschreibungen ab.

[10] Heinle J (2015) Notwendige und hinreichende Bedingung. Philoclopedia.de https://www.philoclopedia.de/was-kann-ich-wissen/logik/notwendige-und-hinreichende-bedingung/. Zugriff: 06.07.2023.

[11] Rudnicka J (2023) Bruttoinlandsprodukt (BIP) in Deutschland von 1950 bis 2022. Statista, https://de.statista.com/statistik/daten/studie/4878/umfrage/bruttoinlandsprodukt-von-deutschland-seit-dem-jahr-1950/. Zugriff 06.07.2023.

[12] Hornung B (2017) So glücklich und zufrieden sind die Deutschen wirklich. IFG München, Institut für Glücksforschung. https://www.gluecksforschung.de/So_gluecklich_sind_die_Deutschen.htm, hinter diesem Link verbergen sich hochseriöse Zahlen, lesenswert! Zugriff: 06.07.2023.

[13] Kriegsbeginn am frühen Morgen des 24. Februar 2022. Dazu der Autor: ich wünsche Wladimir Wladimirowitsch Putin von ganzem Herzen ein langes Leben bei bester Gesundheit – 100 Jahre soll es währen; die letzten 20 Jahre als rechtskräftig verurteilter Kriegsverbrecher in Einzelhaft.

Benzin, Gas, Öl und Strom in Deutschland auf neue Rekordhöhen und die Inflationsrate erreichte teilweise 10 %, bei Lebensmitteln über 20 %.[14] Die Kaufkraft litt enorm ebenso wie viele Geschäftsmodelle, die sich aus dem Zukauf billiger fossiler Energie gründen. Die Prognose sei gestattet. Das Zeitalter der billigen Energie ist mit hoher Wahrscheinlichkeit für immer vorbei und damit geraten viele etablierte Geschäftsmodelle in Deutschland unter einen massiven Veränderungsdruck. Zudem verteilen sich die Einkommen der Menschen immer ungleicher.[15] Die Vermögen und deren Zuwächse konzentrieren sich auf immer weniger Menschen und immer mehr Menschen haben immer weniger Anteil am Kuchen.

Der demografische Wandel in Deutschland ist ein weiteres Beispiel für exponentielle Veränderungen in einem System. Die Menschen in Deutschland werden immer älter, gleichzeitig wird der Stamm der nachkommenden Generation immer dünner. Die Altersgruppe der unter 20-jährigen ist nicht einmal halb so stark vertreten wie die Altersgruppe der 50 bis 70-jährigen. Jeder zweite Bürger in Deutschland ist über 45 Jahre,[16] weder die Zuwanderung[17] noch die Geburtenrate[18,19] lösen die Herausforderung, das bisherige Rentensystem und das Rentenniveau dauerhaft stabil zu halten. Die immer heißer geführte Rentendebatte mit der stets gleichen Idee der Verlängerung der Lebensarbeitszeit ist einer der Reflexe, das alte System durch Reparaturen am Laufen zu halten.

---

[14] Verbraucherzentrale (2023) Steigende Lebensmittelpreise: Fakten, Ursachen, Tipps. https://www.verbraucherzentrale.de/wissen/lebensmittel/lebensmittelproduktion/steigende-lebensmittelpreise-fakten-ursachen-tipps-71788. Zugriff: 06.07.2023.

[15] Siehe hierzu das Abschn. 7.10 Ziel 10: *Weniger Ungleichheiten*, dort ist auch der Gini-Koeffizient für Deutschland aufgeführt (0,78).

[16] Umfassende weiterführende Informationen finden Sie hier: Statistisches Bundesamt (2023) Demografischer Wandel https://www.destatis.de/DE/Themen/Querschnitt/Demografischer-Wandel/_inhalt.html. Zugriff: 06.07.2023.

[17] Bittere Fakten der bpb – Bundeszentrale für politische Bildung. Der Anteil der Personen mit Migrationshintergrund ohne allgemeinen Schulabschluss ist sieben Mal so hoch wie bei Personen ohne Migrationshintergrund. 51 Prozent der Ausländer mit eigener Migrationserfahrung haben keinen berufsqualifizierenden Abschluss, 38 Prozent sind Bezieher von Hartz IV. Bundeszentrale für politische Bildung (2022) Soziale Situation in Deutschland – Bevölkerung mit und ohne Migrationshintergrund https://www.bpb.de/kurz-knapp/zahlen-und-fakten/soziale-situation-in-deutschland/61649/bevoelkerung-mit-und-ohne-migrationshintergrund/. Zugriff: 06.07.2023.

[18] Weitere Fakten der bpb: 40 Prozent der Kinder unter 10 Jahren haben einen Migrationshintergrund, Bundeszentrale für politische Bildung (2022) Soziale Situation in Deutschland – Bevölkerung mit Migrationshintergrund nach Alter https://www.bpb.de/kurz-knapp/zahlen-und-fakten/soziale-situation-in-deutschland/150599/bevoelkerung-mit-migrationshintergrund-nach-alter/ Zugriff: 06.07.2023.

[19] 48 Prozent der Kinder aus Familien mit einem Migrationshintergrund wird eine Risikolage diagnostiziert, Kinder ohne Migrationshintergrund zu 16 Prozent. Klein W (2023) Bericht „Bildung in Deutschland 2022" -Sinkende Kompetenzen und wachsende Bildungsungerechtigkeit. Deutsches Schulportal der Robert Bosch Stiftung https://deutsches-schulportal.de/expertenstimmen/sinkende-kompetenzen-und-wachsende-bildungsungerechtigkeit/. Zugriff: 06.07.2023.

Wenn niemand über den Elefanten im Raum redet – das alte System ist kaputt – wird es kommen, wie es kommen muss: Die Generation der Baby-Boomer wird die Rentenkasse bis auf den Grund ausschöpfen. Die nachfolgenden Generationen stehen vor den Trümmern des Generationenvertrags ohne Möglichkeit, ein neues Rentensystem gleicher Güte aufzubauen, schlicht weil die Masse breiter Schultern fehlt, aus fachlich qualifizierter Arbeit die Beiträge in die Rentenkasse einzuzahlen, die es für ein auskömmliches Altersruhegeld braucht. Bereits im Jahr 2023 ist der Fachkräftemangel spürbar, trotz Arbeitslosigkeit fehlen Arbeitskräfte in den Engpassberufen – 45 % Fachkräfte, 49 % Spezialisten und 30 % Experten.[20] Abgesehen von der schwindenden Innovationskraft in Deutschland und den vielen Menschen, die es braucht, Innovationen ins Werk zu setzen, werden bis 2030 allein im öffentlichen Sektor zur Erfüllung der Aufgaben für das Gemeinwohl und der Daseinsvorsorge eine Million Fachkräfte fehlen.[21] Die fehlenden Pflegekräfte bis 2030 habe ich nicht kalkuliert,[22] das erahnen Sie selbst ebenso wie die Konsequenzen aus all diesen Entwicklungen. Entlang des demografischen Wandels braucht Deutschland zunehmend dringend eine neue gesellschaftliche und kulturelle Vereinbarung und es braucht ein neues Wirtschaftsmodell. Das nachhaltige Wirtschaften würde sich hier sehr anbieten. Doch bevor wir damit fortfahren, folgt ein abschließendes Beispiel für einen exponentiellen Verfallsprozess, der bereits vielfach seinen Endpunkt gefunden hat, Fernseher aus Deutschland.

Beispiel

Wem die Markennamen Nordmende, Blaupunkt, Grundig, Telefunken – die Erfinder des Farbfernsehers, Metz und Loewe[23] noch etwas sagen, der hat die goldenen Jahre der Fernseher made in Germany live und weitgehend in Farbe miterlebt. Sofern diese Marken heute noch in den Regalen stehen, sind sie ein Schatten ihrer selbst und nicht selten in chinesischer Hand. Diese Unternehmen waren Weltmarkt- und Technologieführer, sie waren cool und überlegen, ihre Geräte waren teuer und begehrt und die Unternehmen hielten sich für unbesiegbar. Sie hielten nichts von gestrafften Produktionsver-

---

[20] Fachkräftebedarf. Bundesagentur für Arbeit https://statistik.arbeitsagentur.de/DE/Navigation/Statistiken/Themen-im-Fokus/Fachkraeftebedarf/Fachkraeftebedarf-Nav.html. Zugriff: 06.07.2023.

[21] PwC – PricewaterhouseCoopers GmbH (2022) Bis 2030 könnten dem öffentlichen Sektor mehr als eine Million Fachkräfte fehlen. https://www.pwc.de/de/pressemitteilungen/2022/bis-2030-koennten-dem-oeffentlichen-sektor-mehr-als-eine-million-fachkraefte-fehlen.html. Zugriff: 06.07.2023.

[22] Deutsche Krankenhausgesellschaft (2019) DKG zum DKI-Gutachten „Situation und Entwicklung der Pflege bis 2030" Pflegekräftebedarf steigt immens an. https://www.dkgev.de/dkg/presse/details/pflegekraeftebedarf-steigt-immens-an/. Zugriff: 06.07.2023.

[23] Sehr gut recherchierter Artikel über Loewe: Eisenring C (2019) Grundig, Telefunken und jetzt Loewe: Von den TV-Herstellern „made in Germany" bleibt fast nichts übrig. Neue Zürcher Zeitung | Wirtschaft | 01.07.2019 https://www.nzz.ch/wirtschaft/von-grundig-zu-loewe-tv-hersteller-made-in-germany-sind-am-ende-ld.1492638. Zugriff: 06.07.2023.

fahren, lachten über die Erfindung des Flachbildschirms,[24] mokierten sich über die Billigfernseher aus Fernost und hielten die Digitalisierung für Firlefanz. Soweit die Kurzfassung des exponentiellen Verfalls eines Systems, das so weitermachen wollte wie immer, alte Werkzeuge für neue Herausforderungen verwendete und seine Anstrengungen im Weiter-So vervielfachte. Weitere Beispiele fallen Ihnen zu hunderten vor die Füße, wenn sie mit ein wenig Muße im Internet surfen. ◄

Jedes Unternehmen ist eingebettet in seine Umwelt und die dort herrschenden Umweltbedingungen. Sie bilden die Rahmenhandlung, in welchem Ausmaß den Unternehmen Wachstum, Innovationen und Veränderung möglich sind. Das ZEW – Leibniz-Zentrum für Europäische Wirtschaftsforschung in Mannheim definiert sechs Umweltbedingungen für Unternehmen:

- Steuern,
- Arbeitskosten und Produktivität,
- Regulierung,
- Finanzierung,
- Infrastruktur und
- Institutionen und Energie.[25]

Die wirtschaftliche Basis in Deutschland bilden zu 90 % Familienunternehmen, diese beschäftigen knapp 60 % der Arbeitnehmer:innen und generieren über 50 % des Gesamtumsatzes in Deutschland.[26] Familienunternehmen bilden das Rückgrat der deutschen Volkswirtschaft, das Schlagwort der Hidden-Champions der Weltmarktführer aus Deutschland ist Allgemeingut. Die zentrale Strategie der Hidden-Champions ist einfach: Spezialisierung und Innovationen. Wie steht es denn 2023 um den Wirtschaftsstandort Deutschland? Im ZEW-Ranking ist Deutschland bei 21 betrachteten Industriestaaten[27] im Jahr

---

[24] Es war Martin Schadt, Physiker und Schweizer, Wacker G (2013) Der Flachbildschirm-Erfinder, der auf TV und iPhone verzichtet. SRF – Schweizer Radio und Fernsehen https://www.srf.ch/news/regional/basel-baselland/der-flachbildschirm-erfinder-der-auf-tv-und-iphone-verzichtet. Zugriff: 06.07.2023.

[25] Heinemann F (2023) Deutschland ist der große Verlierer im Standortwettbewerb. ZEW – Leibniz-Zentrum für Europäische Wirtschaftsforschung GmbH Mannheim https://www.zew.de/presse/pressearchiv/deutschland-ist-der-grosse-verlierer-im-standortwettbewerb. Zugriff: 06.07.2023.

[26] Stiftung Familienunternehmen (2023) Daten, Fakten, Zahlen zur volkswirtschaftlichen Bedeutung von Familienunternehmen https://www.familienunternehmen.de/de/daten-fakten-zahlen. Zugriff: 06.07.2023.

[27] (Rang): USA (1), Kanada (2), Schweden (3), Schweiz (4), Dänemark (5), Irland (6), Vereinigtes Königreich (7), Finnland (8), Niederlande (9), Polen (10), Tschechien (11), Belgien (12), Österreich (13), Portugal (14), Slowakei (15), Japan (16), Frankreich (17), Deutschland (18), Ungarn (19), Spanien (20), Italien (21), Quelle: Stiftung Familienunternehmen (2023) Länderindex Familienunternehmen https://www.familienunternehmen.de/laenderindex-familienunternehmen, Zugriff: 06.07.2023.

2020 von Platz 14 auf Platz 18 im Jahr 2022 abgerutscht, siehe Abb. 11.2. Das ZEW macht drei Faktoren für den Abstieg verantwortlich: Die Regulierungswut, die Steuerlast und die teure Energie in Deutschland. Abb. 11.2 zeigt eine kleine Zeitreihe der Rankingplätze für Deutschland seit Beginn der Erhebung im Jahr 2006.[28]

Eine Chart-Expertin an der Börse würde es wohl so formulieren:

> „Nach vielen Jahren stabiler Seitwärtsbewegung von 2006 bis 2014 auf den Rängen 9 und 10 von 21 im Mittelfeld begann 2016 ein Rückgang, der sich bis ins Jahr 2018 beschleunigte und nach kurzem Verharren in 2020 weiter Fahrt aufnahm, um mit den größten Rangverlusten auf dem Allzeit-Tief Rang 18 im Jahr 2022 zu landen. Eine Erholung der Entwicklung ist nicht erkennbar. Die Umweltbedingungen haben sich verschlechtert ohne Aussicht auf rasche Besserung." Und sie würde vermutlich ergänzen: „Für risikofreudige Investoren geeignet, die Kursverluste verschmerzen können."

Der Trend ist eindeutig, er zeigt abwärts, nicht zuletzt auch wegen der digitalen Infrastruktur und Services. Im Vergleich mit der EU – Europäischen Union rangiert Deutschland bei digitalen Services der Behörden auf Platz 21 von 35 bei deutlich schwächeren Aufholimpulsen.[29] Selbst wenn Deutschland die Digitalisierung voranbringt, relativ zur EU verliert es weiter an Boden.

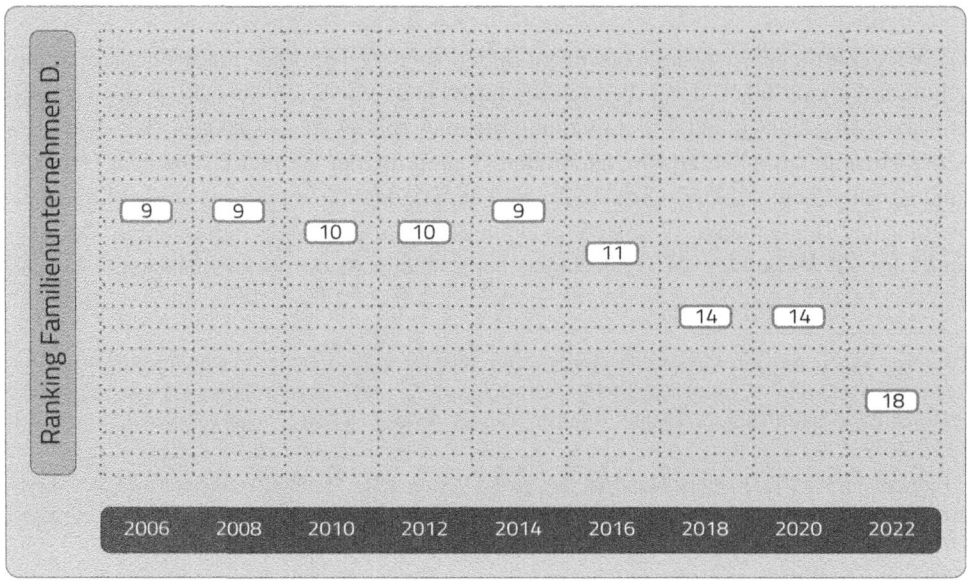

Abb. 11.2 Ranking Familienunternehmen in Deutschland 2022. (Quelle: https://www.familienunternehmen.de/laenderindex-familienunternehmen, Zugriff: 04.07.2023, Grafik: eigene Darstellung)

---

[28] (ebenda).

[29] Deutsche Behörden versinken in Analog-Welt. (2022) Pressetext-Redaktion | pressetext Nachrichtenagentur GmbH, Wien https://www.pressetext.com/news/deutsche-behoerden-versinken-in-analog-welt.html. Zugriff: 06.07.2023.

11.1 Wertschöpfung im System

Meine Erfahrungen aus über 25 Jahren Unternehmensberaterpraxis zeigen immer wieder eindrücklich, Verfallsprozesse verlaufen negativ exponentiell. Jeder Verfallsprozess beginnt immer kaum merklich, der Rückgang beträgt wenige Promille. In dieser Phase des Verfalls verweist man jeden, der darauf aufmerksam macht, auf seinen Platz. Das Beharren obsiegt, denn Schwankungen gibt es immer, so der Tenor und man solle sich lieber um Wachstum kümmern. Das Wachstum stellt sich nicht ein, im Zeitverlauf werden aus den hochpotenten Promille wenige Prozent Verfall, auch diese gelten selten als Grund, etwas zu ändern, eine Krise sähe anders aus, man hätte schon andere Probleme gelöst und überhaupt müsse man jetzt die Anstrengungen vervielfachen. Der Verfall beschleunigt sich zunehmend, der Rückgang ist eine solide Hausnummer, der ernsthafte Probleme verursacht. Jetzt holt man sich externe Hilfe an Bord, man gründet eine Taskforce, hält Ansprachen an die Belegschaft mit markigen Durchhalteparolen und setzt das grobe Werkzeug an für tiefe Einschnitte, denen in der Hektik auch vitale Teile des Systems zum Opfer fallen. Auch der unvermeidliche harte Sparkurs ist Teil des Problems, denn man will das alte System retten. Doch das System stirbt. Es stirbt, weil man die Zeichen des Verfalls zu spät erkannt hat, es stirbt, weil man nicht erkannt hat, dass der Verfall aus dem System heraus entstanden ist und nicht von außen induziert wurde und es stirbt, weil man die falschen Werkzeuge zur Rettung eingesetzt hat.

Jedes Unternehmen funktioniert stets innerhalb der Umweltbedingungen. Verändern sich diese, durch wissenschaftliche Entdeckungen, technische Innovationen, politische Strömungen, wirtschaftliche und gesellschaftliche Entwicklungen, Verbraucherverhalten, kulturelle Vereinbarungen, Verbraucherwünsche oder den Wettbewerb, so verändert sich der Output, die Wertschöpfung sinkt relativ zum gleichbleibenden Input.

Bei gleichbleibenden – bestehenden Verfahren sinkt die Wertschöpfung exponentiell im Zeitablauf, weil sich die Umweltbedingungen ändern. Jedes System ohne Veränderung funktioniert im Zeitablauf relativ schlechter in Beziehung zu der sich verändernden Umwelt. Auch das Nicht-Handeln verursacht Veränderungen, weil das System relativ zu den Umweltbedingungen schwächer wird. Das Nicht-Handeln im Sinne der Unterlassung ist als Handeln zu werten (Abb. 11.3).

Läuft der Prozess lange genug ohne Interventionen und das System verändernde Maßnahmen, erreicht die Wertschöpfung des Systems zwangsläufig den Null-Punkt. Der Null-Punkt kann quantitativ gemessen werden – Umsatz, Deckungsbeitrag, Marktanteil, Preisposition, Bekanntheitsgrad, Krankenstand, Fluktuation. Der Null-Punkt kann auch qualitativ gemessen werden – Image, Arbeitszufriedenheit, Loyalität, Kundenvertrauen (Abb. 11.4).

Unterbleiben weiterhin die Interventionen, wird die Wertschöpfung negativ, das System erreicht die Verlustzone, bis die Ressourcen des Systems vollständig verbraucht sind. Die Verluste kann man ebenso ökonomisch beziffern wie psychologisch: Der Verlust der Motivation, die Abwanderung der besten Mitarbeiter:innen und die Angst vor dem Verlust des Arbeitsplatzes verstärken den ökonomischen Verfall, beide Verlustarten verstärken sich gegenseitig (Abb. 11.5).

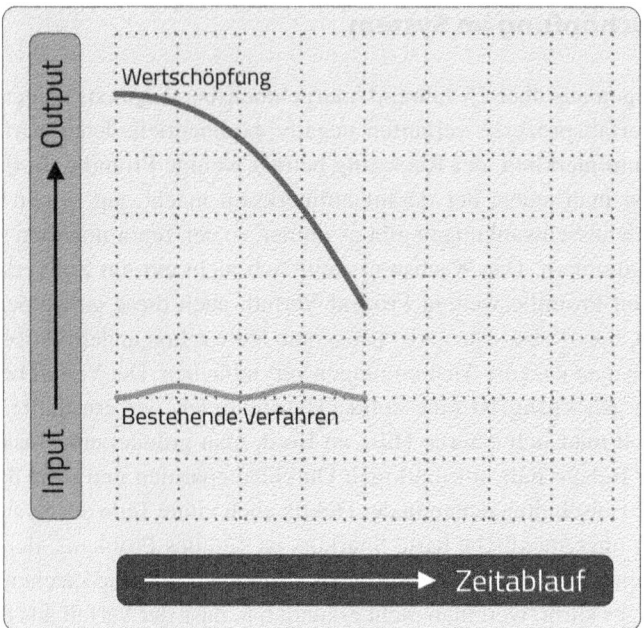

Abb. 11.3   Wertschöpfung im Verlauf 01 (eigene Darstellung)

Abb. 11.4   Wertschöpfung im Verlauf 02 (eigene Darstellung)

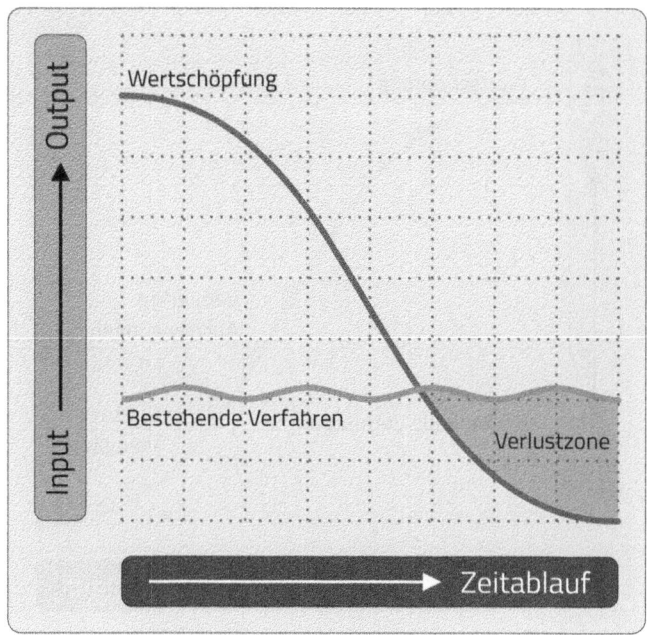

Abb. 11.5 Wertschöpfung im Verlauf 03 (eigene Darstellung)

Aus der Verstärkung der Anstrengungen mit den alten Verfahren – mit einem mehr vom Gleichen – resultiert eine dauerhafte Mehrbelastung. Beispiel: länger und härter arbeiten, Verkürzung der Produktlebenszyklen, Einsparungen von Kundenservices, Lohn- und Gehaltskürzungen, Bildung von Task-Forces, aggressive Preispolitik, um Marktanteile zu halten. Der Effekt: die Verlustzone wird schneller größer, der Teufelskreis erhält mehr Nahrung (Abb. 11.6).

Der erste entscheidende Punkt ist, die alten Verfahren loszulassen und neue Verfahren organisch zu implementieren. Es beginnt stets mit einer ehrlichen Analyse und dem Mut für neue Verfahren. Den meisten Systemen fehlt der Mut und ihnen fehlt eine Kultur der Ehrlichkeit. Damit fehlen dem System die notwendigen Ressourcen, neue Verfahren mit dem Nachdruck zu implementieren, den es braucht, um den Turn-Around zu schaffen und die Reise ins Offene ohne Vorbild anzutreten (Abb. 11.7).

Während des Turn-Arounds steigt die Mehrbelastung bei weiterhin sinkender Wertschöpfung. Hier verlieren fast alle den Mut und die Stunde der Restauration ist gekommen, der zweite kritische Punkt ist erreicht. Die Kritik wird laut: so geht es nicht, die Zahlen belegen dies und man müsste sofort umkehren und zurück zu den alten Leisten finden. Das Neue kann sich nur auf sich selbst verlassen, seine Wahrnehmung der Umwelt, seinen Instinkt und seine Überzeugungskraft (Abb. 11.8).

Alte Verfahren loszulassen ist eine psychologische Kunst, denn sie geben den Menschen einen vertrauten, wenn auch trügerischen Halt und Sinn. Schnüren Sie kleine Veränderungspakete und schaffen Sie viele kleine Meilensteine, mit deren Erreichung die Zu-

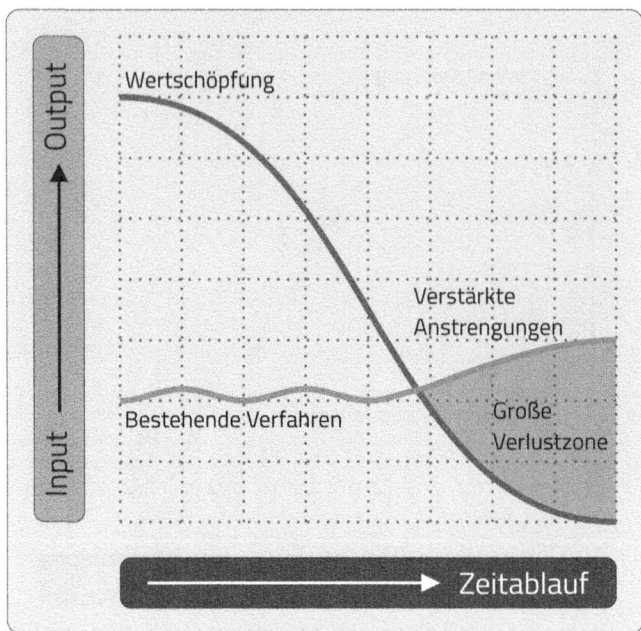

Abb. 11.6   Wertschöpfung im Verlauf 04 (eigene Darstellung)

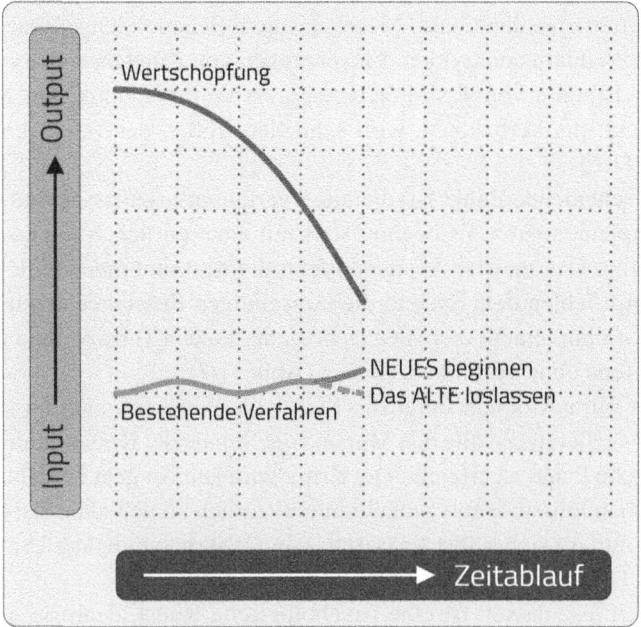

Abb. 11.7   Wertschöpfung im Verlauf 05 (eigene Darstellung)

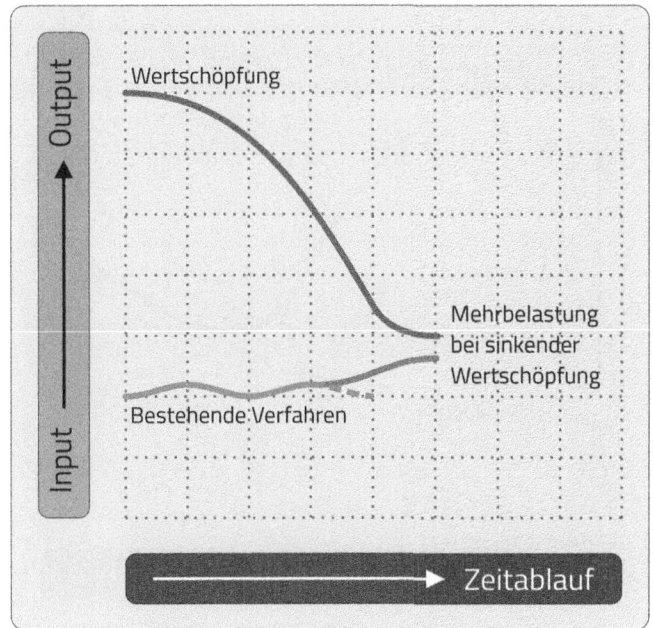

Abb. 11.8 Wertschöpfung im Verlauf 06 (eigene Darstellung)

versicht Stück für Stück wächst. Nach einer Übergangszeit der Mehrbelastung pendelt sich der Input der neuen Verfahren wieder auf Normalniveau ein, während sich die Wertschöpfung zunehmend positiv entwickelt (Abb. 11.9).

Ich habe immer wieder erfahren, einen Schrumpfungsprozess zu managen, ist deutlich schwieriger, als Wachstum zu managen. Denn im Verfall zerfallen auch die inneren Strukturen, Zusammenhänge und Prozesse, die ein System lebendig halten. Die Auflösung beschleunigt sich aus sich selbst heraus. Eine wache und produktive Paranoia ist eine sehr hilfreiche Führungseigenschaft, um Verfallsprozesse zu erkennen, die aus dem System heraus entstehen oder zersetzend auf dieses einwirken.

Lernfelder Sie wissen: nicht jede Veränderung ist eine Verbesserung, doch jede Verbesserung braucht eine Veränderung. Dauerhaft wirksame Veränderungen benötigen dauerhaft veränderte Verfahren. Gestalten Sie überschaubare Etappen, innerhalb derer man das Neue üben kann und mit ihm vertraut wird. Geben Sie ausreichend Zeit, um neue Verfahren einzuüben, zu testen und zu verfeinern, so wie man einst auch die bestehenden Verfahren eingeübt hat. In wirklich jeder Veränderung kommt immer der Zeitpunkt, an dem die Kritiker wieder einmal alles besser wussten – das ist der Moment, stark zu bleiben damit die Veränderung eine Chance bekommt. Lassen Sie Altes konsequent los und entsorgen Sie es mit einem Ritual – versehen Sie jede Veränderung mit deutlichen Zeichen.

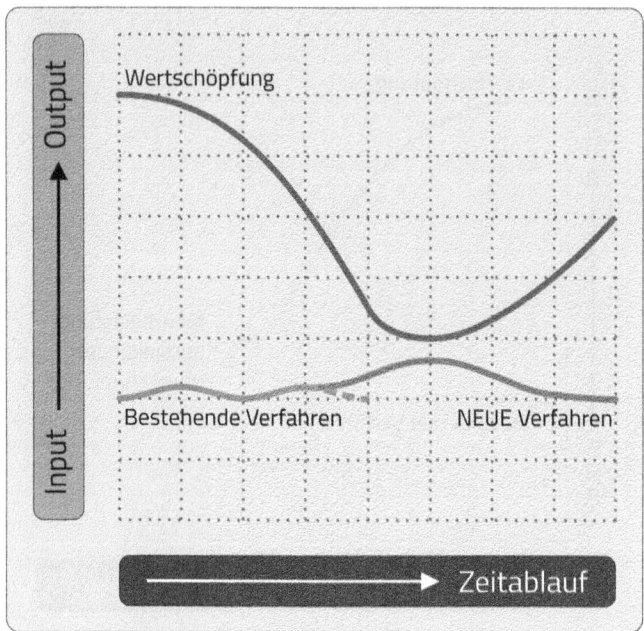

Abb. 11.9 Wertschöpfung im Verlauf 07 (eigene Darstellung)

Welche Dimension ist wichtiger, die Wirksamkeit oder die Akzeptanz (Abb. 11.10)? Sie brauchen beide Dimensionen gleichermaßen, sie bedingen einander. Entscheidend mag sein, entlang der Veränderungen intensiv zu kommunizieren, das kommt meist zu kurz. Begünstigen Sie ein Gefühl der Verbundenheit auf Grundlage erreichter Meilensteine und sichtbarer Veränderung, kommunizieren Sie gemeisterte Herausforderungen und Erfolge. Ein Projekt, dessen Erfolg schnell sichtbar wird, kann den Einstieg in die Veränderung erleichtern. Und nichts ist erfolgreicher als der Erfolg.

Im Idealfall ergänzen sich beide Wirkstoffe. Entscheidend ist, den Trägheitspunkt[30] zu überwinden, um Veränderung zu ermöglichen. Dabei hilft Ihnen ein klug angesetzter psychologischer Hebel.[31] In der Organisationspsychologie gibt es viele Ansätze, wie viele Menschen gemeinsam eine Veränderung herbeiführen. Der schwierigste Weg ist immer der Weg der Gleichen und Freien, die selbstbestimmt auf Augenhöhe auch ohne Anzeichen von Gefahr stets veränderungsbereit sind. In der Praxis ist das leider eine Utopie, die meisten Menschen sind nicht so. Sehr gut funktioniert immer das kriseninduzierte Scharen um die Fahne. Gemeint ist, eine gewisse Dringlichkeit sollten Sie schon herstellen, wenn Sie Veränderungen wollen.

---

[30] Trägheit: Sie bezeichnet den Widerstand, den ein Körper der Veränderung seines Bewegungszustands entgegensetzt. Auf einen ruhenden Körper muss man eine Kraft anwenden, um ihn auf eine bestimmte Geschwindigkeit zu bringen.

[31] Hebel: Er ist einer der wichtigsten Kraftwandler. Er dient, wie alle mechanischen Maschinen dazu, Arbeit zu erleichtern.

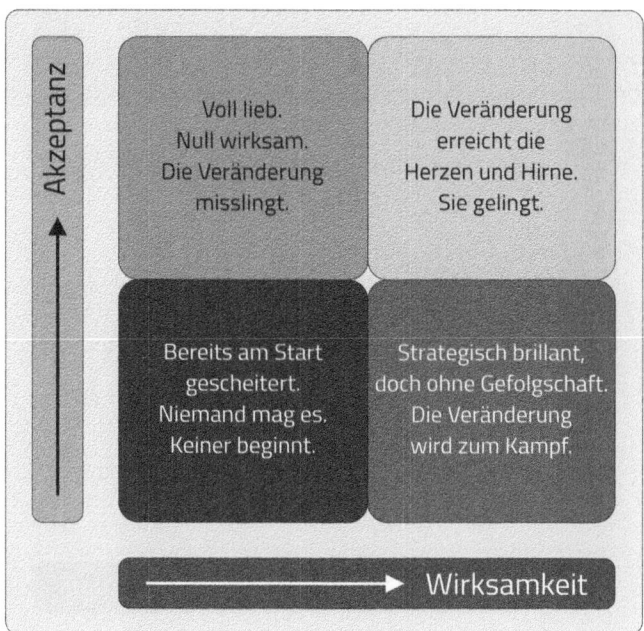

Abb. 11.10 Wirksamkeit und Akzeptanz (eigene Darstellung)

11.2   Der Grenzertrag der Wertschöpfung

Anknüpfend an das obige Kapitel beleuchten wir den Grenzertrag der Wertschöpfung. In unserem Zusammenhang sinkt der Grenzertrag der Wertschöpfung immer dann, wenn ein System innerhalb sich verändernder Umweltbedingungen unverändert weitergeführt wird. Gerade verstärkte Anstrengungen führen dazu, dass das System noch schneller zerfällt. Die folgenden Zeilen illustrieren diesen Sachverhalt und legen dar, was idealerweise zu tun ist. Es wird Sie nicht überraschen.

Bei gleichbleibenden Verfahren in einer sich verändernden Umwelt erreicht jede Wertschöpfung irgendwann ihren Zenit, um dann kontinuierlich immer rascher ihrem Nullpunkt entgegenzustreben. Interessanterweise verstehen das alle Menschen immer im Nachhinein, doch als gedanklichen Forecast verstehen das nur wenige Menschen. Heute Röhrenfernseher zu produzieren, ergibt keinen Sinn. In 10 Jahren nicht nachhaltig zu wirtschaften, ergibt keinen Sinn (Abb. 11.11).

Der Zuwachs der Wertschöpfung – der Nullpunkt – ist erreicht, wenn der Grenzertrag nicht mehr zunimmt. Auch mit sinkenden Grenzerträgen erzeugt man noch Wertschöpfung, sie schrumpft eben mit all den sie begleitenden Phänomenen. Interessant wird die Berechnung der Wertschöpfung, wenn man die Kosten hinzunimmt, die durch den Naturverbrauch entstehen. Im Zuge der verpflichtenden Nachhaltigkeitsberichte für Unternehmen wird das Realität werden (Abb. 11.12).

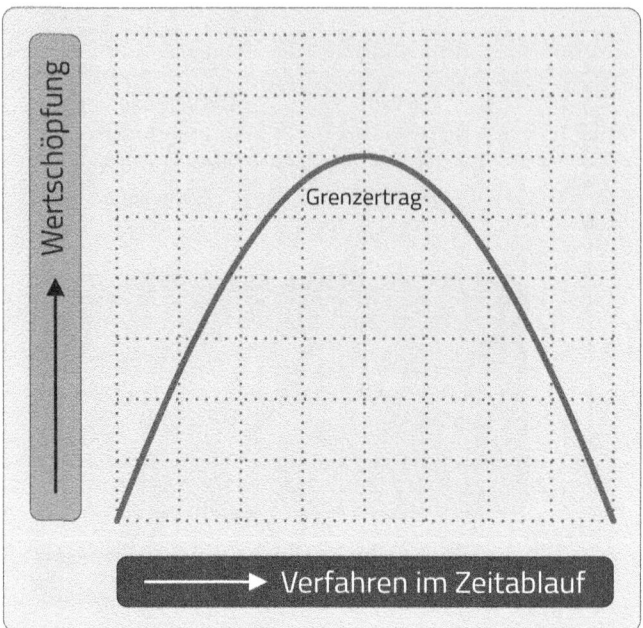

Abb. 11.11 Grenzertrag 01 (eigene Darstellung)

Immer, wenn der Grenzertrag größer Null ist, sprechen wir von funktionierenden Systemen. Sinkt der Grenzertrag unter Null, ist das System dysfunktional. Global betrachtet ist der Grenzertrag schon lange negativ, wenn man den Naturverbrauch hineinrechnet. Deutschland verbraucht pro Jahr drei Erden als Ressourcen. Unter nachhaltigen Gesichtspunkten betrachtet ist das jetzige Wirtschaftssystem dysfunktional – es verbraucht mehr Ressourcen als es Wertschöpfung liefert (Abb. 11.13).

Es ergibt viel Sinn, bereits bei sinkenden positiven Zuwächsen des Grenzertrags über neue Verfahren nachzudenken. Ausgehend vom Ist haben wir diesen Zeitpunkt bereits in den 1960er-Jahren verpasst, der Erdüberlastungstag mit dem Faktor 1,01 war im Jahr 1970. Rein ökonomisch betrachtet zählen am Ende ausschließlich die Vollkosten unseres Tuns. Die jetzige Form der Ermittlung der Wertschöpfung in Form der Teilkostenrechnung verschleiert die Tatsachen buchhalterisch (Abb. 11.14).

So sähe sie aus, die Kurve des ewig wachsenden Grenzertrags in einem nachhaltig funktionierenden System. Klären wir den Begriff der Wertschöpfung: Sie ergibt sich als Differenz von Output und Input. Mit dem bisherigen Wirtschaftssystem und dem nur in Teilen hinzugerechneten Input sind wir schon lange über das Ziel hinausgeschossen. Die einzige Wirtschaftsweise, die dauerhaft funktioniert ist nachhaltig auf Grundlage einer Vollkostenrechnung (Abb. 11.15).

Abb. 11.12   Grenzertrag 02 (eigene Darstellung)

Abb. 11.13   Grenzertrag 03 (eigene Darstellung)

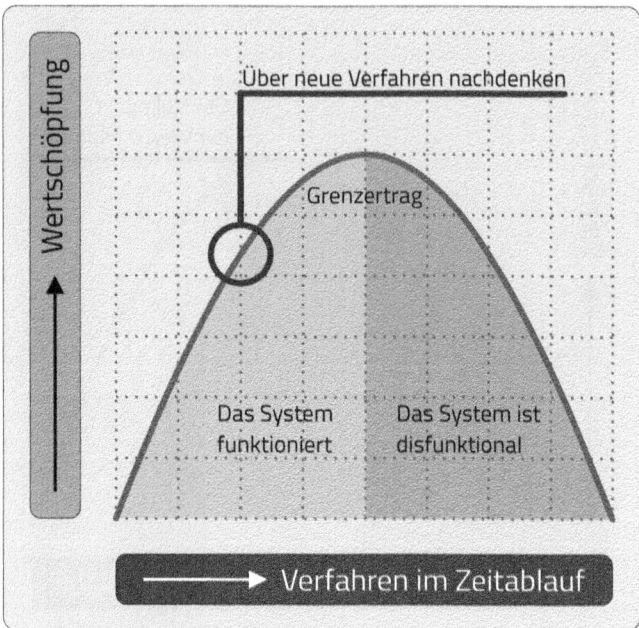

Abb. 11.14 Grenzertrag 04 (eigene Darstellung)

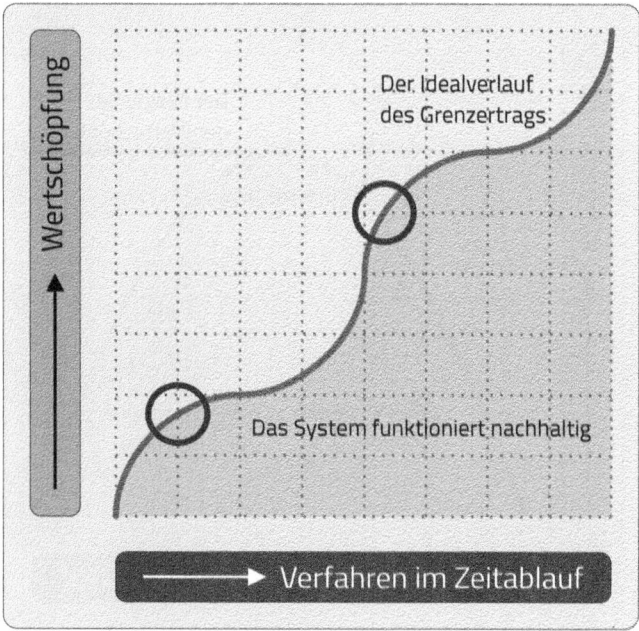

Abb. 11.15 Grenzertrag 05 (eigene Darstellung)

11.3 Nachhaltige Wertschöpfung

Für das nachhaltige Wirtschaften unverzichtbar ist – wie dargestellt – ein dem Output gegenübergestellter Input auf Vollkostenrechnung. Diese Vollkostenrechnung beinhaltet auch den Naturverbrauch, die Folgen schlechter Arbeitsbedingungen und umweltschädlicher Produktionsmethoden. Auch der Output, die Wertschöpfung, muss auf Vollkostenbasis ermittelt werden. Folgekosten, die aus der Nutzung der Produkte entstehen (zum Beispiel Junkfood, nicht reparierbare Produkte), die aus deren Entsorgung entstehen (zum Beispiel Deponierung, freigesetzte Schadstoffe bei der Verbrennung) müssen von der Wertschöpfung abgezogen werden. Schließlich muss die Wertschöpfung umfassender verstanden werden.

Nachhaltige Wertschöpfung beinhaltet quantitative Größen – die klassischen Größen der Betriebswirtschaft – und qualitative Größen – das Well-Being der Arbeitnehmer:innen, das qualitätvolle Ausbildungsangebot, den Ressourcenverbrauch ausschließlich innerhalb der Kreislaufwirtschaft ebenso wie die Energiezufuhr ausschließlich aus regenerativen Quellen, das Kundenvertrauen durch erstklassige, langlebige und reparaturfreundliche Produkte und eine ehrliche und transparente Unternehmenskommunikation, angemessene Gewinne und substanzielle Beiträge zum Gemeinwohl durch angemessene Steuerzahlungen und dem gesellschaftlichen Engagement der Unternehmen an seinen Standorten.

Nachhaltige Wertschöpfung ist ein Naturprinzip des ewigen Wachstums. In der Ökologie spricht man von Biodiversität, die sich entlang der Umweltbedingungen immer weiter vertieft und ausdifferenziert, immer mehr Spielarten evolutionär entwickelt und gerade deshalb als System unsterblich ist – es ist resilient und anpassungsfähig, es schafft Überfluss, schöpft daraus und lebt darin. Ich habe den Braunkohletagebau in der Lausitz 1992 selbst gesehen: Bis zum Horizont eine gigantische, tief in die Erde gegrabene staubige Wüstenei mit exakt Null Biodiversität. Was man als Wertschöpfung verbuchte, gereichte den meisten Menschen zu einem kleinbürgerlichen Wohlstand, der den Menschen nach der Wiedervereinigung binnen weniger Jahre zwischen den Händen zerrann. Später habe ich auch die Renaturierungsbemühungen gesehen rund um die Goitzsche, im Volksmund Bernsteinsee, nahe Bitterfeld. Es dauert noch, bis sich die Natur wieder erholt von dem Tagebau, aber es wird.

Erlauben Sie noch ein Gedankenspiel, das anknüpft an das Buch *Das Ende des Kapitalismus – Warum Wachstum und Klimaschutz nicht vereinbar sind – und wie wir in Zukunft leben werden* von Ulrike Herrmann. Einer ihrer zentralen Thesen im Rahmen eines Interviews mit der Zeit[32] „*Will die Menschheit überleben, muss sie auf Wohlstand verzichten*" widerspreche ich. Ich vermute auch, so apodiktisch ist das nicht gemeint mit dem Verzicht. Ich greife es nur auf, weil der Verzicht nicht funktionieren wird. Und ich

---

[32] Herrmann U (2023) „Wir wären so wohlhabend wie 1978". ZEIT-online 13.01.2023, ZEIT ONLINE GmbH https://www.zeit.de/arbeit/2022-12/das-ende-des-kapitalismus-buch-gruenes-wachstum-ulrike-herrmann-interview. Zugriff: 06.07.2023.

greife es auf, weil der Verzicht von vielen Menschen des öffentlichen Lebens aus Wirt-schaft, Politik, Kultur und Wissenschaft gefordert wird. Doch der Mensch ist nicht so. Der Verzicht liegt uns nicht in den Genen. Verzicht ist immer eine Leistung unseres groß-artigen, doch leider auch leisen und langsamen Großhirns. Schnell hingegen sind unser Impuls, unser Reptilienhirn. Der Mensch ist liebenswürdig und gefräßig, er ist großzügig und raffgierig, er ist faul und erfinderisch, er ist misstrauisch und naiv, er ist zäh und lar-moyant, er ist all das gleichzeitig.

Für einen impulsgesteuerten Verzicht müsste man den Menschen umerziehen. Doch die Vorstellung der Umerziehung des Menschen führt nachweislich immer ins Desaster: Che Guevara träumte vom Hombre Nuevo,[33] dem neuen Menschen und der damit verbundenen Preisgabe Cubas an die Sowjetunion. Die zehn Jahre andauernde Kulturrevolution unter der Führung Mao Zedong (Tse-tung) kostete Millionen Menschen das Leben oder ließ sie verkrüppelt zurück. Pol Pot und die Massenmorde auf den Killing Fields waren Mensch-heitsgräuel, ebenso wie die von Josef Stalin ausgehende neue ökonomischen Politik und den daraus resultierenden Millionen Hungertoten, ganz zu schweigen von Adolf Hitler, dessen Idee der Herrenrasse und der daraus resultierenden Verwüstung Europas mit 60 Mio. Toten im zweiten Weltkrieg.

Es ist ganz einfach: Wir müssen den Menschen so nehmen, wie er ist. Jede Form von Umerziehung – auch für eine vermeintlich gute Sache – ist nicht human. Im aktuellen Klimadiskurs unterscheiden die Aktivisten gerne zwischen legal und legitim.[34] Diese Denkweise ist insofern sehr gefährlich, weil sie zu Beginn das Gute, zum Beispiel den Klimaschutz, als absolut setzt. Ausgehend vom absolut Guten ist dann jede Aktion legitim, auch wenn sie nicht legal ist. Denn das Legale ist ja immer auch Teil des herrschenden Systems und das müsse man überwinden.[35]

Blicken wir auf die ausgesprochen guten Eigenschaften der Spezies Mensch, über die diese zweifelsohne reichlich verfügt. Der Mensch ist insbesondere außerordentlich neugierig und erfinderisch, er ist sehr solidarisch, er lebt gerne in Gemeinschaften, er be-treibt intensive Brutpflege, er kommuniziert gerne, er kann in Windeseile durch Nach-ahmen lernen und seine Fähigkeiten aus sich selbst heraus und durch Kombination

---

[33] Keine Angst, der Link ist seriös, er führt zur Universidad Nacional Autónoma de México. Guevara E (1978) El hombre nuevo. Latinoamerica – Cuadernos de Cultura Latinoamericana 20. UNAM – Union de Universidades de America Latina http://ru.ffyl.unam.mx/handle/10391/2964. Zugriff: 06.07.2023.

[34] Wahrig Synonymwörterbuch: Nur legitim oder auch legal? wissen.de | Konradin Medien GmbH https://www.wissen.de/synonym/nur-legitim-oder-auch-legal. Zugriff: 06.07.2023.

[35] Zu Protokoll: Klimaschutz ist das zentrale Thema für den Fortbestand der Spezies Mensch auf der Erde und viele Unternehmen nutzen legale Möglichkeiten für die Expansion ihrer klimaschädigenden Geschäftspolitik, damit gehe ich d'accord und auch ich werde bei Nachrichten zum Thema Arten-sterben, Ausbeutung der Menschen für die Rohstoffgewinnung und 1000 Themen mehr zur Greta. Doch Gewalt jeder Art – und auch Ideologien sind Gewalt – führt nie zu einer guten nach-haltigen Lösung.

bestehender Lösungen verbessern. Er hat Geistesblitze, die ihm das Neue als konkrete Idee vor sein Angesicht führen und er kann diese Ideen realisieren. Er kann anderen Menschen diese Idee nahebringen und sie dafür begeistern, die neue Idee in die Welt zu bringen. Menschen können ihre Kräfte bündeln und gemeinsam wirklich Großes bewirken. Der Mensch kann sich zurückziehen und sich einem inneren Antrieb folgend lange Zeit sehr stark auf neu zu findende Antworten konzentrieren, er verfügt über eine hohe Frustrationstoleranz und einen starken Willen, er kann Fragen stellen und Zusammenhänge erkennen, die kein Mensch vorher wahrgenommen hat, und plötzlich ist allen Menschen alles augenscheinlich klar. Der Mensch kann durch Beobachtung begreifen, er ist erkenntnisfähig, er kann staunen und kritisch hinterfragen, er kann aus Fehlern lernen. Der Mensch kann sein Wissen dokumentieren, speichern und weitergeben, er kann komplexe Aufgabenstellungen begreifen und ins Offene denken.

Das nachhaltige Wirtschaften ist weder eine Ideologie noch bedarf es der Umerziehung des Menschen, beides führt meiner festen Überzeugung nach ins Unglück. Der Zusammenbruch der DDR als politisches und ökonomisches System[36] resultierte insbesondere aus dem erstarrten Innovationsimpuls im Land. Das nachhaltige Wirtschaften ist keine Restauration vermeintlich besserer Zeiten in der Vergangenheit,[37] es wird nicht gelingen auf Grundlage von Schuldzuweisungen und Verboten. Das nachhaltige Wirtschaften ist ein Konzept der Vernunft und der Freiheit, es muss lebendig sein und den Innovationsimpuls der Menschen lebendig halten. Natürlich braucht das Konzept des nachhaltigen Wirtschaftens Regeln und Vereinbarungen, damit es gut gedeiht und die Wohlfahrt aller Menschen befördert. Doch dafür braucht es harte Arbeit, den Mut und die Tatkraft, ins Offene zu gehen.

Der Anteil Deutschlands am weltweiten CO_2-Ausstoß betrug im Jahr 2021 ca. 1,8 %. Damit liegt Deutschland weit hinter China mit rund 31 % und den USA mit rund 13 %.[38] Rechnet man die energiebedingten CO_2-Emissionen pro Kopf, dann liegt Deutschland mit 8 % gleichauf mit China und weit hinter den USA mit knapp 15 %.[39] Angenommen, Deutschland würde seine CO_2-Emissionen schlagartig auf Null reduzieren, dann wäre der weltweite Beitrag Deutschlands zum Klimaschutz gemessen an den vermiedenen CO_2-Emissionen kaum nachweisbar. Die Klimaschutzbewegung erzielt mit

---

[36] Stiftung Haus der Geschichte der Bundesrepublik Deutschland (2016) Geteiltes Deutschland: Krisenmanagement – Niedergang der DDR. LeMo – Lebendiges Museum Online https://www.hdg.de/lemo/kapitel/geteiltes-deutschland-krisenmanagement/niedergang-der-ddr.html. Zugriff: 06.07.2023.

[37] Mit Ausnahme der Bronzezeit (kleiner Scherz).

[38] Statista Research Department (2023) CO_2-Ausstoß weltweit nach Ländern 2021. Statista https://de.statista.com/statistik/daten/studie/179260/umfrage/die-zehn-groessten-c02-emittenten-weltweit/. Zugriff: 06.07.2023.

[39] Statista Research Department (2023) Energiebedingte CO_2-Emissionen pro Kopf weltweit nach ausgewählten Ländern im Jahr 2021. Statista https://de.statista.com/statistik/daten/studie/167877/umfrage/co-emissionen-nach-laendern-je-einwohner/. Zugriff: 06.07.2023.

zwei Argumenten gute Treffer. Der Pro-Kopf-Ausstoß an CO_2-Emissionen in Deutschland ist hoch, ebenso wie der historische Beitrag Deutschlands im Rahmen seines Anteils an der weltweiten Industrialisierung. In der Allzeitbetrachtung der weltweiten CO_2-Emissionen landet Deutschland auf Rang sechs.[40, 41]

Erlauben Sie an dieser Stelle den Hinweis auf Konstantin Kisin und seine Rede vor der Oxford Union[42] im Januar 2023 zu den Themen Wissenschaft und Technik im Hinblick auf deren mögliche Beiträge zum Klimaschutz und den Umgang damit im Rahmen des gesellschaftlichen Diskurses[43] und in Bezug auf dessen Vortrag dazu den Kommentar von Anna Schneider, Chefreporterin der Welt.[44]

Genau das ist es, was Deutschland historisch betrachten kann: Innovationen, Erfindungen und Denken Outside-the-Box. Nein, hier folgt jetzt keine endlose Liste deutscher Erfindungen vom Automobil über das Aspirin, dem ersten Computer bis zum Datenformat mp3 und ja, Deutschland kann es immer noch bis hin zum mRNA-Impfstoff BNT162b2 zur Eindämmung der Auswirkungen einer Corona-Infektion, der aus dem Zusammenspiel langjähriger intensiver mit öffentlichen Mitteln finanzierter Grundlagenforschung und dem Geistesblitz von Professor Uğur Şahin und Dr. Özlem Türeci entstand, die Erkenntnisse aus der Grundlagenforschung für ein Krebsmedikament auf den Impfstoff gegen Covid 19 zu übertragen.

Mir scheint es immer wieder, ein Kind mit ein paar Buntstiften und ein paar Blatt Papier oder einem Satz Bauklötze versenkt sich intensiver in sein Tun als ein Kind in einem mit Spielzeug und digitalen Devices überreichlich ausgestatteten Zimmer. Ich mag mich irren, doch die Kreativität entsteht nicht aus dem Überfluss vorhandener Ressourcen, sie entsteht aus der Reduktion, unter Umständen sogar aus einem Mangel.

---

[40] Carstens P (2021) Emissionen seit 1850 – Historische Verantwortung für die Klimakrise: Deutschland „nur" auf Platz 6 aller Länder. GEO.de | G+J Medien GmbH https://www.geo.de/natur/nachhaltigkeit/historische-verantwortung-fuer-die-klimakrise%2D%2Ddeutschland%2D%2Dnur%2D%2Dauf-platz-6-aller-laender-30807594.html. Zugriff: 06.07.2023.

[41] Evans S (2021) Analysis: Which countries are historically responsible for climate change? – Analyse: Welche Länder sind historisch für den Klimawandel verantwortlich? Carbonbrief Ltd https://www.carbonbrief.org/analysis-which-countries-are-historically-responsible-for-climate-change/. Zugriff: 06.07.2023.

[42] The Oxford Union https://oxford-union.org/. Zugriff: 06.07.2023.

[43] Konstantin Kisin bezieht sich hier auf die Wokeness- und Identitäts-Debatte und die im Kampf gegen den Klimawandel verwendeten Argumente und Mittel der Klimaaktivisten.

[44] Schneider A (2023) So eine brillante Kritik an den Klimaaktivisten braucht es auch in Deutschland. Welt 25.02.2023 | Axel Springer SE https://www.welt.de/debatte/kommentare/plus243331731/Konstantin-Kisin-und-seine-brillante-Kritik-an-den-Klimaaktivisten.html. Zugriff: 06.07.2023.

Beispiel

Ich lade Sie ein zu einem Winterspaziergang im Dezember 2022 auf den Castellberg oberhalb von Castell bei Rüdenhausen, zumindest zu dem dort entstandenen Gedankenaustausch mit Klaus Gronau, Professor für Mobilität und Technik[45] an der Hochschule Esslingen. Davor arbeitete er bis zum Beginn der Ära Zetsche als Diplom-Ingenieur in leitender Funktion bei Mercedes Benz in Stuttgart. Wir sprachen über Möglichkeiten der Kreislaufwirtschaft und daraus entstand das Gedankenspiel, ob es möglich sei, innerhalb einer vollständigen Kreislaufwirtschaft sichere, haltbare, komfortable und schöne Autos zu bauen, deren Produktion sich vollständig aus bestehendem und recyceltem Material speist, die für die Produktion notwendige Energie 100 % Grün ist ebenso wie ein CO_2-emissionsfreier Antrieb der Autos. Als weitere Rahmenbedingung käme hinzu, dass alle Arbeitnehmer:innen anständig bezahlt würden, dass das Unternehmen qualifizierte Ausbildungsplätze anbiete ebenso wie langjährig verlässliche Arbeitsplätze und natürlich einen angemessenen Gewinn erwirtschafte für Re- und Neuinvestitionen und Innovationen. Also all das, was ein gesundes Unternehmen auszeichnet.

Die Antwort von Professor Gronau war bestechend kurz: „*Ja, wenn das Briefing stimmt.*" Seine Erklärung dazu: „*Ingenieure denken meist innerhalb der ihnen gestellten Aufgaben.*" Will ein Unternehmen einen Sportwagen herstellen und das Briefing lautet: starke Beschleunigung, solide Straßenlage und schnittiges Design, dann entwickeln Ingenieure eben einen flotten Flitzer mit einem kräftigen Motor. Raumangebot und Fahrkomfort sind zweitrangig, doch die meisten Sportwagenfreaks mögen brüllende Motoren und knallharte Federungen, mehr als zwei Sitze sind nicht notwendig und das Kleingeld für den Treibstoff ist für sie kein Thema. Wir könnten unzählige weitere Beispiele anführen mit dem immer gleichen Ergebnis. Unsere Welt ist so, weil wir sie so wollen. Unsere Briefings stehen immer am Beginn einer Lösung. ◄

Gehen wir den nächsten gedanklichen Schritt, verändern wir das Briefing und die Rahmenbedingungen. Wir wollen die oben beschriebenen haltbaren Autos innerhalb der Kreislaufwirtschaft bauen. Die Rahmenbedingung lautet: Es darf nur Material verwendet werden, dass bereits existiert. Der Erde werden keine weiteren Ressourcen entnommen, weder für die Produktion noch für die Energieerzeugung. Wissen Sie, was passieren wird? Den Ingenieuren wird etwas einfallen. Die Beschränkung der Mittel wird eine unfassliche Kreativität entfesseln, wir werden wunderschöne Dinge entwickeln, die vollständig Outside-the-Box entstanden sind, die Menschen werden es lieben, sie werden es kaufen und der Wohlstand entwickelt sich innerhalb der Kreislaufwirtschaft. Ich kann das nicht beweisen, doch ich bin mir sicher, einfach weil den Menschen immer etwas einfällt. Unter

---

[45] Prof. Klaus-Dieter Gronau, Hochschule Esslingen, Fakultät Mobilität und Technik, https://www.hs-esslingen.de/personen/klaus-dieter-gronau/. Zugriff: 06.07.2023.

Umständen limitiert der überbordende Überfluss in unserer Welt – in unseren Kinderzimmern – unser Potenzial, kreativ zu werden?

Wie würde denn der Wohlstand aussehen, wenn wir ihn innerhalb einer treibhausgasfreien Kreislaufwirtschaft gestalten? Wenn wir keine weiteren Flächen für Wohnen, Industrie und Landwirtschaft nutzbar machen? In Armut zu leben ist entgegen der Menschenwürde. Wohlstand für alle Menschen ist ein erstrebenswertes Ziel ebenso wie der Erhalt und die Entwicklung der natürlichen Lebensgrundlagen.[46] Etwas ruppig gerechnet benötigt Deutschland bei der jetzigen Wirtschaftsweise drei Erden, das BIP in Deutschland hat sich von 1970 bis 2022 annähernd verzehnfacht. Der letzte Earth-Overshoot-Day, in dem die Welt weniger Ressourcen verbrauchte als regeneriert wurde und nachwuchs, fiel auf das Jahr 1970. Nehmen wir den Wohlstand 1970 in Deutschland,[47] in der damaligen BRD. Dieser Wohlstand wäre kommod für alle Menschen in der Gegenwart. Wohnen, Gesundheit, Bürgerrechte, Bildung, soziale Sicherung, Rechtssicherheit, Mobilität, Freizeit und Kultur bildeten eine mehr als auskömmliche Lebensgrundlage. Wir wissen, das Lebensglück hängt nur bedingt am BIP, die Menschen in Deutschland würden nicht unglücklicher werden, doch die meisten Menschen auf der Welt schon. Diese grobe Rechnung müsste natürlich validiert werden. Die Zahl der Menschen auf der Erde hat sich seit 1970 mehr als verdoppelt,[48] gleichzeitig verfügen wir heute über herausragende Erkenntnisse und Fortschritte in Wissenschaft und Technik, die in Nutzung befindlichen Ressourcen und die aus der Nutzung herausgenommenen Ressourcen in Form von Müll sind in Hülle und Fülle vorhanden. Hinzu kommen nachwachsende Rohstoffe und ein bei weitem nicht erschlossenes Potenzial an erneuerbaren Energien.

Die eindimensionale Diskussion über Wohlstand gemessen am wirtschaftlichen Wachstum und der Menge an zur Verfügung stehender Waren und Dienstleistungen beengt den Erkenntnishorizont. Diese Diskussion kommt nicht auf den Punkt. Das Menschenglück bemisst sich nicht allein am materiellen Wohlstand. Es bemisst sich an den Rahmenbedingungen, innerhalb dessen die Menschen ihr Leben selbstbestimmt in die Hand nehmen können. Die Rahmenbedingungen lauten Menschenwürde, Bürgerrechte, Rechtssicherheit, Schutz vor staatlicher Gewalt und Willkür, keine Korruption, bezahlbare gute Bildung, soziale Absicherung und sozialer Ausgleich entlang der Vermögensverteilung, gerechtes Steuersystem ohne Schlupflöcher und freie Berufswahl. Mit weitem Abstand folgt der materielle Wohlstand. Entscheidend hierbei ist die Chance und das Versprechen, an diesem kraft eigener Arbeit und Fleiß teilhaben zu können.

---

[46] Sie erinnern sich an die 17 Ziele für nachhaltige Entwicklung?

[47] Schildt A (2002) Deutschland in den 70er/80er-Jahren – Gesellschaft, Alltag und Kultur in der Bundesrepublik. Bundeszentrale für politische Bildung https://www.bpb.de/shop/zeitschriften/izpb/9762/gesellschaft-alltag-und-kultur-in-der-bundesrepublik/. Zugriff: 06.07.2023.

[48] ARD alpha (2023) Weltbevölkerung – Mehr als 8 Mrd. Menschen auf der Erde. https://www.ardalpha.de/wissen/umwelt/nachhaltigkeit/weltbevoelkerung-bevoelkerungswachstum-menschen-erde-welt-110.html. Zugriff: 06.07.2023.

Die unendliche Geschichte der Auswanderungsbewegungen aus unwirtlichen Verhältnissen bezeugt genau dies. Es ging den Menschen nie um den fertig gedeckten Tisch, es ging immer darum, etwas mit eigener Kraft aufbauen zu können, und sei es nur, damit es die Kinder einmal besser haben. Darum ist Europa einer der Sehnsuchtsorte für die Flüchtenden aus aller Welt, insbesondere aus Kriegsgebieten und aus Afrika: weil die Menschen hier eine Chance vermuten, sich ein gutes Leben aufzubauen. Und dafür bringen sie große Opfer letztlich bis zu dem Punkt, deutlich unterhalb ihrer beruflichen Qualifikation im Heimatland in Deutschland einfache und schlecht bezahlte Arbeit anzunehmen, um sich nach und nach hochzuarbeiten, ihre Kinder auf die Schulen zu schicken, um ihnen so bessere Startbedingungen zu ermöglichen. Dieser Impuls scheint in uns seit zwei Generationen an Wohlstand gewöhnte Deutsche verschütt gegangen zu sein.[49] Doch dieser Impuls ist eine Urkraft des Menschen, er kann wieder seine segensreiche Kraft entfalten – wenn die Rahmenbedingungen stimmen.[50]

Im Angesicht der Prognose der KfW, mit einem Weiter-So Deutschlands Wirtschaft auf einen dauerhaften Schrumpfungskurs zu führen sind Verteilungskämpfe um knapper werdende Ressourcen sehr wahrscheinlich. Das gesellschaftliche und das ökonomische Klima werden mit einem Weiter-So härter werden. Es ist an der Zeit, die Chancen des nachhaltigen Wirtschaftens zu erkennen und ins Werk zu setzen, den Veränderungsimpuls der Menschen zu aktivieren und den Begriff des Wohlstands neu zu definieren – als materiell auskömmliche Lebensgrundlage und wesentlich stärker als Qualität in Form von selbstbestimmter Zeit für tüfteln, forschen und entdecken, Zeit, um Neues zu lernen und anzuwenden, Zeit für gesellschaftliche Teilhabe und Engagement vor Ort, Zeit für eine Arbeit mit Sinn und Zeit für Familie und Freundschaften.[51]

---

[49] Mir drängt sich in vielen Debatten rund um den gefährdeten Wohlstand in Deutschland immer wieder das Schlagwort vom ‚Jammern auf hohem Niveau‘ auf. Anbei ein Zitat aus meinem Buch *Zur Sonne, Zur Freiheit | Das kleine Handbuch für ein gelingendes Leben*: „*Wer Kraft hat zum Jammern, der hat auch Kraft zum Laufen.*" https://shop.thessenvitz.de/produkt/zur-sonne-zur-freiheit/, Eigenverlag.

[50] Allen Menschen, die etwas Humor haben, lege ich das elfminütige Video ans Herz: ‚Uns ging es noch nie beschissener als 2023 … oder? – Krieg, Inflation, Klimakatastrophe: Aus allen Himmelsrichtungen kommen Krisen, die uns den Arsch versohlen. Früher war alles besser – oder nicht?' Mit einer Rückblende auf die Jahre 1973, 1952 und 1923, vorgetragen und in Szene gesetzt von Valerie Niehaus, in der heute show, ZDF – Zweites Deutsches Fernsehen https://www.zdf.de/comedy/heute-show/frueher-war-alles-besser-120.html. Zugriff: 06.07.2023. Das Video ist verfügbar bis 12.01.2025.

[51] Lesen Sie hierzu einen Auszug aus dem Essay von Prof. Dr. Horst Opaschowski *Das Schlaraffenland ist abgebrannt*, das zu Jahresbeginn 2023 in vielen Zeitungen abgedruckt wurde. hier Augsburger Allgemeine https://www.augsburger-allgemeine.de/panorama/interview-zukunftsforscher-das-schlaraffenland-ist-abgebrannt-id65041661.html. Zugriff: 06.07.2023.

11.4   Unternehmen sind wirkmächtige Orte

In Unternehmen entstehen Wertschöpfung, Wirksamkeit, Wertschätzung und Wohlfahrt. Unternehmen sind herausragend dafür geeignet, Waren und Dienstleistungen herzustellen, Menschen in Lohn und Brot zu bringen, den Nachwuchs auszubilden und mit ihren Steuern und Abgaben das Gemeinwesen zu finanzieren. Doch diese wirkmächtigen Orte können auch viel Schaden anrichten, sie können schlechte und schädliche Waren herstellen, schlechte Löhne bezahlen, qualifikationsfreie Produktionsprozesse gestalten, die Folgen ihres Tuns outsourcen, Schäden vergesellschaften und Steuern vermeiden. Unternehmen sind nicht per se gute Orte, aber sie sind immer wirkmächtig, ihre Hebelwirkung ist enorm. Schlechte Unternehmen gedeihen innerhalb schlechter Rahmenbedingungen mit dem Ziel, die Wohlfahrt[52] für einige wenige Menschen zu verbessern. Gute Unternehmen gedeihen innerhalb guter Rahmenbedingungen mit dem Ziel, die Wohlfahrt für alle Menschen zu verbessern. Gute Unternehmen sind nachhaltig wirtschaftende Unternehmen.

Wir stehen also drei Herausforderungen gegenüber: Für gute Unternehmen braucht es gute Rahmenbedingungen, insbesondere politische und steuerliche, es braucht eine breite kulturelle Vereinbarung[53] – einen Konsens darüber, was ein gutes Unternehmen ist und es braucht Unternehmen, die den Weg des nachhaltigen Wirtschaftens gehen. Die ersten beiden Aspekte, die Rahmenbedingungen und die kulturelle Vereinbarung sind Teil meiner kommenden Bücher und werden hier nicht behandelt. Wir wenden uns weiterhin dem dritten Aspekt zu – Unternehmen, die den Weg des nachhaltigen Wirtschaftens gehen. Betrachten wir im Folgenden Unternehmen als lebendiges System und nehmen Bezug auf das nachhaltige Wirtschaften (Abb. 11.16).

Der Markt fragt auf Grundlage seines Bedarfs und seiner Bedürfnissen Waren und Dienstleistungen nach. Unternehmen erstellen diese. Ihre Ergebnisse offeriert das Unternehmen dem Markt als Angebot, das der Markt annimmt oder nicht. Verändern sich der Bedarf und die Bedürfnisse, hat das Auswirkungen auf die Erstellung. In diesem Regelkreis gedeihen, wachsen und zerfallen Unternehmen, je nachdem wie geschickt sie agieren, um Bedarf und Bedürfnisse zu befriedigen.

---

[52] Wohlfahrt meint hier die Möglichkeit für das Schaffen von individuellem Wohlstand, die Teilhabe an öffentlichen Leistungen, insbesondere Gesundheit, Bildung und Kultur und der Schutz vor existenziellen Lebensrisiken wie äußere und innere Sicherheit, Armut und dem Abmildern von Schicksalsschlägen.

[53] Heute herrscht in Deutschland ein Konsens darüber, dass Vergewaltigung in der Ehe ein Straftatbestand ist, dass man seine Kinder nicht züchtigt und dass das Gewaltmonopol beim Staat in besseren Händen ist als in den Händen des Stärkeren. Ebenso wäre ein breiter gesellschaftlicher Konsens darüber wünschenswert, Unternehmen, die nachhaltig wirtschaften und ihrer Verantwortung gegenüber der Gesellschaft gerecht werden, deutlich stärker mit seinem Kauf- und Konsumverhalten zu honorieren – zu Lasten derjenigen Unternehmen, die ihrer gesellschaftlichen Verantwortung nicht nachkommen.

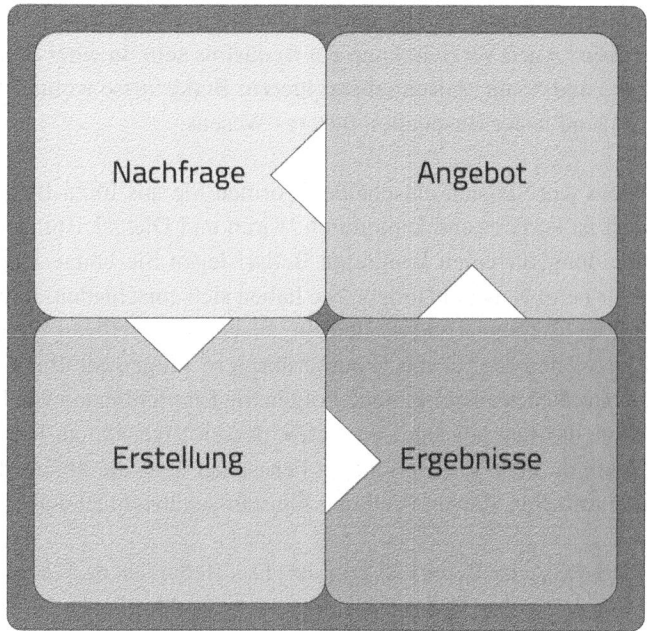

Abb. 11.16 Unternehmen im System 01 (eigene Darstellung)

Zu Bedürfnissen und Bedarf: Im Zentrum der unternehmerischen Arbeit, ein attrakti-ves, wettbewerbsfähiges Angebot am Markt zu platzieren, dass Absatz, Umsatz und Ertrag generiert, steht der Mensch mit seinen Motiven, Bedürfnissen, Wünschen, Vorstellungen und Träumen. Menschen handeln aus einem Gefühl des Mangels heraus. Der empfundene Mangel motiviert sie zu handeln. Menschen haben Bedürfnisse, die sie befriedigen wol-len. Diese Bedürfnisse gehen gegen unendlich, der Mensch wird niemals endgültig satt.

Bedürfnis Sie haben Hunger? Das ist ein Bedürfnis. Ihr Motiv: Sie wollen satt werden. Sie haben die Wahl: Sie können an Ihren Kühlschrank gehen und sich eine Brotzeit her-richten, Sie können die Kantine oder Mensa aufsuchen, sich ein Essen liefern lassen, in ein Restaurant fahren oder einen Abstecher zum Imbissstand machen. Ihr Bedürfnis umfasst auch Ihre Vorlieben und Präferenzen. Sie bevorzugen vegetarisches Essen und Fairtrade-Kaffee? Sie wollen sehr gerne zum Imbissstand mit seiner umwerfenden Currywurst, doch ein paar Lebensmittel in Ihrem Kühlschrank sollten jetzt gegessen werden, bevor deren Haltbarkeit abläuft. Regionale Lebensmittel sind Ihnen wichtig? Sie wollen anderen zei-gen, dass Sie vernünftig handeln oder ein wenig mit Ihrem Essen angeben? Sie wollen, dass ein neu gegründetes Café etwas Umsatz macht oder Sie wollen Ihr Essen mit einem kleinen Plausch bei Ihrem Lieblingsitaliener verknüpfen? Die Liste der Möglichkeiten geht gegen unendlich und damit die Bedürfnisse. Bedürfnisse müssen nicht rational sein und Bedürfnisse gehen weit über die materielle Bedürfnisbefriedigung hinaus. Selbst die Entscheidung, den Hunger auszuhalten folgt Bedürfnissen. So schlimm ist der Hunger gar nicht und die anstehende Arbeit jetzt zu beenden versorgt Sie mit einem besseren Gefühl. Sie wollen abnehmen? Auch Verzicht kann ein Bedürfnis sein. In einer Stunde kommt Ihr Partner nach Hause und kocht. Abschließend hierzu: Bedürfnisse wohnen uns Menschen auf den Genen, sie sind fester Bestandteil unseres Wesens.

Bedarf Je nachdem wie Sie sich entscheiden, formen Sie aus Ihren Bedürfnissen einen Bedarf. Der Bedarf ist konkret und kann durch Waren und Dienstleistungen gedeckt werden. Ihrer Entscheidung für einen konkreten Bedarf legen Sie einige Überlegungen zugrunde. Bleiben wir beim Beispiel Hunger. Sie haben sich entschieden, Ihren Hunger jetzt zu stillen. Wieviel Geld können und wollen Sie ausgeben? Verfügen Sie über die Kaufkraft? Wieviel Zeit wollen Sie für das Essen erübrigen? Folgen Sie Ihren Gewohnheiten oder wollen Sie etwas Neues ausprobieren? Folgen Sie Empfehlungen von Freunden? Folgen Sie der Anzeige des neu gegründeten Cafés, dessen Flyer Sie an Ihren Kühlschrank gepinnt haben? Kam da nicht ein Bericht im Fernsehen über die üblen Machenschaften eines Lebensmittelkonzerns, dessen Produkte Sie sehr schätzten, jetzt aber ablehnen?

Bedürfnisse sind ewig, der Bedarf ist konkret. Das Bedürfnis nach Kommunikation ist Teil unseres Menschseins, der Bedarf orientiert sich am Möglichen im Machbaren. Ob Rauchzeichen, Brieftauben, Postkarten, SMS oder WhatsApp-Nachrichten, all diese Medien gab und gibt es, weil wir Menschen kommunizieren wollen – nein, müssen. In der Gegenwart erscheint vielen Menschen ein Smartphone die beste Möglichkeit, in vielen Kanälen mit vielen Menschen auf großen Plattformen oder direkt und vertraut miteinander zu kommunizieren – via Facebook, Pinterest und Instagram oder eben via WhatsApp, SMS oder E-Mail. Hätten Menschen schon vor 200 Jahren Smartphones zur Verfügung gehabt, sie hätten diese genutzt.

Unternehmen wecken keine Bedürfnisse. Unternehmen konkretisieren Bedürfnisse und helfen, diese zu befriedigen. Unternehmen stellen Lösungen für den Bedarf bereit. Diese Lösungen beinhalten einen Nutzen, denn Menschen kaufen Nutzen. Sie kaufen Waren und Dienstleistungen, weil diese Träger von Nutzen sind. Die Nutzen reichen vom Grundnutzen bis zum Zusatznutzen. Der Grundnutzen stillt den Hunger, er lässt mich kommunizieren. Der Zusatznutzen versorgt mich mit einem Lebensgefühl. Die Currywurst ist 100 % Bio aus regionaler Landwirtschaft, ich kommuniziere mit dem neuesten iPhone von Apple. Dazu später mehr. Wichtig ist zu verstehen, dass Kaufentscheidungen nicht rational erfolgen und viele Aspekte mitberücksichtigen, die weit über die nackte Notdurft zum Beispiel der Sättigung hinausgehen. Wir Menschen sind – wenn wir Glück haben – vernunftbegabt. Wir treffen alle Entscheidungen aus dem Gefühl heraus, unser Großhirn liefert dazu die Begründung. Kurz gesagt: Emotionale Anreize lösen den Kauf aus. Rationale Argumente liefern die Begründung.

Entscheidend für den emotionalen Anreiz ist die zu erwartende Belohnung in Form eines Glücksgefühls, einer inneren Zufriedenheit, einer dokumentierten Überlegenheit, einer Entspannung oder schlicht das Versiegen des Begehrens durch dessen Befriedigung. Je konkreter, greifbarer und unmittelbar erreichbar diese Belohnung ist, desto wahrscheinlicher ist der Impuls, sich dafür zu entscheiden. Je abstrakter, mittelbarer oder weiter entfernt die Belohnung ist, desto schwächer ist der Impuls, sich dafür zu entscheiden. Wenn mir der Kauf einer Kiste Mineralwasser eine überwältigende Erfrischung verspricht und dieses Versprechen unterfüttert wird mit dessen regionaler Herkunft und einem Obolus für ein heimisches Klimaschutzprojekt, dann ist das überzeugender als eine Kiste Mineralwasser, die einfach nur den Durst löscht und ein paar Cent für ein Regenwaldprojekt mit CO_2-Zertifikaten ohne überprüfbares Monitoring abführt.[54]

Erinnern Sie sich an Abschn. 10.1.1 *Zielgruppen und Milieus*? Dort stellten wir fest (Auszug): *Nachhaltig hergestellte Produkte gewinnen an Bedeutung, wenn der Mehrwert für die Kunden stimmt „~" Insbesondere jüngere und gebildete Menschen bezahlen mehr für Produkte und Dienstleistungen, wenn sie sicher sein können, dass die Arbeitsbedingungen fair sind, wenn sich das Unternehmen für die Umwelt engagiert und wenn das Unternehmen darauf achtet, möglichst regional zu produzieren. Diese Haltungen finden sich bei mindestens 40 % der Bevölkerung. „~" Nachhaltigkeit ist ein Wert, der bei Kaufentscheidungen nachdrücklich auf breiter Front an Bedeutung gewinnt.* Betrachten wir diese Erkenntnis systemisch.

Jedes Unternehmen arbeitet innerhalb definierter Kontrollgrenzen. Diese Kontrollgrenzen ergeben sich aus der Produktivität, der Wertschöpfung der Arbeitnehmer:innen, den Lieferketten, der Qualität der Waren und Dienstleistungen, den Steuern und Abgaben und den Rahmenbedingungen des Marktes. Innerhalb dieser Kontrollgrenzen ist das System stabil, alles geht seinen Gang, alles ist unter Kontrolle innerhalb tolerierbarer Schwankungen, die das System verträgt (Abb. 11.17).

Im Zeitablauf verändern sich die externen Einflüsse und sie wirken auf das System ein. Neue Wettbewerber betreten den Markt, es gibt attraktivere Produkte mit mehr Features zu günstigeren Preisen, Märkte differenzieren sich durch, neue Hochpreissegmente entstehen, die Kundenbedürfnisse wandeln sich und neue Megatrends gewinnen an Kraft. Nachhaltigkeit wird ein heißes Thema und immer mehr Menschen hinterfragen ihr Konsumverhalten und ändern dieses (Abb. 11.18).

Das Unternehmen hat sich nicht verändert, die Umwelt schon. Allein die Nichtveränderung des Unternehmens durch sein beständigen Fortführen des Bewährten verändert die Situation des Unternehmens signifikant. Es verlässt die Kontrollgrenzen seines Systems und kollabiert. Kunden wandern ab, Waren finden nur mit erheblichen Preisnachlässen Käufer, das Geld für Innovationen fehlt, Leistungsträger:innen verlassen das Unternehmen, dieses schließt die Pforten (Abb. 11.19).

Meist wird versucht, dysfunktionale Systeme mit den alten Methoden zu retten. Kosteneinsparungen, Mehrarbeit, Verlagerung der Produktion in Billiglohnländer, Reduzierung

---

[54] Es steht zu vermuten, dass viele CO_2-Zertifikate keine Wirkung entfalten, siehe hierzu: Emissionshandel – Vereinte Nationen vermitteln offenbar unwirksame CO_2-Zertifikate (2023) ZEIT ONLINE GmbH   https://www.zeit.de/wirtschaft/2023-02/emissionshandel-co2-zertifikate-vereinte-nationen-greenwashing-bericht. Zugriff: 06.07.2023.

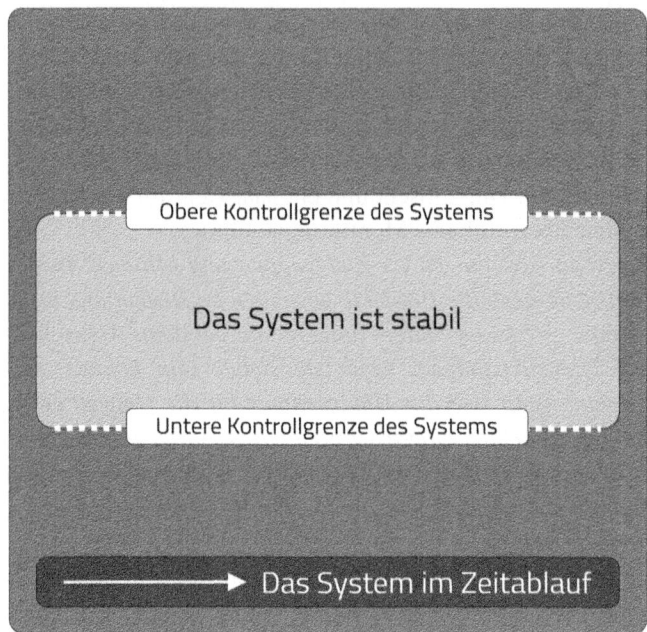

Abb. 11.17 Unternehmen im System 02 (eigene Darstellung)

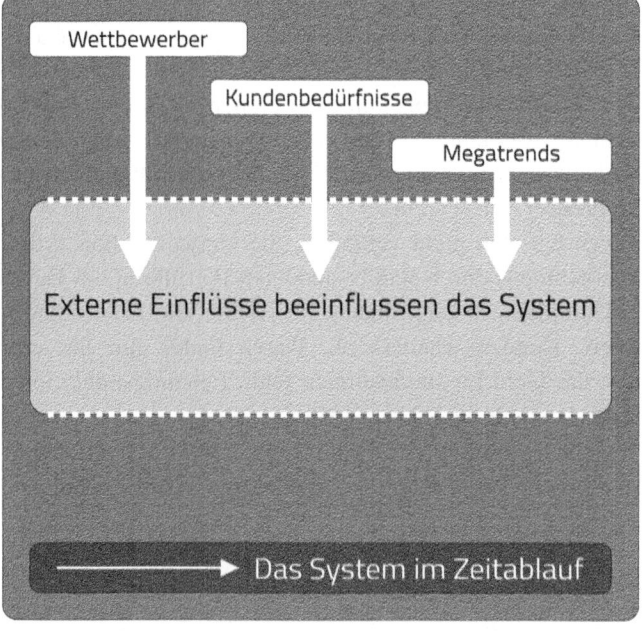

Abb. 11.18 Unternehmen im System 03 (eigene Darstellung)

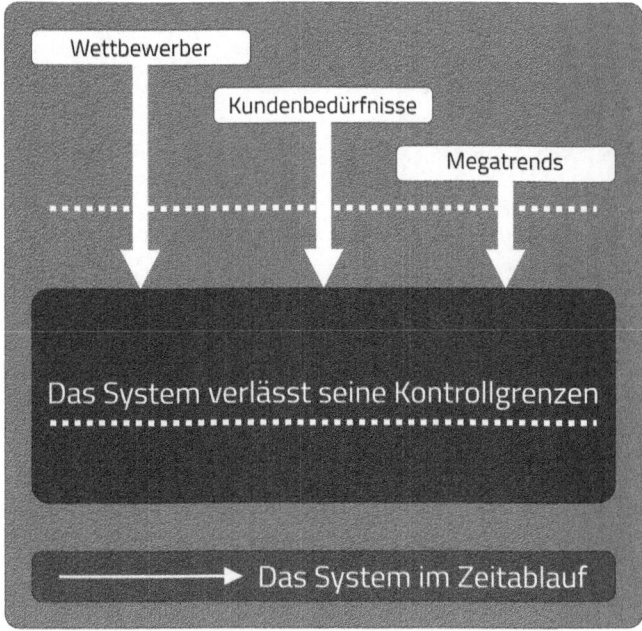

Abb. 11.19 Unternehmen im System 04 (eigene Darstellung)

von Services, Durchhalteparolen, Zielvereinbarungen. Liegen die Ziele und die Methoden innerhalb des alten Systems, dann wird das System sterben. Liegen die Ziele innerhalb des neuen Systems und werden die alten Methoden verwendet, dann stirbt das System ebenfalls (Abb. 11.20).

Es ist intellektuell so banal wie in der Praxis gleichermaßen unendlich schwer. Für eine Veränderung des Systems braucht es neue Ziele und damit verbundene neue Methoden, um das System lebendig zu halten. Nachhaltig wirtschaften stellt in weiten Teilen neue Anforderungen an Unternehmen. Die große Herausforderung ist es, den Mut zur Kraft der Imagination zu finden, die das Neue als formuliertes Ziel gedanklich vorwegnimmt und dann neue Methoden anzuwenden (Abb. 11.21).

Es ist an der Zeit, Unternehmen radikal neu zu denken. Sie kennen vielleicht das Zitat von Wolf Biermann:[55] *„Wer sich nicht in Gefahr begibt, kommt darin um."* Genau das ist der Punkt. Nachhaltig wirtschaften ist kein Reparatursatz, keine Tool-Box, mit der man bestehende Beziehungen und Prozesse optimiert und die Reibungsverluste minimiert.

---

[55] Wolf Biermann, deutscher Dissident, Liedermacher, Lyriker, Kritiker und Schriftsteller, kann man lieben, hassen oder ignorieren, eine wichtige Person der deutschen Zeitgeschichte ist er unbestritten. https://www.wolf-biermann.de/. Zugriff: 04.07.2023.

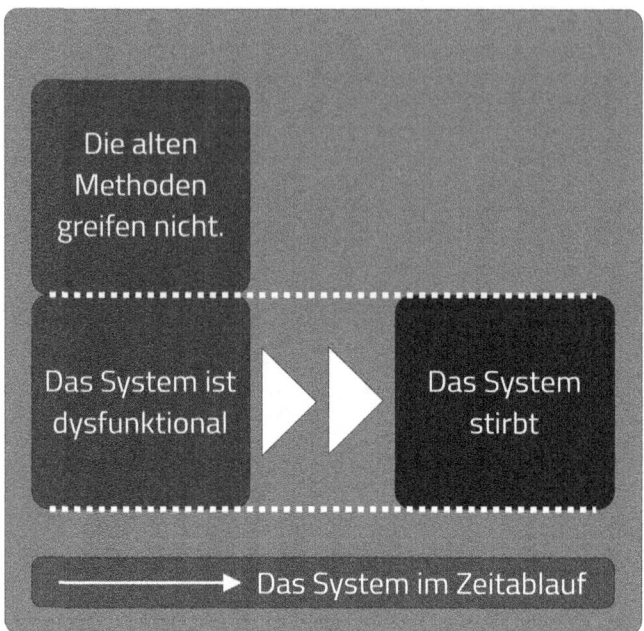

Abb. 11.20   Unternehmen im System 05 (eigene Darstellung)

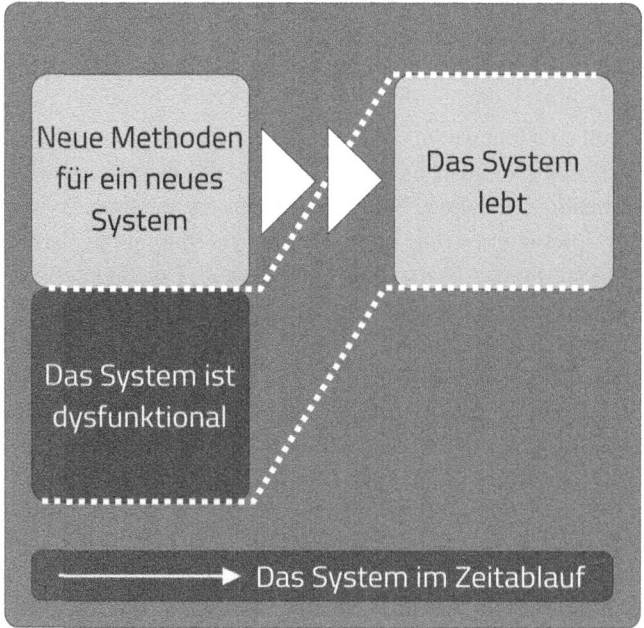

Abb. 11.21   Unternehmen im System 06 (eigene Darstellung)

Nachhaltig wirtschaften ist ein radikal neuer Ansatz, Wertschöpfung in Unternehmen neu zu denken, neu zu organisieren und neu ins Werk zu setzen. Nachhaltiges Wirtschaften birgt auch große Chancen, doch um diese zu erkennen, brauchen wir einen neuen Blick auf Zusammenhänge und Wechselwirkungen.

Letztlich ist es egal, ob Sie nachhaltig wirtschaften, um Ihren Beitrag zum Klimaschutz zu leisten oder einfach nur ein dauerhaft zukunftsfestes Geschäftsmodell entwickeln wollen. Nachhaltig wirtschaften ist das einzige Wirtschaftsprinzip, das dauerhaft funktioniert. Es folgt dem Prinzip der Schönheit, dazu mehr in Abschn. 12.1.

11.5   Risiken und Chancen für nachhaltig wirtschaftende Unternehmen

Jedes Unternehmen, das Veränderungen wagt, geht ins Offene. Die inneren Zusammenhänge und Verflechtungen der Interaktionen, aus denen Wirklichkeit entsteht, treten oftmals erst zutage, wenn man an einem Schräubchen gedreht hat. Das veränderte Schräubchen wirkt auf damit im Zusammenhang stehende Strukturen und Prozesse ein, die wiederum im Zusammenhang mit Strukturen und Prozessen stehen. Jede Aktion ist eine Veränderung, doch nicht jede Veränderung ist eine Verbesserung. Aus jeder Aktion entstehen Risiken und Chancen. Das gilt auch für Unternehmen, die sich auf den Weg des nachhaltigen Wirtschaftens machen.

Beispiel

Wir haben viele Jahre als Berater, Prozessbegleiter, Impulsgeber und Gestalter der Kommunikation für ein Biosphärenreservat[56] gearbeitet. Damit verbunden waren viele Geschäftsreisen und Übernachtungen vor Ort. In einem Hotel fiel uns auf, das Speisen und Getränkeangebot entsprach eher dem einer internationalen Hotelkette, deren zentraler Einkauf insbesondere die weltweite Verfügbarkeit der Speisen und Getränke bei großen Einkaufsmengen im Blick hat. Unser Hotel war inhabergeführt, der Chef war greifbar und wir fragten, welche Leitgedanken ihn denn beim Einkauf trügen und ob es auch möglich sei, Speisen und Getränke aus dem Biosphärenreservat zu beziehen. Das wäre schon schön, sagte der Chef, allein es würden im Biosphärenreservat viel zu geringe Mengen produziert – es reicht nicht bei der Milch, den Eiern, dem Honig, dem

---

[56] Biosphärenreservate sind Modellregionen, in denen eine nachhaltige Lebensweise mit den dort lebenden und arbeitenden Menschen erprobt und erforscht wird. Die Erkenntnisse dienen dazu, Vorbilder zu schaffen für einen nachhaltigen Lebensstil unter verschiedenen Bedingungslagen. Weltweit gibt es 738 von der UNESCO anerkannte Biosphärenreservate mit 275 Mio. Menschen, 16 Biosphärenreservate mit rund einer Million Menschen befinden sich in Deutschland. Biosphärenreservate sind ein Teil des Programms ‚Mensch und Biosphäre' im Rahmen der Agenda 2030. Mehr dazu: UNESCO – Deutsche UNESCO-Kommission: Kultur und Natur – Biosphärenreservate https://www.unesco.de/kultur-und-natur/biosphaerenreservate. Zugriff: 06.07.2023.

Käse, dem Saft, den Hühnern, dem Obst und dem Gemüse. Weiterhin wäre es nie garantiert, dass die bestellten Mengen auch entsprechend verfügbar wären, abgesehen von der schwankenden Qualität der Waren. Er würde sehr gerne seine Speisen und Getränke von den Betrieben in der Biosphäre beziehen, doch sein Hotel mit seinen Anforderungen passen nicht mit dem Angebot der Betriebe aus der Biosphäre zusammen. Er wäre sich sicher, dass seine Gäste den Mehrwert regionaler, saisonaler, biologischer und fairer Lebensmittel zu schätzen wüssten und dafür mehr Geld bezahlen würden. Leider könnte er sich auch nicht um die Auszeichnung als Biosphärenhotel bewerben, unter anderem, weil er seine Speisen und Getränke anderweitig bezieht. Ja, es gäbe ein Biosphärenhotel mit Auszeichnung. Dieses ist als integratives Konzept auszeichnungsfähig, weil es vorrangig geistig und körperlich beeinträchtigte Menschen in der Küche und im Service beschäftigt, über sehr wenig Gästezimmer verfügt und viele Tagesseminare und Workshops zum Thema Biosphärenreservat durchführt, die größtenteils aus Projektmitteln der LEADER-Region[57] bezuschusst werden. In diesem Hotel kämen die Lebensmittel weitgehend aus der Biosphäre, das Speisenangebot ist weitgehend vegetarisch und vegan und konzentriert sich auf wenige leicht zuzubereitende Gerichte. Dieses Geschäftsmodell wäre nicht auf sein Hotel übertragbar. Er begrüßt vorrangig Geschäftsreisende mit ihren spezifischen Bedürfnissen, dazu gehören auch ein PKW-Parkplatz – das Hotel ist mit der Bahn schlecht zu erreichen, Aufzüge im Hotel, Zimmer mit WLAN, voll ausgestattete Seminarräume und nicht zuletzt stets verlässlich bevorratete Lebensmittel. ◄

Die Welt besteht aus Tatsachen. Tatsachen werden erst durch die Hinzunahme der unternehmerischen Verfasstheit zu Chancen und Risiken. Nicht jedes Risiko ist per se ein Risiko ebenso wie nicht jede Chance eine Chance ist. Chancen und Risiken stellen Einwirkungen von außen dar, ihnen beigestellt werden die unternehmerischen Stärken und Schwächen. Die innere Verfasstheit des Unternehmens trifft auf die äußere Verfasstheit der Welt. Als formalisierter Prozess der Strategieentwicklung in Unternehmen ist dieser Gedanke in den 1960er-Jahren von der Harvard Business School in der SWOT-Analyse[58] für die Anwendung in Unternehmen entwickelt worden (Abb. 11.22).

Meiner Erfahrung nach ist die SWOT-Analyse gut dafür geeignet, sortenrein mit klaren Fragen zu arbeiten und klare Antworten zu erhalten – Was sind unsere Stärken? Was sind unsere Schwächen? Was sind unsere Chancen? Was sind unsere Risiken? Wenn man auf Grundlage dieser Antworten weiterarbeitet, dann ergeben sich meist kreativitätsfreie Lösungen Inside-the-Box. Die innovative und schöpferische Kraft für Strategien Outside-

---

[57] Deutsche Vernetzungsstelle Ländliche Räume https://www.netzwerk-laendlicher-raum.de/dorf-region/leader/. Zugriff: 06.07.2023.

[58] S = Strenghts = Stärken, W = Weakness = Schwächen, O = Opportunities = Chancen, T = Threats = Risiken.

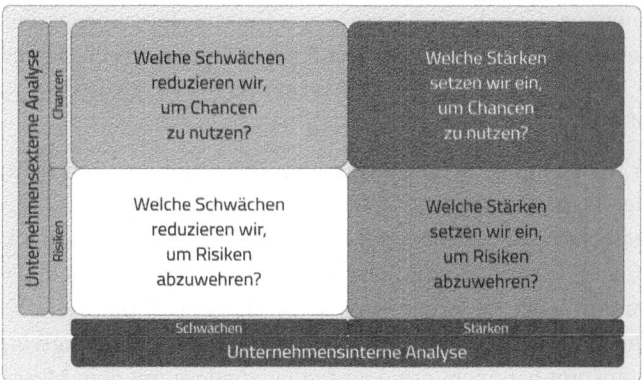

Abb. 11.22 SWOT-Analyse (eigene Darstellung)

the-Box entfaltet sich in nicht-formellen Prozessen.[59, 60] Durch das Zusammenspiel der internen und externen Faktoren entstehen unter Umständen neue Ansätze, die zu Lösungen Outside-the-Box führen können. Dieser Gedanke ist in Abb. 11.22 visualisiert.

Die Grenzen unserer Wahrnehmung liegen in unserer Wahrnehmungsfähigkeit. Verbinden wir unsere begrenzte Wahrnehmungsfähigkeit mit unserer Kraft, Tatsachen nicht wahrnehmen zu wollen oder diese durch unsere Interpretation in Bequemes und Wünschbares zu formen, dann betreten wir das Schattenreich der Erkenntnis. Der Prozess der Umformung von Wirklichkeit beginnt in dem Moment, wo uns die Wirklichkeit berührt. Kurz: Die Interpretation der Welt beginnt hinter der Netzhaut. Menschen mit einer rosa Brille auf der Nase führen ein deutlich entspannteres Leben als Menschen, die alles durch einen grauen Schleier filtern. Für das Management von Chancen und Risiken braucht es die innere Verfasstheit, Undenkbares denken können zu wollen, die Reflektiertheit, Tatsachen emotional unbeteiligt mit Abstand betrachten zu können[61] und einem souveränen Umgang

---

[59] Siehe hierzu Mintzberg H (1994) The Fall and Rise of Strategic Planning. Havard Business Review. https://hbr.org/1994/01/the-fall-and-rise-of-strategic-planning. Zugriff: 06.07.2023.

[60] Siehe hierzu Hamel G (2006) The Why, What, and How of Management Innovation. Harvard Business Review. https://hbr.org/2006/02/the-why-what-and-how-of-management-innovation. Zugriff: 06.07.2023.

[61] Vor vielen Jahren gab mir ein Psychologe einen sehr wertvollen Tipp, Neuem zu begegnen. Man ist schnell versucht, Neues und vor allem unbequemes Neues rasch – reflexartig – einzuordnen. Hierbei helfen einem Emotionen, etwas abzulehnen, zu kategorisieren, als nebensächlich abzutun, beiseitezuschieben. Unwirsche Bemerkungen, eine verärgerte Mimik und ablehnende Gesten sind schnell bei der Hand. Der Tipp des Psychologen war sinngemäß: *„Immer, wenn Dir etwas Neues begegnet, dann tritt einen Schritt zurück, öffne Deinen Horizont auf 180 Grad, zähle bis drei und sage zu Dir: Interessant“*. Er meinte das ganz praktisch mit dem einen Schritt zurücktreten und dem Zählen. Durch den körperlichen Abstand reduziert man die Konfrontationsfläche, durch das Zählen erhält das Großhirn eine Chance, sich einzuschalten und hinter dem Wort *Interessant* treten die Emotionen zurück. Dadurch steigt die Chance für eine reflektierte Wahrnehmung.

mit unserem Unwissen. Gerade für Menschen in Führungspositionen, die dauerhaft unter Beobachtung stehen und kritisch beäugt werden, ist das eine große Herausforderung.

Truthahn-Illusion

Bis zu seiner Schlachtung an Thanksgiving – dem amerikanischen Erntedankfest am vierten Donnerstag im November – wird der Truthahn jeden Tag gefüttert und umsorgt. Nun ist ausgerechnet am Abend vor seinem Tod die Wahrscheinlichkeit, dass er am nächsten Tag auch wieder gefüttert und umsorgt wird, aus der Sicht des Truthahns am größten. Denn mit jeder Fütterung stieg seine Gewissheit bzw. sein Vertrauen darauf, dass ihm nichts passiert. Und trotzdem kommt am Tag vor Thanksgiving der Mann, der ihn so lange umsorgt hat, nicht mit dem Futter, sondern mit dem Messer. Die Schlachtung kommt für den Truthahn völlig überraschend, da dieser nur einen Trend extrapoliert. Er erkennt den Trendbruch nicht.

Überraschende Trendbrüche sind vorhersehbar, wenn man die Ursachen bzw. die Rahmenbedingungen für einen Trend kennt. Um den Trendbruch zu erkennen, hätte der Truthahn die Ursachen des Trends herausfinden müssen. Dadurch hätte er über die Motivationslage des Mannes Bescheid gewusst, der ihn täglich füttert. Um über den Tellerrand hinauszublicken und bekannte bzw. vertraute Denkmuster zu verlassen, ist Kreativität und die Fähigkeit zum Perspektivenwechsel notwendig. Doch das war dem Truthahn aufgrund unzureichender Information nicht möglich. ◄

Ibn Yamin,[62] ein persisch-tadschikischer Poet beschrieb die vier Facetten der Wirklichkeit sehr poetisch. Die Wirklichkeit besteht aus Bekanntem und Unbekanntem, aus unserem Wissen und Unwissen darum. Die Fülle an Fehldeutungen der Wirklichkeit, sich daran anschließende falsche Schlüsse und entsprechend falsche Entscheidungen, die Menschen treffen, ist Legion. Falsche Entscheidungen finden ihre Ursache meist in einer eingeschränkten Wahrnehmung. Anbei die vier Facetten der Wirklichkeit (Abb. 11.23).

1. Es gibt Dinge, von denen wir wissen, dass wir sie wissen.
2. Es gibt Dinge, von denen wir wissen, dass wir sie nicht wissen.
3. Es gibt Dinge, von denen wir nicht wissen, dass wir sie nicht wissen.
4. Es gibt Dinge, die wir nicht wissen wollen.

Neugier ist dem Menschen angeboren, Neugier ist ein Instinkt, der uns auf den Genen sitzt. Bereits bei Kleinkindern und weit vor der Entwicklung der Sprache können wir neugieriges Verhalten beobachten. Alles Erreichbare wird in den Mund genommen, der Blick wandert und sucht Halt, Geräusche, Stimmen und Musik werden wahrgenommen, die Umgebung wird erkrabbelt, die Finger ertasten Neues, mit wachsender Kraft zieht sich das

---

[62] * 1286, † 1368.

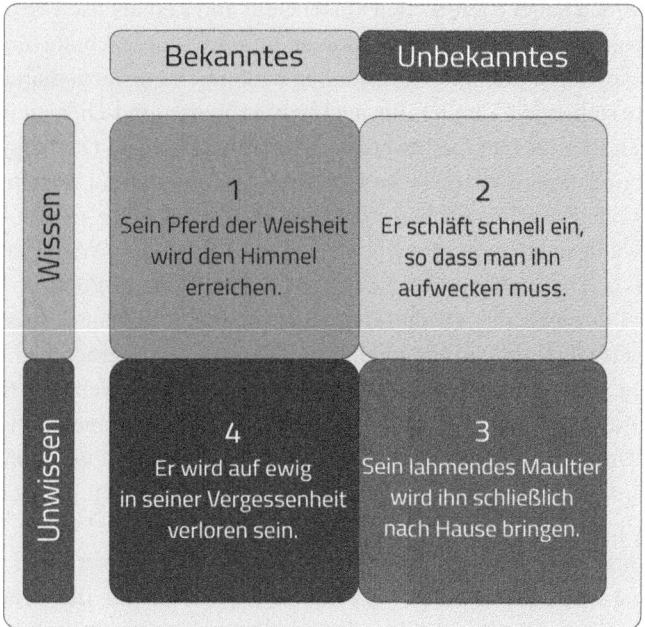

Abb. 11.23 Die vier Facetten der Wirklichkeit (eigene Darstellung)

Kind an Möbelstücken hoch, um seinen Horizont zu erweitern. Der Neugierinstinkt ist mit Lustgewinn verbunden, durch neugieriges Verhalten belohnt sich das Kleinkind. Es erweitert täglich den Raum des ihm Bekannten. Das Bekannte erweitert die Möglichkeiten des Kleinkindes, es erarbeitet sich Stück für Stück mehr Sicherheit durch die Umwandlung des Unbekannten in Bekanntes und aus dieser Sicherheit heraus erschließt es sich immer mehr Wirklichkeit. Man spürt die Freude, wenn ein Kind Neues entdeckt und es sprichwörtlich begreift. Der Neugierinstinkt ist der wichtigste Kern unserer Motivation. Durch ihn entdecken Menschen die Wirklichkeit. Der Neugiertrieb eröffnet Menschen Chancen, die sich aus der Wirklichkeit ergeben. Je mehr Wirklichkeit man kennt, umso größer der Raum des Bekannten ist, desto mehr Chancen ergeben sich daraus. Unter diesem Aspekt betrachtet sind Risiken in erster Linie Orte des Unbekannten.

Chancen ergeben sich meist auf dem Weg ins Offene, sie entstehen durch Denken und Handeln Outside-the-Box. Risiken entstehen häufig durch Beharren, durch die Anwendung alter Lösungswege für neue Herausforderungen, sie entstehen durch Denken und Handeln Inside-the-Box. Nähern wir uns den Risiken und Chancen eines Unternehmens, das sich auf den Weg des nachhaltigen Wirtschaftens macht.

Unternehmerische Risiken Welchen Risiken steht ein Unternehmen gegenüber, das sich auf den Weg des nachhaltigen Wirtschaftens macht? Möglicherweise steigen die Bezugspreise für Roh-, Hilfs- und Betriebsstoffe, der Vorprodukte und Halbzeuge. Die veränderten Anforderungen an die Zulieferer werden einige zur Kündigung der Verträge bewegen. Der Aufbau neuer Lieferketten kostet Geld und Zeit ebenso wie die Entwicklung neuer Produktionsverfahren. Die Investitionen in F&E – Forschung und Entwicklung neuer Werkstoffe rechnen sich unter Umständen nicht in einem vertretbaren Zeitraum. Die Akzeptanz der bestehenden Kunden für nachhaltige Waren und Dienstleistungen schlägt sich nicht in deren Bereitschaft nieder, höhere Preise zu bezahlen. Die langjährig mühevoll aufgebauten reibungsarmen Prozesse im Unternehmen geraten in Unordnung. Die mental etablierte Verfasstheit der Belegschaft verzögert das notwendige rasche Umdenken und insbesondere die konsequente Implementierung des nachhaltigen Wirtschaftens in die tägliche Arbeitspraxis. Die bisherige Vertriebsstruktur bis hin zum Point-of-Sale ist nur begrenzt aufnahmefähig und -bereit für nachhaltige Waren und Dienstleistungen. Die Position im Wettbewerb als Vorreiter kann gefährlich sein – das Unternehmen bereitet kostenintensiv den Weg, im Falle unseres Erfolgs kopiert der Wettbewerb die Strategie und er unterbietet die Preise, weil er nur einen Bruchteil der Investitionen benötigt. Die Neugestaltung der Unternehmens- und Kundenkommunikation ist kostenintensiv mit ungewissem Erfolg – werden damit genügend attraktive Neukunden gewonnen? Wird dem Unternehmen der Weg des nachhaltigen Wirtschaftens geglaubt? Diese Liste der möglichen Risiken lässt sich fortsetzen. Zum Abschluss die Antwort eines Inhabers eines mittelständischen Unternehmens für Spezialmaschinenbau auf die Frage, wie er mit Neuem umgeht: *„Wenn ich etwas nicht will, dann lasse ich es rechnen.“*

Unternehmerische Chancen Welche Chancen kann ein Unternehmen nutzen, dass sich auf den Weg des nachhaltigen Wirtschaftens macht? Durch die mögliche Neugestaltung der Produktionsprozesse werden enorme Ressourcen frei, die Prozesse gelingen energieeffizienter, schlanker und reibungsärmer. Dadurch sinken die Herstellkosten und die Kosten für Energie signifikant und dauerhaft. Die veränderten Grundlagen und Vereinbarungen mit unseren bestehenden und neuen Zulieferern führen zu neuen Lösungen, von denen alle profitieren. Die vorzugsweise regional organisierten Lieferketten reduzieren die Logistikkosten und erhöhen die Kontaktdichte, das Vertrauen, das wechselseitige Verständnis und die Verbindlichkeit der Beziehungen steigt. Für die Investitionen in Forschung und Entwicklung können Förderkredite mit günstigen Konditionen beantragt werden. Die erarbeiteten Ergebnisse helfen uns und allen nachhaltig wirtschaftenden Unternehmen, besser zu werden. Daraus entstehende Entwicklungspartnerschaften beschleunigen den Wandel und sie begünstigen das Schaffen neuer Partnerschaften. Die Bestandskunden erhalten höherwertige Waren und Dienstleistungen zum höheren Preis mit geringeren Folgekosten, denn die Waren und Dienstleistungen halten länger, sie sind leicht reparierbar und deren Wiederverkaufswert steigt. Das Unternehmen kann große Teile der Belegschaft halten und neue Mitarbeiter:innen gewinnen, denn es bietet ein deutlich besseres Arbeitsumfeld und Sinn. Neue Vertriebsstrukturen öffnen dem Unternehmen neue und stabil wachsende Märkte, in denen Unternehmen mit höherwertigen Waren und Dienstleistungen agieren. Der Wettbewerb gestaltet sich weniger über den Preis als über die Innovationskraft, bessere Lösungen und mehr Nachhaltigkeit. Die Neugestaltung der Unternehmens- und Kundenkommunikation wirkt nach innen – die Mitarbeiter:innen finden einen starken inneren Bezug zur Mission des Unternehmens. Sie sind stolz, Teil eines nachhaltig wirt-schaftenden Unternehmens zu sein. Die Kommunikation wirkt nach außen – die meisten Bestandskunden fühlen sich als Teil einer guten neuen Bewegung. Neukunden kommen hinzu, weil Sie eine Alternative gefunden haben, die ihrem Werteset eher entspricht. Auch diese Liste der möglichen Chancen lässt sich fortsetzen. Erlauben Sie folgendes Gedankenspiel: Stellen Sie sich vor, Ihr Unternehmen ist der Durchschnitt seiner fünf wichtigsten Partnerschaften und Kundengruppen.

Hypothese Entlang des Megatrends Nachhaltigkeit, der durch seine starke mediale Präsenz und als Dauerthema an der Spitze der Agenda in der politischen und gesellschaftlichen Debatte zunehmend an Kraft gewinnt, durch die spürbaren Veränderungen des Klimas, dem messbaren Rückgang der Biodiversität, den massiven Fluchtbewegungen aus zunehmend unbewohnbaren Gebieten, dem großflächigen Abbrennen von Urwald für neues Ackerland, der Exploration neuer Abbaugebiete für Rohstoffe und der damit verbundenen Zerstörung der Lebensgrundlagen vieler Menschen und verwüsteter Landstriche, wird Nachhaltigkeit als Wirtschaftsprinzip rasch an Relevanz zunehmen, an Akzeptanz gewinnen und als Lösung begriffen werden.

Beispiel

Das Thema nachhaltig wirtschaften ist jung, es gibt noch keine breite Basis an empirischen und validen Daten. Anbei ein kurzer Erfahrungsbericht aus meiner Berufspraxis als Berater für KMU, Verbände und Kultur- und Bildungseinrichtungen (zusammengefasst als Unternehmen bezeichnet), der auf Allgemeingültigkeit verzichtet und gleichwohl Tatsachen enthält, die eine hohe inhaltliche Deckung aufweisen.

Alle Unternehmen, die sich auf den Weg des nachhaltigen Wirtschaftens machen, gehen ins Offene, sie arbeiten weitgehend ohne Vorbild. In der Praxis habe ich erlebt, dass die Positionierung als nachhaltig wirtschaftendes Unternehmen umgehend zu einer höherwertigen Positionierung führt, aus der höhere Erträge realisiert werden. Der Deckungsbeitrag pro Stück steigt signifikant, viele Kunden belohnen das Unternehmen mit ihrer Treue und neue Kunden kommen hinzu. Der Preis als Entscheidungsgrund ist nach wie vor ein wichtiges Kriterium, allerdings tritt er hinter der Qualität, dem Gebrauchsnutzen, den Gesundheitsaspekten und der Nachhaltigkeit zurück. Entlang des Weges der Nachhaltigkeit öffnen sich unerwartete Expansionsmöglichkeiten in attraktive Märkte, auch in Verbindung mit neuen Wertschöpfungspartnerschaften. Die Unternehmen erhalten bei ihren Banken aus zwei Gründen bessere Kreditkonditionen – weil sie in ihrem Nachhaltigkeitsbericht alle Zahlen, Prozesse und die Strategie offenlegen und alle Entwicklungen und Fortschritte dokumentieren und weil sie einen leichteren Zugang zu Fördermitteln für Forschung und Entwicklung haben.

Neue Mitarbeiter:innen, vom Auszubildenden bis zum Facharbeiter interessieren sich für das Unternehmen. Neue Mitarbeiter:innen zu gewinnen, gelingt nachhaltigen

Unternehmen wesentlich leichter als dem Wettbewerb. In den persönlichen Gesprächen, aus den Rückmeldungen der Arbeitsgruppen und aus den Mitarbeiterbefragungen geht deutlich hervor, die Mitarbeiter:innen eines nachhaltig wirtschaftenden Unternehmens zeigen eine gestärkte Verbundenheit mit ihrer Arbeit und sie erleben Sinn – der letztere Aspekt wurde vielfach genau so formuliert. Nachhaltig wirtschaftende Unternehmen erfahren eine gestiegene Aufmerksamkeit und ein Wohlwollen seitens der Medien und der Politik, plötzlich gehen Türen auf, die jahrzehntelang verschlossen waren. Die höhere Bekanntheit und das positiv gestärkte Image führen zur Steigerung der persönlichen Arbeitszufriedenheit der Geschäftsführung. Sie freuen sich an dem Gefühl, Pioniere der Nachhaltigkeit zu sein. ◄

Wagen wir zum Abschluss des Kapitels ein Gedankenspiel und stellen zwei strategische Optionen für Ihr Unternehmen gegenüber.

- Die erste Option lautet: Wir bleiben bei dem uns Bekannten, denn diese Strategie hat sich BEWÄHRT.
- Die zweite Optionen nennen wir: Wir gehen ins Offene und wagen die Strategie der NACHHALTIGKEIT.

Bewerten Sie die Tatsachen, denen Ihr Unternehmen ganz praktisch gegenübersteht, anhand der beiden strategischen Optionen Tab. 11.1:

- Wie gestalten sich die Tatsachen entlang der bewährten Strategie – werden sie eher zu Risiken oder zu Chancen?
- Wie gestalten sich die Tatsachen entlang der nachhaltigen Strategie – werden sie eher zu Risiken oder zu Chancen?
- Und schließlich, was unternehmen Sie als Konsequenz daraus?

Antworten Sie gerne spontan und nutzen Sie die einfache Skalierung von -3 bis $+3$. Die Skalierung können Sie lesen als sehr hohes Risiko (-3), hohes Risiko (-2), geringes Risiko (-1), weder Risiko noch Chance (0), kleine Chance ($+1$), große Chance ($+2$) und sehr große Chance ($+3$).

Tab. 11.1 Bewertung der strategischen Optionen

Tatsache	BEWÄHRTE Strategie							NACHHALTIGE Strategie							Konsequenz
	Risiko				Chance			Risiko				Chance			
	−3	−2	−1	0	+1	+2	+3	−3	−2	−1	0	+1	+2	+3	
Kunden															
Mitarbeiter:innen															
Partner															
Zulieferer															
Lieferkette															
Produkte															
Verkaufspreise															
Umsatz															
Ertrag															
Kosten															
Einkaufspreise															
Produktion															
Prozesse															
F&E															
Kredite															
Fördermittel															
Positionierung															
Bekanntheit															
Image															
Vertrieb															
Kommunikation															

Das nachhaltige Unternehmenskonzept

Nachhaltigkeit im Zusammenhang mit einem Unternehmen ist immer ein Konzept des beständigen Wandels, des Lernens und der Veränderung. Nachhaltigkeit ist auch ein Konzept des Ausgleichs und der richtigen Priorisierung. Nachhaltigkeit beinhaltet die soziale, ökologische und ökonomische Dimension und ein gedeihliches Miteinander dieser. Aus unternehmerischer Sicht steht die ökonomische Dimension im Zentrum des Konzepts, denn ein Unternehmen ist ein Wirtschaftsbetrieb, der dauerhaft einen Mehrwert schaffen muss, um lebensfähig zu bleiben und seinen Beitrag zum Gemeinwohl zu leisten. Aus dieser Betrachtung entsteht kein Widerspruch. Ökonomie, Ökologie und Soziales befinden sich nicht im natürlichen Widerstreit miteinander, sie sind keine Gegensätze, sie gehören zusammen und müssen gut zusammenwirken, damit alles gut gedeihen kann.

Das Primat der Ökonomie hat unsere menschengemachte Welt in die Situation gebracht, in der wir uns jetzt befinden. Die aktuell verfasste Wirtschaftsordnung zerstört die Ökologie und das Soziale, damit kommt diese Art der Ökonomie auch an ihr Ende. Das Primat des Sozialen führte in der Menschheitsgeschichte immer in den ökonomischen und ökologischen Abgrund und riss das Soziale mit hinab. Weder Sozialismus noch Kommunismus haben nachhaltig lebensfähige Organisationsgebilde geschaffen. Einzig das Primat der Ökologie kann dauerhaft als Maxime gelten, denn von einer gesunden Welt, einer intakten Biosphäre und einer reichen Biodiversität hängt das Wohl und Wehe der Menschheit ab. Es gilt, innerhalb der Verfasstheit unserer Welt Lösungen und Wege zu finden, die nachhaltig funktionieren.

Jedes nachhaltige Unternehmenskonzept muss jenseits der klassischen Ökonomie – der kurzfristigen Erfolgsrechnung und der betriebswirtschaftlichen Methoden für Effektivität und Effizienz – die soziale und ökologische Dimension mitdenken, als Ziele formulieren und managen. Deshalb darf als oberstes unternehmerisches Ziel niemals die Gewinnmaximierung stehen, der Output an Waren und Dienstleistungen oder der Umsatz. Das

S. Theßenvitz, *Nachhaltig wirtschaften in der Praxis*, https://doi.org/10.1007/978-3-658-42458-9_12

oberste unternehmerische Ziel muss über das Unternehmen hinausweisen und einen Bezug zur Welt herstellen, die seine unternehmerische Existenz erst ermöglicht.

Auch ein nachhaltiges Unternehmenskonzept beinhaltet den Gewinn und das Wachstum. Den Gewinn auf Grundlage der Ausbeutung zu maximieren – zu Lasten des Sozialen und der Ökologie – ist nicht nachhaltig. Ein angemessener Gewinn für faire Löhne, Investitionen, Innovationen und einen Beitrag zum Gemeinwohl ist unverzichtbar. Wachstum als Maximierung des Outputs auf Grundlage der Ausbeutung von Mensch und Natur ist nicht nachhaltig. Wachstum, begriffen als Qualitätssteigerung der Waren und Dienstleistungen, Innovationen für weniger Ressourcenverbrauch, eine emissionsfreie Produktion, Reparaturfreundlichkeit und Langlebigkeit, ist nachhaltig. Mitarbeiter:innen darin zu unterstützen, fachlich besser zu werden, ihr Wissen zu erweitern und diesen daraus generierten Mehrwert für das Unternehmen mit ihnen zu teilen, ist nachhaltig.

Nachhaltiges Wirtschaften ist keine Optimierung der bestehenden Systeme mit Ausgleichszahlungen für die Ausbeutung von Mensch und Natur. Nachhaltiges Wirtschaften ist im Kern eine neue kulturelle Vereinbarung im Ausgleich von Ökonomie, Ökologie und Sozialem, die allen Lebewesen auf dieser Welt gerecht wird, auch den Bedürfnissen der Menschen. Die 17 Ziele umfassen explizit diese Aspekte. Zum Beispiel das Ziel 8 – Menschenwürdige Arbeit und Wirtschaftswachstum, das Ziel 9 – Industrie, Innovation und Infrastruktur und das Ziel 12 – Nachhaltiger Konsum und Produktion.

Nachhaltigkeit ersetzt nicht die bisherigen Merkmale von Waren und Dienstleistungen. Diese müssen selbstredend über eine ausgezeichnete Qualität und Nutzerfreundlichkeit verfügen. Nachhaltige Produkte müssen den Kunden weiterhin, idealerweise besser schmecken. Sie erinnern sich? Nachhaltigkeit ist eine Mehrwertstrategie. Der Schlüssel für erfolgreich nachhaltig wirtschaftende Unternehmen ist ihr Wille zur Innovation und ihre Kraft, den Wandel zu gestalten – durch Lernen und Veränderung. Hierbei hilft ein nachhaltiges Unternehmenskonzept. Wie sich das konkret darstellen lässt, lesen Sie im Abschn. 12.4. *Fallbeispiel für ein nachhaltiges Unternehmenskonzept.* Doch vorab fassen wir einen weiteren wesentlichen Aspekt ins Auge, das Prinzip der Schönheit.

12.1 Das Prinzip der Schönheit

Die Grundlage des nachhaltigen Wirtschaftens bildet das Prinzip der Schönheit. Die Schönheit umfasst die Achtsamkeit, den Ausgleich, den Augenschmaus, den Hörgenuss, die Haptik und den Geruch, die Proportionen, die Anmutung, das rechte Maß, die Einfachheit, die Klugheit, das Beschützen, Bewahren und Wiederherstellen, das Sinnfällige und mit gutem Sinn Beseelte, die Selbstbestimmung und die Freiheit. Die Schönheit ist mehr als die Abwesenheit von Hässlichkeit. Schönheit ist immer das Ergebnis einer Komposition, das glückliche Zusammenwirken einzelner Teile auf einer höheren Ebene. Eine intakte Landschaft mit einer ausdifferenzierten Biodiversität empfinden wir als schön, wir empfinden manche Produkte als schön. Der DNP – Deutsche Nachhaltigkeitspreis zeichnet seit 2020 explizit Schönheit aus, er zeichnet nachhaltige Produkte, Systeme und Dienstleistungen mit dem DNP Design[1] aus.

Beispiel

Ein Tipp für den erstmaligen Besuch eines Restaurants: Schauen Sie sich die Küche und den Hinterhof an. Wenn die Tonnen im Hof von stinkenden Abfällen überquellen, in der Küche böses Geschrei über den Töpfen und Pfannen durch den Raum fliegt, das Werkzeug schmutzig und zerdengelt ist, dann kann das Essen noch so gut und die Bedienung noch so zugewandt sein – es stimmt einfach nicht. Ich würde mich der Vollständigkeit halber dann auch sehr für die verwendeten Lebensmittel und deren Herkunft interessieren. Das Prinzip der Schönheit umfasst alle Dimensionen der Qualität, sie umfasst die Annehmlichkeit, die Verlässlichkeit, das Engagement, die Leistungskompetenz und das Einfühlungsvermögen.[2] Qualität wird immer dann als schön empfunden, wenn alle fünf Dimensionen der Qualität hinreichend erfüllt sind. ◄

---

[3] Mit dem Prinzip der Schönheit können Sie jeden Tag wunderbar gestalten. Besonders schön: Sie können sich vornehmen, die Welt jeden Tag ein bisschen schöner zu gestalten. Stellen Sie sich vor, Sie würden Ihre Wohnung jeden Tag ein wenig schöner gestalten – Ordnung in den Regalen und in Ihrem Computer, Übersicht über Dinge, die erledigt werden wollen, hier und da kleine Arrangements Ihrer Lieblingserinnerungen, kleine Reparaturen, klügere Aufbewahrungsorte für dies und das – nur wenige Minuten täglich und Sie würden nach einem Jahr in der schönsten Wohnung unserer Erde leben.[4] Übertragen Sie dieses Prinzip auf Ihr Büro, Ihre Werkhalle, Ihr Material- und Auslieferungslager und Sie werden das gleiche Ergebnis erzielen. In einem Jahr arbeiten Sie und Ihre Mitarbeiter:innen in den schönsten Büros, Werkhallen, Material- und Auslieferungslagern. Versprochen!

---

[1] Deutscher Nachhaltigkeitspreis Design. https://www.nachhaltigkeitspreis.de/design/. Zugriff: 06.07.2023.

[2] Die fünf Dimensionen der Dienstleistungsqualität im Rahmen der ServiceQuality, ein Standardinstrument der Marktforschung für die Evaluation der Kundenzufriedenheit auf der Grundlage von persönlichen, subjektiven Erwartungen im Abgleich mit den Erfahrungen. Klug eingesetzt, stiftet die ServQual großen Nutzen.

[3] Folgende Absätze sind entnommen aus meinem Buch *Zur Sonne, Zur Freiheit – Das kleine Handbuch für ein gelingendes Leben*, https://shop.thessenvitz.de/produkt/zur-sonne-zur-freiheit/ und für den hiesigen Zweck angepasst.

[4] Dieses Prinzip nennt man Kaizen (japanisch für Veränderung und Wandel zum Besseren). In seiner Originalbedeutung umfasst es eine Lebens- und Arbeitsphilosophie, in der westlichen Welt dient es vornehmlich als Managementkonzept – Kontinuierlicher Verbesserungsprozess (KVP).

Stellen Sie sich vor, Sie verabreden sich und Sie wollen diese Begegnung schön gestalten. Stellen Sie sich vor, Sie wollen Ihr Instrument täglich üben und dafür einen
schönen Ort einrichten. Stellen Sie sich einfach irgendeine Situation in Ihrem Leben
vor oder einen Ort, an dem Sie sich aufhalten und denken Sie nach, wie Sie die Situation und den Ort schöner gestalten können. Sie merken schnell, wie sich Ihr Bewusstsein verändert, wie sich Ihr Zugang zur Wirklichkeit verändert. Das Prinzip der Schönheit ist ein Universalprinzip, dass Ihr Leben zum Besseren wendet. Hier schwingt auch
viel Selbstermächtigung mit: Ich mache meine Welt schöner. ◄

Das Prinzip der Schönheit umfasst auch Ihren Geist. Wenn Sie Junkfood essen, wenn
Sie schlechte Filme mit viel Brutalität ansehen, wenn Sie schlechte Musik hören, wenn Sie
sich achtlos anziehen, wird Ihre Seele Schaden nehmen, Ihre Seele wird hässlich werden.
Achten Sie auf sich und auf alles, was Sie umgibt, es wirkt auf Sie ein und es wirkt als
Aura, als Ausstrahlung auf andere Menschen. Wenn Sie das Gefühl haben, Sie sind im falschen Film – ob privat, beruflich oder geschäftlich mit falschen Freunden mit falschen Ge-
fühlen – dann gestalten Sie Ihren Film neu.

Ordnung um der Ordnung willen ist sinnlos und selbstreferenziell. Doch kreativen
Menschen schenkt Ordnung Lebenszeit. Und Lebenszeit ist Schaffenszeit. In meinem
Leben begegneten mir in diesem Zusammenhang zwei Sätze. Der eine ist von Sigmund
Freud *„Dein Zimmer ist das Spiegelbild Deiner Seele"*. Der andere ist vom Dalai Lama.
Er wurde gefragt nach einem Hinweis auf dem Weg zur Erleuchtung. Er sagte *„Räum'
Deine Teetasse auf."* Ordnung bedeutet im Kern, Zeit und Raum zu schaffen für das
Wichtige. Dazu gehört zum Beispiel, etwas gleich vollständig zu erledigen, anstatt ein
Provisorium zu basteln. Dazu gehört auch die Zeitplanung. Sie hilft Ihnen, das Wesent-
liche in den Mittelpunkt zu stellen. Hören Sie die Uhr ticken? Das ist gut, denn sie er-
innert Sie daran, dass alles vergeht. Ordnung ist ein Teil des Prinzips Schönheit. ◄

Seit Gottfried Wilhelm Leibniz, er war Philosoph und Mathematiker, gilt auch in der
Mathematik das Prinzip der Schönheit. Angenommen, zwei Mathematiker schaffen einen
Beweis für die Richtigkeit der Annahme $1 + 1 = 2$. Der eine Beweis ist elend kompliziert,
der andere bestechend einfach. In der Mathematik würde man dem zweiten Beweis den
Vorzug geben, denn er ist schön.

Für Freaks: Die Frage, warum $1 + 1 = 2$ ist, trieb bereits Platon um. In seiner Schrift
‚Phaidon' philosophierte er über den Zusammenhang zwischen Werden und Vergehen
und darüber, dass etwas entsteht, indem das Gegenteilige geht. Dunkelheit entsteht,
wenn das Licht geht. Licht ist das Gegenteil von Dunkelheit.

„*Über das Zweiwerden: Wenn sich zwei des Gleichen immer weiter annähern, dann werden sie irgendwann zweiwerden. Auch wenn Eines geteilt wird, werden daraus Zwei. Aus dem inneren Zusammenhang von Teil und Gegenteil erkennen wir das Kreislaufargument und damit können wir begründen: 1 + 1 = 2.*“[5] (Gregor Nickel) Diese Aussage setzt natürlich einige Axiome voraus, doch deren Darstellung führte hier zu weit. ◄

Weiter gedacht könnte man sagen: Wenn die Schönheit kommt, verschwindet die Hässlichkeit. Wenn Sie Schönheit teilen, wird sie mehr. Ich schreibe es gerne nochmal: Schönheit ist das einzige Universalprinzip, das unmittelbar im Konkreten anwendbar ist und unmittelbar auf der nächsthöheren Stufe wirkt. Achtsamkeit ist nicht teilbar, entweder sind Sie in allem achtsam oder Sie sind auch im Höheren schlurig. Das Schöne an dem Prinzip der Schönheit ist, dass jede Tätigkeit Ihr Bewusstsein anhebt. Sie möchten sich gerne nur den höheren Aufgaben widmen und das Alltägliche gerne so weit als möglich von sich schieben? Diese Haltung ist ein manifester Irrtum.

Auch Produktionsverfahren, die Kreislaufwirtschaft, Ablaufpläne, die Gestaltung von Geschäftsbeziehungen, der Anruf bei einer Telefon-Servicestelle, der Besuch einer Autowerkstatt und Excel-Tabellen können schön sein. Es gibt schlicht nichts von Menschen Gemachtes auf der Welt, das nicht schön sein könnte. Besonders schön wird diese Erkenntnis in ihrer Verknüpfung mit dem nachhaltigen Wirtschaften, denn Schönheit ist immer konkret. An ihr lässt sich leicht erkennen, ob etwas gut ins Werk gesetzt ist.

12.2   Nachhaltige Wertschöpfung in Partnerschaft

Ihr Unternehmen braucht für seine Wertschöpfung als wesentlichen Teil derselben gute Wertschöpfungspartner. Die arbeitsteilig verfasste Wirtschaft[6] ist nicht per se schlecht oder gut, es kommt darauf an, unter welchen Prämissen man diese gestaltet. Arbeitsteilung kann favorisiert werden, um Kosten zu sparen, man lagert einfache arbeitsintensive und umweltzerstörende Tätigkeiten in Billiglohnländer[7,8] aus. Arbeitsteilung mit innovativen

---

[5] Siehe hierzu Nickel G (2015) Warum gilt 1 + 1 = 2? Philosophie der Mathematik. Universität Siegen https://www.uni-siegen.de/fb6/phima/lehre/phima15/quellentexte/warum_ist_1_1_2_-_anonymisierte_antworten_der_kursteilnehmer.pdf. Zugriff: 06.07.2023.

[6] Die Idee, Arbeit zu teilen für mehr Produktivität und Qualität durch Spezialisierung, mehr Innovationen durch Wissenstransfer und mehr Flexibilität durch Partnerschaften formulierten bereits Xenophon, Platon und Demokrit. In der modernen Volkswirtschaftslehre befassten sich unter anderem Frederick Winslow Taylor, Adam Smith, David Ricardo und Karl Marx mit der Arbeitsteilung.

[7] Eine wenn auch etwas propagandistisch aufgemachte, doch im Kern sachlich kritische Darstellung des Europäischen Lieferkettengesetzes finden Sie hier: Lieferkettengesetz.de|Germanwatche.V.https://lieferkettengesetz.de/ Zugriff: 06.07.2023.

[8] Mein Anregung wäre, in den Verkaufsräumen des Einzelhandels lebensgroße Fotografien der Arbeitsbedingungen entlang der Lieferkette der Waren (zum Beispiel Schuhe, Kleidung, Smartphones, Gemüse, Fleisch, Musikinstrumente, Blumen, E-Autos) zu platzieren und im Angesicht der Arbeitswirklichkeit in Malaysia, Vietnam, China, Kongo, Spanien, Brasilien, Kolumbien, Ägypten

Partnern kann im Rahmen von Lernpartnerschaften zu deutlich verbesserten Waren und Dienstleistungen führen. Hochkomplexe Waren und Dienstleistungen können von spezialisierten Partnern in Modulen gebaut und in Ihrem Unternehmen zusammengefügt und konfektioniert werden.

Die Möglichkeiten der Arbeitsteilung gestalten sich vielfältig, eins sind sie immer: sie folgen einer Vereinbarung, sie sind wertgebunden. Große Teile der globalisierten Weltwirtschaft realisiert durch die Arbeitsteilung Kostenvorteile. Ein nachhaltiges Unternehmen realisiert durch die Arbeitsteilung innovative und emissionsfreie Wertschöpfungspartnerschaften mit fairen Arbeitsbedingungen. Zu Beginn steht immer eine Entscheidung: Welche Form der Partnerschaften strebe ich an, intensiviere ich und baue ich aus?

Sie können Ihr Unternehmen nicht losgelöst von Wertschöpfungspartnern führen. Ihr Unternehmen ist Teil eines dichten Netzes aus wechselseitigen Abhängigkeiten. Doch Sie können Ihr Unternehmen in seinem Netz neu verorten, ihre Wertschöpfungspartner zu Veränderungen ermuntern und Sie können Ihr Netz der Wertschöpfungspartner gegebenenfalls neugestalten und neue Bande knüpfen. Angenommen, Sie wollen Ihre Waren und Dienstleistungen bis zum Jahr 2030 emissionsfrei herstellen, dann müssen unter Einbezug von Scope 3 auch Ihre Wertschöpfungspartner emissionsfrei produzieren und sich an die Regeln des nachhaltigen Wirtschaftens halten, zum Beispiel, ohne Ausbeutung von Mensch und Natur zu arbeiten.

Im Anschreiben für Ihre bestehenden Wertschöpfungspartner haben Sie diesen Aspekt bereits verdeutlicht:[9] „~" *Für uns ist es wichtig zu wissen, welchen ökologischen Fußabdruck die von uns verarbeiteten Materialien und Produkte hinterlassen. Dazu gehören auch die Leistungen unserer Wertschöpfungspartner.* „~" *Ich bitte Sie, uns ein paar Fragen über Ihren Beitrag zum Thema Nachhaltigkeit zu beantworten.* „~". Entwickeln Sie eine Bewertungsmatrix für Ihre Wertschöpfungspartnerschaften. Eine mögliche Arbeitsgrundlage bildet die Checkliste in Tab. 12.1.

Scope 3 – Wertschöpfung der Partner in CO_2-Äquivalenten, Ist-Situation (Tab. 12.2) und Ausblick (Tab. 12.3)

Je mehr Informationen Sie von Ihren WP erhalten, je konkreter diese sind und je deutlicher und klarer aus den Informationen ersichtlich wird, dass Ihre WP auf dem Weg des nachhaltigen Wirtschaftens sind, desto besser. Transparenz ist eines der Gebote für nachhaltiges Wirtschaften (Tab. 12.4).

---

zu shoppen. Nehmen Sie eine Weltkarte und suchen Sie sich einen Ort aus. Künstlerisch erweitern könnte man die Fotogalerien mit Originalsounds aus den Minen, Schlachthöfen, Werkstätten und Fabriken in Originallautstärke, dann könnte man auch auf die Musik in den Verkaufsräumen verzichten. Als Einstieg geben Sie in Ihrem Webbrowser die Suchbegriffe ein: „fotos arbeitsbedingungen ,Ihr Land'". Der Satire zugeneigten Menschen empfehle ich das Video „Willkommen in der Kobaltmine", Browser Ballett, YouTube https://www.youtube.com/watch?v=OBGinowoYu4. Zugriff: 04.07.2023 Wer Dokus mag, ist hier gut aufgehoben: Saubere Autos, schmutzige Batterien – Kobaltabbau im Kongo. ZDF-Doku | ZDF – Zweites Deutsches Fernsehen (2020) https://www.youtube.com/watch?v=cmeFsYSHuXE. Zugriff: 06.07.2023.

[9] Siehe Abschn. 10.2.1 *Stakeholder – Anspruchsgruppen, Partnerschaften und Interessensgruppen* → Wertschöpfungspartner.

Tab. 12.1 Bewertungsmatrix für Ihre Wertschöpfungspartnerschaften

Name der WP – Wertschöpfungspartnerschaft	
Qualitative Einschätzung der Ist-Situation	
Der substanzielle Beitrag der WP für unser Unternehmen.	
Unser Grad der Abhängigkeit von der WP. Was passiert, wenn die WP rasch endet?	
Unser Substituierungspotenzial von der WP. Mit welchen damit verbundenen Konsequenzen kann die WP ersetzt werden?	
Wie agiert der WP am Markt? Was steht im Zentrum seiner Leistungsversprechen? Zum Beispiel Preis – Verfügbarkeit – Qualität – Nachhaltigkeit	
Produziert der WP in unserer Region?	
Sind die Waren des WP recyclebar? Wie hoch ist der Aufwand des Recyclings?	
Der substanzielle Beitrag der WP für unser Unternehmen.	
Unser Grad der Abhängigkeit von der WP. Was passiert, wenn die WP rasch endet?	
Unser Substituierungspotenzial von der WP. Mit welchen damit verbundenen Konsequenzen kann die WP ersetzt werden?	
Wie agiert der WP am Markt? Was steht im Zentrum seiner Leistungsversprechen? Zum Beispiel Preis – Verfügbarkeit – Qualität – Nachhaltigkeit	

Tab. 12.2 Scope 3 – Wertschöpfung der Partner in CO_2-Äquivalenten, Ist-Situation

Scope 3 – vorgelagert	Aktuelle THG-Emissionen liegen vor		Zeitreihe der THG-Emissionen liegt vor		Plan zur Reduzierung der THG-Emissionen liegt vor		THG-Ziel Null Emissionen erreicht	
Logistik und Transporte	Ja	Nein	Ja	Nein	Ja	Nein	Ja	Nein
Eingekaufte Waren und Dienst-leistungen	Ja	Nein	Ja	Nein	Ja	Nein	Ja	Nein
Produktions-mittel und Anlagegüter	Ja	Nein	Ja	Nein	Ja	Nein	Ja	Nein
Emissionen	Ja	Nein	Ja	Nein	Ja	Nein	Ja	Nein
Müll	Ja	Nein	Ja	Nein	Ja	Nein	Ja	Nein
Geschäfts-reisen	Ja	Nein	Ja	Nein	Ja	Nein	Ja	Nein
Pendeln der Mitarbeiter:innen	Ja	Nein	Ja	Nein	Ja	Nein	Ja	Nein
Franchise- und Leasingnehmer	Ja	Nein	Ja	Nein	Ja	Nein	Ja	Nein

Tab. 12.3 Scope 3 – Wertschöpfung der Partner in CO_2-Äquivalenten, Ausblick

Scope 3 – nachgelagert	Aktuelle THG-Emissionen liegen vor		Zeitreihe der THG-Emissionen liegt vor		Plan zur Reduzierung der THG-Emissionen liegt vor		THG-Ziel Null Emissionen erreicht	
Logistik und Transporte	Ja	Nein	Ja	Nein	Ja	Nein	Ja	Nein
Weiterverarbeitung der verkauften Zwischen-produkte	Ja	Nein	Ja	Nein	Ja	Nein	Ja	Nein
Gebrauch und Verkauf der verkauften Waren	Ja	Nein	Ja	Nein	Ja	Nein	Ja	Nein
End-of-Life Management der verkauften Waren	Ja	Nein	Ja	Nein	Ja	Nein	Ja	Nein
Investitionen und Geldanlagen	Ja	Nein	Ja	Nein	Ja	Nein	Ja	Nein
Franchise- und Leasinggeber	Ja	Nein	Ja	Nein	Ja	Nein	Ja	Nein

Tab. 12.4 Analyse und Entscheidung

Analyse: Wie stark befördert oder behindert der WP unseren Weg hin zu einem nachhaltigen Unternehmen?	
Entscheidung: Wie gehen wir mit unserer WP um? ausbauen – halten – nach und nach substituieren – rasch beenden	

12.3 Relevante Stakeholder für Nachhaltigkeit

Im Zuge der Entwicklung der Nachhaltigkeits-Strategie für Ihr Unternehmen und dem damit zusammenhängenden Denken Outside-the-Box stellen sich zentrale Fragen. Welche Stakeholder[10] brauchen und wollen wir? Welche Interessen haben die Stakeholder uns gegenüber? Welche Interessen den Stakeholdern gegenüber haben wir? Legen Sie eine Liste an, zu welchen Stakeholdern Ihr Unternehmen für die Entwicklung der Nachhaltigkeits-Strategie eine Beziehung haben will. Diese Liste kann bestehende und neue Beziehungen enthalten. Beantworten Sie strukturiert zu jedem Stakeholder folgendes Chart und fügen Sie jeweils die Antworten aus der Sicht Ihres Unternehmens hinzu. Aus diesem Abgleich erkennen Sie klar den Handlungsbedarf (Tab. 12.5).

---

[10] Beziehen Sie gerne die Ergebnisse Ihrer Stakeholder-Analyse aus Abschn. 10.2.1 *Stakeholder – Anspruchsgruppen, Partnerschaften und Interessensgruppen* ein.

Tab. 12.5 Abgleich Stakeholder

1	Name des Stakeholders	Ihr Unternehmen
2	Eigene Interessen des Stakeholders	Eigene Interessen Ihres Unternehmens
3	Erwartungen des Stakeholders an Ihr Unternehmen	Erwartungen Ihres Unternehmens an den Stakeholder
4	Aus den gegenseitigen Erwartungen entstehendes *Konflikt*potenzial	
5	Aus den gegenseitigen Erwartungen entstehendes *Beziehungs*potenzial	
6	Ziele des Stakeholders aus der Zusammenarbeit mit Ihrem Unternehmen	Ziele Ihres Unternehmens aus der Zusammenarbeit mit dem Stakeholder
7	Nutzen des Stakeholders aus der Zusammenarbeit mit Ihrem Unternehmen	Nutzen Ihres Unternehmens aus der Zusammenarbeit mit dem Stakeholder
8	Die Inhalte der Zusammenarbeit	
9	Die Art und Weise der Zusammenarbeit – Strukturen, Verfahren, Medien	

12.4 Fallbeispiel für ein nachhaltiges Unternehmenskonzept

Das Fallbeispiel (F) dient Ihnen als Inspirationsquelle und möglicherweise als Mutmacher, ein eigenes nachhaltiges Unternehmenskonzept zu entwickeln. Jedes gute Unternehmen verfügt über ein Unternehmenskonzept. In diesem sind alle Analysen aus der Marktforschung enthalten. Sie umfassen die Erkenntnisse der Trendforschung und der Szenarien. Das Leitbild und die Mission beschreiben die selbstbestimmte Zukunft des Unternehmens und die Begründung für dessen Marktpräsenz. All das ist voranstehend umfassend unter der Maxime des nachhaltigen Wirtschaftens dargestellt ebenso wie die Rahmenhandlung für das nachhaltige Unternehmenskonzept. Diese ergibt sich aus den 17 Zielen für nachhaltige Entwicklung, dem GRI-Kennzahlensystem und dem DNK-Berichtssystem. Die Rahmenhandlung umfasst alle Aspekte des nachhaltigen Wirtschaftens. Die Handlungsebenen sind eingebettet in die Rahmenhandlung.

Fallbeispiel

Das Fallbeispiel bezieht sich auf ein mittelständisches Holzbauunternehmen im ländlichen Raum mit acht Millionen Euro Jahresumsatz. Die Leistungen umfassen die Beratung, Planung, Fertigung und Errichtung von Neubauten, Anbauten, Aufstockungen und Modernisierungen für Privatkunden, für das Gewerbe und für die öffentliche Hand. Das Unternehmen arbeitet gewerkübergreifend und bietet Komplett- und Teilleistungen vom Keller bis zum Dach an. Das Unternehmen ist in dritter Generation inhabergeführt, es beschäftigt 40 Mitarbeiter:innen und bildet aus. Der Vertriebsradius beträgt 50km. Im Einzugsgebiet des Unternehmens leben ca. eine Million Menschen, die meisten in Dörfern und Kleinstädten. Für das Fallbeispiel nennen wir das Unternehmen HKT – Holzbau Konrad Timber.

12.4.1 (F) Marktforschung

Entgegen den Prognosen der letzten 20 Jahre entwickelt sich der ländliche Raum prächtig. Immer mehr Menschen, die es sich leisten können, ziehen aufs Land. Die Corona-Pandemie hat die Entwicklung hin zum Home-Office stark beschleunigt. Städte werden zunehmend als stressig, laut, teuer, unsicher und eng empfunden. Immer mehr Familien entscheiden sich für das Leben in Dörfern und Kleinstädten – sofern die Infrastruktur stimmt: insbesondere wichtig sind schnelles Internet, Kindergärten, Schulen, ärztliche Versorgung, Einkaufen, intaktes Gemeinwesen, Freizeit- und Kulturangebote. Die Familien bringen ihre Vorstellungen vom guten Leben mit, nachhaltiger Konsum ist für sie von großer Bedeutung – regionale, biologische, saisonale Lebensmittel werden bevorzugt. Auch in der Auswahl von Dienstleistungen orientiert man sich am regionalen Angebot, das gilt insbesondere für Handwerker:innen. Waren und Dienstleistungen, die es nicht im ländlichen Raum gibt, werden online bestellt und vor die Tür geliefert. Neben den Familien zieht es auch immer mehr Heimkehrer zurück in die Heimat, dort leben die Eltern im schuldenfreien und etwas verwohnten Eigenheim aus den 1970er bis -80er-Jahren. Der private Wohnungsmarkt prosperiert, neues Bauland wird immer zögerlicher ausgewiesen. Viele Menschen entscheiden sich für den Neubau auf altem Grund, oder das Bauen im Bestand mit Modernisierung, Aufstockungen und Dachausbauten. In der Region arbeiten einige solide geführten Hidden Champions im Spezialmaschinenbau, diese wachsen beständig und damit das Angebot an qualifizierten Arbeitsplätzen. Die Kaufkraft[11] im Vertriebsgebiet ist durchschnittlich mit wachsender Tendenz.

Der Wettbewerb von HKT ist überschaubar. Neben einigen bundesweit agierenden Herstellern von Holzhäusern agieren eine Handvoll kleinere Holzbaubetriebe im Vertriebsgebiet, die sich mehr oder weniger über das vergleichbare Grundangebot hinaus – Dachstühle, Holzrahmenbau, Carports – in spezifizierten Marktnischen bewegen, zum Beispiel Nagelplattenbinder, Hallenbau, Carports oder die Restaurierung historischer Gebäude. Die Herausforderung ist, die am Bau von Häusern beteiligten Gewerke zu gewinnen – für den Mauer-, Beton- und Stahlbau, Elektrik und Energie, Spengler-, Maler- und Stuckarbeiten. Diese Betriebe haben meist weniger als zehn Mitarbeiter:innen, die Inhaber sind meist 60 Jahre und älter und finden selten Nachfolger für ihren Betrieb.

Marktforschung | Kurze Analyse
Der Markt entwickelt sich stabil aufwärts, die Anforderungen für den Holzbau erweitern sich in Richtung Bauen im Bestand. Das Umfeld ist ökonomisch und sozial stabil. Die neuen Bauinteressenten legen bei Kauf und Konsum Wert auf Nachhaltigkeit. Der Wettbewerb stellt keine große Gefahr dar. Mitarbeiter:innen aus den Betrieben der beteiligten

---

[11] GfK – Gesellschaft für Konsumforschung (2023) Bild des Monats: GfK Kaufkraft, Deutschland 2022. https://www.gfk.com/de/insights/bild-des-monats-gfk-kaufkraft-deutschland-2022. Zugriff: 06.07.2023.

Gewerke werden gezielt angeworben für mehr Wertschöpfungstiefe bei HKT. Die Zeichen stehen pro Nachhaltigkeit und Komplettleistung.

12.4.2   (F) Stakeholder

HKT agiert in einem dichten Netz von Stakeholdern – Kunden, Mitarbeiter:innen, Lieferanten, Hersteller, Fachhändler, Subunternehmer, Dienstleister, Zertifizierungsstellen, Berufs- und Fachverbände und die Gemeinde. Überraschende Ergebnisse der Stakeholderanalyse waren, dass neben den klassischen wichtigen Stakeholdern – Kunden, Mitarbeiter:innen und Subunternehmer – die Fans und Follower von HKT in den sozialen Medien starken Einfluss auf den Holzbaubetrieb haben und HKT auf diese. Die alteingesessene Regionalpresse hingegen hat kaum Einfluss auf HKT. Die Ergebnisse der Stakeholder-Befragung von HKT ergaben:

Die Kunden von HKT erleben diesen als einen freundlichen Betrieb, in dem hoch qualifizierte Mitarbeiter:innen mit hochwertigen Materialien, Werkstoffen und Arbeitsmitteln qualitätvolle Arbeit leisten. Für die Kunden ist beim Einkaufen im Allgemeinen insbesondere das Preis-Leistungsverhältnis, die Beachtung von Arbeits- und Gesundheitsschutz, die Reduzierung von Verpackungsmüll und das Bekenntnis zu Nachhaltigkeit und Umweltschutz wichtig. Bei der Auswahl von Handwerksbetrieben achten die Kunden bei der Herstellung sehr auf die Vermeidung von Schadstoffen, die Einhaltung von gesetzlichen Vorschriften, den Einsatz von hochwertigen Inhaltsstoffen, die Vermeidung von Verpackungsmüll, das Ausbildungsangebot, die Kenntnis über die Lieferfirmen und eine bewusste Auswahl der Lieferfirmen.

Die Befragung der Mitarbeiter:innen ergab, besonders wichtig sind ihnen die Arbeitszeiten, ihre Kollegen und die Stimmung im Team, ihre Arbeitsinhalte und Tätigkeiten, die Ausstattung mit Technik und Arbeitsmitteln und die Fairness der Führungskräfte. Die eine Hälfte der Belegschaft würde sich einen Tag mehr bezahlten Urlaub wünschen, die andere Hälfte die bezahlte Freistellung für Weiterbildungen. Die Mitarbeiter:innen nennen als wichtigste Eigenschaften von HKT das Wissen und Können der Mitarbeiter:innen, die gute Organisation der Aufträge, den schonenden Umgang mit Material und Energie und die hochwertige technische Ausstattung. Zum Thema Nachhaltigkeit wünschen sich die Mitarbeiter:innen die Vermeidung von Plastikverpackungen, die Verwendung von nachhaltigen Rohstoffen, Baustoffen, Materialien, Farben, die verbesserte Abfallentsorgung der Arbeitsmittel, Schulungen der Auszubildenden zum Thema Nachhaltigkeit und eine Beschränkung der Aufträge auf die Region.

Für die meisten Social-Media-Fans und -Follower von HKT ist Nachhaltigkeit ein für sie persönlich sehr wichtiges Thema, sie halten Nachhaltigkeit für eine zentrale Aufgabe der Wirtschaft und sie wünschen sich gute Lösungen für mehr Klimaschutz. Sie achten meist auf regionale Produkte, nutzen gerne Ökostrom und energiesparende Geräte und vermeiden Plastik und Verpackung wo möglich. Fahrradfahren und der ÖPNV fallen für die meisten Social-Media-Fans weit hinter die Nutzung ihres PKW zurück. Nachhaltig hergestellte Produkte dürfen gerne etwas teurer sein. Von großem Interesse sind Informationen, wie und wo die Produkte hergestellt werden. Produkte sollten reparierbar sein und vor allem lange halten. Die Social-Media-Fans und -Follower von HKT finden Unternehmen super, die auf Nachhaltigkeit achten und gute Arbeitsbedingungen bieten, die faire Löhne zahlen und die darauf achten, aus welchen Quellen sie ihr Material und ihre Rohstoffe beziehen.

Die von HKT zum Thema Nachhaltigkeit angeschriebenen Lieferanten, Hersteller, Fachhändler, Subunternehmer, Dienstleister, Zertifizierungsstellen, Berufs- und Fachverbände und die Gemeinde haben deutlich unterproportional geantwortet. Der Rücklauf beschränkte sich auf sehr wenige Stakeholder, dementsprechend sind die Antworten als nicht repräsentativ zu werten. Allerdings ist das Nicht-Antworten auch eine Antwort. Das Thema Nachhaltigkeit ist scheinbar bei vielen Lieferanten, Herstellern, Fachhändlern, Subunternehmern, Dienstleistern, Zertifizierungsstellen, Berufs- und Fachverbänden und der Gemeinde noch nicht angekommen. Von diesen geht ein geringer Gestaltungsimpuls in Richtung Nachhaltigkeit aus.

Stakeholder | Kurze Analyse
Die Kunden und Social-Media-Fans und -Follower sind stark sensibilisiert für das Thema Nachhaltigkeit. Der Preis ist bei deren Kaufentscheidungen nicht das zentrale Kriterium, die Kaufentscheidung resultiert aus der Summe der guten Produkteigenschaften, die über den reinen Verwendungsnutzen hinausreichen. Inwieweit die Antworten für das gesamte Vertriebsgebiet repräsentativ sind, lässt sich nicht abschätzen. Es steht zu vermuten, dass Käufer:innen von Holzhäusern eine höhere Affinität zur Nachhaltigkeit haben als der Durchschnitt der Bevölkerung. Das gleiche gilt für die Social-Media-Fans und -Follower von Unternehmen, die regional mit nachwachsenden Rohstoffen arbeiten. Das Thema Nachhaltigkeit ist flächendeckend in der Belegschaft präsent, sehr erfreulich ist die Bereitschaft für Weiterbildungen. Seitens der Wertschöpfungspartnerschaften ist keine Unterstützung zum Thema Nachhaltigkeit zu erwarten, insbesondere die Berufsverbände nutzen ihre Gestaltungsmacht nicht. HKT muss sich selber auf den Weg machen und geeignete Mitstreiter:innen für Nachhaltigkeit finden.

12.4.3   (F) Treibhausgas-Emissionen

HKT ermittelte im ersten Berichtsjahr den Verbrauch nicht erneuerbarer Materialien zur Herstellung und Verpackung seiner Produkte und Dienstleistungen vier Tonnen Kunststoff, neun Tonnen Verbund- und Begleitstoffe, eine Tonne gemischte Baustoffe und 90 t Stahl und Metalle. Der Verbrauch von erneuerbaren und rückbaufreundlichen Baumaterialien für die Herstellung und Verpackung seiner Produkte und Dienstleistungen betrug 500 t Bauholz, 32 t Papier und 35 t Holzfaserdämmung. Das Gesamtgewicht des ungefährlichen Abfalls betrug zehn Tonnen. Gefährlicher Abfall fiel keiner an. Der Wasserverbrauch lag bei 50.000 Litern. Der Energieverbrauch von HKT aus nicht erneuerbaren

Quellen betrug 17.000 L Diesel, 5000 L Mineralöl und 1200 L Flüssiggas. Der Stromverbrauch von HKT mit 40.000 Kilowattstunden wurde komplett durch die betriebseigene Fotovoltaikanlage auf dem Dach der Abbundhalle abgedeckt. Die THG-Emissionen berechnen sich wie folgt (Tab. 12.6).

Treibhausgas-Emissionen | Kurze Analyse
HKT emittiert pro Jahr über 1400 t CO_2. Zwei Drittel der CO_2-Emissionen resultieren aus der Verwendung gemischter Baustoffe für Keller, Bodenplatten, Treppenhäuser und Decken. Nimmt man die 15 % für Stahl und Metalle hinzu, dann emittiert HKT über 80 % seines CO_2 durch Materialien, die mit dem Holzbau im engeren Sinne nichts zu tun haben. In der Summe geht es um die gezielte Reduktion aller CO_2-Emissionen, doch das Handlungsfeld Nicht-Nachwachsende Baustoffe hat die mit Abstand höchste Bedeutung für die Reduzierung der CO_2-Emissionen. Beton, Ziegel und Stahl müssen durch nachwachsende Rohstoffe substituiert werden, so rasch und umfassend wie möglich.

Tab. 12.6   (F) Treibhausgas-Emissionen

Energieträger	Menge	Einheit	CO_2-Faktor	CO_2-Äquivalent in kg	Anteil in % am Gesamt
Kunststoffe[a]	4000	kg	1,9234	7694	0,5 %
Verbundstoffe[b]	9000	kg	1,902	17.118	1,2 %
Gemischte Baustoffe[c]	1.200.000	kg	0,789	946.800	66,3 %
Stahl und Metalle[d]	90.000	kg	2,39	215.100	15,1 %
Bauholz	500.000	kg	0,118	59.000	4,1 %
Papier	32.000	kg	1,377	44.064	3,1 %
Holzfaserdämmung	35.000	kg	1,551	54.285	3,8 %
Ungefährlicher Abfall[e]	10.000	kg	1	10.000	0,7 %
Wasser	50.000	l	0,001	50	0,0 %
Flüssiggas	1200	l	2,158	2590	0,2 %
Diesel	17.000	l	3,134	53.278	3,7 %
Mineralöl	5000	l	3,305	16.525	1,2 %
Ökostrom	40.000	kwh	0,014	560	0,0 %
			Summe CO_2 in kg	1.427.063	100 %
			Summe CO_2 in Tonnen	**1427**	

[a] Gerechnet analog Polyethylen (HDPE)
[b] Gerechnet analog PVC
[c] Gerechnet analog Zement
[d] Gerechnet analog Stahlblech
[e] Wert entnommen aus Frese A (2022) Regierung will CO_2-Abgabe einführen: Der Müll wird teurer. Tagesspiegel 25.07.2022 https://www.tagesspiegel.de/wirtschaft/der-mull-wird-teurer-8150218.html. Zugriff: 06.07.2023

12.4.4   (F) Trendforschung

Die für HKT bedeutsamen Trends, die sein Geschäftsmodell betreffen, die starken Einfluss auf die Kauf- und Konsumgewohnheiten seiner Kunden haben und die sein Vertriebsgebiet tiefgreifend und dauerhaft verändern in Schlagworten: Recycling, Upcycling und Kreislaufwirtschaft bekommen eine größere Bedeutung. Die Regionalisierung der Produktion nimmt an Fahrt auf, Nachhaltigkeit als Geschäftsmodell wird zunehmend rechenbar, wird zunehmend attraktiv und wird zunehmend politisch gefordert. Das europäische Lieferkettengesetz beschleunigt diese Entwicklung. Immer mehr Menschen fühlen sich mit den Werten eines nachhaltig gestalteten Miteinanders in der Wirtschaft und Gesellschaft verbunden.

Trendforschung | Kurze Analyse
Für HKT laufen die meisten Trends in eine für ihn günstige Richtung, denn seine Bauprojekte werden vorrangig mit einem nachwachsenden Rohstoff errichtet. Um diese Chancen zu nutzen, muss sich HKT substanziell und beweisbar weiterentwickeln, in Innovationen investieren und eine glaubwürdige Marktposition besetzen.

12.4.5   (F) Szenarien

Die Eingangshypothese von HKT: Das Leben und Arbeiten im ländlichen Raum wird in dem Maße attraktiver, wie insbesondere die digitale Infrastruktur ausgebaut wird. Entlang des Zuzugs qualifizierter Menschen entstehen neue qualifizierte Arbeitsplätze, daraus resultiert ein wachsendes Angebot rund um die aktuelle Lebenssituation der Menschen und ihrer ausdifferenzierten Bedürfnisse. Der ländliche Raum entwickelt sich zu einem gleichwertigen Lebensraum wie in den Städten. HKT nutzt das Szenario aus den Kapiteln Abschn. 10.5.1 *Szenario-Analyse 2028 | Nachhaltiger Konsum* und Abschn. 10.5.2 *Szenario-Management 2028 | Nachhaltiger Konsum*. Diese sind im Folgenden gestrafft wiedergegeben:

Die höchste Wahrscheinlichkeit für den Megatrend Nachhaltiger Konsum: Nachhaltiger Konsum wird politisch gewollt, gefördert und in Teilen durch die Steuergesetzgebung subventioniert. Der gesellschaftliche Konsens pro Nachhaltigkeit wächst. Viele nicht-nachhaltige Waren und Dienstleistungen (zum Beispiel Flugreisen, PKW mit Verbrennermotor) werden entlang der ökologischen Vollkostenrechnung sehr teuer, nachhaltiger Konsum ist für weite Teile der Bevölkerung selbstverständlich. Die Marktsegmente für nachhaltige Konsumgüter haben sich durchdifferenziert und im Warenkorb etabliert. Im Jahr 2028 konsumieren die meisten Menschen normal nachhaltig, wer es sich leisten kann, konsumiert nachhaltig plus.

Die Konsequenzen aus dem Megatrend Nachhaltiger Konsum: Rückblickend auf die letzten Jahre und Jahrzehnte hat HKT schon viele Krisen gemeistert. HKT ist fähig und willig zur Veränderung. HKT hat gute Mitarbeiter:innen, die hier gerne arbeiten. Die Kunden vertrauen HKT, die Marktsignale zeigen eindeutig in Richtung nachhaltige Konsumgüter. Der politische Wille pro Nachhaltigkeit ist stark, die mediale Berichterstattung gibt viel Rückenwind in das Thema. Das Risiko, den Anschluss an das Marktsegment nachhaltiger Konsum zu verlieren ist deutlich höher als die Chancen, die sich daraus ergeben. HKT bleibt seinem ertragsstarken Kerngeschäft treu, reduziert sein Engagement in ertragsschwächeren Geschäftsfeldern und investiert diese freiwerdenden Mittel in die Entwicklung des neuen Geschäftsfeldes ‚100 % Nachhaltige Bauten aus Holz‘. Dafür stellt HKT seine besten Mitarbeiter:innen frei, es strebt Kooperationen mit der Holzbauforschung an und bemüht sich konsequent um mit Fördermitteln finanzierte Referenzbauten. HKT führt ein jährliches Reporting durch mit dem Ziel einer zeitnahen Chancen- und Risikoanalyse.

12.4.6   (F) Leitbild

Das Leitbild der HKT bezieht sich auf die Grundsätze seiner Arbeit und konkrete Aussagen dazu, einsehbar auf der Website von HKT. Das Leitbild umfasst das Erfahrungswissen und gleichermaßen das Erkenntniswissen von HKT. Für die Entwicklung des Leitbildes verknüpft die HKT die inhaltlichen Dimensionen mit den Zieldimensionen und betrachtet die Wertschöpfung als Prozess in Verbindung mit der Umwelt bis hin zu den 17 SDG – Sustainable Development Goals. Die Leitfragen für das Leitbild:

Unsere Daseinsberechtigung
Warum gibt es HKT? Welche Leistungen bietet HKT an? Warum bietet HKT diese Leistungen an? Die Daseinsberechtigung umfasst die Mission, die Führung und die Kultur von HKT. Die Daseinsberechtigung umfasst insbesondere den Unternehmenszweck, die Vision und die Strategie, die Organisationskultur und die Organisationsführung. Stichpunkte dazu: Mission, Führung, Kultur.

Unser Handeln in Verantwortung
Wie nimmt HKT seine Verantwortung wahr – für seine Kunden, Mitarbeiter:innen, Partner und Lieferanten, die Gesellschaft und die Umwelt? Wie gestaltet HKT sein nachhaltiges Wirtschaften? Wie handelt HKT im Rahmen seiner Geschäftspolitik, seiner Wertschöpfungstiefe und seiner Innovationsstrategie? Das Handeln in Verantwortung umfasst insbesondere, die Leistungsfähigkeit und die Transformation voranzutreiben, einen nachhaltigen Nutzen zu schaffen und die Interessensgruppen einzubinden. Stichpunkte dazu: Geschäftspolitik, nachhaltiger Nutzen, Leistungsfähigkeit und Transformation.

Unsere Bilanz und Zukunft
Was hat HKT bisher erreicht? Was will HKT in Zukunft erreichen? Die Bilanz und die Zukunft umfassen insbesondere die strategie- und leistungsbezogenen Ergebnisse und die Wahrnehmung der Interessensgruppen. Stichpunkte dazu: Kunden, Mitarbeiter:innen, Partner, Lieferanten, Gesellschaft, Politik.

Das folgende Leitbild, der Verhaltenskodex, die Compliance und die Mission sind in der Ich-Form – aus der Sicht von HKT geschrieben. So entfaltet es seine beste Wirkung und Sie können sich besser hineinfinden.

12.4.6.1 (F) Unsere Ausrichtung
Unser Handwerk

Wir planen, fertigen und errichten Gebäude für Privatkunden, für das Gewerbe und für die öffentliche Hand. Unsere Leistungen am Bau umfassen Neubauten, Anbauten, Aufstockungen und Modernisierungen. Unsere Leistungen reichen von der Beratung bis zur Schlüsselübergabe, sie reichen vom Keller bis zum Dach. Wir erstellen Komplettleistungen und Teilleistungen. Wir bauen nachhaltig.

Unser Weg

Wir sind auf dem Weg zu einem nachhaltig wirtschaftenden Betrieb. Unser Weg dient der beständigen Weiterentwicklung in Richtung Nachhaltigkeit. Unsere Weiterentwicklung umfasst die Perspektiven Ökonomie, Ökologie und Soziales mit ihren Prozessen, Strukturen und Interaktionen, in die wir mit unserem unternehmerischen Handeln eingreifen und sie damit mitgestalten.

Unsere Verantwortung

Unsere Verantwortung bezieht sich auf unsere Kunden, unsere Mitarbeiter:innen, unsere Partner und Lieferanten und die Menschen in unserer Region. Unser verantwortliches Handeln reicht von der Beschaffung der Rohstoffe und dem Einsatz von Energie, der Preisgestaltung und unserem Wettbewerbsverhalten, unserem Umgang mit der Natur und unserem ehrenamtlichen Engagement bis zum Umgang mit Menschen.

Unsere Führung

Wir sind teamfähig. Der Teamgedanke steht an erster Stelle. Wir verhalten uns loyal und fordern Loyalität ein. Wir arbeiten sauber und fordern diese Arbeitsweise ein. Wir wissen, wir sind nur so gut wie unser letztes Projekt, deshalb fordern und fördern wir höchste Qualität. Unter Qualität verstehen wir Präzision, Verlässlichkeit, Achtsamkeit, ein gutes Miteinander, Freude und Engagement bei der Arbeit. Nur so baut man gute Häuser. Wir fördern und fordern die Weiterbildung durch regelmäßige Schulungen und das Miteinander von jungen und erfahrenen Mitarbeiter:innen.

Unsere Kultur

Unser betriebliches Miteinander ist getragen von Respekt, Achtung, Rücksichtnahme und Anerkennung der kulturellen Vielfalt im Team. Wir fördern Interessen und Weiterbildungen, legen Wert auf den Gesundheitsschutz und Arbeitsschutz und beachten die Vereinbarkeit von Familie und Beruf und die religiöse Orientierung bei der Aufgabenverteilung und Zeiteinteilung von Arbeitseinsätzen. Unser Miteinander mit Kunden, Partnern und Lieferanten ist getragen von gegenseitiger Wertschätzung, Höflichkeit, Achtung und Respekt. Wir kommunizieren transparent.

12.4.6.2 (F) Unsere Realisierung

Unsere Geschäftspolitik

Wir pflegen unsere Beziehungen aktiv zu unseren Kunden, Partnern, Lieferanten und den Menschen in unserer Region. Gute Beziehungen beginnen beim Zuhören. Wir können gut zuhören. Wir fragen unsere Beziehungen regelmäßig und strukturiert nach ihren Erfahrungen mit uns. Und wir pflegen bewusst unsere persönlichen Begegnungen. Aus den Antworten, Rückmeldungen und Gesprächen lernen wir und werden gezielt besser.

Wir beraten unsere Kunden aufrichtig und verständlich auf Grundlage ihrer Wünsche, Vorstellungen und Möglichkeiten. Wir lieben es, das Unmögliche möglich zu machen und sagen klar, was uns möglich ist. Wir entwickeln gemeinsam mit unseren Kunden ihr Projekt ganz nach ihren Vorstellungen und beziehen unsere Kunden in unsere Ideen und Lösungen ein.

Wir kalkulieren unsere Angebote nachvollziehbar und transparent. Wir wollen, dass unsere Kunden unsere Angebote verstehen. Wir steuern die beteiligten Gewerke und planen alle Termine verlässlich. Wir informieren umgehend bei Änderungen. Wir halten uns an das gegebene Wort.

Wir achten auf eine hohe Wertschöpfungstiefe, so bleiben wir Herr der Qualität. Wir achten auf organisches Wachstum. So bleiben wir Herr in unserem Haus.

Unsere Leistungsfähigkeit

Wir entwickeln gerne bessere Lösungen. Wir entwickeln wettbewerbsfähige Lösungen zu nachvollziehbaren Preisen. Wir wollen angemessene Preise für angemessene Löhne und Gehälter, für angemessene Material- und Gestehungskosten und für einen angemessenen Gewinn. Damit es uns auf Dauer gibt.

Unsere Lösungen entstehen im Zusammenspiel von Erfahrung, Rückmeldungen, Lernen, Verbesserungen und Innovationen. Unsere Lösungen resultieren aus unserer professionellen Beständigkeit, aus unseren beständigen Anpassungen, unseren gezielten Investitionen in Technik auf der Höhe der Zeit und unseren ausgewählten Innovationen. So halten wir das gesunde Gleichgewicht von Beständigkeit und Erneuerung. So schaffen wir kosteneffiziente und gleichermaßen wettbewerbsfähige Produkte und Dienstleistungen.

Unsere transformatorische Kraft

Heute ist vieles anders als vor 100 Jahren und in 100 Jahren wird vieles anders sein als heute. Unsere Kraft zur Veränderung, Erneuerung und dem Öffnen von Türen in unbekanntes Terrain schöpfen wir aus dem kreativen Vermögen unserer Mitarbeiter:innen und Partner und unserem vertrauensvollen Miteinander. Gemeinsam entwickeln wir Ideen – von kleinen Verbesserungen bis hin zu bahnbrechenden Neuerungen und neuen

Geschäftsfeldern. Wir hören zu, wir lassen uns inspirieren, wir lassen das Denken des Neuen zu und wir fördern aktiv neue Lösungen und Wege.

Unsere nachhaltigen Nutzen

Unsere Produkte und Dienstleistungen stiften unseren Kunden einen nachhaltigen Nutzen. Der nachhaltige Nutzen unserer Produkte und Dienstleistungen wird als Gesamterlebnis erfahrbar. Unser Gesamterlebnis umfasst drei Dimensionen: die Erkenntnis, die Leistung, die Kommunikation.

Die Erkenntnis bezieht sich auf unsere kontinuierliche und systematische Marktforschung und Befragungen unserer Interessensgruppen. Unsere systematische Qualitätssicherung in Partnerschaft mit Verbänden und Instituten beweisen wir mit stets aktuellen Gütesiegeln und Zertifikaten. Unser Streben nach Qualität umfasst ebenfalls Zertifikatslehrgänge für unsere Mitarbeiter:innen in der Fortbildung und Weiterbildung.

Die Leistung umfasst unser Handwerk: Wir planen, fertigen und errichten Gebäude für Privatkunden, für das Gewerbe und für die öffentliche Hand. Unsere Leistung umfasst alle damit im Zusammenhang stehenden Dienstleistungen von der Beratung über die Dokumentation bis zum Fördermittelantrag und dem Bauantrag. Wir bauen nachhaltig – dieser Grundsatz gilt für unser Handeln, unsere Materialien, die Energieversorgung, die Produktion und die Errichtung.

Die Kommunikation umfasst unsere professionelle Marktkommunikation in unseren Broschüren und Flyern, auf unserer Website und unseren Social-Media-Kanälen, auf Google und YouTube. Unsere Kommunikation bezieht sich auf unsere Markenbasis und unser Selbstverständnis. Unsere Markenbasis ist die dokumentierte Kundenbegeisterung. Das ist nicht kopierbar und wertschöpfend einzigartig. Unser Selbstverständnis ist Nachhaltigkeit. Das ist der für uns wertschöpfende Weg in eine gute Zukunft. Dieses Selbstverständnis dokumentieren wir mit dem Markenzeichen HKT.

Der nachhaltige Nutzen für unsere Kunden entsteht aus unserem reflektierten Erfahrungswissen, aus den Rückmeldungen unserer Interessensgruppen mit ihren Bedürfnissen, Wünschen und Anregungen, die in unser Handeln einfließen, unserem beständigen Lernen und Streben nach Qualität und unserer fundierten und nachvollziehbaren Kommunikation. Wir wollen unser nachhaltiges Handeln mit Fakten und Zahlen belegen können. Für uns und unsere Kunden zählen Beweise.

Unsere Interessengruppen

Wir binden unsere Interessengruppen auf Augenhöhe in unsere Wertschöpfung ein. Wir wollen zu jeder Interessensgruppe eine nachhaltige Beziehung aufbauen. Das gelingt nur im Dialog auf Augenhöhe. Jede Interessensgruppe blickt aus ihrer Perspektive auf unsere Leistungen – unsere Kunden, unsere Mitarbeiter:innen, unsere Partner und Lieferanten, unsere Hausbank, unsere Gemeinde, unsere regionalen Medien. Jede Perspektive ist berechtigt und liefert wertvolle Aspekte und Rückmeldungen zu unserem Schaffen. Wir fügen diese Rückmeldungen und Aspekte in unsere Geschäftspolitik ein. Daraus entwickeln wir unsere Ziele, Strategien, Handlungsfelder und Maßnahmen.

12.4.6.3 (F) Unsere Ergebnisse

Was wir erreicht haben

Wir arbeiten seit 100 Jahren im Holzbau und sind seit unserer Gründung in Familienhand. Seit unserer Gründung im Jahr 1922 bauten wir viele hundert Häuser und realisierten tausende kleine und große Projekte rund um das Zimmererhandwerk. Wir entwickelten uns organisch und vertieften beständig unsere Wertschöpfung. Unsere Kundenbasis wuchs beständig – bis zum heutigen Tag dominiert die persönliche Weiterempfehlung, teils über Generationen hinweg. Die Zufriedenheit unserer Kunden mit unserer Arbeit ist beweisbar sehr gut. Wir arbeiten mit ausgewählten Partnerbetrieben langjährig zusammen. Wir verfügen über erstklassige Schlüsselpartnerschaften. Wir sind sehr engagiert und gut beruflich, fachlich und verbandlich vernetzt.

Was wir erreichen wollen

Entlang unseres Nachhaltigkeitsberichts haben wir uns konkrete Ziele gesetzt. Wir wollen nachhaltig klimaneutral wirtschaften. Wir wollen technisch, organisatorisch und sozial nachhaltig in Führung liegen. Bis 2032 sind wir ein 100 % klimaneutraler Betrieb und wir wirtschaften 100 % nachhaltig in Partnerschaft. Wir verstehen unter Klimaneutralität in erster Linie Emissionsfreiheit.

Wir wollen dauerhaft wettbewerbsfähige Lösungen entwickeln und den Menschen anbieten, die Spitzenleistung lieben und angemessen bezahlen. Wir wollen handwerklich erstklassig arbeiten und unsere Mitarbeiter:innen fördern, wir wollen ausbilden und tief in der Region verwurzelt bleiben. Wir wollen unsere Kundenzufriedenheit beständig auf Spitzenniveau halten und unsere starke Marke weiterhin mit Leben füllen.

Die Wahrnehmung unserer Interessengruppen

Wir wollen zu unseren Interessengruppen – zu unseren Kunden, Mitarbeiter:innen, Partnern und Lieferanten, zu unserer Hausbank, Gemeinde und unseren regionalen Medien – dauerhaft auf der Grundlage von Sympathie und Respekt getragene gute Beziehungen pflegen. Wir lieben Ehrlichkeit und Offenheit, wir nehmen Rücksicht, wir suchen den Ausgleich und finden gemeinsam immer die bessere Lösung.

Unsere leistungsbezogenen Ergebnisse

Wir wollen dauerhaft ein Betriebsergebnis erwirtschaften, das uns unabhängig und handlungsfähig bleiben lässt – für qualitätvolles Arbeiten, für angemessene Löhne und Gehälter, für sehr gute Arbeitsbedingungen, für Investitionen in den Betrieb und neue Lösungen, für eine wirkungsvolle Präsentation unseres Betriebs und für unser gesellschaftliches Engagement.

12.4.6.4 (F) Unser Verhaltenskodex

Für das verbindliche Verhalten unserer Mitarbeiter:innen untereinander, gegenüber Geschäftspartnern und Kunden gelten unsere Verhaltensstandards für Mitarbeiter:innen:

Wir verpflichten uns zu einem freundlichen Umgangston untereinander und gegenüber unseren Kundinnen und Kunden. Vor unseren Kunden wird nie schlecht über das Unternehmen, Kollegen und Subunternehmer gesprochen. Kritik wird ruhig, sachlich und ohne persönliche Angriffe formuliert.

Wir tragen saubere und intakte Kleidung. Durch ein Firmenlogo wird unsere Zugehörigkeit ersichtlich. Wir treffen uns spätestens fünf Minuten vor der Arbeitszeit auf dem Betriebsgelände. Bei einer Verspätung wird der Betrieb vor 7:00 Uhr benachrichtigt.

Während der Arbeitszeit wird kein Alkohol getrunken. In der Halle und auf den Baustellen gilt ein generelles Rauchverbot. Zigarettenstummel werden im Müll entsorgt. Alle Raucher verpflichten sich, die Aschenbecher auf dem Betriebsgelände bei Notwendigkeit zu entleeren.

Alle räumen täglich die Baustellen und ihren Arbeitsplatz auf und entsorgen ihren Müll. Freitags werden die Baustellen besenrein verlassen. Alle Mitarbeiter:innen gewährleisten Sauberkeit und Ordnung auf dem Betriebsgelände. Zum Feierabend sind alle Hauptschalter der stationären Maschinen auszuschalten. Die Letzten machen die Türen zu und die Lichter aus.

Probleme oder Änderungen von Kunden, Mithandwerkern und Architekten werden freundlich entgegengenommen und schriftlich noch am gleichen Tag an den Vorgesetzten weitergegeben. Konsequenz bei Nichteinhaltung: bei drei Fehlverhalten wird eine von der verantwortlichen Person beauftragte Tätigkeit freitags nach der Arbeitszeit zufriedenstellend verrichtet.

Wir sprechen regelmäßig in Teamsitzungen über unsere Werte im Umgang miteinander, mit unseren Geschäftspartnern und Kunden. Wir orientieren uns an den Empfehlungen unserer Innung, unseres Fachverbands und unserer Handwerkskammer.

Kompetenz und Verantwortung sollten stets Hand in Hand gehen. Kompetenz ohne Verantwortung ist wirkungslos. Verantwortung ohne Kompetenz ist gefährlich. Das Prinzip der Selbstermächtigung muss verknüpft werden mit der Befähigung zu dieser.

12.4.6.5 (F) Unsere Compliance

Unsere Compliance-Verpflichtung

Unter Compliance verstehen wir rechtstreues und regelkonformes Verhalten. Compliance umfasst rechtlich verbindliche Vorschriften und unsere freiwillig miteinander verabredeten und für alle Mitarbeiter:innen gültigen Regeln. Wir verstehen es als unsere Pflicht, für die Einhaltung bindender Vorschriften und Regeln in unserem Unternehmen Sorge zu tragen. Wir sorgen dafür, dass alle unsere Beschäftigten unsere Leitlinien für gesetzeskonformes und richtlinienkonformes Verhalten kennen und ihnen als Information am Arbeitsplatz zur Verfügung stehen. Der Inhaber ist in unserem Unternehmen für das Thema Compliance verantwortlich.

Unsere Compliance-Ziele

Unsere Compliance dient uns als Wegweiser für gutes und richtiges Verhalten, sie dient uns als Frühwarnsystem, mögliche Verstöße zu vermeiden und zu verhindern und sie dient dem Aufdecken von Verstößen. Wir wollen ausdrücklich, dass unsere Mitarbeiter:innen eigenverantwortlich handeln, unsere Compliance gibt ihnen hierbei die Sicherheit, gut und richtig zu handeln.

Unsere Compliance-Regeln

Wir führen durch Vorbild. Wir verhalten uns anständig. Wir fordern anständiges Verhalten ein. Wir informieren, sichern, kontrollieren und sanktionieren. Wir vertrauen aus Erfahrung. Wir pflegen professionelles Misstrauen als Teil unserer Vertrauenskultur. Wir prüfen unser Unternehmen regelmäßig auf Gesetzesverstöße und Korruptionsrisiken. Unsere Mitarbeiter:innen wissen, dass sie Vorgänge, die auf eine strafbare Handlung, zum Beispiel Diebstahl, Betrug und Bestechung hindeuten, an Führungskräfte oder die Personalabteilung melden sollen. Gleiches gilt für Vorgänge, die auf einen systematischen Verstoß gegen Gesetze oder unternehmensinterne Regeln hindeuten, zum Beispiel die bewusste Nichteinhaltung von Qualitätsstandards, Sicherheitsstandards und des Verhaltenskodex.

Hinweisgeber:innen, die mögliche Verstöße nach bestem Wissen und in gutem Glauben melden, haben infolge der Meldung keine für sie nachteiligen Maßnahmen des Unternehmens zu erwarten und zu befürchten. Wir informieren uns regelmäßig über neue Gesetze und Gesetzesänderungen, die unsere Branche betreffen. Wir informieren unsere Mitarbeiter:innen, Kunden, Geschäftspartner und Lieferfirmen gezielt und zeitnah über neue Gesetze und Gesetzesänderungen, die unsere Branche betreffen und wie wir im Unternehmen damit umgehen. Alle Mitarbeiter:innen werden regelmäßig einmal pro Jahr zu unserer Compliance informiert, aufgeklärt und geschult. Das dient der Vorbeugung und Verhinderung von Fehlverhalten und der ernsthaften Ermunterung und Mahnung, gut und richtig zu handeln.

Unsere wiederkehrenden Compliance-Themen sind: die Grundsätze und Leitlinien unserer Arbeit, typische Korruptionsrisiken in unserer Branche, die Einhaltung von Recht, der Gesetze und unseren Regeln, neue Gesetze und neue Richtlinien, betriebliche Informationsmöglichkeiten, die Anwendung unserer Compliance-Regeln, Vorbeugen und Verhindern von Korruption, Vorbeugen und Verhindern von Gesetzesverstößen, Maßnahmen zur Aufdeckung von Korruption und Gesetzesverstößen, Regeln für die Sanktionierung von Korruption und Gesetzesverstößen.

Jeder Arbeitsvertrag enthält einen klaren Bezug zu unserer Compliance. Alle Compliance-relevanten Informationen werden schriftlich und digital niedergelegt und stehen allen Mitarbeiter:innen zur Verfügung. Wir kontrollieren und belangen die Nichteinhaltung unseres Verhaltenskodex, Korruption und Gesetzesverstöße. Bei Unsicherheit über unsere Entscheidungen besprechen wir uns mit den zuständigen Ansprechpersonen, zum Beispiel direkte Vorgesetzte, Datenschutzbeauftragte, involvierte Kollegen.

Der Zugang zu vertraulichen Unterlagen ist eindeutig geregelt. Dokumente, die nicht für alle Mitarbeiter:innen einsehbar sein sollen, werden in abschließbaren Schränken gelagert. Ausschließlich Mitglieder der Geschäftsführung und Mitarbeiter:innen der Buchhaltung haben hierfür Schlüssel. Digitale Dokumente werden so abgelegt, dass nur bestimmte Mitarbeiter:innen dazu Zugang und darauf Zugriff haben. Alle Geschäftsinformationen sind unternehmensintern mehrfach gesichert und ebenfalls betriebsextern gesichert.

Mit dem VierAugenPrinzip stellen wir sicher, dass Verträge, Aufträge und Rechnungen nur unter Kontrolle erstellt und bearbeitet werden. Unser Sicherheitssystem stellt sicher, dass nur Befugte die gesicherten Räume betreten, je nach Anforderung mit Code, Chip oder Schlüssel. Unsere unternehmensinternen Regeln legen die Zuständigkeiten und Verantwortlichkeiten von Mitarbeiter:innen mit Führungsaufgaben detailliert schriftlich und verbindlich fest. Unsere unternehmensinternen Regeln legen die Verteilung wertvoller Werkzeuge und Arbeitsmittel und deren Lagerung nach Nutzung fest.

12.4.7   (F) Mission

Wir arbeiten gerne für unsere Kunden. Für unsere Kunden legen wir uns täglich ins Zeug. Unsere Kunden sind der Grund, warum es unseren Betrieb gibt. Wir arbeiten mit Fachwissen, Leidenschaft, handwerklicher Perfektion und ökologischen Materialien. Wir sind dem nachhaltigen Bauen verpflichtet.

12.4.8   (F) Ziele

Wir wollen unsere Kunden mit nachhaltigen Produkten und Dienstleistungen begeistern. Wir wollen unsere Mitarbeiter:innen befähigen und ermutigen, nachhaltige Produkte und Dienstleistungen ins Werk zu setzen. Wir wollen nachhaltig klimaneutral wirtschaften. Wir wollen technisch, organisatorisch und sozial nachhaltig in Führung liegen. Unsere Ziele reflektieren die SDG Sustainable Development Goals der Vereinten Nationen, insbesondere das SDG 13 – Maßnahmen zum Klimaschutz, das SDG 09 – Industrie, Innovation und Infrastruktur und das SDG 12 – Nachhaltiger Konsum und nachhaltige Produktion, siehe Tab. 12.7, 12.8 und 12.9.

Tab. 12.7 (F) Ziele

Leitziel	Folgeziele	
SDG 13 Maßnahmen zum Klimaschutz	SDG 9 Industrie, Innovation und Infrastruktur	SDG 12 Nachhaltige/r Konsum und Produktion
Unser Leitziel ist das SDG 13 – Maßnahmen zum Klimaschutz. Wir reduzieren unsere TGH-Emissionen dauerhaft. Im Jahr 2032 wirtschaften wir klimaneutral.	Das Folgeziel SDG 9 – Industrie, Innovation und Infrastruktur beinhaltet unsere Investitionen in Forschung und Entwicklung für nachhaltige Lösungen.	Das Folgeziel SDG 12 – Nachhaltige/r Konsum und Produktion fordert uns, die nachhaltige Produktion zu erhöhen. Das SDG 12 steht in Verbindung mit dem SDG 9.

Tab. 12.8 (F) Qualitative Ziele

Qualitative Ziele	Wir wollen nachhaltig klimaneutral wirtschaften.
	Wir wollen technisch, organisatorisch und sozial nachhaltig in Führung liegen.

Tab. 12.9 (F) Quantitative Ziele

Quantitative Ziele	Jahr	Messgrößen
	2024	Wir reduzieren unseren Stromverbrauch um 5 % p.a. in Relation zur Produktionsmenge.
	2025	Wir setzen p.a. in Relation zur Produktionsmenge 15 % mehr natürliche, nachhaltige Baustoffe im Portfolio ein (Lehm und Sumpfkalkbaustoffe, Strohbauplatten).
	2026	Wir reduzieren unseren Abfall um 25 % bezogen auf das Gesamtabfall-Volumen 2022.
	2027	Wir reduzieren unseren Abfall um 10 % bezogen auf das Gesamtabfall-Volumen p.a.
	2028	Wir wirtschaften zu 50 % in der regionalen Wirtschaft.
	2032	Wir sind zu 100 % ein klimaneutral wirtschaftender Betrieb
		Wir arbeiten zu 100 % nachhaltig in Partnerschaft.

12.4.9 (F) Strategien (Tab. 12.10)

Tab. 12.10 (F) Strategien 01

Strategien	Wir senken kontinuierlich unseren CO_2-Abdruck.
	Wir fördern Innovationen durch die Beteiligung unserer Mitarbeiter:innen.
	Wir erhöhen stetig den Anteil nachhaltiger Baustoffe in unseren Produkten.
	Wir führen durch Vorbild und handeln verantwortlich.
	Wir ermutigen zur Weiterentwicklung unserer Mitarbeiter:innen, Partner und Lieferanten und fördern diese.

12.4.10 (F) Handlungsfelder

Die Handlungsfelder entstehen aus dem Zusammenspiel von Zielen und Strategien. Die so entstehende Matrix dient der zielführenden Entwicklung von Maßnahmen innerhalb der Strategien. Die Grundregel: Ziele dienen der Effektivität – Komme ich da an, wo ich hin will? Strategien dienen als Leitplanken – Ist das, was ich tue, effizient?

Der Abgleich mit den obenstehenden quantitativen Zielen dient der Prüfung, inwieweit die quantitativen Ziele durch zielführende Maßnahmen innerhalb der Strategien abgedeckt werden können. Die Prüffrage: Haben wir ein in sich schlüssiges Ziel- und Strategie-system (siehe Tab. 12.11 und 12.12)?

Tab. 12.11   (F) Strategien 02

Ziele	Wir wirtschaften nachhaltig klimaneutral		
Strategien	Technische Führung	Lernende Organisation	Soziale Verantwortung
Wir senken kontinuierlich unseren **C0₂-Abdruck**	①	⑥	⑪
Wir fördern **Innovationen** durch Beteiligung	②	⑦	⑫
Wir erhöhen stetig den Anteil nachhaltiger **Baustoffe**	③	⑧	⑬
Wir führen durch **Vorbild** und handeln verantwortlich.	④	⑨	⑭
Wir ermutigen und fördern die **Weiterentwicklung**	⑤	⑩	⑮

12.4.11   (F) Maßnahmen

Tab. 12.12   (F) Strategien 03

Quantitative Ziele	Jahr	Messgrößen	Bezug zu Strategie und Handlungsfeld
	2024	5 % weniger Stromverbrauch	① ⑥
	2025	15 % mehr natürliche, nachhaltige Baustoffe im Portfolio	③ ④ ⑧ ⑬
	2026	25 % weniger Abfall bezogen auf 2022	⑦
	2027	10 % weniger Abfall p.a.	⑦
	2028	50 % wirtschaften in der regionalen Wirtschaft.	⑤ ⑧ ⑨ ⑭
	2032	100 % klimaneutraler Betrieb	① ② ④ ⑤ ⑥ ⑦ ⑪ ⑫
		100 % nachhaltig wirtschaften in Partnerschaft.	⑤ ⑨ ⑭ ⑩ ⑮

Folgende Maßnahmen sind beispielgebend aufgeführt. Eine umfassende Darstellung würde dem illustrierenden Fallbeispiel nicht gerecht, es würde Sie langweilen und den Rahmen dieses Buches sprengen. Ich vertraue auf Ihre Transferfähigkeit. Sie finden je Handlungsfeld *eine* beispielgebende Maßnahme, siehe Tab. 12.13, 12.14, 12.15, 12.16, 12.17, 12.18, 12.19, 12.20, 12.21, 12.22, 12.23, 12.24, 12.25, 12.26 und 12.27.

Für die Zuordnungen der Maßnahmen in die SDG, den DNK und die GRI helfen Ihnen die Charts und Tabellen in Abschn. 9.3 *Die inneren Zusammenhänge des DNK mit den 17 Zielen und der GRI* siehe Abb. 9.3 und 9.4.

Nicht enthalten in den Maßnahmen sind die Intervalle der jeweiligen Erhebung, der Wiedervorlagen und die zugewiesenen Verantwortlichkeiten. Sie finden für jede Maßnahme Hinweise zur Erhebung.

Tab. 12.13 (F) Handlungsfeld 01

Handlungsfeld ①	Technische Führung	
Wir senken kontinuierlich unseren **CO₂-Abdruck**	CO₂Reduzierung CO₂Kompensation	
Maßnahme	Zuordnungen	Hinweise zur Erhebung
Recyclebare Materialen haben bei der Beschaffung Vorrang, sofern qualitativ und ökonomisch vertretbar.	SDG 9 – Industrie, Innovation und Infrastruktur DNK 12 – Ressourcen-Management GRI 301 – Materialien	Anteil der recyclebaren Materialen absolut und als Anteil am Gesamt

Tab. 12.14 (F) Handlungsfeld 02

Handlungsfeld ②	Technische Führung	
Wir fördern **Innovationen** durch Beteiligung	Effizienz des Ressourcenverbrauchs Einbezug unserer Stakeholder	
Maßnahme	Zuordnungen	Hinweise zur Erhebung
Rückmeldungen unserer Kunden, Mitarbeiter:innen, Partnerbetriebe und Lieferanten.	SDG 12 – Nachhaltige/r Konsum und Produktion DNK 10 – Innovations- und Produktmanagement GRI 103 – Managementansatz	Strukturierte qualitative Kunden- und Mitarbeiterbefragungen. Expertengespräche mit den Partnerbetrieben und Lieferanten.

Tab. 12.15 (F) Handlungsfeld 03

Handlungsfeld ③	Technische Führung	
Wir erhöhen stetig den Anteil nachhaltiger **Baustoffe**	Ökologische Aspekte im Einkauf Ökologische Aspekte in den Herstellungsverfahren	
Maßnahme	Zuordnungen	Hinweise zur Erhebung
Liefer- und Herstellerfirmen für nachhaltige Baustoffe nach Möglichkeit innerhalb des Vertriebsgebietes nehmen.	SDG 9 – Industrie, Innovation und Infrastruktur DNK 06 – Regeln und Prozesse GRI 301 – Materialien	Regelmäßige Evaluation des Vertriebsgebiets nach neuen Anbietern.

Tab. 12.16 (F) Handlungsfeld 04

Handlungsfeld ④	Technische Führung	
Wir führen durch **Vorbild** und handeln verantwortlich.	Weiterverwendung von Restprodukten Weniger Abfall	
Maßnahme	Zuordnungen	Hinweise zur Erhebung
Reduzierung von Abfall vom Einkauf über die Produktion bis zur Entsorgung.	SDG 12 – Nachhaltige/r Konsum und Produktion DNK 12 – Ressourcen-Management GRI 306 – Abfall	Anteil des Abfalls absolut und als Anteil am Gesamt

Tab. 12.17 (F) Handlungsfeld 05

Handlungsfeld ⑤	Technische Führung	
Wir ermutigen und fördern die **Weiterentwicklung**	Aktive Mitgliedschaften in Forschungsverbünden und unternehmerischen Nachhaltigkeitsinitiativen	
Maßnahme	Zuordnungen	Hinweise zur Erhebung
Gründung einer regionalen unternehmerischen Initiative für nachhaltiges Wirtschaften.	SDG 13 – Maßnahmen zum Klimaschutz DNK 05 – Verantwortung GRI 305 – Emissionen	Umgesetzte Verbesserungen und Innovationen p.a. Fortschritte konkret in CO_2-Emissionen messen.

Tab. 12.18 (F) Handlungsfeld 06

Handlungsfeld ⑥	Lernende Organisation	
Wir senken kontinuierlich unseren **CO_2-Abdruck**	Energieeinsparung	
Maßnahme	Zuordnungen	Hinweise zur Erhebung
Alle Mitarbeiter:innen sind in Energiesparmaßnahmen informiert und geschult. (Licht, Thermostate, Computer, Maschinen).	SDG 13 – Maßnahmen zum Klimaschutz DNK 08 – Anreizsysteme GRI 305 – Emissionen	Jährliche Messung des Energieverbrauchs absolut und als Anteil am Gesamt in Korrelation mit der Produktion mit Zeitreihe.

Tab. 12.19 (F) Handlungsfeld 07

Handlungsfeld ⑦	Lernende Organisation	
Wir fördern **Innovationen** durch Beteiligung	Einbezug der Mitarbeiter:innen in die Verbesserung der Arbeitsergebnisse, in Zielvereinbarungen und Verbesserungsvorschläge durch Projektgruppen	
Maßnahme	Zuordnungen	Hinweise zur Erhebung
Konstruktionstechniken entwickeln, die einen verlustfreien Rückbau nach vielen Jahren ermöglichen	SDG 9 – Industrie, Innovation und Infrastruktur DNK 10 – Innovations- und Produktmanagement GRI 103 – Managementansatz	Umgesetzte Verbesserungen und Innovationen p.a. Monitoring der Verbesserungen und Innovationen alle drei Jahre

Tab. 12.20 (F) Handlungsfeld 08

Handlungsfeld ⑧	Lernende Organisation	
Wir erhöhen stetig den Anteil nachhaltiger **Baustoffe**	Mehr Nachhaltigkeit in der Wertschöpfungskette durch den Materialeinsatz und den aktiven Beitrag zur regionalen Kreislaufwirtschaft	
Maßnahme	Zuordnungen	Hinweise zur Erhebung
Siehe Handlungsfeld ③: Liefer- und Herstellerfirmen für nachhaltige Baustoffe nach Möglichkeit innerhalb des Vertriebsgebietes nehmen.	SDG 9 – Industrie, Innovation und Infrastruktur DNK 06 – Regeln und Prozesse GRI 301 – Materialien	Regelmäßige Evaluation des Vertriebsgebiets nach neuen Anbietern.

Tab. 12.21 (F) Handlungsfeld 09

Handlungsfeld ⑨	Lernende Organisation	
Wir führen durch **Vorbild** und handeln verantwortlich.	Transparente Bewerbung der Produkte und Dienstleistungen Beweisbare Originalaussagen der Kundinnen und Kunden	
Maßnahme	Zuordnungen	Hinweise zur Erhebung
Transparente Bewerbung der Produkte und Dienstleistungen in der Kommunikation via Website und Social-Media	SDG 12 – Nachhaltige/r Konsum und Produktion DNK 05 – Verantwortung GRI 417 – Marketing und Kennzeichnung	Jede Aussage kann belegt werden.[a] Jeder Beweis kann überprüft werden.[b]

[a] Hilfestellungen hierzu finden Sie in Kap. 13 *Nachhaltige Kommunikation*
[b] ebenda

Tab. 12.22 (F) Handlungsfeld 10

Handlungsfeld ⑩	Lernende Organisation	
Wir ermutigen und fördern die **Weiterentwicklung**	Fachliche Schulungen Persönliche Weiterentwicklung	
Maßnahme	Zuordnungen	Hinweise zur Erhebung
Produktschulungen der Mitarbeiter:innen mit Schwerpunkt auf nachhaltige Aspekte für den Einkauf und den Einsatz	SDG 12 – Nachhaltige/r Konsum und Produktion DNK 05 – Verantwortung GRI 416 – Kundengesundheit und -sicherheit	Anzahl der Schulungen in zwei Jahren und Teilnahmen der Mitarbeiter:innen.

Tab. 12.23 (F) Handlungsfeld 11

Handlungsfeld ⑪	Soziale Verantwortung	
Wir senken kontinuierlich unseren **C0$_2$-Abdruck**	Digital gestützte Kommunikation	
Maßnahme	Zuordnungen	Hinweise zur Erhebung
Wo immer möglich: Telefonkonferenzen, E-Mails, digitale Dienste (MS Teams, Slack)	SDG 13 – Maßnahmen zum Klimaschutz DNK 13 – Klimarelevante Emissionen GRI 305 – Emissionen	Messung der betrieblich induzierten Kilometer p.a. absolut und als Anteil am Gesamt in Korrelation mit der Produktion mit Zeitreihe.

Tab. 12.24 (F) Handlungsfeld 12

Handlungsfeld ⑫	Soziale Verantwortung	
Wir fördern **Innovationen** durch Beteiligung	Wir nehmen die Ideen unserer Mitarbeiter:innen auf und ernst	
Maßnahme	Zuordnungen	Hinweise zur Erhebung
Informelles und systematisches innerbetriebliches Vorschlagswesen. Siehe auch Handlungsfeld ⑦.	SDG 9 – Industrie, Innovation und Infrastruktur DNK 10 – Innovations- und Produktmanagement GRI 103 – Managementansatz	Anzahl der Vorschläge p.a., deren Umsetzung und Wirkung – qualitativ und wenn möglich quantitativ

Tab. 12.25 (F) Handlungsfeld 13

Handlungsfeld ⑬	Soziale Verantwortung	
Wir erhöhen stetig den Anteil nachhaltiger **Baustoffe**	Soziale Aspekte im Einkauf	
Maßnahme	Zuordnungen	Hinweise zur Erhebung
Soziale Aspekte im Einkauf sind Teil unserer Entscheidungsgrundlage, sofern qualitativ und ökonomisch vertretbar. Siehe auch Handlungsfeld ⑧.	SDG 12 – Nachhaltige/r Konsum und Produktion DNK 05 – Verantwortung GRI 419 – Sozioökonomische Compliance	Beitrag des Einkaufs zu sozialen Aspekten in Euro p.a. absolut und als Anteil am Gesamt in Korrelation mit der Produktion mit Zeitreihe.

Tab. 12.26 (F) Handlungsfeld 14

Handlungsfeld ⑭	Soziale Verantwortung	
Wir führen durch **Vorbild** und handeln verantwortlich.	Wir vermitteln Werte Wir handeln verantwortlich Umweltfreundlicher Betriebsstandort Engagement für unsere Region	
Maßnahme	Zuordnungen	Hinweise zur Erhebung
Wir bieten flexible Arbeitszeiten für die Vereinbarkeit von Familie und Beruf.	SDG 12 – Nachhaltige/r Konsum und Produktion DNK 05 – Verantwortung GRI 419 – Sozioökonomische Compliance	Messung der Arbeitszufriedenheit im Rahmen der Mitarbeiterbefragung. Siehe auch Handlungsfeld ②.

Tab. 12.27 (F) Handlungsfeld 15

Handlungsfeld ⑮	Soziale Verantwortung	
Wir ermutigen und fördern die **Weiterentwicklung**	Wir sensibilisieren unsere Mitarbeiter:innen für Nachhaltigkeit. Wir bieten Praktikumsplätze an.	
Maßnahme	Zuordnungen	Hinweise zur Erhebung
Wir sensibilisieren unsere Mitarbeiter:innen für Nachhaltigkeit. Siehe auch Handlungsfelder ⑧ und ⑩.	SDG 13 – Maßnahmen zum Klimaschutz DNK 13 – Klimarelevante Emissionen GRI 305 – Emissionen	Anzahl der Schulungen in zwei Jahren und Teilnahmen der Mitarbeiter:innen – analog Handlungsfeld ⑩.

Diese beispielgebenden Maßnahmen zeigen die inneren Bezüge der Maßnahmen zueinander auf und verdeutlichen die inneren Zusammenhänge der SDG, des DNK und den GRI. Sie werden feststellen, nach einer kurzen Einarbeitszeit funktioniert dieses Vorgehen wie das Brezelbacken.[12] Manche Maßnahmen stehen für sich, anderen passen sehr gut zu mehreren Zielen und Strategien, das ist in Ordnung und hilft dabei, sich auf die Maßnahmen mit dem höchsten Wirkungsgrad zu konzentrieren. Vorstehendes Fallbeispiel illustriert die Machbarkeit und liefert Handreichungen für ein nachhaltiges Unternehmenskonzept. Jedes Unternehmen muss sein individuelles, passgenaues nachhaltiges Unternehmenskonzept erarbeiten, denn jedes Konzept ist so individuell wie jedes Unternehmen.

12.4.12   (F) Lernen und Verbessern

Auch HKT weiß: „~" Lernen und verbessern sind feste Bestandteilteile des nachhaltigen Wirtschaftens. Es bietet sich an, das Feld Lernen und verbessern als festen organischen

---

[12] Redensarten-Index https://www.redensarten-index.de/suche.php?suchbegriff=das+geht+ja+wie+das+brezelbacken, Zugriff: 06.07.2023.

Bestandteil des unternehmerischen Schaffens zu begreifen und in alle Prozesse zu implementieren. Nur so können wir Erfolge, Misserfolge, Rück- und Fortschritte analysieren und unsere unternehmerischen Prozesse anpassen. „~"[13]

Lernen und verbessern muss in unternehmerischem Bezug stehen, nur so leistet lernen und verbessern einen Beitrag zur Wirksamkeit. Für HKT besteht Lernen und verbessern daraus, Standards einzuhalten, auf Zertifizierungen zu achten und diese anzustreben und ein Kennzahlen-System einzurichten, dass die betrieblichen Prozesse in Quantitäten und Qualitäten misst. Im Fortgang des Fallbeispiels wird auf diese Punkte eingegangen.

12.4.12.1 (F) Standards

HKT richtet seine Produktion, die Beschaffung seiner Produktionsmittel, der Arbeitsmittel und Ressourcen, sein Qualitätsmanagement und den Schutz und die Förderung der Mitarbeiter:innen an verbindlichen internationale Standards (Tab. 12.28) aus. Im Wesentlichen sind dies:

12.4.12.2 (F) Zertifizierungen

Lieferfirmen, Herstellerfirmen und Fachhandel, die schadstofffreie Produkte anbieten, werden bevorzugt berücksichtigt. Für HKT sind folgende Zertifizierungen (Tab. 12.29) maßgeblich:

12.4.12.3 (F) Quantitative Kennzahlen

Siehe Tab. 12.30, 12.31, 12.32, 12.33 und 12.34

Tab. 12.28 (F) Standards

Qualitätsmanagement	GRI SRS-102-16	Werte, Grundsätze, Standards und Verhaltensnormen[a]
Schutz und Förderung von Mitarbeiter:innen	GRI SRS-102-16	Werte, Grundsätze, Standards und Verhaltensnormen[b]
Energieeffizienzklassen	Modernster Standard [A][c]

[a] Global Reporting Initiative https://www.globalreporting.org/standards/media/1672/german-gri-102-general-disclosures-2016.pdf. Zugriff: 06.07.2023
[b] ebenda
[c] Umweltbundesamt Energieverbrauchskennzeichnung https://www.umweltbundesamt.de/themen/klima-energie/energiesparen/energieverbrauchskennzeichnung. Zugriff: 06.07.2023

---

[13] Auszug aus Abschn. 12.4.12 *Lernen und verbessern*.

Tab. 12.29 (F) Zertifizierungen

Blauer Engel	Der Blaue Engel ist das bekannteste Öko-Siegel in Deutschland. Es wird vom Bundesumweltministerium vergeben. Produkte wie Wandfarben, Lacke, Bodenbeläge oder Holzprodukte werden von einem unabhängigen Prüflabor getestet. Untersucht werden der Schutz der Gesundheit, der Umwelt und die Gebrauchseigenschaften.[a]
NaturePlus	Das natureplus-Label ist sehr umfassendes Siegel für den Baubereich. Es zeigt an, dass ein Produkt gesundheitlich unbedenklich ist und es belegt eine umweltschonende und sozial verantwortliche Herstellung. Das Label gilt für Baustoffe wie Holzbauelemente, Fenster, Türen oder Bodenbeläge sowie für Werkstoffe (Farben oder Kleber). Das natureplus-Label wird von einem Verein getragen, in dem Umweltverbände, Wissenschaftler und Baustoff-Hersteller zusammenarbeiten. Die Entwicklung der Kriterien und die Prüfung der Stoffe erfolgen unabhängig durch Experten und akkreditierten Labore.[b]
Eco Institut	Das eco-Institut hat über 30 Jahre Erfahrung in der Analyse von Produkten, die in Innenräumen eingesetzt werden: Möbel, Bodenbeläge, Farben, Lacke, Tapeten und auch Dämmmaterial. Das eco-Institut-Label zeichnet Produkte aus, die besonders schadstoff- und emissionsarm sind. Dabei wählen die Wissenschaftler aus Köln einen Maßstab, der wesentlich strenger wertet, als es die gesetzlichen Vorgaben erfordern.[c]
Holz von Hier	Wer auf kurze Lieferwege und Regionalität achtet, der kann sich am Siegel *Holz von Hier* orientieren. Das Siegel achtet darauf, dass Holz aus heimischen Wäldern kommt, dass die Waldwirtschaft die Waldtiere nicht stört und nachhaltig wirkt, um die Artenvielfalt des Waldes zu erhalten. Das Siegel gibt zudem Aufschluss über die Bearbeitung des Holzes: Chemikalien sind ausgeschlossen. Eine Besonderheit ist die lückenlose Nachverfolgung des Holzes vom Wald bis zum Einsatz beim Holzbauer, Zimmerer oder Tischler.[d]
FSC und PEFC	Ein weiteres Holz-Siegel vergibt der FSC[e] – Forest Stewardship Council. Dieses Holz ist aus nachhaltiger und umweltbewusster Bewirtschaftung. Die Herkunft des Holzes wird vom Hersteller dokumentiert. Ähnlich arbeitet das PEFC[f] – Programme for the Endorsement of Forest Certification Schemes. FSC und PEFC sind internationale Siegel, sie schließen Tropenhölzer nicht aus.
FSC und PEFC	Ein weiteres Holz-Siegel vergibt der FSC[g] – Forest Stewardship Council. Dieses Holz ist aus nachhaltiger und umweltbewusster Bewirtschaftung. Die Herkunft des Holzes wird vom Hersteller dokumentiert. Ähnlich arbeitet das PEFC[h] – Programme for the Endorsement of Forest Certification Schemes. FSC und PEFC sind internationale Siegel, sie schließen Tropenhölzer nicht aus.

[a] Blauer Engel https://www.blauer-engel.de/de. Zugriff: 06.07.2023
[b] Nature Plus https://www.natureplus.org/. Zugriff: 06.07.2023
[c] Eco-Institut https://www.eco-institut.de/. Zugriff: 06.07.2023
[d] Holz von Hier https://www.holz-von-hier.eu/. Zugriff: 06.07.2023
[e] FSC – Forest Stewardship Council Deutschland https://www.fsc-deutschland.de/. Zugriff: 06.07.2023
[f] PEFC https://pefc.de/. Zugriff: 06.07.2023
[g] FSC – Forest Stewardship Council Deutschland https://www.fsc-deutschland.de/. Zugriff: 06.07.2023
[h] PEFC https://pefc.de/. Zugriff: 06.07.2023

Tab. 12.30 (F) THG-Emissionen Scope 1

THG-Emissionen	CO$_2$-Äquivalent in kg			
Scope 1	Ist-Wert Vorjahr	Ist-Wert-Erhebungsjahr	Zielwert Erhebungsjahr	Differenz zum Zieljahr
Flüssiggas	1200 L			
Diesel	17.000 L			
Mineralöl	5000 L			

Tab. 12.31 (F) THG-Emissionen Scope 2

THG-Emissionen	CO$_2$-Äquivalent in kg			
Scope 2	Ist-Wert Vorjahr	Ist-Wert-Erhebungsjahr	Zielwert Erhebungsjahr	Differenz zum Zieljahr
Ökostrom	40.000 kwh			

Tab. 12.32 (F) THG-Emissionen Scope 3

THG-Emissionen	CO$_2$-Äquivalent in kg			
Scope 3	Ist-Wert Vorjahr	Ist-Wert-Erhebungsjahr	Zielwert Erhebungsjahr	Differenz zum Zieljahr
Kunststoffe	4000 kg			
Verbundstoffe	9000 kg			
Gemischte Baustoffe	1.200.000 kg			
Stahl und Metalle	90.000 kg			
Bauholz	500.000 kg			
Papier	32.000 kg			
Holzfaser-dämmung	35.000 kg			
Ungefährlicher Abfall	10.000 kg			
Wasser	50.000 kg			

Tab. 12.33 (F) Quantitative Ziele

Quantitative Ziele	Ist-Wert Vorjahr	Ist-Wert-Erhebungsjahr	Zielwert Erhebungsjahr	Differenz zum Zieljahr
Stromverbrauch				
Nachhaltige Baustoffe				
Abfall				
Regionale Wirtschaft				
100 % klimaneutral				

Tab. 12.34   (F) Quantitative Handlungsfelder

Quantitative Handlungsfelder		Ist-Wert Vorjahr	Ist-Wert-Erhebungsjahr	Zielwert Erhebungsjahr	Differenz zum Zieljahr
①	Recyclebare Materialien				
④	Abfall				
⑤	Nachhaltiges Wirtschaften				
⑥	Einsparung von Energie				
⑩ ⑮	Schulungen für Produkte				
⑪	Digitale Kommunikation				
⑬	Soziale Aspekte Einkauf				

Tab. 12.35   (F) Qualitative Handlungsfelder

Qualitative Handlungsfelder		Ist-Wert Vorjahr	Ist-Wert-Erhebungsjahr	Zielwert Erhebungsjahr	Differenz zum Zieljahr
② ⑭	Befragungen der Kunden				
	Befragungen der Mitarbeiter:innen				
	Gespräche mit Experten				
③ ⑧	Nachhaltige Lieferfirmen				
⑤	Nachhaltiges Wirtschaften				
⑦	Verlustfreier Rückbau				
⑨	Transparente Werbung				
⑫	Innerbetriebliches Vorschlagswesen				

12.4.12.4 (F) Qualitative Kennzahlen (Tab. 12.35)

Für HKT ergibt sich die Erhebung der quantitativen und qualitativen Kennzahlen aus den Scope 1, 2, 3 und aus den Zielen und den Handlungsfeldern seines nachhaltigen Unternehmenskonzepts. Dieses Vorgehen garantiert, nur das zu messen, was im Sinne des nachhaltigen Unternehmenskonzepts gemessen werden muss. Im Prinzip kann man alles messen, entscheidend ist, mit den Daten einen klaren Blick zu bekommen und sich auf Wesentliches konzentrieren zu können. Die hohe Leistungsfähigkeit moderner Computer und der nahezu kostenfreie Speicherplatz verleiten oftmals dazu, alles zu sammeln, was man zu fassen bekommt. Eine gute Analyse beginnt immer bei einem klugen Datendesign.

Nachhaltige Kommunikation 13

Wie kann es gelingen, dass die Werbung für nachhaltige Waren und Dienstleistungen das Bewusstsein der Menschen erreicht, ihnen gefällt und einen Handlungsimpuls auslöst – vom wohlgefälligen Betrachten bis hin zum Kauf? Darum geht es im vorletzten Kapitel des Buches. Im engeren Sinne hat Kommunikation nichts mit nachhaltigem Wirtschaften zu tun, ich halte es dennoch für wichtig, für die geneigte Leserin und den geneigten Leser diesen Aspekt tiefer gehend zu beleuchten.

Nachhaltige Waren und Dienstleistungen stehen im Wettbewerb mit allen Waren und Dienstleistungen, die aus Verbrauchersicht ähnliche Nutzen erfüllen. Die meisten Märkte sind heute Käufermärkte,[1] das Angebot von Waren und Dienstleistungen übersteigt häufig die Nachfrage. Die Hersteller beeinflussen die Märkte gezielt mit ihrer Produkt-, Preis-, Service-, Vertriebs- und Kommunikationspolitik, um die Nachfrage auf ihre Waren und Dienstleistungen zu lenken. Nachhaltige Waren und Dienstleistungen bieten über ihren Gebrauchswert hinaus vielfältige weitere Nutzenebenen. Nachhaltigkeit schafft einen Mehrwert, der von vielen Verbrauchern geschätzt und honoriert wird.

Nachhaltige Waren und Dienstleistungen müssen sich behaupten im harten Kampf um Aufmerksamkeit. Die menschliche Auffassungsgabe ist begrenzt, jede und jeder von uns hat den Kopf voll rund um Familie, Beruf, Ausbildung, Alltag. Hinzu kommen Tag für Tag sehr viele nicht bestellte Informationen und Botschaften in Form von Werbung. Erreichten den durchschnittlichen Verbraucher in den 1980er-Jahren noch ca. 800 Werbebotschaften[2]

---

[1] Käufermarkt. Lexikon der Wirtschaft | Bundeszentrale für politische Bildung https://www.bpb.de/kurz-knapp/lexika/lexikon-der-wirtschaft/19894/kaeufermarkt/. Zugriff: 06.07.2023.

[2] Zum Beispiel Plakate, Anzeigen, Fernsehen, Hörfunk, Schaufensterwerbung, Bannerwerbung im Internet, Websites, Online-Shops, Social-Media, Streamingplattformen, Produktverpackungen, Logos auf Produkten, LKW und PKW, Fahnen, Kleidung, Werbung im Briefkasten, Kataloge, Werbung am Point of Sale (Einzelhandel, Tankstellen).

© Der/die Autor(en), exklusiv lizenziert an Springer Fachmedien Wiesbaden GmbH, ein Teil von Springer Nature 2023
S. Theßenvitz, *Nachhaltig wirtschaften in der Praxis*,
https://doi.org/10.1007/978-3-658-42458-9_13

pro Tag, sollen es Ende der 2010er-Jahre im Schnitt 12.000 Werbebotschaften pro Tag[3] gewesen sein. Diese Menge überfordert die Aufmerksamkeitsspanne jedes Menschen. Selbst wenn es nur 400 Botschaften[4] pro Tag wären, würden uns binnen 16 wacher Stunden je Stunde 25 Werbebotschaften erreichen, nahezu alle zwei Minuten eine. Davon merkt sich der durchschnittliche Verbraucher drei Botschaften pro Tag.[5] All diese Zahlen sind mit Vorsicht zu genießen, denn die werbetreibende Wirtschaft lebt von Aufmerksamkeit, die Untersuchungsdesigns sind meist intransparent und wissenschaftliche Arbeiten zum Thema Werbewirkung sind rar gesät, dennoch bleibt als Erkenntnis, und das ist Alltagserfahrung: Uns erreicht sehr viel Werbung, wir merken uns sehr wenig Werbung. Letztlich geht es um die Akzeptanz der Werbebotschaften, sie muss mit meinem Wertetest übereinstimmen und ein aktuelles Bedürfnis ansprechen.

Wenn eine Botschaft die Menschen erreichen soll, dann müssen die Menschen diese Botschaft kennen – so weit, so banal. Doch jetzt wird es spannend. Die Menschen müssen die Botschaft und seine Überbringerin mögen. Erst auf der Grundlage von Sympathie ist es möglich, die Kompetenz, die Lösung, die Veränderung glaubwürdig zu präsentieren.

Kompetenz wird zuallererst immer geglaubt, bis man nach und nach – wenn alles funktioniert – Vertrauen zu ihr fasst, siehe Abb. 13.1.

Bekanntheit und Sympathie sind die Grundlagen erfolgreicher Unternehmens-Kommunikation. Es beginnt immer mit der Bekanntheit.

Auf der Grundlage von Bekanntheit senden wir Botschaften, die uns sympathisch machen. Diesen Punkt übersehen die meisten Unternehmen. Sie fallen mit der Tür ins Haus beziehungsweise mit ihrer Kompetenz über einen her und erzeugen Ablehnung. Ohne Sympathie ist es nicht möglich, Kompetenz zu vermitteln. Ihre Botschaften werden nur dann geglaubt, wenn Ihr Unternehmen sympathisch rüberkommt. Es geht also um Nähe durch Gleichklang, es geht um Vertrauensbildung durch gemeinsame Werte. Genau das vermitteln Sie mit Ihrer Unternehmens-Kommunikation: eine gemeinsame Schnittmenge der Werte, Empfindungen, Vorstellungen und Wünsche.

Die Reihenfolge erfolgreicher Kommunikation ist stets die Gleiche: Stellen Sie Bekanntheit her, werben Sie um Sympathie, vermitteln Sie Kompetenz und gewinnen Sie das Vertrauen der Menschen für Ihr Unternehmen und Ihr Angebot. Gerade im Themenfeld Nachhaltigkeit werden auf allen Seiten massive Kommunikationsfehler begangen. Diese reichen von als übergriffig empfundenen Belehrungen zum Energiesparen, zum

---

[3] Koch T (2018) Nie war die Botschaft so wertlos wie heute. Wirtschaftswoche | wiwo.de | 09.10.2018 https://www.wiwo.de/unternehmen/dienstleister/werbesprech-nie-war-die-botschaft-so-wertlos-wie-heute/23163046.html. Zugriff: 06.07.2023.

[4] Hölle M (2022) Werbebotschaften pro Tag. Paseo Marketing GmbH https://www.paseo-marketing.de/zahl-des-monats/werbebotschaften-pro-tag/. Zugriff: 06.07.2023.

[5] Mehr als 6 000 Werbekontakte pro Tag. Handelsblatt | 16.08.2023 https://www.handelsblatt.com/unternehmen/management/konsumenten-mehr-als-6-000-werbekontakte-pro-tag/2384706.html. Zugriff: 06.07.2023.

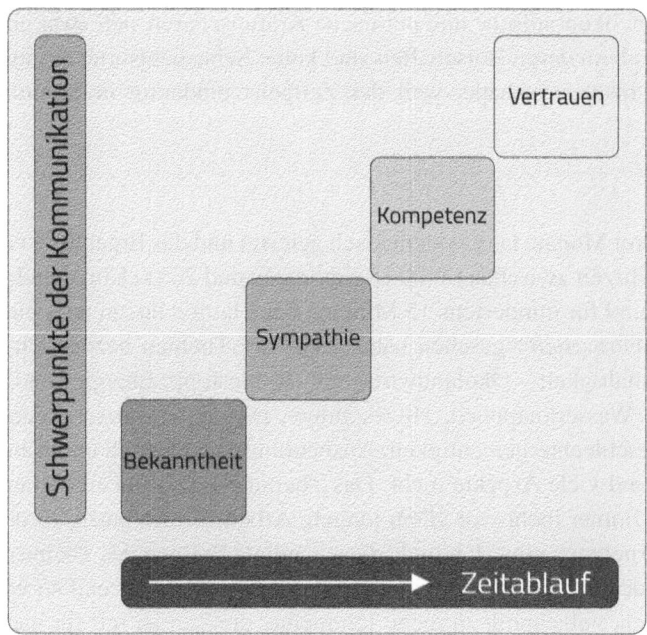

Abb. 13.1 Kommunikation (eigene Darstellung)

Beispiel, wie man sich zu waschen hätte[6] über sehr komplexe Erklärungen, warum Kartoffelbrei auf Kunstwerken ein Beitrag zum Klimaschutz ist[7] bis hin zu Hohn sprechenden Lügen von Unternehmen, deren Nachhaltigkeitstricksereien auffliegen.[8] Viele

---

[6] Die Duschtipps des Ministerpräsidenten Winfried Kretschmann von Baden-Württemberg entstanden im Jahr 2022 als Appell zum Energiesparen im Zusammenhang mit dem Angriffskrieg Russlands gegen die Ukraine. Die Quelle berichtet von weiteren heiteren Tipps und medizinischen Erklärungen zum Waschen: Kretschmann spricht wieder über Waschlappen (2022) t-online.de/ Nachrichten https://www.t-online.de/nachrichten/deutschland/innenpolitik/id_100103904/winfried-kretschmann-spricht-wieder-ueber-waschlappen.html. Zugriff: 06.07.2023.

[7] Geben Sie einfach ‚Kartoffelbrei' und ‚Kunst' in den Google-Schlitz ein und Sie finden lustige Erklärungen, zum Beispiel hier: Attacke mit Kartoffelbrei und Tomatensuppe – warum trifft es Kunst? rbb-Kultur | 29.10.2022 https://www.rbb-online.de/rbbkultur-magazin/archiv/20221029_1830/ barberini-attacke-umwelt-aktivisten-letzte-generation-anschlag-monet-gemaelde.html und hier: Lehnert B (2022) Kartoffelbrei auf Monet. ARD | DasErste | ttt – Titel Thesen Temperamente https://www.daserste.de/information/wissen-kultur/ttt/sendung/letzte_generation100.html. Zugriffe: 06.07.2023.

[8] Anbei zwei von vielen – doch in diesen Fällen ausgesprochen unterhaltsamen – Websites, deren Wahrheitsgehalt nicht weiter überprüft wurde, bitte recherchieren Sie selbst, hier geht es nur um Beispiele: endlichfair.de https://fairlier.de/wissen/greenwashing/greenwashing-beispiele/ und nach-haltigedeals.de https://nachhaltige-deals.de/nachhaltiger-leben/greenwashing-beispiele/. Zugriffe: 06.07.2023.

gesellschaftliche, ökonomische und politische Kräfte scharen sich zwar um die Fahne der Nachhaltigkeit, allein deren Botschaften sind keine Sehnsuchtsorte, sie sind nicht sympathisch. Das ist insofern schade, weil der Zeitgeist eindeutig in Richtung Nachhaltigkeit strömt.

Beispiel

Ich habe es drei Monate lang systematisch getestet und das Ergebnis ist eindeutig. Egal, zu welcher Uhrzeit zwischen 06:00 Uhr morgens und 20:00 Uhr abends ich das Radio[9] einschaltete und für mindestens 15 Minuten habe laufen lassen oder eine Nachrichtensendung im Fernsehen[10] gesehen habe, eines der Themen bezog sich immer auf das Thema Nachhaltigkeit – Ökolandwirtschaft, Kohlestopp, Energiewende, Klimaschutz, Waldumbau, Wasserknappheit, Hitzesommer, regionale Wertschöpfung, regenerative Energien, Geschlechtergerechtigkeit, Ausbeutung von Mensch und Natur, Müllexporte aus der EU und viele Aspekte mehr. Das Thema Nachhaltigkeit hat auch die Arbeitswelt erfasst. Immer mehr, vor allem jüngere Arbeitnehmer:innen, fordern Nachhaltigkeit im Unternehmen ein.[11] Ich finde diese mediale Präsenz des Themas Nachhaltigkeit sehr beeindruckend, es erzeugt ein Gefühl der Dringlichkeit und so wie die Sachverhalte vorliegen, vollständig zu recht. Ich meine, die Zeit ist reif für nachhaltiges Wirtschaften und nachhaltige Geschäftsmodelle und der Markt wird diese Veränderung nach und nach vollständig fordern. ◄

Wir Menschen sind Kommunikation ausgeliefert. Jede unsere Lebensäußerungen (Sprache, Gestik, Mimik, Aktion) ist eine Botschaft. Im Zusammenspiel mit anderen Menschen und deren Wahrnehmung unserer Lebensäußerungen wird daraus Kommunikation (auch das Schweigen zweier Menschen im gleichen Raum ist Kommunikation). Die für Unternehmen entscheidende Konsequenzen daraus sind: Wir sollten in der Art und Weise kommunizieren, wie wir wahrgenommen werden wollen. Die Kommunikation jedes Unternehmens repräsentiert dessen Werthaltungen. Diese Werthaltungen werden durch

---

[9] Ich bevorzuge die Radiosender Bayern 2 (knapp 5 % Tagesreichweite in 2020), hierzu: BR-Hörfunk weiterhin Spitze (2020) Bayerischer Rundfunk https://www.br.de/presse/inhalt/pressemitteilungen/br-hoerfunk-weiterhin-spitze100.html . Zugriff: 06.07.2023, und den Deutschlandfunk (ca. 2,5 % Tagesreichweite), hierzu: Statista Research Department (2023) Reichweite der Radiosender von Deutschlandradio und COSMO in Deutschland 2023. Statista https://de.statista.com/statistik/daten/studie/1195700/umfrage/reichweite-der-radiosender-von-deutschlandradio-und-cosmo/. Zugriff: 06.07.2023.

[10] ARD (12,5 % Marktanteil), hierzu: ARD (2023) Das Erste als Leistungsgarant. https://www.ard-media.de/leistungsgarant/?tab=0. Zugriff: 06.07.2023.

[11] Klauth J (2023) Bezahlung, Homeoffice, Nachhaltigkeit – das neue Selbstvertrauen der Arbeitnehmer. Welt I 22.03.2023 I Axel Springer SE https://www.welt.de/wirtschaft/karriere/plus243885567/Gehalt-Work-Life-Balance-Klima-Das-ist-jungen-Arbeitnehmern-am-wichtigsten.html? Zugriff: 06.07.2023.

den öffentlich wahrnehmbaren Auftritt des Unternehmens erfahrbar. Kommunikation ist ein wesentlicher Bestandteil der Imagebildung eines Unternehmens, Image ist ein Vertrauenskonzentrat. Image erzeugt Emotionen.

Das über Medien vermittelte Unternehmensimage ist eine Form der emotionalen Konditionierung. Jede menschliche Informationsverarbeitung beginnt mit Emotionen, diese bestimmen über die Art und Weise der Wahrnehmung. Die kognitive Wahrnehmung der Menschen ist viel langsamer als die emotionale Wahrnehmung. Die kognitive Wahrnehmung folgt den Emotionen und dem dort generierten Mindset. Daraus folgt, mit den richtigen emotionalen Signalen erreichen Unternehmen mögliche Interessenten für ihr Angebot auf die richtige Art und Weise. In Deutschland sind vorsichtig gerechnet 40 % der Menschen sehr aufgeschlossen gegenüber dem Thema Nachhaltigkeit – ihr Mindset, ihr Wertegerüst ist für Nachhaltigkeit aufnahmebereit. Sehen Sie hierzu das Abschn. 10.1.1 *Zielgruppen und Milieus*.

Emotionen lösen eine Handlung aus, zum Beispiel den Kauf eines Produkts, die Ratio begründet diese Handlung. Die Begründung der Handlung ist wichtig, denn jeder Mensch will sich selbst und anderen Menschen gegenüber als vernünftiges und konsistentes Wesen begriffen werden. Doch kaufentscheidend sind die Emotionen.

Fassen wir kurz zusammen: Das Selbstbild und das Weltbild bilden das Werteset der Menschen. Das Werteset ist der Ausgangspunkt für konkretes Handeln. Das individuelle Konsumverhalten der Menschen entspricht den eigenen Werten, es befriedigt die Bedürfnisse und Sehnsüchte der Menschen. Konsum dient auch der Selbsterklärung, der Selbstvergewisserung und der Dokumentation einer Zugehörigkeit. Konsum hilft den Menschen, innerhalb ihres Wertesets Gleichgesinnte zu finden. In diesen Gruppen fühlen sich die Menschen angenommen und wohl. Entscheidend ist die Selbstwahrnehmung der Menschen und ihr Bild, ihr Image, das sie anderen Menschen durch den Besitz und die Nutzung der Produkte vermitteln wollen.

Beispiel

Stellen sich einen Mann vor, der sich als agil, fortschrittlich, technikbegeistert, leistungsorientiert und durchsetzungsstark begreift. Er wird bei der Wahl des für ihn richtigen PKW zu einem Auto greifen, dessen Hersteller mit diesen Attributen wirbt. Ein Mann, der sich als schüchtern, harmoniebedürftig, introvertiert und grüblerisch begreift, wird eine andere Wahl treffen. Es sei denn, der schüchterne Mann will von anderen Menschen als agil wahrgenommen werden. Dann kommt natürlich der erste PKW in die engere Wahl. Die Werte der Marke strahlen auf den Mann ab und der Mann strahlt diese Markenwerte als Teil seiner Persönlichkeit aus – so zumindest ist dessen Hoffnung und Erwartung. ◀

Welche Botschaften sollten Unternehmen für nachhaltige Waren und Dienstleistungen senden? Wie sollen sie diese Botschaften gestalten? Wie können Unternehmen für nachhaltige Waren und Dienstleistungen Menschen für ihre Produkte begeistern – sie anlocken,

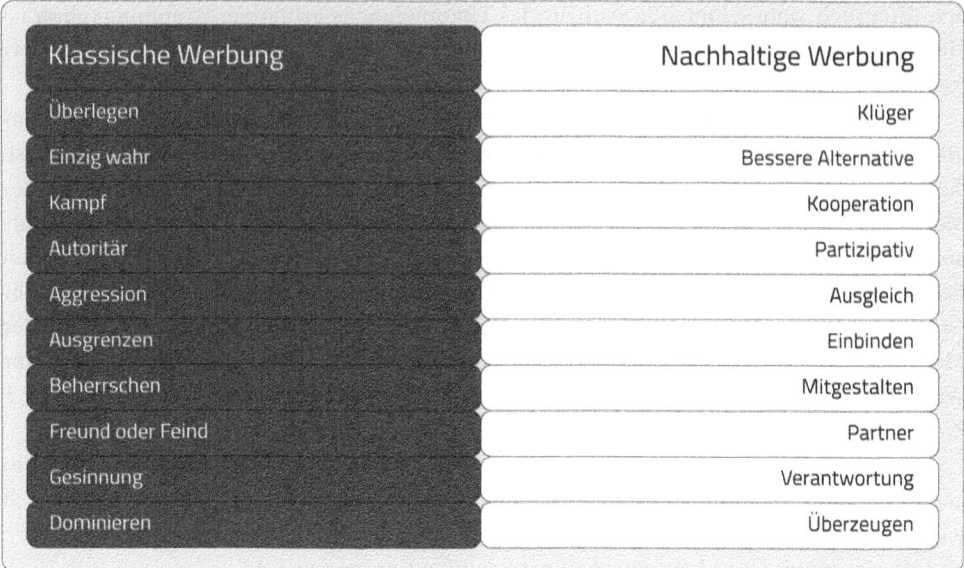

Abb. 13.2 Nachhaltige Kommunikation 01 (eigene Darstellung)

Interesse erzeugen, zum Kauf animieren und ihnen stets das gute Gefühl geben, sich richtig entschieden zu haben? Diese Fragen sind bekannt, diese stellen sich alle Unternehmen. Auch Unternehmen für nachhaltige Waren und Dienstleistungen stehen im Wettbewerb um Aufmerksamkeit und Akzeptanz, siehe Abb. 13.2.

Klassische Werbung lebt von starken Bildern und emotionalen Videos. Der Text als Kommunikationsmittel tritt hinter die Bilder und Videos zurück. Die Ansprache erfolgt in erster Linie über den Reflex und das Reptilienhirn, weniger über die Reflexion und die Kognition. Klassische Werbung ist nicht selten der Versuch der Überwältigung, zum einen durch starke Reize, zum anderen durch die Manipulation unserer Fähigkeit zur Reflexion. Klassische Werbung vermittelt Überlegenheit, preist ihre Ware an als das einzig Wahre, sie präferiert den Kampf, sie ist autoritär und nutzt Aggression. Klassische Werbung lebt von Ausgrenzung, sie will beherrschen, sie unterscheidet zwischen Freund und Feind. Klassische Werbung pflegt die Gesinnung und will dominieren, siehe Abb. 13.3.

Nachhaltige Werbung bedient sich der Erbauung, sie orientiert sich am Bedarf, sie lädt ein zur Reflexion, sie ist leise, sie spricht das Großhirn an. Nachhaltige Werbung liebt das Klügere und die bessere Alternative. Nachhaltige Werbung sucht die Kooperation und den Ausgleich, sie will einbinden und lädt zur Mitgestaltung ein. Nachhaltige Werbung versteht sich als Partner, der überzeugen will. Nachhaltige Werbung übernimmt Verantwortung, siehe Abb. 13.4.

Die Spielregeln der nachhaltigen Kommunikation für Unternehmen sind: Nachvollziehbar agieren, Beweise liefern, und transparent sein, zum Beispiel mit einem regelmäßig publizierten Nachhaltigkeitsbericht. Den eigenen Weg gehen und Wertschöpfung durch Innovationen generieren – das können auch soziale Innovationen sein. Lernfähig bleiben

Abb. 13.3 Nachhaltige Kommunikation 02 (eigene Darstellung)

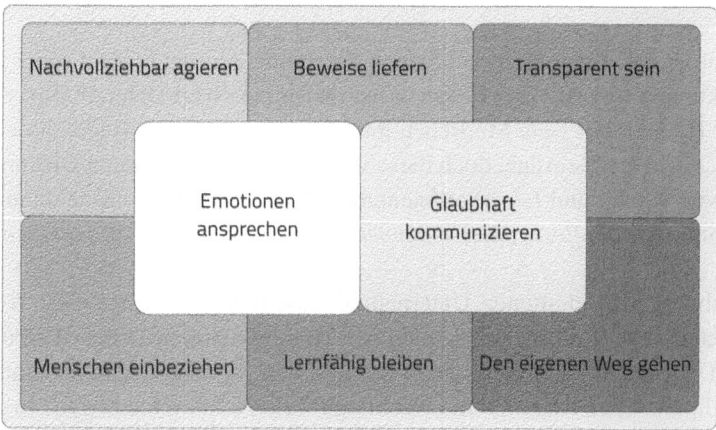

Abb. 13.4 Nachhaltige Kommunikation 03 (eigene Darstellung)

und Menschen und Gruppen einbeziehen. Den Mut haben, Emotionen anzusprechen, dieser Aspekt kommt leider häufig zu kurz. Glaubhaft kommunizieren im Sinne von Wahrhaftigkeit. Nachhaltigkeit wird immer noch als ein rein kognitiv zu erfassendes Thema begriffen. Damit erreichen Unternehmen nur wenige Menschen. Nachhaltigkeit kann sehr schön emotional verpackt werden. Allein der Begriff Schönheit umfasst viel mehr als den persönlichen Nutzen, Schönheit kann sehr gut mit Verantwortung und auch mit Verzicht in

Verbindung gebracht werden – Verzicht auf umweltschädliche Produktion oder Ausbeutung von Arbeitern in China und Malaysia.

Auch die Kommunikation für nachhaltige Waren und Dienstleistungen ist Teil des Produktes. Hierzu das berühmte Bonmot aus der Werbeszene: *Good advertising makes a bad product die faster. – Gute Werbung sorgt dafür, dass ein schlechtes Produkt schneller vom Markt verschwindet.* Das Produkt verschwindet schneller vom Markt, weil es sich durch seine Bekanntheit schneller herumspricht. Die Menschen tauschen sich aus, sie kommunizieren miteinander. Kommunikation ist eingebettet in die Produkt-, Preis-, Vertriebs- und Servicepolitik. Ein guter Freund aus der Werbeszene bringt es auf den Punkt: „*Die Verpackung ist Teil des Produkts*". Kommunikation ist Teil des Produkts, sie ist Teil des Interaktionsprozesses zwischen dem Unternehmen, seinen Leistungen und der Öffentlichkeit.

In den Möglichkeiten zur Interaktion bieten sich herausragende Möglichkeiten für nachhaltig wirtschaftende Unternehmen. Deren Interessenten und Käufer verstehen sich nicht selten als Botschafter für eine bessere Welt, sie haben meist ein stark überproportionales Sendungsbewusstsein. Nachhaltig wirtschaftende Unternehmen senden Botschaften, die Menschen empfangen sie und sie tauschen sich darüber aus. So werden sie aktiver Teil der Markenkommunikation, in vielen Branchen werden sie zum Teil der Marke (Influencer, Blogger, Nutzergruppen, Produkttester). Das Internet, Social Media und YouTube schufen die Möglichkeit der direkten Zwei-Wege-Kommunikation. Markenbildung findet heute basisdemokratisch in Echtzeit unter Einbezug der Verbraucher statt.

Beispiel

Sie erleben dieses Phänomen auch, wenn Sie online Zeitung lesen. Früher publizierten die Redaktionen Beiträge, am Folgetag wurde der eine oder andere Leserbrief dazu abgedruckt. Heute lesen viele Menschen ihre Zeitung online, die Redaktionen veröffentlichen nach wie vor Beiträge, doch diese werden unmittelbar einem Diskurs ausgesetzt in Form von Klicks und Leserkommentaren. Diese Beiträge werden dann sortiert angeboten unter *Meistgelesen*, *Meistkommentiert* und *Beliebt bei Abonnenten*. ◄

Auf nachhaltig wirtschaftende Unternehmen übertragen bedeutet dies: Werden nachhaltig wirtschaftende Unternehmen mit ihrer Kommunikation – der Werbung für ihre Waren und Dienstleistungen nicht auch Teil des alten Spiels? Ergibt es Sinn, dieses rasende Pendeln zwischen Angebot und Nachfrage weiter zu beschleunigen? Ergibt es Sinn, auf Kommunikation zu verzichten? Allein die Tatsache, dass wir nicht nicht kommunizieren können, verurteilt uns zur Kommunikation, denn auch Nicht-Kommunikation ist Kommunikation. Und will man das Feld wirklich den klassischen Akteuren überlassen? Vermutlich nicht und neben den Massenkonsumgütermärkten blühen immer mehr kleine Anbieter auf, die sich bewusst anders entscheiden und nachhaltig hergestellte – faire, ausbeutungsfreie, emissionsfreie, haltbare und leicht reparierbare – Produkte anbieten und sich das Internet für ihre Zwecke nutzbar machen. Der Zeitgeist spricht dafür. Weit mehr als 40 % der deutschen Bevölkerung sind laut Sinus-Institut (siehe Abschn. 10.1.1) für Nachhaltigkeit im Kauf und Verbrauch empfänglich oder sehr empfänglich.

Epilog

14

Es ist unmöglich, rund um das Thema Nachhaltigkeit alles zu wissen, vorherzusehen und mitzudenken – vom großen Ganzen auf jedes Stöckchen hopsen und wieder zurück, um daraus ein feingewirktes Netz voller Erkenntnisse zu knüpfen, dass alle Menschen freudig und angstfrei als das Neue begrüßen und das alle Probleme auf ewig löst. Daran gemessen muss auch dieses Buch scheitern, es bietet nicht auf alle Fragen eine Antwort, es hat nicht alle möglichen Konsequenzen und Folgen mitgedacht, es geht nicht jeder Verknüpfung nach und vor allem, es verspricht nicht, dass es leichter wird.

Nachhaltig wirtschaften bedeutet in erster Linie, Wohlstand neu zu definieren. Vermutlich werden wir weniger materiellen Wohlstand produzieren und sehr wahrscheinlich deutlich mehr Lebensqualität haben – wenn wir uns richtig ins Zeug legen, beständig lernen und besser werden.

Wir alle kennen die Kräfte des Beharrens, die sich immer dann besonders aufbäumen, wenn es an das Ende geht. Unsere bisherige Wirtschaftsweise funktioniert nicht mehr, die Lösung liegt vor unseren Füßen auf der Straße, wir müssen sie nur aufheben und dann endlich anfangen. Wir haben kein Erkenntnisproblem, wir haben ein Umsetzungsproblem. Wir stehen vor einem unüberwindbar scheinenden Berg an Komplexität, versehen mit Warntafeln an jeder Biegung und Steigung, was alles passieren würde, wenn wir unsere alten Pfade verlassen und den Weg des nachhaltigen Wirtschaftens einschlagen.[1]

Ja, die Landkarte des Neuen ist noch nicht vollständig entrollt. Auf der terra incognita, der unbekannten neuen Welt, leben Monster aller Art, so munkeln die Kräfte des Behar-

---

[1] Vielleicht nehmen Sie sich die Muße und lauschen dem Podcast von Lanz & Precht und deren Analyse des Weltwirtschaftsforums 2023 in Davos, ZDF-Podcast auf YouTube, ab 4:02: Weltwirtschaftsforum – Die wirtschaftliche und politische Elite unter sich | Lanz & Precht. ZDF – Zweites Deutsches Fernsehen https://www.youtube.com/watch?v=jWApT08FjAk. Zugriff: 06.07.2023.

© Der/die Autor(en), exklusiv lizenziert an Springer Fachmedien Wiesbaden GmbH, ein Teil von Springer Nature 2023
S. Theßenvitz, *Nachhaltig wirtschaften in der Praxis*,
https://doi.org/10.1007/978-3-658-42458-9_14

rens. *Hic sunt dracones – hier leben Drachen* stand stets auf alten Seekarten. Die Botschaft war klar. Versuche es erst gar nicht, bleibe hier, riskiere nichts, wir meinen es gut mit Dir. Ich will Sie ermuntern, aus der Kraftquelle des Optimismus zu schöpfen. Zum Schluss vertraue ich Ihnen an: Es gibt keine Drachen und wirklich jedes Problem wird immer dann zur lösbaren Herausforderung, wenn man sich ihm tatkräftig nähert.

***

Die Zitationen in diesem Buch führen teilweise auch zu privatwirtschaftlichen Unternehmen, denn auch diese verfügen häufig über eine gute Daten- und Quellenlage. Gleichwohl ist keine Zitation eine Aufforderung, Waren und Dienstleistungen dieser Unternehmen zu kaufen. Der Autor ist mit keinem der in den Zitaten angegebenen Unternehmen verbunden noch erhält er Zahlungen für Zitationen.

The manufacturer's authorised representative in the EU is Springer
Nature Customer Service Centre GmbH, Europaplatz 3, 69115 Heidelberg,
Germany. If you have any concerns regarding our products, please
contact ProductSafety@springernature.com

Printed and bound by CPI Group (UK) Ltd, Croydon, CR0 4YY
28/04/2026
02098518-0012